PFERDE & PONYS

PFERDE & PONYS

ÜBER 200 RASSEN AUF ÜBER 1000 FARBFOTOS

Alles über Pferdepflege, Reitsport und die Geschichte des Pferdes

Debby Sly

Parragon

Bath • New York • Singapore • Hong Kong • Cologne • Delhi
Melbourne • Amsterdam • Johannesburg • Auckland • Shenzhen

Entwurf und Realisation

studio cactus

13 SOUTHGATE STREET WINCHESTER HAMPSHIRE SO23 9DZ

LAYOUT Laura Watson, Sharon Rudd

LEKTOREN Jennifer Close, Jo Weeks

Parragon Books Ltd
Queen Street House
4 Queen Street
Bath BA1 1HE, UK

Produktion der deutschen Ausgabe:
trans texas publishing, Köln
Übersetzung: Susanne Schmidt-Wussow, Berlin;
Petra Sparrer, Köln; Ronit Yariv, Köln
Lektorat: Ulrike Reinen, Köln

ISBN 978-1-4454-8222-4

Printed in China

INHALT

ÜBER DIESES BUCH

Das Pferd als Fortbewegungsmittel – diese Zeiten sind bei uns längst vorbei. Heutzutage werden Pferde und Ponys zum Vergnügen oder zum Sport genutzt. Einst waren diese Tiere für das Überleben der Menschen unverzichtbar, heute dienen sie der Freizeitgestaltung.

PFERD UND MENSCH

Der erste Teil dieses Buchs beschreibt die Evolution der Pferde, bevor sie domestiziert und langjährige Gefährten des Menschen wurden. Im Vordergrund steht das natürliche Verhalten wild lebender Pferde. Die Aufgabe des Menschen, die Bedürfnisse der Pferde verstehen und schätzen zu lernen, da er sie ihrer natürlichen Lebensweise beraubt hat, wird hier veranschaulicht. Es folgen ausführliche Hinweise zur Pflege gesunder und kranker Pferde, und die abschließenden Kapitel stellen die frühere Arbeit des Pferdes in Landwirtschaft, Industrie und im Krieg sowie ihre heutigen Aufgaben in zahlreichen Pferdesportarten dar.

RASSEN

Weltweit gibt es über 200 Pferde- und Ponyrassen, die fast alle in diesem Buch beschrieben werden. Die Vielfalt der Pferde ist faszinierend. Leider ähneln sich viele schwere Pferderassen, die wegen ihres Fleischs gezüchtet werden, doch engagierte Züchter und Pferdebegeisterte bemühen sich darum, einzelne Rassen zu schützen, zu erhalten und zu fördern.

DIE SYMBOLE IN DIESEM BUCH

Die Symbole der Rassenbeschreibung zeigen deren wichtigste Merkmale.

Unter Umgebung werden das Klima und die Landschaftsform dargestellt, die das Herkunftsgebiet der Rasse prägen.

Pferde gehören entweder der Kategorie Vollblüter (Araber, Berber oder Englisches Vollblut), Kaltblüter (schwere Pferderassen) oder Warmblüter (Kreuzungen zwischen beiden) an.

Eignung zeigt die Möglichkeiten des Pferdes. Dazu sei erwähnt, dass zum Pferdesport auch Pferdeschauen zählen. Unter Rennpferden versteht man sowohl Traber als auch Galopper.

Das Stockmaß gibt Auskunft über die Größe. Ponys sind unter 148 cm groß, Großpferde liegen darüber.

Die folgenden neun Farbmuster zeigen die häufigsten Farbvarianten der Rasse.

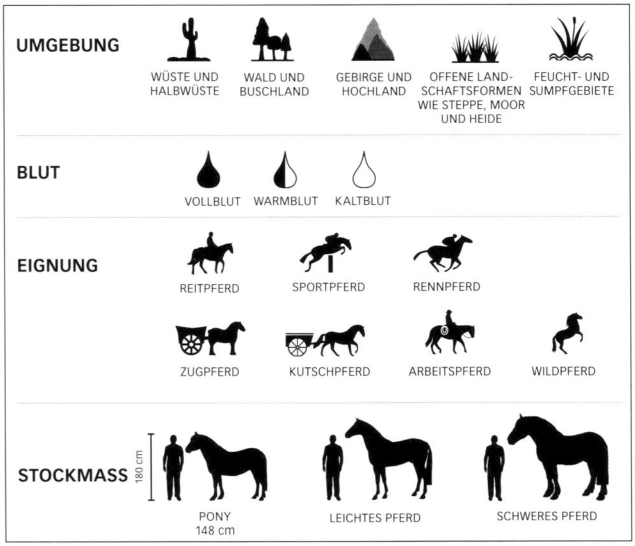

FELLFARBEN

DIE NATUR DES PFERDES

Infolge der Tausende von Jahren andauernden Entwicklungsgeschichte müssten Pferde eigentlich eine tiefe Angst vor dem Menschen entwickelt haben. Doch genau das Gegenteil ist eingetreten: Seit ihrer ersten Domestizierung ordnen Pferde sich dem Menschen unter und leisten ihm stets gute Dienste. Zuerst jagte man das Pferd, um sich von ihm zu ernähren, dann wurde es zum Reittier, um auf Eroberungszüge zu gehen. Der Mensch ist dem Pferd zu Dank verpflichtet. Unsere Dankbarkeit können wir zeigen, indem wir unser Verständnis für Entwicklung, Verhalten und Bedürfnisse des Pferdes bei seinem Training und seiner Pflege positiv nutzen.

DIE EVOLUTION DES PFERDES Das Pferd, wie wir es heute kennen, entwickelte sich aus einem kleinen, fuchsgroßen Tier, das vor mehr als 55 Millionen Jahren die Erde bewohnte. Die Art wurde weiterentwickelt und verfeinert und besteht heute aus über 200 verschiedenen Rassen.

DIE EVOLUTION DES PFERDES

Die Evolution des Pferdes könnte ein eigenes Buch füllen. Fossile Funde lassen darauf schließen, dass die frühesten Vorfahren des Pferdes vor über 55 Millionen Jahren während des frühen Eozäns lebten. *Hyracotherium*, auch bekannt als *Eohippus* oder Urpferdchen, war ein fuchsgroßes Geschöpf mit vier Zehen an den Vorderfüßen und drei Zehen an den Hinterfüßen. Dieser Prototyp des Pferdes lebte in den Wäldern des amerikanischen Kontinents, der zu dieser Zeit noch mit Europa verbunden war.

FOSSILIEN

Fossilien veranschaulichen die wahrscheinliche Evolutionslinie von dem frühesten *Hyracotherium* (55 Millionen Jahre alt) bis zum *Equus*, dem Pferd der heutigen Zeit. Zuerst glaubte man, diese Fossilienreihe zeige eine geradlinige Entwicklung bis zum modernen Pferd. Doch weitere fossile Funde und Studien ergaben: Die Entwicklung verlief nicht geradlinig, sondern es gab mehrere Zweige, aus denen verschiedene Arten entstanden. Es ist Zufall, dass gerade *Equus* als einziger Zweig des Stammbaums überlebte. Einige andere Arten existierten parallel zu ihren Vorfahren, während andere früh ausstarben.

FAMILIE Der Tapir (*unten*) ist ein entfernter Verwandter des Pferdes. *Hyracotherium* (*links*) sah wahrscheinlich eher diesem jungen Tapir ähnlich als dem heutigen Pferd.

STAMMBAUM

Die bis zum *Equus* führende Evolutionslinie zeigt einige kontinuierliche Merkmale: eine reduzierte Anzahl an Zehen, eine Zunahme der Größe und Anzahl mahlender Zähne und eine Verlängerung des Kopfes.

VORFAHREN DES PFERDES

Zur gleichen Zeit wie *Hyracotherium* lebte der ähnlich aussehende *Orohippus*. Seine Zähne hatten sich so verändert, dass sie besser mahlen konnten, was vermuten lässt, dass er härtere Pflanzen fraß. Im mittleren Eozän lebte der fuchsgroße *Epihippus*, der fünf Mahlzähne hatte.

Im späten Eozän und Oligozän wurde das Klima in Nordamerika trockener, und Grasflächen ersetzten die Wälder. Es entwickelte sich ein größeres Tier mit längeren Beinen: *Mesohippus* hatte einen geraderen Rücken, und Beine, Hals und Kopf waren länger. Er hatte sechs Mahlzähne sowie drei Zehen an den Vorder- und Hinterfüßen.

Miohippus lebte in manchen Gegenden zur gleichen Zeit wie der *Mesohippus*. Er war jedoch größer, hatte einen längeren Schädel und sorgte für die erste wesentliche Veränderung im Familienstammbaum, denn er sorgte für ein Dutzend verschiedene Nachfahrenzweige.

MERYCHIPPUS

Im Miozän, vor 17 bis 11 Millionen Jahren, tauchte der *Merychippus* auf. Seine Umgebung veränderte sich weiterhin von Wäldern und Regenwäldern in offene Flächen. Beine und Hals des *Merychippus* waren länger, und seine Augen standen seitlich am Kopf, wodurch er besser sehen konnte. Auch er hatte drei Zehen, trug aber bereits einen Großteil seines Gewichts auf dem mittleren Zeh. Dem modernen Pferd sah er bereits ähnlicher.

URPFERD Das Przewalski-Pferd (*oben*) ist die einzige überlebende Wildpferdrasse. Die Ähnlichkeiten zwischen dem Przewalski-Pferd und seinem entfernten Vorfahren, dem *Pliohippus* (*rechts*), sind leicht zu erkennen.

PLIOHIPPUS

Der *Pliohippus* gilt als „Großvater" des modernen Pferdes. Er lebte im mittleren Pliozän vor sechs Millionen Jahren und war das erste Pferd, dessen Füße nur einen Zeh hatten. Er war ca. 1,48 cm groß und löste weitere Differenzierungen der Art aus. Zu seinen Nachfahren zählt unter anderen der *Dinohippus*, engster Verwandter des *Equus*. Im späten Pliozän, vor 2,6 Millionen Jahren, wanderten während der ersten großen Eiszeit einige *Equus*-Arten in die Alte Welt ein. In Afrika entwickelte sich das moderne Zebra. Asien, der Nahe Osten und Nordafrika waren die Heimat von Wüsten-Onager und Esel. In Europa, Asien und dem Mittleren Osten lebten die ersten richtigen Pferde – *Equus caballus*. Noch vor ca. einer Million Jahren gab es Unterarten des *Equus* in riesigen Herden in Amerika, Afrika, Asien und Europa, aber vor etwa 10 000 Jahren starben die Pferde auf dem amerikanischen Kontinent aus. Fortan gab es keine Pferde in Amerika, bis die spanischen Konquistadoren, die die Neue Welt im 16. Jahrhundert eroberten, sie wieder einführten.

DIE FAMILIE DER PFERDE

Acht Arten sind aus der Familie der Pferde erhalten, von denen *Equus caballus* bei Weitem am zahlreichsten vertreten ist. Der russische Forschungsreisende Nicolai Przewalski entdeckte 1879 das Asiatische Wildpferd *Equus ferus*, mit dem die Nomaden in der Wüste Gobi schon lange vertraut waren. Sie beanspruchen für sich, die Rasse mit ihren Rennpferden gekreuzt zu haben, um ihre Ausdauer zu verbessern. Offiziell erklärte man diese Pferde 1881 zu einer neuen Art und benannte sie nach dem Mann, der sie international bekannt gemacht hatte.

Glücklicherweise riefen sie großes Interesse hervor, und man fing viele von ihnen ein, um sie in Zoos zu zeigen. Gerade noch rechtzeitig, denn in den 1970er-Jahren waren sie in der Wildnis bereits ausgestorben. Später wilderte man Tiere aus Zoos wieder aus, um sie als Wildpferde in ihrer natürlichen Umgebung anzusiedeln. Das Asiatische Wildpferd, auch bekannt als Przewalski-Pferd, ist ein kurzes, untersetztes (ca. 1,30–1,40 m) und stabil gebautes Tier mit schwerem Kopf und breitem Brustkorb. Es hat sandig-graubraunes Fell und schwarze Fesseln sowie gelegentlich Streifen. Mähne und Schweif sind schwarz. Die Mähne steht nach oben, aber das Stirnhaar fehlt. Das Maul hat eine mehlige Farbe.

ZEBRAS UND ESEL

Weitere wilde Mitglieder der *Equus*-Familie sind Zebras und Esel. Von den Pferden unterscheiden sie sich jedoch durch verschiedene Merkmale. So haben Pferde beispielsweise Kastanien – hornige Schwielen – an allen vier Beinen, während diese bei Eseln nur an den Vorderbeinen auftreten. Zebras und Esel haben fünf Lendenwirbel, Pferde dagegen sechs, ihre Ohren sind vergleichsweise lang, und ihre relativ kurzen Mähnen stehen hoch. In manchen Gegenden Afrikas leben immer noch wilde Zebraherden, die man an ihren Streifen erkennt. Es gibt heute noch drei verschiedene Arten: Am zahlreichsten vertreten ist das Burchell-Zebra (*Equus burchelli*).

EQUUS CABALLUS Das moderne Pferd ist das Ergebnis von 55 Millionen Jahren Evolution. Es galt viele Jahre als Musterbeispiel für eine geradlinige Entwicklung, aber fossile Funde beweisen, dass der Familienstammbaum des Pferdes viele Zweige hat.

EQUUS FERUS Mongolen nennen das Asiatische Wildpferd „Takhi". Das bedeutet „Geist". Bis Mitte des 20. Jahrhunderts lebte das Asiatische Wildpferd noch in Freiheit. Es wurde gejagt, bis es ausstarb, und existiert nur noch in Zoos. In jüngster Zeit wurde es wieder ausgewildert.

EQUUS AFRICANUS Dieser Somalische Wildesel, eine Unterart des *Equus africanus* (Afrikanischer Wildesel), lebt in Äthiopien, Somalia und im Sudan. Die Tiere sind 1,25 bis 1,45 m groß. Da nur noch etwa 1000 Exemplare in der Wildnis leben, ist die Art vom Aussterben bedroht.

EQUUS ZEBRA Die Art ist stark vom Aussterben bedroht. Bergzebras unterscheiden sich von Burchell-Zebras durch das Streifenmuster an Kopf und Körper.

Weniger häufig ist das Bergzebra (*Equus zebra*) und am seltensten das Grevyzebra (*Equus grevyi*).

WILDESEL

Der Vorfahre unseres Hausesels ist der Afrikanische Wildesel. In seiner Heimat – Äthiopien, Somalia und dem Sudan – ist er vom Aussterben bedroht. Es gibt hier weniger als 1000 Exemplare.

Kulan und Onager sind Synonyme für den Asiatischen Wildesel. Mehr als der Afrikanische Wildesel ähneln sie den Pferden, denn sie haben längere Beine und eine höhere Kruppe. Der Asiatische Wildesel ist in Indien, im Iran, in Turkmenistan und in der Mongolei verbreitet. Es leben noch etwa 30 000 Tiere in freier Wildbahn. Eine weitere Unterart ist der Kiang. Er ist mit einer Population von ca. 70 000 Exemplaren häufiger und im Iran, in Turkmenistan, Indien, China und der Mongolei beheimatet. Durch die Vermischung mit halbwilden Eseln besteht die Gefahr, dass die genetische Reinheit der Wildesel zerstört wird.

Begegnung mit Vorfahren

Alle Pferdefamilien gehören zur Ordnung der Perissodactyla, den Unpaarhufern, die ihr Gewicht auf dem mittleren (dritten) Zeh tragen. Sie umfasst drei Familien: Equidae (Pferde, Esel, und Zebras), Tapiridae (Tapire) und Rhinocerotidae (Rhinozerosse). DNA-Analysen ergaben, dass die Familien der Pferde und Rhinozerosse sich vor 50 Millionen Jahren auseinanderentwickelten.

EQUUS GREVYI Das Grevyzebra, die am weitesten verbreitete Zebraart, ist am engsten mit dem Urpferd verwandt. In ihrer Heimat Nordkenia und Südäthiopien ist sie jedoch derzeit sehr vom Aussterben bedroht. Es sind nur noch 3000 Exemplare übrig.

EQUUS HERMIONUS Der Asiatische Wildesel ist einem Pferd ähnlicher als sein afrikanisches Pendant. Er hat einen längeren Kopf und ist meist größer als 1,50 m. Auch diese Art ist gefährdet; es gibt weniger als 20 000 Exemplare. Sie leben in Indien, Turkmenistan, China, im Iran und in der Mongolei.

EQUUS BURCHELLI Diese Zebraart ist die bekannteste. Burchell-Zebras, auch bekannt als Steppenzebras, wirken recht kurz und plump und durchstreifen die Steppen und Savannen Ostafrikas. Es gibt mehr als 600 000 Exemplare.

EQUUS KIANG Der Kiang ist ca. 1,42 m groß und sieht aus wie eine Kreuzung zwischen einem Afrikanischen und einem Asiatischen Wildesel. Da es dieser Art gelingt, in ihrem unwirtlichen Lebensraum in Tibet und Nepal zu gedeihen, gilt ihr Überleben als wenig bedroht.

WILDPFERDE

Das einzige heute noch lebende Wildpferd neben den Zebra- und Wildeselarten ist das Asiatische Wildpferd (Przewalski-Pferd). Es gibt weltweit viele halbwild lebende Pferde, die zwar domestiziert wurden, aber in die Wildnis entflohen. Das Przewalski-Pferd aber ist das einzige unter seinen wild lebenden Artgenossen, das auch im genetischen Sinn ein Wildpferd ist.

CAMARGUE-PFERDE Die berühmten „weißen Pferde" der Camargue leben in den salzigen Marschen des Rhône-Deltas in Südfrankreich. Sie genießen ein halbwildes Leben, werden jedoch als Reitpferde für die Gardiens (französische Cowboys) gehalten, die sich um die in dieser Gegend gezüchteten Kampfstiere kümmern.

HALBWILD LEBENDE PFERDE

Haustiere, die „wild" in Herden leben, sind als halbwilde Pferde und Ponys bekannt. Beispiele sind die Mustangs und Brumbys in Amerika und Australien, aber auch in anderen Ländern gibt es Wildpferdeherden, die sich aus Pferden verschiedener Arten und Größen zusammensetzen. Einige wilde Herden leben relativ unabhängig und isoliert, während andere zwar frei umherstreifen, aber regelmäßig Kontakt zu Menschen haben.

In Großbritannien sind zahlreiche Berg- und Moorponyarten wie das Shetland-Pony, das Welsh-Mountain-Pony, das Exmoor-Pony und das New-Forest-Pony beheimatet. Sie werden, wie die Chincoteague-Ponys auf einer Insel vor Virginia, einmal im Jahr zusammengetrieben, gezählt und mit Brandzeichen versehen.

WILDES PONY Dieses Pony watet bei Ebbe durch das flache Salzwasser vor Assateague Island in den USA. Die wilden Herden auf dieser Insel sind Chincoteague-Ponys; ihr Name leitet sich von der kleineren Nachbarinsel ab. Sie schwimmen jedes Jahr von Assateague nach Chincoteague hinüber, wo sie sortiert und sorgfältig untersucht werden.

WILDPFERDE WELTWEIT

Zahlreiche frei umherziehende Herden leben in Kanada, darunter die Sable-Island-Ponys von Nova Scotia und die halbwilden Pferde in British Columbia. Es gibt etwa 300 dieser robusten kleinen Tiere. Ihre Umgebung ist extrem hart, und sie entwickelten eine einzigartige Physiognomie, um sich ihr anzupassen. Sie haben große Hufe, um Schnee auf der Suche nach Futter wegzuscharren, und kurze, kräftige Beine, um auf dem harten Gelände gut laufen zu können. Ihre gewölbte Nasenlinie verrät ihre spanische Herkunft, und viele haben einen Aalstrich, Merkmal des Urpferdes.

Namibia ist die Heimat des Namibischen Wildpferdes. Diese hochwertigen Tiere stammen möglicherweise vom Shagya-Araber ab. Ihre Zahl verringerte sich, weil sie harten Dürreperioden ausgesetzt waren; aber einige werden in geschützten Gebieten wieder ausgewildert.

INSELPFERDE

Abaco Island, eine Insel der Bahamas, 240 km vor Florida gelegen, ist die Heimat der wenigen überlebenden Abaco Barbs. Sie sind offiziell vom Horse of the Americas Registry als Rasse anerkannt, doch die einst prächtige Herde aus über 200 Pferden ist auf nur noch acht geschrumpft. Vermutlich schwammen sie zu der Insel, nachdem sie Schiffbruch erlitten hatten, als spanische Eroberer im 16. Jahrhundert nach Amerika vordrangen.

In Griechenland leben die „Wildpferde von Kephalonia". Es gibt noch eine kleine Herde aus mehreren Dutzend Tieren, die Hilfe bekommen, um zu überleben. Überall in der Welt geschieht das Gleiche: Wo Farmer Vieh weiden lassen, mögen sie die Gegenwart von Pferden nicht, weil sie ihrem Vieh das Futter streitig machen.

AUSTRALIEN

Australien ist die Heimat des Brumby. Romantiker schwärmen von diesen Tieren, von denen noch Tausende existieren, doch die Bauern hassen sie. Die meisten leben im Northern Territory und in North Queensland und eine kleinere Anzahl an der Ostküste. Neuseelands Kaimanawa-Pferde, eine Mischung aus Exmoor-Pony und lokalen Rassen, leben seit 1814 in Freiheit.

Halbwilde Esel

Esel leben auf der ganzen Welt als Haustiere. In reicheren Ländern sind sie beliebte Streicheltiere, und in ärmeren Ländern verlässt man sich auf ihre zähe und recht billige Arbeitskraft. Maultiere und Maulesel sind Kreuzungen aus Eseln und Pferden. Aus einem Eselhengst und einer Pferdestute entsteht ein Maultier, und aus einem Pferdehengst und einer Eselstute ein Maulesel. Nach der zunehmenden Motorisierung des Transportwesens Anfang des 19. Jahrhunderts wurden viele Esel freigelassen, und es etablierten sich große halbwilde Herden, besonders in manchen Gegenden Australiens und den USA.

HALBWILDE PFERDE Die wild lebenden Pferde Namibias würden in vielen Turnierdisziplinen nicht schlecht abschneiden. In der Vergangenheit haben sie sehr unter der Dürre gelitten, sodass sich ihre Zahl stark verringert hat. Aber einige finden in Nationalparks Zuflucht.

WILD UND FREI Umherziehende wild lebende Pferde und Ponys gibt es in vielen Teilen der Welt. Die Abgeschiedenheit und die windgepeitschten Landschaften seiner Heimat haben aus dem Shetland-Pony eine unverwüstliche Rasse gemacht.

DER LEBENSZYKLUS DES PFERDES

Viele domestizierte Stuten führen ein beschütztes Leben. Sie haben Auslauf auf üppigen Weiden, Futter und Schutz und werden während ihrer Trächtigkeit betreut. Anders als halbwilde oder wilde tragende Stuten, die auf der Suche nach Futter mit ihrer Herde ziehen müssen. Aus diesem Grund weiß ein Fohlen bei der Geburt instinktiv, dass es aufstehen und so bald wie möglich laufen muss.

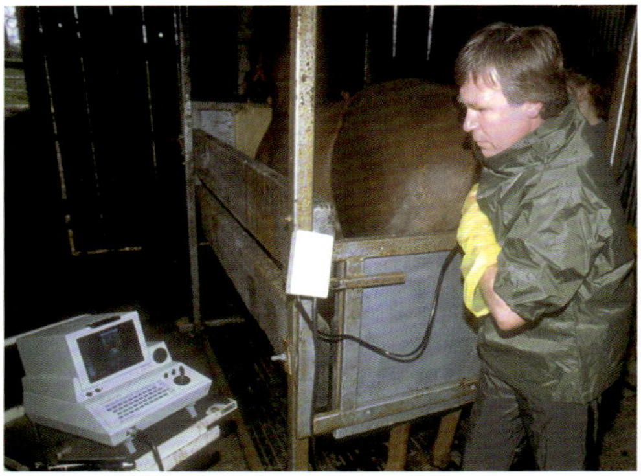

GESUNDHEITSCHECK Sechs Wochen nach dem Decken kann der Tierarzt feststellen, ob eine Stute trächtig ist oder nicht. Ob sich der Embryo normal entwickelt, kann man bei einer tragenden Stute durch Ultraschalluntersuchungen überwachen.

TRÄCHTIGKEIT UND GEBURT

Stuten sind bereits mit zwei Jahren geschlechtsreif, aber in der Regel werden sie erst mit drei Jahren gedeckt. Ab Anfang Frühjahr werden sie in etwa dreiwöchigen Abständen rossig. Die Tragzeit dauert über elf Monate. Nach zwei Monaten ist der Embryo nur etwa 10 cm lang, aber nach elf Monaten wiegt das Fohlen zwischen 38 und 48 kg und misst etwa 1,10 m. Der Bauch einer Stute, die bald ihr Fohlen bekommt, senkt sich nach unten. Ihr Euter füllt sich mit Milch und wird größer, und an den Zitzen erscheint der sogenannte Harztropfen. Kurz vor der Geburt wird die Stute unruhig, legt sich oft hin und steht wieder auf, denn sie spürt die Bewegungen des Fohlens. Die Wehen transportieren das Fohlen in die richtige Position – Nase und Vorderbeine Richtung Beckenboden gestreckt. Der Gebärmutterhals weitet sich.

Die Wehen drücken das Fohlen durch Gebärmutterhals und Becken. Zuerst erscheinen die Vorderfüße, dann der Kopf. Der breiteste Teil des Fohlens, der herausgepresst werden muss, sind die Schultern, der Rest folgt dann sehr schnell. Das Fohlen ist in die schützende Membran der Fruchtblase gehüllt, die bei der Geburt reißt, damit es atmen kann. Sobald es auf seinen Beinen steht, beginnt es, an den Zitzen der Mutter zu saugen. Das Kolostrum, die nahrhafte erste Milch, enthält viele Antikörper, die das Fohlen gegen Krankheitserreger und Bakterien in seiner Umgebung immunisieren.

SCHNELLENTWICKLER Wenn das neugeborene Fohlen sich bewegt oder wenn die Mutter aufsteht, reißt die Nabelschnur. Die Mutter beginnt, ihr Fohlen zu lecken, um es zu wärmen und zu trocknen. Während der ersten 15 Lebensminuten versucht es bereits, auf eigenen Füßen zu stehen.

Pferdebezeichnungen

Je nach Alter gibt es verschiedene Bezeichnungen für männliche und weibliche Pferde. Sie gelten für Ponys ebenso wie für Pferde.

Stute – weibliches Pferd über vier Jahre
Stutfohlen – weibliches Pferd unter vier Jahre
Hengst – männliches Pferd über vier Jahre
Colt – männliches Pferd unter vier Jahre
Wallach – kastriertes männliches Pferd

WACHSTUM UND ENTWICKLUNG

Innerhalb von Stunden nach der Geburt kann ein Fohlen galoppieren. Nach sechs Wochen hat sich sein Geburtsgewicht verdoppelt. Mit einem Jahr hat es die Hälfte seiner Größe und seines Gewichts als erwachsenes Tier erreicht. Mit vier bis sechs Monaten wird es von der Muttermilch entwöhnt. Von Anfang an knabbert es auch etwas Gras, hartes Raufutter und Kraftfutter. Ihre volle Größe erreichen die meisten Pferde mit vier oder fünf Jahren. Schon ein wenige Tage altes Fohlen kann man erziehen und an den menschlichen Kontakt gewöhnen. Nach ein paar Wochen lässt es sich herumführen, überall an seinem Körper berühren und hebt, wenn man es auffordert, seine Hufe, sodass es gut auf spätere Aufgaben vorbereitet ist.

ERSTE ARBEIT

Pferde profitieren körperlich und mental, wenn man so früh wie möglich mit ihnen zu arbeiten beginnt. Allerdings wachsen viele Pferde bis zum vierten Lebensjahr sozusagen unberührt auf und sollen dann plötzlich menschliche Berührungen dulden. Geht man sensibel vor, kann man bei den meisten Pferde dennoch problemlos mit ihrer Ausbildung zum Reitpferd beginnen. Aber zu dem Zeitpunkt hat man es bereits versäumt, ihren Körper zu kräftigen und ihre Sehnen, Bänder und Gelenke durch Training auf eine athletische Laufbahn vorzubereiten.

DIE BESTEN JAHRE

Außer bei Zuchtpferden für den Rennsport, die bereits mit zwei Jahren an Rennen teilnehmen, beginnt die sportliche Karriere der meisten Pferde erst mit vier bis fünf Jahren. In diesem Alter reift ein Pferd immer noch physisch wie psychisch; die meisten Reiter halten Pferde zwischen sieben und zwölf Jahren für sportlich am leistungsfähigsten. Doch aufgrund der Fortschritte in der Physiologie, Ernährung und medizinischen Versorgung bleiben Pferde heute noch in wesentlich höherem Alter leistungsfähig.

AN MUTTERS SEITE Ein sechs Wochen altes Fohlen hat sein Geburtsgewicht verdoppelt, weicht seiner Mutter aber noch nicht von der Seite. Mit vier bis sechs Monaten wird entwöhnt.

Wie alt ist das Pferd?

Das Alter eines Menschen entspricht dem eines Pferdes etwa wie folgt:

Mensch	Pferd
20 Jahre alt	5 Jahre alt
40	10
50	15
60	20
70	25
80	30
90	35

Ponys leben tendenziell länger als Pferde. Die Lebenserwartung eines Pferdes liegt bei etwa 20 bis 25 Jahren.

VERHALTEN UND KOMMUNIKATION

Pferde sind in erster Linie Herdentiere. Das Leben als Haustier sowie sorgfältiges und richtiges Training machen sie zu Tieren, die gern als Individuen für uns arbeiten. Ihren Herdeninstinkt verlieren sie aber niemals ganz.

DIE HERDE

In der freien Natur leben Pferde in Herden aus mehreren Stuten, Jungtieren und einem dominanten Hengst. Sie grasen relativ dicht beieinander. Die älteren Stuten platzieren sich dabei außen und achten auf Gefahren. In der Regel steht eine Leitstute an der Spitze der Rangordnung. Sie führt die Herde zu Weidegründen, während der Hengst die Herde von hinten zusammenhält. Die dominanten Muttertiere sorgen für Ordnung unter den Fohlen und bestrafen ungehöriges Benehmen mit einem schnellen Biss oder Tritt. Wenn die Colts heranreifen, vertreibt der Hengst sie aus der Herde. Sie können verschwinden oder um ihr Recht kämpfen, zu bleiben und die Führung der Herde zu übernehmen. Manchmal kämpfen Hengste so erbittert, dass einer stirbt, aber meist gibt eines der Tiere nach, bevor es zu ernsthaften Verletzungen kommt.

HERDENINSTINKT In freier Wildbahn leben Pferde in Herden, um Sicherheit in der Gruppe zu finden. Die Herde ist hauptsächlich mit der Suche nach Nahrung und Wasser beschäftigt, um zu überleben.

GEGENSEITIGE FELLPFLEGE In freier Wildbahn ist die Fellpflege ein wichtiger Vorgang, der die Pferde miteinander verbindet. Ebenso hilft das Kraulen und Putzen auch dem Menschen, Kontakt zum Pferd aufzunehmen und dessen Fell in gutem Zustand zu halten.

DAS DOMESTIZIERTE PFERD

Das domestizierte Pferd wächst in einer völlig anderen Umgebung auf als seine wilden Vorfahren, aber wer es gut behandelt, berücksichtigt seine historisch bedingten Bedürfnisse. Hat das Pferd einmal gelernt, einen Reiter zu dulden, muss man ihm noch beibringen, seine Flucht-

instinkte zu kontrollieren. Führt man es langsam an neue Situationen heran, kann ein Pferd lernen, sein Verhalten am Reiter zu orientieren. In der Herde lassen sich jüngere Pferde von den älteren leiten. Gute Trainer gewöhnen junge Pferde manchmal mithilfe erfahrener Pferde an Neues.

KÖRPERSPRACHE

Pferde kommunizieren durch Körpersprache, und Menschen können lernen, diese zu verstehen. Die Ohren eines Pferdes verraten viel über seinen Gemütszustand. Ist es entspannt, zeigen die Ohren nach vorn und außen. Sie sind bereit, jedes Geräusch von vorn oder von der Seite aufzunehmen. Um Geräusche von hinten zu hören, legt das Pferd beide Ohren an. Ruht es sich aus, fallen die Ohren etwas nach außen, da die Muskeln, die sie kontrollieren, sich entspannen. Ein verärgertes, aggressives oder von Schmerzen geplagtes Pferd legt die Ohren dicht an den Kopf an. Weckt ein Geräusch seine Aufmerksamkeit, richtet es seine Ohren nach vorn und wendet Kopf und Hals, manchmal den ganzen Körper, in dessen Richtung. Ohren und Augen sind dem Gegenstand seines Interesses zugewandt. Ein Vor- und Zurückschnellen der Ohren bedeutet, dass die Umgebung das Pferd verunsichert oder nervös macht, aber ein entspanntes Vor- und Zurückbewegen der Ohren ist ein gutes Zeichen. Wird es geritten, richtet das Pferd oft ein Ohr nach hinten, um auf die Stimme des Reiters zu hören.

LAUTÄUSSERUNGEN

Pferde können verschiedene Geräusche hervorbringen, um miteinander zu kommunizieren. Das Schnauben, bei

Kampf oder Flucht

Pferde sind von Natur aus nicht aggressiv. Ihr erster Instinkt ist es, so viel Abstand wie möglich zwischen sich und die Ursache ihrer Furcht zu legen. Gehör, Geruchssinn und Rundumsicht helfen ihnen, Gefahren zu entdecken. Ihre Geschwindigkeit erleichtert ihnen die Flucht. Treibt man sie in die Enge, drehen sie sich um und kämpfen mit Zähnen und Hufen. Pferde buckeln, um Angreifer von hinten zu vertreiben. Raubtiere wie z.B. Wölfe sprangen von hinten auf das Pferd, und seine letzte Möglichkeit der Verteidigung war das Bocken und Sichwinden, um die Angreifer abzuwerfen. Darum ist es wichtig, ein Pferd langsam und sanft an einen Reiter zu gewöhnen. Ein Pferd will seinem Reiter nichts Böses, doch wenn es ein Gewicht auf dem Rücken spürt, befiehlt ihm sein Instinkt, dieses abzuschütteln.

dem kräftig Luft durch die Nüstern geblasen wird, ist laut genug, um die Herde vor einer entfernten Gefahr zu warnen, ohne ihre Position zu verraten.

Pferde wiehern, um Freude zu zeigen oder um ein anderes Pferd zu warnen, damit es Distanz hält. Begegnen sich zwei Pferde, beschnuppern sie sich oft erst gegenseitig und geben dann quietschende Laute von sich. Das leise Wiehern ist ein sanfter, kehliger Begrüßungslaut. Mit einem langen, kehligen, lauten Wiehern rufen sie nach anderen Pferden oder tun ihre Anwesenheit kund. Ein verärgertes oder verängstigtes Pferd kann eine Art Röhren ausstoßen, um das Objekt seines Ärgers oder seiner Furcht einzuschüchtern. Wird ein Pferd überrascht oder will es sein Wohlbefinden ausdrücken, bläst es laut durch die Nase aus.

BEREIT ZUM KAMPF

Das Pferd kann Stimmungen und Absichten auch mit den Beinen und dem Hals ausdrücken. Mit dem Hals führt es manchmal aggressive, schlangenartige, vorschnellende Bewegungen aus, um Bisse auszuteilen. Hebt es ein Bein oder dreht es einem die Hinterhand zu, ist es bereit zu treten. Scharrt ein Pferd mit den Vorderfüßen, untersucht es etwas oder zeigt seine Ungeduld, sich endlich bewegen zu dürfen. Pferde heben zur Verteidigung oder zum Angriff ihre Vorderbeine in die Luft. Fühlt sich ein Pferd bedroht, steigt es und schlägt mit den Vorderbeinen aus.

AUGEN

Die Augen eines Pferdes sind normalerweise strahlend und aufmerksam. Bei Schmerzen oder Erschöpfung

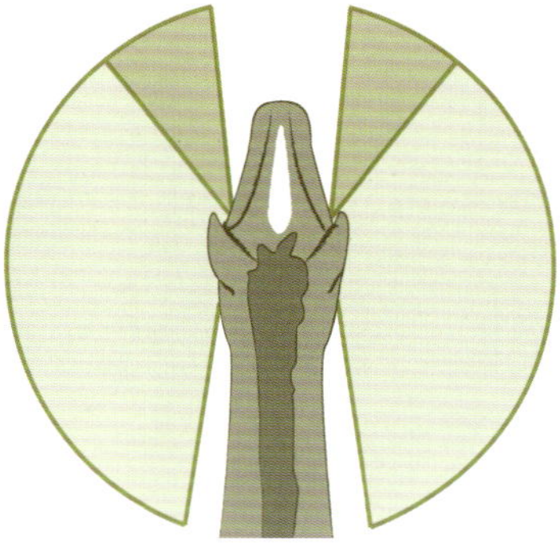

GESICHTSFELD Die Lage der Augen seitlich am Kopf ermöglicht Pferden eine Rundumsicht von fast 360 Grad. Sie sehen mit einem Auge jeweils den leicht schattierten Bereich, mit beiden Augen jedoch nur einen relativ begrenzten Radius, hier als dunkel schattierte Fläche dargestellt. Pferde haben zwei „blinde Flecken" – einen direkt vor dem Gesicht und einen direkt hinter sich, was ein guter Grund ist, sich einem Pferd nie aus diesen Richtungen zu nähern.

SEHSINN Das Auge eines Pferdes erfasst nicht so viele Details wie das menschliche Auge, aber macht sehr viel schneller Bewegungen aus. Pferde können auch besser als Menschen im Dunkeln sehen. Pferde nehmen Farbabstufungen wahr. Sie erkennen z.B. eher Gelb-, Grün- und Blautöne als Rottöne.

FLEHMEN Pferde flehmen, um einen besonders interessanten Geruch intensiv wahrzunehmen. Sie atmen ihn ein und stülpen ihre Oberlippe über die Nüstern. Dabei gelangt der Geruch in die Nasenhöhlen.

KÖNNTEN SIE NUR SPRECHEN Berührungen und die Haltung der Ohren sind für Pferde ein wichtiges Kommunikationsmittel. Sie verraten uns sehr viel über deren Stimmung.

schließt es die Augen zu Schlitzen. Beunruhigt es etwas, weiten sich die Augen. Ist es verärgert, rollt es die Augen nach hinten, bis das Weiße zum Vorschein kommt.

GERUCHS-, TAST- UND GESCHMACKSSINN

Ihren großen Nüstern und Nasenhöhlen verdanken Pferde ihren Geruchssinn. In freier Wildbahn nutzten sie ihn, um Raubtiere auszumachen und um Herdengenossen und Wasserquellen zu finden. Für Hengste ist der Geruchssinn wichtig, um rossige Stuten zu entdecken.

Pferde kommunizieren durch Berührungen miteinander und schubsen und hätscheln mit der Nase oder dem Kopf. Ihre Tasthaare helfen ihnen, Dinge zu erkunden. Wir Menschen lenken das Pferd über Berührungen: Beim Reiten steuern wir es mit unseren Beinen am Rumpf, und über die Zügel nehmen wir Kontakt mit dem Gebiss auf.

Pferde können bitter, süß, salzig und sauer schmecken, tolerieren allerdings weitaus bitterer schmeckende Substanzen als der Mensch. Wir glauben oft, Pferde hätten einen süßen Zahn, und geben ihnen zur Belohnung Zuckerstückchen, aber möglicherweise assoziieren Pferde damit einfach nur eine besondere Zuwendung, und der Geschmack als solcher hat gar keine Bedeutung.

PFERDE IN BEWEGUNG

In der fortgeschrittenen Dressur führt das Pferd alle möglichen erlernten Bewegungen vor. Alle basieren jedoch auf seinen vier natürlichen Gangarten: Schritt, Trab, Galopp und Renngalopp. Als Reiter lernen wir zu verstehen, wie das Pferd Beine und Körper bei jedem Schritt bewegt, um mit ihm in Balance zu bleiben oder es für die fortgeschrittene Reiterei so zu trainieren, dass sich Gang und Springvermögen verbessern.

SCHRITT UND TRAB

Der Schritt ist ein Viertaktgang: Das Pferd bewegt jedes Bein einzeln. Lauscht man seinen Schritten, hört man vier einzelne Hufschläge.

Der Trab ist ein Zweitaktgang. Das Pferd springt von einem Paar gleichzeitig diagonal aufsetzender Beine auf das andere. Bei jedem erfolgten Schritt hört man zwei Hufschläge. Während das Pferd von einer in die andere Diagonale springt, befindet es sich in einer kurzen Schwebephase. Ein guter Reiter macht sich diese Schwebephase zunutze, indem er dem Trab eine gute Elastizität und Auftrieb verleiht, was die Leistungsfähigkeit eines Dressurpferdes verbessert.

GALOPP

Der Galopp ist ein Dreitaktgang. Bei jedem Schritt hört man drei Hufschläge. In einer kurzen Schwebephase, bevor sich das Schrittmuster wiederholt, sind alle Füße

FLIEGENDE PFERDE Rennpferde werden so gezüchtet, dass sie gut galoppieren können. Das Bild zeigt die Schwebephase – alle vier Beine sind vom Boden abgehoben.

SCHRITT Schrittfolge im Viertakt: hinten rechts, vorne rechts, hinten links, vorne links.

TRAB Schrittfolge im Zweitakt: gleichzeitig hinten rechts und vorne links, dann hinten links und vorne rechts.

GALOPP Schrittfolge im Dreitakt: hinten außen, gleichzeitig innen hinten und außen vorne, innen vorne.

RENNGALOPP Schrittfolge im Viertakt: hinten links, hinten rechts, vorne links, vorne rechts, dann folgt eine Schwebephase, bevor das Muster von vorn beginnt.

vom Boden gelöst. Um seine Balance zu halten, galoppiert das Pferd, mit einem Vorderfuß voran, z.B. wenn es um eine Ecke biegt. Galoppiert es nach rechts, führt das rechte Vorderbein. Hat man die Schrittfolge einmal verstanden, bemerkt man, dass das rechte Vorderbein als letztes aufgesetzt wird! Auf einem Zirkel sollte immer im Rechtsgalopp nach rechts und im Linksgalopp nach links geritten werden.

RENNGALOPP

Der Renngalopp ist ein Viertaktgang, bei dem das Pferd den gesamten Körper streckt. Da der Schritt ebenfalls ein Viertaktgang ist, sagt man, ein Pferd mit einem guten Schritt galoppiere auch gut.

SPRINGEN

Alle Pferde können mehr oder weniger gut springen, aber um erstklassige Springpferde für Turniere zu trainieren, müssen Reiter viele Stunden an der Verbesserung der Kondition, Kraft und Technik eines Pferdes arbeiten. Ein Pferd mit einer guten Springtechnik hebt die Beine stark an und zieht die Fesseln eng an den Unterarm, um so viel Spielraum wie möglich über dem Hindernis zu lassen.

Springen

Um abzuspringen, hebt das Pferd die Schultern, stellt die Hinterbeine eng zusammen und nutzt die Kraft der Sprunggelenke, um vom Boden abzuheben. In der Luft sind die Vorderbeine eng angewinkelt, die Hinterbeine unter den Körper gezogen. Beim Landen streckt es die Vorderbeine aus. Der Hals ist leicht angehoben, um die Balance zu halten.

12

KOPF AN KOPF Bei diesem Geländejagdrennen für Amateur-Jockeys zeigen sich die Geschwindigkeit und Ausgelassenheit galoppierender und springender Pferde. Geschwindigkeit, Kraft und Mut der Pferde sind spektakulär.

MODERNE ZUCHT

Wie eine Pferderasse definiert wird, bestimmen heute Zuchtverbände, Pferdestammbücher und Stutbücher. Davor verstand man unter einer Rasse einfach eine Gruppe Pferde, die in einer bestimmten Gegend lebte. Ohne den Einfluss des Menschen wurden die Tiere einer solchen Gruppe mit der Zeit durch ihre Umgebung geformt und entwickelten gemeinsame Merkmale, etwa in Größe, Körperbau und Temperament.

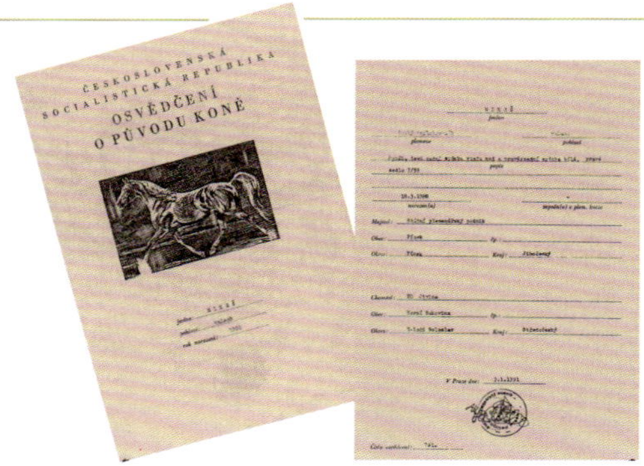

STUTBÜCHER Stutbücher verzeichnen den Stammbaum, Pedigree genannt, jedes Tieres, das als Rassepferd registriert ist. Die ältesten Stutbücher sind die der Araber und Englischen Vollblüter. Es gibt geschlossene und offene Stutbücher.

REGISTRIERTE RASSEN

In der modernen Zucht müssen bestimmte Kriterien erfüllt sein, damit eine Rasse anerkannt oder ein neuer Zweig als besondere Rasse registriert wird. Verschiedene Stutbücher und Zuchtverbände stellen unterschiedliche Anforderungen daran, wie eine Rasse definiert wird und welche Pferde oder Ponys als solche registriert werden. So werden in den USA Rassen anerkannt, die in Europa als Typ oder Kreuzung bezeichnet würden. Heute gibt es weltweit knapp über 200 Pferderassen.

GESCHLOSSENE STUTBÜCHER

Ein geschlossenes Stutbuch, wie das der Trakehner und Englischen Vollblüter, akzeptiert kein Blut von außen. Alle Pferde, die neu in das Stutbuch aufgenommen werden, müssen von Pferden abstammen, die bereits dort registriert sind. Die registrierten Pferde stellen die Basis der Rasse dar, und die Zucht aller nach ihnen aufgenommenen Tiere lässt sich auf ihren Ursprung zurückführen. Ein geschlossenes Stutbuch hat den Vorteil, dass die Reinheit des Pferdetyps erhalten wird, limitiert aber andererseits den Genpool, was dazu führen kann, dass sich ungewünschte Eigenschaften durchsetzen. Gelegentlich kommt es vor, dass ein geschlossenes Stutbuch für eine begrenzte Zeit geöffnet wird, um frisches Blut einfließen zu lassen.

WARMBLUT Um ein ideales Turnierpferd zu züchten, wurden die Eigenschaften des Vollbluts um die Zähigkeit, Ruhe und vollkommeneren Bewegungen mancher Kaltblutrassen ergänzt.

VOLLBLUT Der Araber ist seit Jahrhunderten reinrassig. Er gilt als Vater aller Rassen.

OFFENE STUTBÜCHER

Einige Stutbücher haben Anhänge oder Register, die es ermöglichen, eine größere Anzahl von Pferden unter einer Rasse zusammenzufassen. Beispielsweise hat die American Quarter Horse Association ein Stutbuch, in das Nachkommen registrierter Quarter Horses eingetragen werden können. Der Verband führt auch einen Anhang für Nachkommen von Kreuzungen aus Vollblütern und Quarter Horses. Diese Pferde werden vorübergehend in den Anhang aufgenommen und können sich ihren Platz im Stutbuch „verdienen", indem sie bestimmte Leistungskriterien erfüllen.

Ein offenes Stutbuch, wie es in vielen Teilen Europas geführt wird, bietet mehr Flexibilität. Viele Zuchtunterlagen gingen während der beiden Weltkriege verloren. Daher hatten viele Länder keine andere Wahl, als von vorn zu beginnen. In einem offenen Stutbuch können Nachkommen anerkannter Rassepferde registriert werden, auch wenn die Eltern nicht derselben Rasse angehören. Die meisten Warmblutrassen entstanden durch Kreuzungen schwererer Zug- oder Kutschpferde bestimmter Länder mit reinrassigeren Vollblütern. Nach weiteren Kreuzungen und Auslesen entwickelten sich verschiedene Warmblutrassen. So ermöglichte es das offene Stutbuch den Züchtern, mit vielen Blutkreuzungen zu experimentieren, um ein Pferd zu züchten, das den einer bestimmten Rasse entsprechenden Typus und Körperbau sowie deren Temperament und Leistungsfähigkeit besitzt.

VOLLBLUT, WARMBLUT UND KALTBLUT

Alle Pferde und Ponys sind Voll-, Warm- oder Kaltblüter. Dies hat nichts mit ihrer Bluttemperatur zu tun, sondern mit ihren Ursprüngen. Die bekanntesten Vollblüter sind Araber und Englische Vollblüter, die direkten Nachfahren der Araber, deren Stammbaum mehrere Hundert Jahre alt ist. Vollblüter gelten als nervöser als andere Rassen, aber das Training und die Umgebung nehmen starken Einfluss darauf, wie sich das Temperament eines Pferdes entwickelt. Das heiße Blut, das man den Arabern nachsagt, bezieht sich auf ihre ursprüngliche Umgebung, die Wüsten des Nahen Ostens und Nordafrikas.

Kaltblüter sind schwere, kräftigere, langsamere und ruhigere Pferde, die vom Typus des Waldpferdes aus dem Norden abstammen. Ihre gedrungene Statur passte zu dem kälteren Klima ihrer nordischen Heimat.

Zu den Warmblütern zählen Ponys und Pferde, die aus Kreuzungen von Vollblütern und Kaltblütern entstanden. Sie vereinen die Qualität und Athletik der Vollblüter mit dem stabileren Charakter der Kaltblüter.

PFERDETYP

Der Typus eines Pferdes bezieht sich nicht auf seine Rasse, sondern darauf, dass es für eine bestimmte Aufgabe gezüchtet wurde. Ein Hunter wird beispielsweise nach den für seine Aufgaben als Jagdpferd geschätzten Eigenschaften bewertet: Zuverlässigkeit, Kraft und Gehorsam. Auch andere Rassen oder Kreuzungen könnten diesen Anforderungen gerecht werden.

KALTBLUT Arbeitspferde aus der ganzen Welt gehören, so wie dieses Shire, der Kategorie der Kaltblüter an. Typischerweise sind sie härter und weniger filigran als ihre warmblütigen Pendants.

FELLFARBEN UND ABZEICHEN

Grundsätzlich haben Pferde vier Fellfarben: Es gibt Rappen, Schwarzbraune, Braune und Füchse. Alle anderen Farben sind Mischungen oder Schattierungen bzw. Muster dieser Grundfarben. Viele Leute bevorzugen Pferde in ihrer Lieblingsfarbe, aber bei der Beurteilung eines Pferdes sollte der Zustand des Fells wichtiger sein als die Farbe.

BRAUNER Das helle Braun bringt das Pferd sehr gut zur Geltung; die Konturen werden von dem schwarzen Mähnen- und Schweifhaar betont. Die Farbe eines Braunen kann von Hell- bis zu Schwarzbraun variieren.

WELCHE ROLLE SPIELT DIE FARBE?

Auch wenn einige alte Pferdehalter das glauben, sagt die Farbe nichts darüber aus, was ein Pferd kann. Eines der vielen Sprichwörter besagt: „Ein gutes Pferd hat nie eine schlechte Farbe." So wird angenommen, Fuchsstuten seien unausgeglichen und feurig und Rappen hätten einen schwarzen Charakter, aber solche Aussagen haben weder Hand noch Fuß. Verschiedenfarbige Pferde waren in den USA immer beliebt, aber in Großbritannien lehnte man sie als wertlos ab. In jüngster Vergangenheit sind sie vor allem bei Freizeitreitern begehrt, und heute züchtet man sie bewusst, um dieser Nachfrage gerecht zu werden.

RAPPEN

Auch wenn Schwarz eine dominante Farbe ist, gibt es selten vollkommen schwarze Pferde. Bei einem Rappen sind Fell, Mähne und Schweif schwarz. Doch das dafür verantwortliche Gen wird schnell von den Genen für die Farben Braun und Schwarzbraun verändert. Deshalb sind diese Farben häufiger anzutreffen. Rappen setzten sich allerdings gegenüber Füchsen durch: Paart man diese beiden, wird das Fohlen schwarz. Einige Rassen tendieren eher als andere zur Farbe Schwarz. Friesen beispielsweise sind immer schwarz und werden deshalb gern bei Beerdigungen eingesetzt.

SCHWARZBRAUNER Dies ist eine häufigere Fellfarbe als Schwarz, obwohl man oft sehr genau hinsehen muss, um den Unterschied erkennen zu können. Ein schwarzbraunes Pferd hat dunkelbraunes Mähnen- und Schweifhaar.

SCHWARZBRAUNE

Diese Pferde haben schwarzbraunes Fell und dunkelbraunes Mähnen- und Schweifhaar. Dabei können Augen, Maul und Fesseln hellbraun umrandet sein. Oft ist das Fell so dunkel, dass es wie Schwarz wirkt und nur bei genauerem Hinsehen als Braun zu erkennen ist.

BRAUNE

Braune haben rotbraunes oder braunes Fell, aber Mähne, Schweif und das Haar an ihren Fesseln sind schwarz. Braune gibt es in vielen Schattierungen: hell, dunkel und mahagonifarben.

FÜCHSE

Die Farbe der Füchse deckt ein breites Spektrum an Schattierungen ab, von blassem Gold über kräftiges Rot bis zu einem dunklen Kastanienton.

FUCHS Bei einem Fuchs können Mähne und Schweif den gleichen Farbton haben wie das Fell oder aber auch heller oder dunkler sein. Die Farben variieren von hellem bis zu dunklem Kastanienbraun.

RAPPE Dies ist eine relativ seltene, aber sehr auffällige Farbe. Sie erinnert an dramatische Bilder von Pferdestars wie Black Beauty. Dales- und Fell-Ponys haben friesische Vorfahren und sind deshalb häufig schwarz.

SCHIMMEL

Reinweiße Pferde, Albinos genannt, sind sehr selten. Sie werden mit weißem Fell und rosa Haut geboren. Die Farbe Grau resultiert aus einem Pigmentverlust eines von Geburt her andersfarbigen Fells. Bei Grauschimmeln gibt es verschiedene Abstufungen und Varianten, aber wenn sie älter werden, hellt sich das Fell in der Regel auf. Die international berühmtesten Schimmel sind die Lipizzaner. Auch sie waren einmal grau, aber die Spanische Hofreitschule in Wien präsentiert ältere Pferde, die in diesem Reifestadium bereits weiß sind.

ALBINO

SCHIMMEL

FLIEGENSCHIMMEL

STICHELHAAR

Hier mischt sich eine der Grundfarben mit Weiß. Die Ergebnisse sind vielfältig, je nach Verhältnis zwischen weißem und farbigem Haar. Diese drei Farbtöne sind typisch:

• Blau- oder Grauschimmel – eine Mischung weißer und schwarzer Haare. Mähne und Schweif sind schwarz.

• Braunschimmel – eine Mischung weißer und brauner Haare.

• Rotschimmel – eine Mischung weißer und kastanienbrauner Haare. Meist weisen das Gesicht, der untere Teil der Beine, die Mähne und der Schweif einen größeren Anteil der stärker ausgeprägten Farbe auf, während sich am Körper mehr weißes Fell befindet.

BRAUNSCHIMMEL

ROTSCHIMMEL

SILBERSCHIMMEL

PALOMINO

Palominovarianten (auch Isabell) reichen von blass cremefarben über Gold bis zu dunklen Bronzetönen. Mähne und Schweif sind häufig silber- oder flachsfarben. Diese Farben sind inzwischen bei einem breiten Spektrum an Rassen vertreten, jedoch nie bei Arabern oder Englischen Vollblütern, die auch niemals gescheckt oder gepunktet sind. In Amerika heißt eine Pferderasse Palomino. Im Fernsehen wurde ein Palomino zum Star: Trigger, eine Kreuzung aus Quarter Horse und Vollblut, wurde von Roy Rogers gemanagt. Als das Pferd 1965 starb, stopfte man es aus und stellte es im Roy-Rogers-Museum aus.

PALOMINO

BLASSGOLD

BRONZE

FALBE

Falben variieren von Creme- bis zu Goldtönen und können auch Nuancen von Blau oder Silber aufweisen. Oft sind die untere Beinpartie, Mähne und Schweif und manchmal das Gesicht dunkelbraun oder schwarz. Die Pferde haben auch häufig dunkle Aalstriche. Die stämmigen Fjordponys aus Norwegen sind immer Falben und haben einen deutlich ausgeprägten Aalstrich, eine schwarze Linie, die vom Nacken über den Rücken bis zum Schweif verläuft. Das Asiatische Wildpferd oder Przewalski-Pferd ist auch immer falbfarben und hat oft Zebrastreifen an den Beinen und einen Aalstrich.

BLAUER FALBE MIT AALSTRICH

GOLD

CREME

SCHECKEN

Bei gescheckten Pferden mischen sich weiße Flecken mit einer anderen Farbe, etwa Schwarz, Schwarzbraun, bis zu Braun oder Falbfarben. Die Farben können sich sehr unterschiedlich verteilen, von kleinen weißen Tupfern bis hin zu vorwiegend weißem Fell mit farbigen Flecken:

- Piebald – weiß mit schwarzen Flecken.
- Skewbald – weiß mit andersfarbigen Flecken.
- Overo – dunkles Fell mit großen weißen Flecken.
- Tobiano – weißes Fell mit großen Flecken in Braun, Kastanie oder Schwarz.

Der Pinto gehört zu den bekanntesten Schecken.

SKEWBALD

TOBIANO

OVERO

APPALOOSAS

Pferde mit gepunktetem Fell wurden schon vor 20 000 Jahren auf Höhlenwänden dargestellt. Heutzutage gehören die Appaloosas zu den häufigsten gefleckten Pferden. Sie wurden im 18. Jahrhundert von dem Indianerstamm Nez Percé gezüchtet, deren Land an den Fluss Palouse in Oregon, USA, grenzte. Mit der Zeit veränderte sich der Name Palouse-Pferd in Appaloosa. Die Fellmuster der Appaloosas heißen:

- Leopardenschecke – weiße Lenden und Hüften mit dunklen, eiförmigen Punkten.
- Schneeflockenschecke – Punkte überall am Körper und besonders über den Hüften.
- Schabrackenschecke – Punkte oder Flecken auf dem Körper, außer über den Hüften, die weiß sind.
- Marmorschecke – kleine dunkle Punkte/Flecken auf hellem Fell.
- Frostschecke – kleine weiße Flecken auf dunklem Fell.

APPALOOSA

LEOPARD

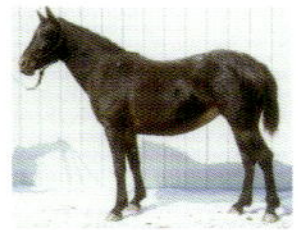

SCHNEEFLOCKE

SCHABRACKEN-SCHECKE

MARMOR

FROST

Abzeichen

Pferde haben individuelle Abzeichen, die sie einzigartig machen. Einige sind deutlich sichtbar, wie die weißen Abzeichen an Kopf und Beinen, andere – bekannt als Wirbel – eher dezent. Sie alle ermöglichen es, ein Pferd zu identifizieren.

An den kreisrunden Wirbeln wächst das Fell in verschiedene Richtungen. Stellt der Tierarzt einen Pferdepass aus, zeichnet er alle Wirbel und andere farbige Kennzeichen ein.

Daumenzeichen des Propheten

Als Daumenzeichen des Propheten wird die Vertiefung eines Muskels bezeichnet, in der Regel im Nacken des Pferdes, aber manchmal auch am Rumpf. Sie sieht so aus, als hätte jemand seinen Daumen in den Muskel gedrückt und eine Delle zurückgelassen. Der Legende nach segnete der Prophet Mohammed die Gründungsstuten der Araberrasse, indem er seine Hand auf ihre Nacken legte. Das Merkmal dieser Segnung soll sich von Generation zu Generation auf den besten Nachkommen vererben.

Weiße Abzeichen

Weiße Abzeichen haben Pferde meist an Gesicht und Beinen.

Sprichwort unter Pferdekennern:

Ein weißer Strumpf: Kauf das Pferd.
Zwei weiße Strümpfe: Probier das Pferd.
Drei weiße Strümpfe: Schau es dir genau an.
Vier weiße Strümpfe: Lass es stehen.

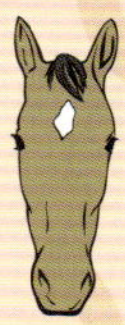

STERN

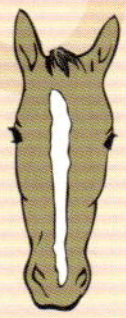

SCHNUR-BLESSE

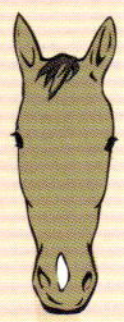

SCHNIPPE

WEISSE KRONE

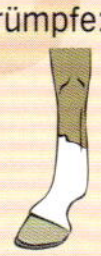

WEISSER FUSS

HOCHWEISSER FUSS

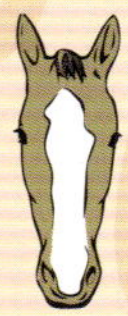

BLESSE

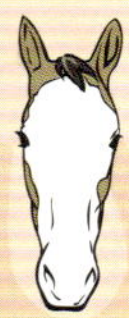

LATERNE

KÖRPERBAU

Die Beschaffenheit von Skelett und Muskulatur eines Pferdes bestimmt seinen Körperbau. Ein gut gebautes Pferd erfüllt seine Aufgabe wahrscheinlich leichter. Es hat eine bessere Balance und verletzt sich nicht so leicht.

GUTE PROPORTIONEN Ein gut proportioniertes Pferd ist eine Augenweide, wie dieser hübsche Grauschimmel. Man braucht kein Pferdekenner zu sein, um zu erkennen, dass die Proportionen harmonisch sind.

DAS IDEALE GEBÄUDE

Der Körperbau variiert bei verschiedenen Pferderassen, abhängig davon, für welchen Zweck sie gezüchtet wurden. Arbeits- oder Zugpferde sind eher stämmig, kräftig und untersetzt, Rennpferde länger, schlanker und stromlinienförmiger. Der Körperbau des Pferdes bestimmt, wie gut es sich bewegt und springt. Die Ausprägung der Muskulatur hängt vom Training ab, d. h. davon, welche Muskeln das Pferd am stärksten beansprucht. Nur wenige Pferde haben einen perfekten Körperbau, aber es ist wichtig, sich zu vergewissern, dass sie bestimmte Stärken haben und in der Lage sind, den gewünschten Anforderungen gerecht zu werden.

KÖRPERBAU Das Skelett des Pferdes bietet den Rahmen für die Muskulatur. Ein Pferdekenner ist in der Lage, „unter die Haut zu blicken", um den Körperbau zu beurteilen, mit dem er es beim Training zu tun hat. Proportionen und Positionierung der Knochen eines Pferdes bestimmen seine athletischen Kapazitäten.

GUTE BEINE

Die Gliedmaßen eines Pferdes sollten harmonisch proportioniert sein. Perfekte Beispiele sind jedoch selten: Viele erfolgreiche Turnierpferde haben Stellungsfehler, und die Vorstellungen der Pferdehalter, was genau sie bei einem Pferd suchen, sind verschieden. Die Beine sollten von der Schulter bis zum Huf gut proportioniert sein und einen Winkel von 45 Grad zwischen Fessel und Huf aufweisen. Die Fesseln dürfen nicht übermäßig lang sein, um Sehnen und Bänder nicht zu stark zu belasten. Zu kurze Fesseln rufen beim Laufen starke Erschütterungen hervor. Von der Seite aus gesehen sollten die Beine vom Knie abwärts nicht zu stark nach vorn (vorständig) oder nach hinten (rückständig) stehen.

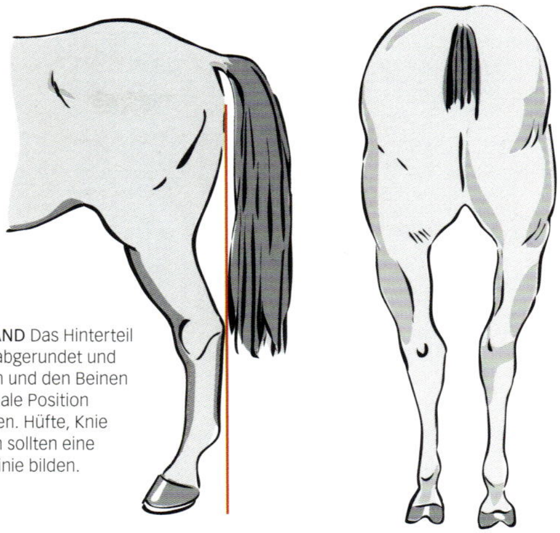

HINTERHAND Das Hinterteil sollte gut abgerundet und kräftig sein und den Beinen eine optimale Position ermöglichen. Hüfte, Knie und Boden sollten eine vertikale Linie bilden.

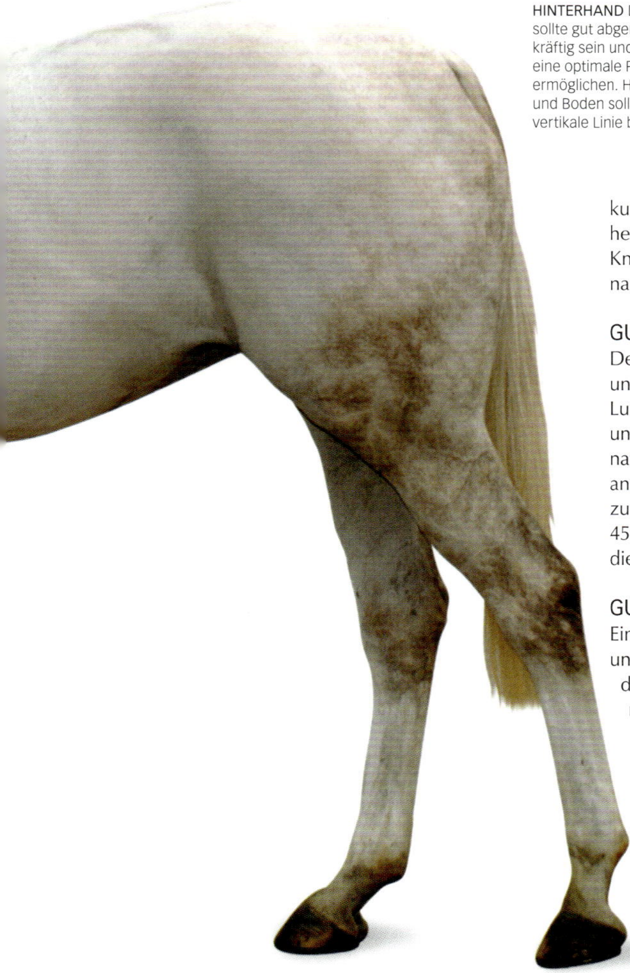

GUTER KOPF

Der Kopf sollte eine breite Stirn haben, der Nacken kräftig und gut proportioniert sein. Kopf und Hals dürfen die Luftröhre nicht einengen, damit das Pferd ungehindert und effektiv atmen kann. Der Hals sollte dem Pferd eine natürliche und bequeme Haltung ermöglichen. Ein tief angesetzter Hals erschwert es dem Pferd, die Vorhand zu entlasten und zu heben. Die Schultern sollten einen 45-Grad-Winkel aufweisen. Ein zu steiler Winkel begrenzt die Kapazität des Pferdes auszuschreiten.

GUTER BRUSTKORB

Ein breiter Brustkorb bietet viel Raum für Herz und Lunge und ermöglicht dem Pferd kräftige Bewegungen der Vorderbeine. Der Rücken sollte gerade und weder zu lang noch zu kurz sein. Idealerweise entspricht der Abstand zwischen Widerrist und Kruppe der Halslänge vom Genick bis zum Widerrist.

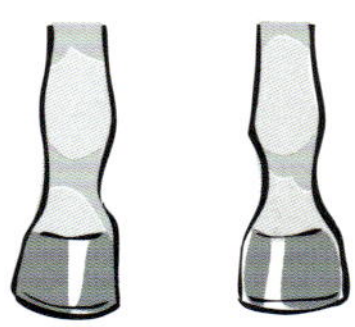

HUFE Die Hufe sollten die Kraft, Größe und Form aufweisen, um das Gewicht von Pferd und Reiter tragen zu können.

PFERDEPFLEGE

Jeder Pferdebesitzer bemerkt schnell, dass man für die Pferdepflege viel mehr Zeit aufwendet als für das Reiten selbst. Aber diese Zeit ist gut angelegt, denn sie ermöglicht es dem Reiter, eine Beziehung zu dem Pferd aufzubauen: Man lernt, wie es in verschiedenen Situationen reagiert und wie man am besten mit ihm umgeht. Dieses Wissen kann auch beim Reiten und Trainieren effektiv genutzt werden. Damit das Pferd gute Leistungen erbringt, muss es kräftig, zufrieden und gesund sein. Ein Großteil der Verantwortung des Besitzers besteht darin zu lernen, wie er dies am besten gewährleistet.

VERANTWORTUNGSVOLLE AUFGABE Pflege und Wohlbefinden eines im Stall gehaltenen Pferdes hängen ausschließlich von seinem Besitzer ab. Regelmäßiges Futter und Training sind unerlässlich, damit es zufrieden und gesund bleibt.

DAS EIGENE PFERD

Viele Pferde- und Ponyliebhaber träumen davon, ein eigenes Pferd zu besitzen, aber dies geht mit großer Verantwortung einher. Das Pferd von Freunden zu reiten oder einmal in der Woche eine Reitstunde zu nehmen liegt Welten von der Arbeit und den Kosten entfernt, die ein Pferd verursacht. Pferde und Ponys müssen versorgt werden, und sie fühlen sich am wohlsten, wenn ihr Leben einem regelmäßigen Ablauf unterliegt.

ENGAGEMENT

Man sollte mindestens zweimal am Tag nach einem Pferd oder Pony sehen, das nur auf der Weide gehalten wird. Ein Pferd zu besitzen erfordert also Disziplin und Engagement. Ebenso wichtig ist es, dass man ein wenig vom Umgang mit Pferden versteht und genügend über ihre Pflege weiß. Pferde sind groß, stark und unberechenbar, und man muss sie mit Respekt behandeln. Am Boden passieren ebenso viele Unfälle mit Pferden wie beim Reiten.

TÄGLICHER UMGANG Für ein Tier zu sorgen ist die beste Möglichkeit, es kennenzulernen.

Um sich selbst und dem Pferd gegenüber fair zu sein, ist ein gewisses theoretisches und praktisches Grundwissen unerlässlich.

MIETSTÄLLE

Wer Land und eigene Ställe hat, sorgt wahrscheinlich komplett selbst für sein Pferd. Eine Alternative besteht darin, eine Box für das Pferd

WEIDEHALTUNG Nach einem Pferd, das auf der Weide gehalten wird, sollte man zweimal täglich sehen und prüfen, ob es ihm gut geht.

zu mieten. Mietställe bieten mehrere Möglichkeiten der Pferdepflege. Manche stellen nur Box und Wiese zur Verfügung, andere übernehmen die Pferdepflege ganz, außer man möchte das Pferd selbst reiten und versorgen.

Die Vorteile, das Pferd in einem Reitstall unterzustellen, liegen darin, dass andere die Arbeit übernehmen können, wenn man selbst zu beschäftigt ist. Es gibt viel Gesellschaft, sowohl die anderer Leute als auch anderer Pferde. Man kann auch Einrichtungen nutzen, die man sonst nicht zur Verfügung hätte, z. B. eine Reithalle, eine Longieranlage und einen Springplatz.

GEGENSEITIGES KENNENLERNEN

Hat man jedoch die Zeit, den Stall, die Weide und das Know-how, lernt man wesentlich mehr über sich und sein Pferd, wenn man die Pflege komplett selbst übernimmt. Pferd und Reiter müssen als Team zusammenarbeiten. Sich selbst um ein Pferd zu kümmern ist eine großartige Möglichkeit, es kennenzulernen. Ein Pferd fühlt sich mit seinem Besitzer umso wohler, je mehr Zeit er mit ihm verbringt.

GESELLSCHAFT Zu den Vorteilen, ein Pferd in einem Reitstall unterzustellen, zählt, dass es viele Leute gibt, die ihm Gesellschaft leisten oder es reiten. Bei Problemen findet man zudem immer Unterstützung. Möglicherweise lassen sich sogar Fahrgemeinschaften bilden.

Die wichtigsten Kosten der Pferdehaltung

Manche Kosten sind nicht vorhersehbar: Man sollte etwa ein Budget für den Tierarzt einplanen. Pferde sind recht anfällig für Verletzungen und Krankheiten. Man kann Versicherungen abschließen, die sehr hohe Tierarztkosten übernehmen und bei Tod oder Diebstahl bezahlen. Wenn man sie sich leisten kann, sind sie eine vernünftige Vorsichtsmaßnahme.

EINMALIGE KOSTEN

- Kaufpreis des Pferdes
- Ankaufsuntersuchung durch den Tierarzt – eine lohnende Maßnahme, selbst wenn man das Pferd kennt
- Transportkosten – In der Regel kommt der Käufer für den Transport des Pferdes in sein neues Zuhause auf.
- Sattelzeug und Grundausstattung – Sattel, Zaumzeug, Halfter, Decken, Putzzeug etc.

LAUFENDE KOSTEN

- Stallmiete
- Futter – Heu und Kraftfutter
- Hufschmied – alle vier bis sechs Wochen
- Routinebehandlungen – Impfung, Wurmkur, Zähne feilen
- Zusätzliches Sattelzeug und Ausrüstung – Decken, Bandagen, schützende Reiseausrüstung, Reitbekleidung etc.
- Wer Turniere reiten möchte, sollte die Kosten nicht unterschätzen – Transportkosten, Meldegebühren sowie die besondere Ausstattung für Pferd und Reiter.

EIN PFERD AUSWÄHLEN

In der Regel ist es leichter, ein Pferd zu kaufen, als eines zu verkaufen. Manch einer lebt gut vom Handel mit Pferden, aber die meisten Leute erwerben ein Pferd, das sie behalten möchten. Am besten kauft man eins, das man bereits kennt, von jemandem, dem man vertraut. Wer in einem Verein reitet, kann sich informieren, ob eines der Schulpferde verkauft wird. Auch Ponyclubs und Reitvereine sind gute Adressen.

WO MAN SICH INFORMIERT

Pferdemagazine und lokale Zeitungen annoncieren in der Regel Pferde zum Verkauf, und idealerweise kann man ein Pferd eine gewisse Zeit ausprobieren, bevor man sich verpflichtet, es zu kaufen. Es empfiehlt sich, ein Pferd in der Umgebung zu kaufen, denn der Verkäufer ist wahrscheinlich ehrlicher zu einem Käufer, dem er wahrscheinlich immer wieder begegnen wird. Zuverlässige Pferdehändler sind normalerweise eine gute Alternative. Erstens kann man dort meist mehrere Pferde Probe reiten, und zweitens nehmen die meisten ein Pferd zurück und bieten ihren Kunden ein anderes an, wenn sie nicht damit zurechtkommen.

DIE EIGENEN GRENZEN KENNEN

Pferdekäufer beschweren sich zwar häufig, die Verkäufer seien sehr sparsam mit der Wahrheit über das, was sie verkaufen, aber es ist ebenso wichtig, dass die Kunden ehrlich sind, wenn es um ihre eigenen Fähigkeiten, Erfahrungen und Wünsche geht. Ein besserer Reiter als man selbst kann ein Pferd auch besser präsentieren. Man darf nie davon ausgehen, dass sich ein Pferd, das bei einem anderen Reiter gut geht, bei einem selbst genauso verhält. Also gilt es, sich zu vergewissern, ob das Pferd die erwarteten Leistungen erbringt.

GESUNDHEITSCHECK VOR DEM KAUF

Idealerweise lässt man ein Pferd vor dem Kauf von einem Tierarzt untersuchen. Nur wenige Pferde sind perfekt, und die meisten zeigen Zeichen des Verschleißes. Ein Tierarzt, der das Pferd untersucht, kann darüber Auskunft geben, ob es die Erwartungen seines Käufers erfüllt. Oft verrät auch die

TIERÄRZTLICHE UNTERSUCHUNG Bei einem Gesundheitscheck wird geprüft, ob Körperbau, Gliedmaßen, Augen und Herz eines Pferdes gesund sind. Hufe und Beine können auf Wunsch geröntgt werden, aber dadurch steigen die Kosten.

Geschichte des Pferdes eine Menge. Hat es beispielsweise Saison um Saison an Turnieren teilgenommen, gibt es keine verdächtige Lücke im Lebenslauf, in der es verletzt gewesen sein könnte. Allerdings ist es nicht die Aufgabe des Tierarztes zu beurteilen, ob Temperament und Können eines Pferdes zu seinem Reiter passen. Dies muss dieser bereits selbst entschieden haben, bevor er den Gesundheitscheck fordert.

VERSICHERUNGEN

Ein Pferd kann eine erhebliche Kapitalanlage darstellen, sodass man es versichern möchte. Die preiswerteste Versicherung deckt Tod und Diebstahl ab, aber angesichts hoher Tierarztkosten lohnt es sich, auch diese zu versichern. Der Leistungsverlust des Pferdes ist ein umstrittenes Thema. Das Pferd ist hierbei nur noch begrenzt für die Aufgabe einsetzbar, für die man es gekauft hat. Beispielsweise erholt sich ein Vielseitigkeitspferd nach einer schweren Sehnenverletzung nicht mehr vollständig und kann nur noch an Jagden teilnehmen. Dies versichern zu lassen ist recht teuer, und manche Versicherungen bestehen auf einer längeren „Erholungsphase", um zu prüfen, ob das Pferd sich nicht doch noch regeneriert.

Pferdeversteigerungen

In vielen Ländern gibt es zahlreiche Versteigerungen für Pferde und Ponys. Auf einigen kann man Gebrauchspferde für jeden Tag kaufen, andere sind auf Sportpferde, Zuchtpferde oder Stuten spezialisiert. Ihr Vorteil ist, dass man sich sehr viele Pferde ansehen kann. Allerdings sind die Möglichkeiten begrenzt, sie Probe zu reiten oder viel über sie in Erfahrung zu bringen. Überdies muss man sich schnell zum Kauf entscheiden. Wer ein Pferd bei einer Versteigerung oder Auktion kauft, sollte genau wissen, was er tut und was er sich vorstellt.

PROBE REITEN Wenn man sich nach einem Pferd umsieht, ist es sinnvoll, eine erfahrenere Person zur Beratung mitzunehmen. Während man das Pferd beim Reiten prüft, kann der Begleiter die Gangarten sowie die Haltung beurteilen.

DIE GESUNDHEIT DES PFERDES

Jedes Pferd hat eigene Merkmale und Eigenschaften. Man sollte sich die Zeit nehmen, sein Pferd zu beobachten, um etwas über seine typischen Verhaltensweisen und Bewegungen zu erfahren. So bemerkt man, wenn etwas nicht stimmt.

SO ERKENNT MAN EIN GESUNDES PFERD

Ein gesundes Pferd ist robust und sollte weder zu dünn noch zu dick sein. Es empfiehlt sich, Haut und Fell genau in Augenschein zu nehmen. Die Nüstern sollten sauber sein, die Augen klar und glänzend, der Gesamteindruck aufmerksam und wach. Jedes Pferd bzw. Pony hat einen eigenen Charakter. Diesen zu kennen und zu bemerken, wenn es sich abweichend verhält, ist das beste Frühwarnsystem.

Befindet sich das Pferd zusammen mit anderen auf der Weide, kann man beobachten, ob es gesellig ist oder eher ein Einzelgänger. Hat es ein aktives Interesse an allem, was in der Umgebung passiert, oder schaut es nur herüber und grast dann weiter? Kennt man das typische Verhalten seines Pferdes, fällt einem schnell auf, wenn etwas nicht in Ordnung ist. Physische Warnzeichen, auf die man achten sollte, sind beispielsweise Lustlosigkeit, stumpfes Fell oder Ausfluss aus Augen oder Nüstern.

IM STALL

Im Stall kann man ein Pferd natürlich leichter beobachten als auf der Weide. Auch hier sollte man darauf achten, ob es gewöhnlich den Kopf über die Tür streckt und beobachtet, was passiert, oder ob es lieber ruhig im hinteren Teil der Box steht. Legt es sich oft hin, oder wälzt es sich häufig? Auch hier gilt: Wenn man das normale Verhalten kennt, stellt man schnell fest, ob dem Pferd etwas fehlt. Mangelnder Appetit, zu viel oder zu wenig Durst und jede Veränderung in der Konsistenz der Pferdeäpfel sind Anzeichen dafür, dass ein Pferd krank ist.

ROUTINEUNTERSUCHUNGEN

Es ist wichtig, die normale Körpertemperatur, die Pulsfrequenz und die Atemgeschwindigkeit eines Pferdes zu kennen. Nennt man dem Tierarzt die normalen Werte, kann er beurteilen, ob das Pferd krank ist. Natürlich führt er später eigene Messungen durch. Die Körpertemperatur sollte bei einem Pferd etwa 38 °C betragen. Sie wird gemessen, indem man ein Thermometer in das Rektum einführt, das nach ungefähr einer Minute abgelesen wird.

Die Pulsfrequenz gibt den Herzschlag an. Normal sind im Ruhezustand 40 Schläge pro Minute. Man misst den Puls, indem man einen Finger gegen die Arterie drückt, die in der Mitte des Unterkieferknochens verläuft.

Bei einem Routinebesuch kann man sich vom Tierarzt diese Stelle zeigen lassen, damit man den Puls selbst überprüfen kann. Ein gesundes Pferd atmet im Ruhezustand pro Minute etwa acht- bis zwölfmal. Beim Atmen bewegen sich die Flanken des Pferdes auf und ab, was man sehen und zählen kann.

TÄGLICHER CHECK Auch wenn das Pferd gesund wirkt, muss man täglich prüfen, ob ihm nichts fehlt. Am besten ermuntert man es, auf der Weide zu gehen oder zu traben, und prüft, ob es sich steif bewegt oder lahmt. Bei Zweifeln bittet man jemanden, es im Trab zu führen, um es sich anzusehen.

Untersuchung von Hufen und Beinen

Beine und Hufe sollten sich kalt und hart anfühlen. Vorsicht, wenn die Hufe heiß oder die Beine heiß und geschwollen sind. Verletzte oder entzündete Hufe verursachen Lahmheit, verletzte und überdehnte Sehnen Hitze und Schwellungen. An den Gliedmaßen verletzt sich ein Pferd mit am häufigsten. Man sollte es sich zur Gewohnheit machen, die Hufe auf Beeinträchtigungen oder Fremdkörper zu untersuchen und zu fühlen, ob die Beine heiß sind oder Unregelmäßigkeiten wie Schwellungen, Klumpen oder Beulen aufweisen.

STALLHALTUNG

Ein im Stall gehaltenes Pferd braucht tägliche Pflege, bei der gefüttert, ausgemistet, geputzt und geritten wird. Im Idealfall hat es jeden Tag ein paar Stunden Auslauf. Pferde sind nicht dafür geschaffen, stundenlang mit leerem Magen ruhig zu stehen, um dann eine große Portion Futter zu bekommen. In Freiheit würden sie den ganzen Tag über umherstreifen und grasen, sich also ununterbrochen bewegen und fressen.

TÄGLICHE ROUTINE

Morgens sollte das Pferd Raufutter – wie Heu oder Heulage – und bei Bedarf Kraftfutter und frisches Wasser bekommen. Es ist leichter und gesünder, eine Box auszumisten, wenn das Pferd nicht darin steht, etwa, wenn es sich zum täglichen Auslauf auf der Weide befindet. Bekommt es Kraftfutter, sollte es erst frühestens eine Stunde später geritten werden. Der Trainingsplan muss also auf die Fütterungszeiten abgestimmt sein. Steht ein Pferd den ganzen Tag im Stall, sollte es jederzeit Heu fressen können, oder man gibt ihm mittags und dann am frühen Abend Heu. Je nachdem, wie hart es arbeitet, braucht ein Pferd zwei-, drei- oder sogar viermal täglich Kraftfutter. Idealerweise wird es nachmittags geputzt und draußen longiert. Am frühen Abend bekommt es dann außer Heu gegebenenfalls Kraftfutter. Über Nacht legt man ihm eine Decke auf. Einige Stunden nach der Abendfütterung sollte man noch einmal nach dem im Stall gehaltenen Pferd sehen, denn zu dieser Zeit treten am wahrscheinlichsten Verdauungsprobleme wie Koliken auf (siehe S. 47).

STAUBFREIE UMGEBUNG

Staub ist für Pferde genauso schädlich wie für Menschen. Man sollte jede Anstrengung unternehmen, für das Pferd eine so staubfreie Umgebung wie möglich zu schaffen. Dazu müssen die Ställe gut belüftet sein; Einstreu und Heu sollten möglichst staub- und schimmelfrei sein.

DER STALL Die Umgebung des Stalles sollte sauber und ordentlich sein. Pferde haben einen Hang dazu, auf Gegenstände zu treten oder sich darin zu verwickeln. Das Werkzeug zum Ausmisten sollte an einer Wand stehen, oder besser, daran aufgehängt werden.

Ausmisten

1 Die noch trockene Einstreu wird mit einer Mistgabel beiseitegeharkt und nur der nasse Mist aus der Box entfernt.

2 Der blanke Boden der Box wird gefegt. Die außen angehäufte Einstreu bleibt so lange liegen, bis der Boden getrocknet ist. Tränken werden gesäubert und neu gefüllt.

3 Die Einstreu wird wieder über den Boden verteilt. Frisches Stroh wird mit der alten Einstreu bis zur gewünschten Höhe gemischt. An den Rändern kann sie erhöht sein.

JAHRESZEITEN Im Winter müssen die Pferde auf der Weide vor Kälte und Nässe geschützt werden. Robustere Rassen kommen gut zurecht, wenn sie sich hinter Hecken oder in einer Hütte unterstellen können. Leichtere Pferde brauchen warme, wasserdichte Decken. Im Sommer ist Schutz vor Sonne und Fliegen erforderlich. Fliegenfransen oder -masken schützen den Kopf, sehr empfindliche Pferde brauchen ein Fliegenzelt.

AUF DER WEIDE

Dass ein auf der Weide gehaltenes Pferd wesentlich weniger Arbeit verursacht als ein Stallpferd, ist nicht richtig. Einziger Vorteil der Weidehaltung ist, dass die tägliche Routine flexibler gehandhabt werden kann; das Pferd braucht jedoch trotzdem viel Pflege und Aufmerksamkeit. Die Weiden müssen gut eingezäunt sein, die Zäune regelmäßig auf Schäden überprüft und bei Bedarf repariert werden. Das Pferd benötigt Zugang zu frischem Wasser, und die Tränken müssen regelmäßig gesäubert werden. Wenn nicht viel Gras wächst, ist zusätzliches Füttern nötig. Um ein gutes Graswachstum zu gewährleisten, muss das Land zuvor gepflügt, gewendet und gegebenenfalls gedüngt werden. Bereiche des Bodens, die von Pferdehufen aufgewühlt worden sind, müssen wieder geebnet und eingesät werden.

Man spart zwar das Ausmisten des Stalls, aber die Pferdeäpfel sollten von der Weide entfernen werden, damit das Gras nicht verunreinigt wird und die Pferde keine Würmer bekommen. Zudem muss die Weide von giftigen Pflanzen wie Jakobskraut freigehalten werden.

Das ganze Jahr über gilt es, den Gesundheitszustand des Pferdes zu überwachen und darauf zu achten, dass es nicht zu dick oder zu dünn wird. Man sollte mindestens zweimal täglich nach dem Pferd sehen. Je nach Rasse und allgemeinem Zustand benötigt das Pferd im Winter wasserdichte Decken. Im Sommer kann es ein Fliegengitter vor Fliegen und Mücken schützen. Pferdedecken müssen regelmäßig gewechselt werden, um zu verhindern, dass sie scheuern oder durchweicht sind. Möchte man das Pferd reiten, dauert das vorbereitende Putzen länger als bei einem Stallpferd.

Langeweile vertreiben

Ein regelmäßiger Zeitplan mit viel Training, Pflege und Aufmerksamkeit verhindert, dass sich ein Pferd im Stall langweilt. Darüber hinaus können aber auch Stallspielzeuge eingesetzt werden:

- Pferdebälle sind ein beliebtes Spielzeug.
- Der Futterverteiler wird von dem Pferd mit der Nase hin- und hergerollt, wobei durch eine Öffnung Futter austritt.
- Ein Leckstein aus Salz und Mineralien. Auf der Weide nimmt das Pferd aus dem Gras und durch das Lecken am Boden bestimmte Vitamine und Mineralien auf. Das Stallpferd dagegen ist auf gehaltvolle Fütterung angewiesen.

FÜTTERUNG

Pferde haben relativ kleine Mägen, denn ihr Verdauungssystem ist der Lebensweise in Freiheit angepasst, wo sie wenig und oft fressen, indem sie ihre Umgebung nach Gras und Kräutern absuchen. Das domestizierte Pferd, das für Arbeit und in der Freizeit eingesetzt wird, braucht zusätzliches Futter, um die größere Belastung bewältigen zu können. Die heutigen Pferde sind weit von ihrer ursprünglichen Lebensweise entfernt.

AUSGEWOGENE ERNÄHRUNG Die meisten Pferde sind gesund und zufrieden, wenn sie einfach und ausgewogen ernährt und richtig trainiert werden. Fressen sie das Heu vom Boden statt aus einem Heunetz, entspricht das eher ihrer Natur.

RAUFUTTER

Raufutter, also Gras, Heu oder Heulage, ist wesentlicher Teil des Speiseplans. Raufutter versorgt das Pferd mit der passenden Nahrung, die das Verdauungssystem braucht. Je nachdem, wie viel ein Pferd arbeitet und wie seine körperliche Verfassung ist, kann Kraftfutter zugefüttert werden. Es ist wichtig, die Qualität und Quantität des Grases zu überwachen, das ein Pferd frisst. Wächst das Gras schlecht, kann es sein, dass sogar ein Pferd, das gar nicht arbeitet, zusätzlich Heu, Heulage oder Kraftfutter braucht. Wächst das Gras üppig, muss die Menge, die ein Pferd fressen kann, gegebenenfalls begrenzt werden.

FUTTERMENGE

Der tägliche Futterbedarf eines Pferdes entspricht 2 bis 2,5 Prozent seines Körpergewichts. Im Allgemeinen füttert man ein Pferd, das wenig oder gar nicht arbeitet, vorwiegend mit Raufutter. Pferde, die leichte Arbeit verrichten, sollten zwei Drittel Raufutter und ein Drittel Kraftfutter bekommen. Pferde, die hart arbeiten, können zwei Drittel Kraftfutter und ein Drittel Raufutter bekommen. Zwischen

Futterzusätze

Man lässt sich leicht von dem breiten Spektrum an Angeboten beeinflussen und gibt dann ein kleines Vermögen für zusätzliches Pferdefutter aus. Doch wenn man eine Kraftfuttermischung füttert, ist das Pferd bereits mit allen notwendigen Vitaminen, Mineralien und Spurenelementen versorgt. Der Tierarzt kann mit einem Bluttest etwaige Mangelerscheinungen feststellen. Besteht tatsächlich Bedarf, kann das Futter entsprechend ergänzt werden. In diesem Fall sollte man darauf achten, dass das angebotene Produkt tatsächlich bietet, was es verspricht.

Kolik

Der Begriff Kolik wird für jegliche Schmerzen im Magen-Darm-Bereich verwendet. Eine Kolik zählt zu den häufigsten Beschwerden, die ein Pferd plagen können, und kann tödlich enden. Deshalb sollte man frühe Symptome niemals ignorieren. Das erste Anzeichen ist in der Regel eine verringerte Anzahl an Pferdeäpfeln oder trockene und kugelartige Äpfel. Besonders bei Stallpferden, die häufiger Koliken bekommen, lässt sich dies leicht beobachten. Meist trinkt das Pferd auch weniger. Stellt man diese Symptome fest, sollte das Futter entfernt werden, damit das Pferd nicht noch mehr frisst. Manchmal reicht es in diesem Stadium, das Pferd herumzuführen oder an der Longe laufen zu lassen, um seine Beschwerden zu lindern. Dauern die Probleme an, verhält sich das Pferd unruhig. Es sieht sich wiederholt nach seinem Bauch um, steht auf und legt sich wieder hin, bewegt sich hektisch oder wälzt sich heftig. Man sollte immer den Tierarzt rufen, um feststellen zu lassen, wie schlimm die Kolik ist. Meist helfen Mittel gegen Schmerzen und zur Entspannung der Muskeln. In den schwersten Fällen muss das Pferd operiert werden, wobei alles entfernt wird, was seine Organe blockiert.

Plötzliche Veränderungen des Futters oder Abweichungen von der täglichen Routine sind typische Ursachen für Koliken. Wenn sich ein Pferd, das regelmäßig geritten wird, beispielsweise verletzt und daraufhin viel im Stall steht, ohne Bewegung zu bekommen, ist es für eine Kolik anfällig. Der Tierarzt kann beurteilen, wie man die Risiken verringert, etwa indem man Kleiebrei füttert, um die Verdauung zu unterstützen, oder das Raufutter anfeuchtet, damit das Pferd genügend Flüssigkeit aufnimmt, oder es an der Hand herumführt, sofern die Verletzung dies erlaubt. Ein Stallpferd mit frischem Gras zu füttern ist eine Möglichkeit, sein Verdauungssystem gesund zu halten.

diesen Extremen lässt sich variieren. Ein guter Pferdehalter verändert die Ration je nach Situation.

RAU- UND KRAFTFUTTER

Futter sollte möglichst wenig Staub oder Schimmelpilzsporen enthalten. Heulage ist weniger staubig als Heu, aber beide Futterarten können Schimmelpilze enthalten. Man sollte das Futter aus zuverlässiger Quelle beziehen.

Pferdefutterfabriken stellen eine breite Palette konzentrierten Fertigfutters her. Dieses Mischfutter besteht aus mehreren Getreidearten und anderen Zutaten. Der Gehalt an Eiweißen und Kohlehydraten variiert, damit der unterschiedliche Bedarf von Pferden und Ponys gedeckt werden kann. Gerste, Hafer und Mais sind beliebte Zutaten, aber ihr Nährwert variiert. Man kann die Rationen selbst mischen und Ballaststoffe hinzufügen, um zu gewährleisten, dass die Ernährung gleichbleibend und ausgeglichen ist. Zuckerrüben, die man in Wasser ziehen lässt, sind eine gute Energiequelle. Sie werden dem Futter oft als Ballaststoff zugegeben.

DIE GOLDENEN REGELN DER FÜTTERUNG

Man sollte beim Füttern folgende Regeln beherzigen:
1 Der größte Anteil des Futters besteht aus Raufutter.
2 Kraftfutter füttert man in kleinen Mengen und häufiger. Die gesamte Ration wird auf drei oder vier Mahlzeiten am Tag verteilt.
3 Das Pferd sollte stets frisches Wasser zur Verfügung haben.
4 Direkt nach dem Füttern lässt man ein Pferd nicht arbeiten. Bis zum Reiten sollten 1 bis 1,5 Stunden vergehen, damit das Pferd Zeit zum Verdauen hat.
5 Die Futtermenge bemisst sich danach, wie viel das Pferd arbeitet. Kraftfutter wird reduziert, wenn das Pferd einen Tag lang nichts oder wesentlich weniger tut.
6 Veränderungen des Speiseplans werden über mehrere Tage verteilt eingeführt, damit das Verdauungssystem sich daran gewöhnt.

KRAFTFUTTER Je nach Marke kann der Gehalt von Fertigfuttermischungen sehr unterschiedlich ausfallen. Futtermittelhersteller bieten oft telefonische Beratung über die optimale Fütterung an.

DIE PFLEGE DES PFERDES

Pferde müssen gestriegelt werden, um Haut und Fell sauber und gesund zu halten sowie die Muskelspannkraft zu verbessern. Pferde in Freiheit putzen sich gegenseitig mit Lippen, Zunge und Zähnen. Wenn ein Pferd schmutzig ist, sollte man es sorgfältig putzen, um zu vermeiden, dass Schweiß und Schmutz Wunden und Scheuerstellen verursachen, wenn es mit Sattel, Zaumzeug und Decken in Berührung kommt.

REGELMÄSSIGES BÜRSTEN

Tägliches Striegeln hält Haut und Fell in gutem Zustand. Fett- und Schweißklumpen im Fell bilden sich schnell und können zu Scheuerstellen und Verletzungen führen. Daher sollte das Pferd vor dem Satteln und Zäumen immer geputzt werden. Besondere Aufmerksamkeit widmet man dabei Körperstellen, die mit Zaumzeug und Sattel in Berührung kommen. Wenn das Pferd nach dem Reittraining nicht geschwitzt hat, wird es nur gebürstet, bevor es auf die Weide oder mit einer Decke in den Stall gebracht wird. Ist es aber heiß und verschwitzt, muss es gewaschen werden. Dazu wird etwas Shampoo in einen Eimer Wasser gegeben, das Schweiß und Fett entfernt. Mit einem Schwamm werden verschwitzte Stellen gesäubert. Die meisten Pferde gewöhnen sich schnell daran, mit einem Schlauch abgespritzt zu werden. Alternativ können auch Schwamm und ein Eimer frisches Wasser verwendet werden. Mit einem Schweißmesser wird überschüssiges

ANBINDEN DES PFERDES Dieses Pferd wurde zum Putzen von beiden Seiten angebunden. Dies sollte man vorsichtig ausprobieren, da einige Pferde dabei in Panik geraten.

Wasser aus dem Fell gestreift. Dem Pferd gefällt auch das Abtrocknen mit einem Handtuch. Anschließend führt man es zum Trocknen herum oder lässt es in der Longieranlage laufen. Bei kühlem Wetter sollte man ihm eine Feuchtigkeit aufnehmende Decke auflegen, etwa aus Fleece.

KONTAKTAUFNAHME

Das Putzen ist auch eine gute Möglichkeit, eine Beziehung zu seinem Pferd aufzubauen. Zudem kann man es dabei auf Kratzer, Wunden oder Anzeichen für Lahmheit untersuchen. Wenn Pferde die Gelegenheit haben, putzen sie sich gern gegenseitig, also sollte das Putzen für das Pferd ein angenehmes Erlebnis sein. Beim Bürsten gilt es, darauf zu achten, ob die Muskelspannung gleichmäßig ist. So können empfindliche oder verspannte Stellen entdeckt werden. Hat das Pferd eine wunde Stelle, wird es bei Berührung zusammenzucken, und man sollte sie genauer untersuchen.

Putzkasten

In den Putzkasten gehören Bürsten und Kämme für unterschiedliche Zwecke. Auch der Kasten muss regelmäßig gereinigt werden.

HUFKRATZER Wenn ein Pferd draußen bewegt wird, setzen sich Schlamm und Steine in seinen Hufen fest. Man sollte sie sorgfältig mit dem Hufkratzer auskratzen.

STRIEGEL Er wird verwendet, um starken Schmutz aus Fell und Mähne zu entfernen. Ebenso nutzt man ihn, um die anderen Bürsten von Schmutz zu befreien.

WURZELBÜRSTE Mit dieser festen Bürste wird der gröbste Schmutz aus dem Fell entfernt. Sie sollte nicht an den sensiblen Stellen des Kopfes eingesetzt werden.

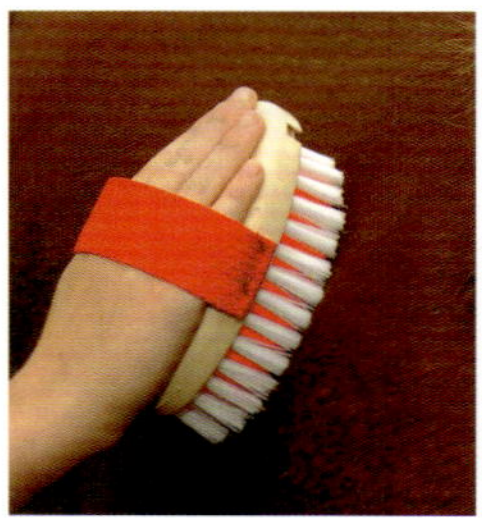

KARDÄTSCHE Diese feinere Bürste verwendet man für empfindlichere Stellen wie Gesicht, Gelenke und Bauch. Sie entfernt Staub und Fett. Man säubert sie mit dem Striegel.

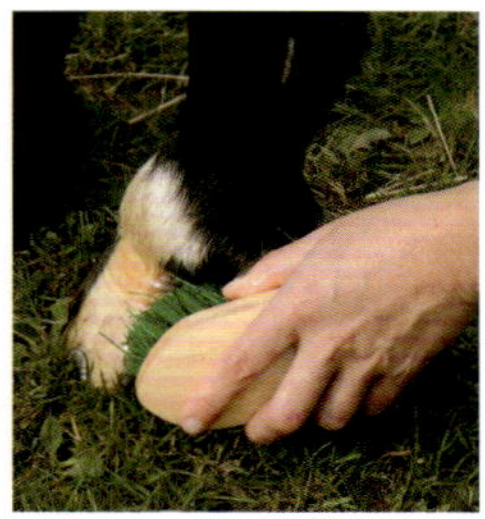

WASSERBÜRSTE Eine sehr feste Bürste, die in Wasser getaucht wird, um stark verschmutzte Hufe zu reinigen. Die Haut des Pferdes darf dabei nicht verletzt werden.

MÄHNENKAMM Diesen Kamm verwendet man für die Mähne. Ist sie sehr verschmutzt oder wirr, wäscht man sie. Ist sie trocken und verlesen, kann sie gekämmt werden.

SCHWEIFKAMM Ein Kamm mit auseinanderstehenden Zinken. Er wird verwendet, um Zotteln zu entfernen. Um die gröbsten Zotteln zu lösen, wäscht man den Schweif.

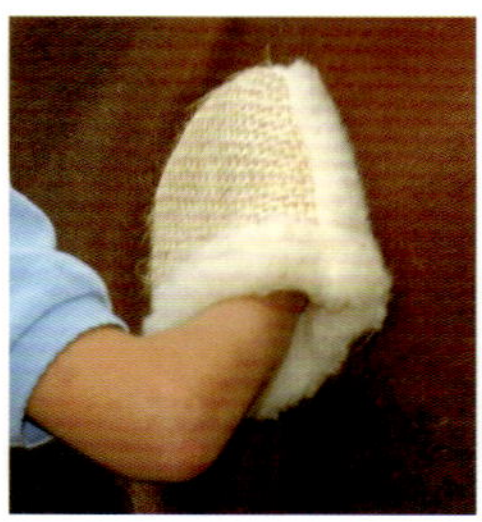

PUTZHANDSCHUH Mit diesem Handschuh aus Schaffell werden knochige Stellen geputzt. Das Pferd kann damit am ganzen Körper massiert werden.

SCHWÄMME Man benötigt zwei Schwämme. Mit dem einen säubert man Augen, Nase und Maul, mit dem anderen Geschlecht und den Bereich unter dem Schweif.

Pferde auf der Weide

Lebt ein Pferd im Freien, dient das Fett, das sich in seinem Fell bildet, als Schutz gegen Feuchtigkeit und Kälte. Daher sollte man es nicht so gründlich und häufig striegeln und waschen wie ein Stallpferd. Mit einem Striegel und einer festen Bürste werden Schmutz und lose Haare aus dem Fell entfernt. Aus besonderem Anlass kann das Pferd auch gewaschen und schamponiert werden, was aber nicht zu häufig geschehen sollte.

DIE PRÄSENTATION EINES PFERDES

Auf einem Turnier oder bei einer Jagd möchte man sich selbst und das Pferd ganz besonders präsentieren. Die eigene Kleidung sollte sauber, hübsch und ordentlich und das Pferd sorgfältig geputzt sein. Passend zum Anlass werden Mähne und Schweif eingeflochten, und Fellmuster oder eingefettete Hufe runden das Bild ab.

DER LETZTE SCHLIFF

Am besten lässt sich ein gut geputztes, zufriedenes Pferd präsentieren, aber man sollte der Gesamterscheinung noch den letzten Schliff geben. Beispielsweise glänzen weiße Abzeichen noch strahlender, wenn sie mit Kreide eingerieben werden. Feuchtet man die Handflächen mit Babyöl an und streicht damit sanft über das Pferdemaul, verleiht ihm das einen samtigen Glanz. Huffett ist nicht nur gesund für die Hufe, sondern lässt sie auch hervorragend aussehen.

GUT AUSSEHEN
Gutes Aussehen gehört in der Pferdewelt zum Wettbewerb. Ein herausgeputztes Pferd gilt als Kompliment an den Gastgeber einer Veranstaltung.

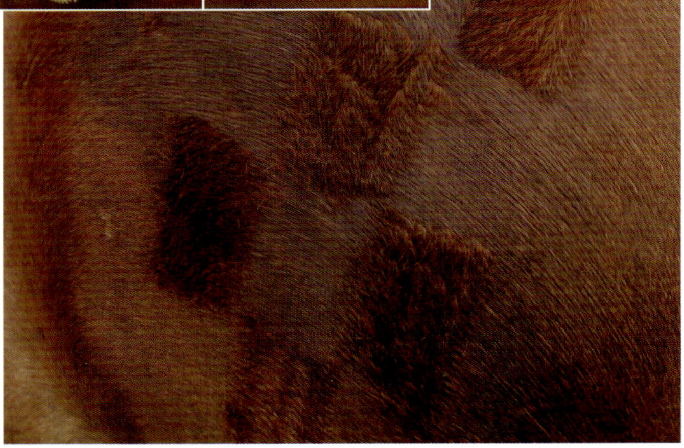

Schachbrettmuster

Muster werden dem Pferd ins Fell gekämmt oder gebürstet. In der Regel wählt man dazu durch die Muskulatur gut gerundete Körperpartien wie die Oberseite der Kruppe oder die Flächen an beiden Seiten der Hinterhand. Musterschablonen kann man fertig kaufen oder mit Kamm und Bürste eigene Muster kreieren.

1 Mit einer feuchten, sauberen Bürste streicht man über die Fläche, auf die man das Muster aufbringen möchte. So wird die Arbeitsfläche vorbereitet.

2 Mit einem kleinen Kamm wird in die dem Haarwuchs entgegengesetzte Richtung ein kleines Quadrat gekämmt.

3 Daneben belässt man ein ähnliches Quadrat in natürlichem Zustand und formt dann ein weiteres Quadrat aus „zurückgekämmtem" Haar etc. Auf diese Weise entsteht ein Schachbrettmuster.

Flechten der Mähne

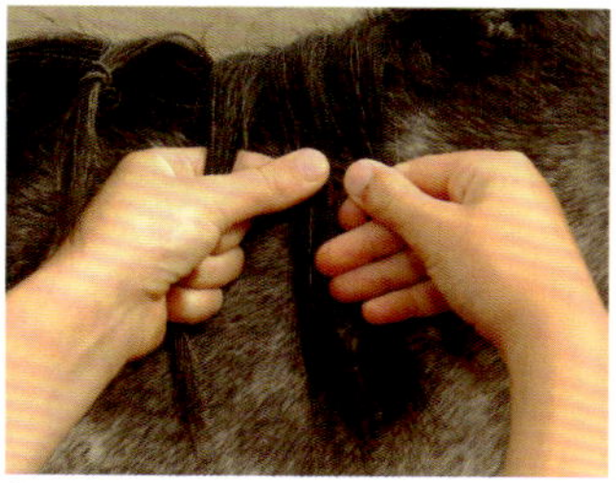

1 Die Mähne wird angefeuchtet und mit Gummibändern in gleich dicke Strähnen geteilt. Wie dick diese sind, bestimmt die Anzahl der Zöpfe.

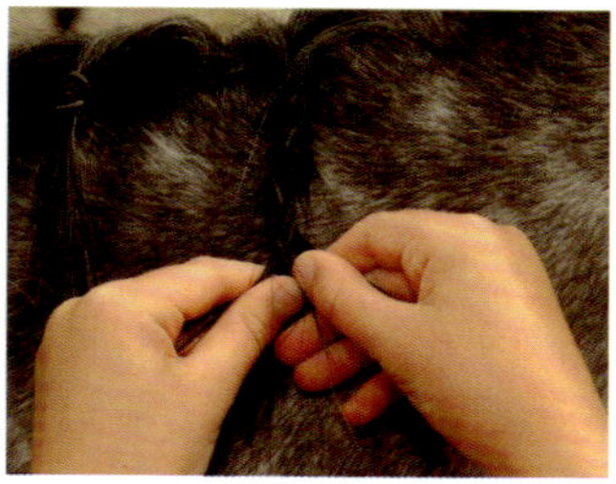

2 Nun flechtet man jede Strähne ordentlich und gleichmäßig, bis die ganze Mähne und das Stirnhaar eingeflochten sind.

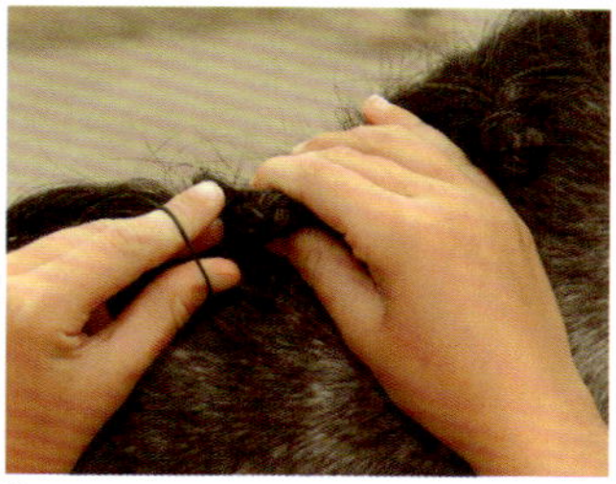

3 Die einzelnen Zöpfe werden bis zum Mähnenkamm eingerollt. Man fixiert sie entweder mit Gummi- oder Klebeband oder näht sie mit Nadel und Faden zusammen.

Flechten des Schweifs

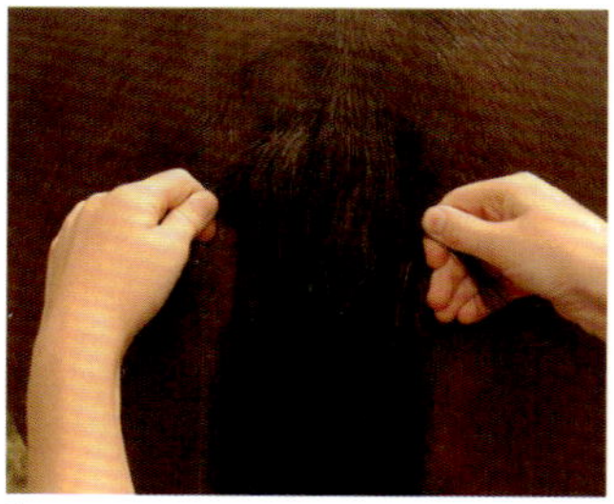

1 Am oberen Teil des Schweifs greift man von beiden Seiten jeweils eine dünne Strähne und eine dritte aus der Mitte. Alle Strähnen sollten gleich dick sein.

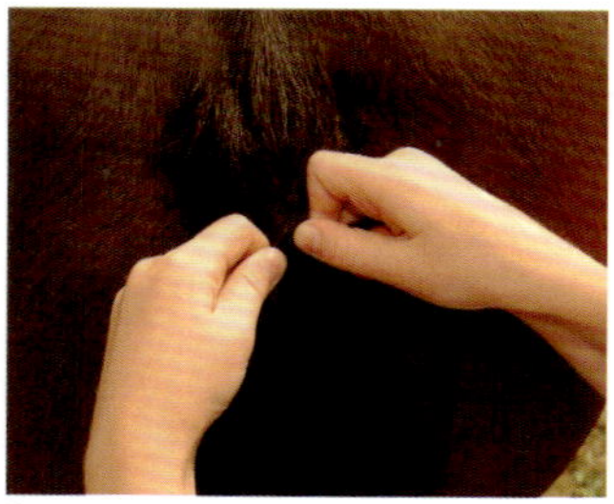

2 Die linke Strähne wird über die mittlere geführt und dann die rechte ebenfalls über die mittlere. Diese hält man fest, während man weitere Strähnen von jeder Seite greift, um sie zu flechten.

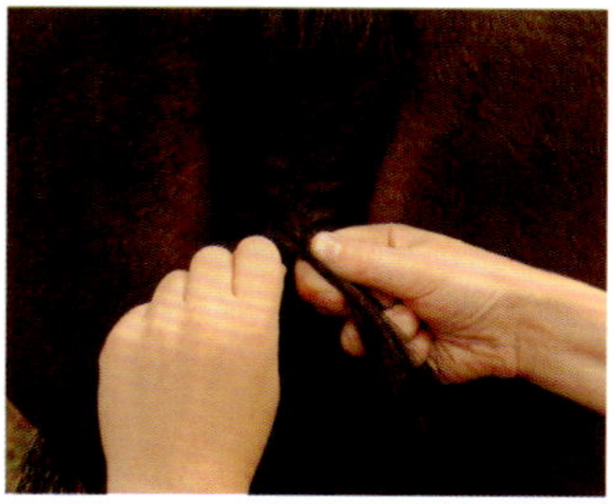

3 Dies setzt man bis unten fort, indem man von beiden Seiten und aus der Mitte immer mehr Haar aufnimmt. Alle Strähnen sollten gleich dick sein und fest geflochten werden.

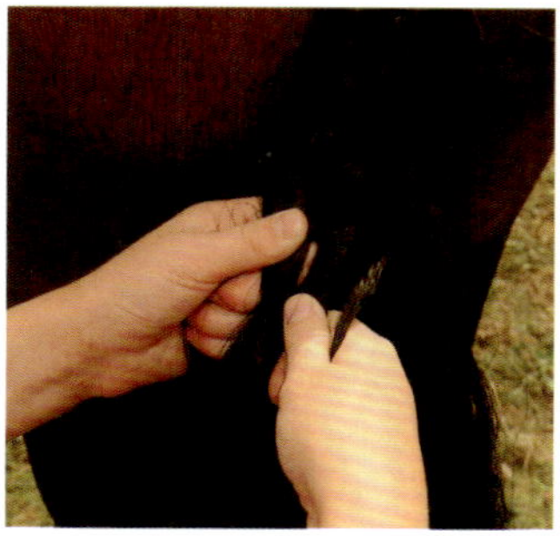

4 Ist der Beinansatz erreicht, werden die übrigen drei Strähnen weitergeflochten, die man noch in der Hand hat, sodass daraus ein langer Zopf entsteht. Das Ende fixiert man sicher mit einem Gummiband.

5 Nun faltet man den langen Zopf ein und befestigt sein Ende dort, wo er beginnt, mit einem Gummiband.

6 Mit einer Schweifbandage oder einem Schweifschoner wird der Zopf geschützt. Beim Abnehmen ist Vorsicht geboten – eine Bandage wickelt man besser behutsam ab, statt sie nur abzustreifen.

1324

TURNIERE Man achte darauf, dass es dem Pferd genauso gut geht wie einem selbst. Möchte man als Teilnehmer bei einem Turnier den Wettkämpfen zuschauen, sollte man dafür sorgen, dass das Pferd nicht friert und sich wohlfühlt.

DAS SCHEREN DES FELLS

In Gegenden mit kalten Wintern bekommen Pferde zum Schutz gegen das Wetter ein dickes Winterfell. Wird das Pferd weiterhin intensiv geritten, schwitzt es darunter möglicherweise zu stark und riskiert, sich zu erkälten. Übermäßiges Schwitzen kann auch zu Gewichtsverlust führen. Aus diesen Gründen sollte das Pferd geschoren werden.

VERSCHIEDENE SCHNITTE

Wie viel Winterfell man schert, hängt davon ab, ob das Pferd im Stall oder auf der Weide steht und wie hart es arbeitet. Es gibt viele verschiedene Arten, ein Pferd zu scheren, vom Jagdschnitt, bei dem es außer am Kopf, an den Beinen und in der Sattellage komplett geschoren wird, bis zur Strichschur, bei der nur das Fell an Kehle, Unterseite des Halses und Brust entfernt wird. Varianten dazwischen sind der Deckenschnitt, bei dem das Fell an den Beinen und auf Rücken, Lenden und Hinterteil stehen bleibt, sowie verschiedene Formen des Streifenschnitts. Hier wird an der Unterseite des Halses, an Brust und Bauch und der unteren Hälfte der Hinterhand geschoren.

IM STALL UND AUF DER WEIDE

Steht das Pferd häufiger draußen auf der Weide als im Stall, eignet sich eine Teilschur in Kombination mit einer Decke. Auf diese Weise behält es etwas natürlichen Schutz gegen die Elemente, wird aber an den Stellen, wo es am meisten schwitzt, vom Winterfell befreit, etwa an Hals, Brust, Bauch und Knie. Ein Pferd, das regelmäßig trainiert wird und im Stall steht, profitiert von einer

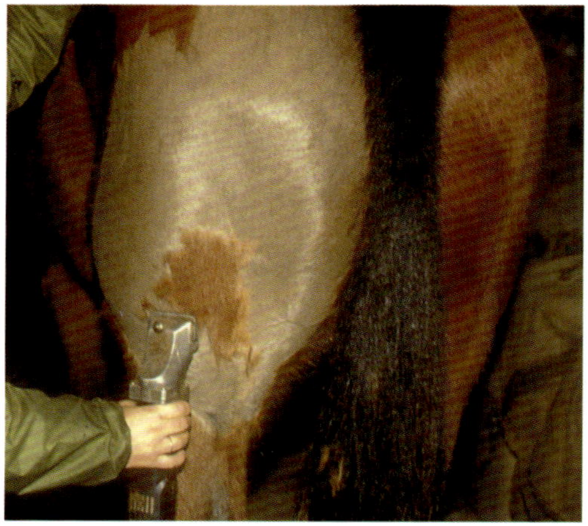

SCHEREN Um erfolgreich scheren zu können, muss das Fell des Pferdes sauber und trocken sein. Man sollte bei gutem Licht arbeiten und eine Reitkappe tragen, wenn der Bauch geschoren wird, denn das Pferd könnte austreten. Mit Kreide kann man Linien markieren, an denen man entlangscheren möchte, damit die Schur an beiden Seiten gleichmäßig ausfällt.

STRICHSCHUR Sie wird oft bei Ponys angewendet. Dabei schert man das Winterfell unterhalb der Kehle, an der Halsunterseite und vor der Brust. Die Schur kann unter dem Bauch fortgesetzt werden.

STREIFENSCHNITT Er existiert in verschiedenen Formen, aber sie folgen alle demselben Prinzip. Unterschiedlich viel Fell wird an der Unterseite des Halses und am Bauch sowie von der unteren Hälfte der Hinterhand geschoren.

DECKENSCHNITT Bei diesem Schnitt bleiben die Muskeln an Lenden und Hinterhand warm, wenn man das Fell auf Rücken, Lenden und Kruppe belässt. Die Größe der „Decke" kann variieren, je nachdem, wie viel Fell man schert.

Komplettschur oder einem Deckenschnitt in Kombination mit Stalldecken. Diese halten es im Stall warm, und bei der Arbeit schwitzt es nicht zu sehr.

VORBEREITUNG

Die meisten Pferde lassen sich gern scheren. Man sollte sie jedoch langsam daran gewöhnen, damit sie sich nicht fürchten. Beim ersten Mal sollte man sich von jemandem helfen lassen, der mit dem Scheren Erfahrung hat, denn ein nicht sorgfältig geschorenes Pferd sieht fleckig und unordentlich aus. Und wie bei einem schlechten Haarschnitt dauert es lange, bis er wieder herausgewachsen ist. Bevor man beginnt, sollte alles Notwendige zurechtgelegt werden: Schermaschine, Bürste, Handtuch, ein erhöhter Untersatz, um auch höher gelegene Partien erreichen zu können, eine Reitkappe, die man tragen sollte, wenn das Pferd unter dem Bauch geschoren wird, und Öl für die Schermaschine. Kennt man das Pferd nicht gut genug oder weiß, dass es noch nie geschoren worden ist, sollte man sich zunächst nur mit laufender Schermaschine neben das Pferd stellen, damit es sich an den Lärm gewöhnt. Dann setzt man die Schermaschine auf Hals oder Schulter, um es mit der Vibration vertraut zu machen.

SORGFÄLTIGES SCHEREN

Verhält sich das Pferd ruhig, kann man mit dem Scheren beginnen. Man führt die Schermaschine entgegengesetzt zum Haarwuchs, langsam, sanft, mit langen Strichen und festem Druck, sodass die Scheren immer auf der gleichen Ebene arbeiten. Für den Kopf, den Bereich des Gurts und Ellbogens sowie der Beine empfiehlt sich eine kleinere Schermaschine, die weniger kitzelt und leiser ist. Zum Schluss bürstet man das Pferd, um lose Haare zu entfernen. Mit einem warmen, feuchten Handtuch wird das Fell abgerieben, um Fett und Staub zu entfernen. Zum Schluss legt man dem Pferd eine warme Decke auf.

JAGDSCHNITT Bei der Komplettschur oder dem Jagdschnitt wird das Fell überall geschoren, außer an den Beinen und in der Sattellage. Bei diesem Pferd wurde darauf verzichtet, auch das Fell am Kopf zu scheren. Man kann es stehen lassen, weil es wärmt.

BESCHLAGEN DER HUFE

Die Hufe eines Wildpferdes sind für den Boden, auf dem es sich bewegt, stark genug, aber ein domestiziertes Pferd muss auf härteren Böden schneller laufen. Zudem muss es springen und komplexere Bewegungen ausführen, was die Hufe größeren Belastungen aussetzt. Damit Pferde das bewältigen, was wir Menschen von ihnen verlangen, werden sie in der Regel mit Hufeisen beschlagen.

ANPASSUNG AN DIE ERFORDERNISSE

Nur Pferde mit starken, gesunden Hufen und Beinen überlebten in der freien Wildbahn und konnten die nächste Generation gebären und aufziehen. Heute wird mit Pferden gezüchtet, die oft Schwächen und Defizite haben. Pferdezüchter geben viel Geld für Tierärzte und Hufschmiede aus, um Pferde zu heilen, wenn ihre Hufe Schwächen aufweisen. Nicht alle Pferde müssen unbedingt beschlagen werden, und es besteht ein zunehmender Trend, Pferde „barfuß" zu lassen, solange die Hufe stabil genug sind, um den Anforderungen gerecht zu werden.

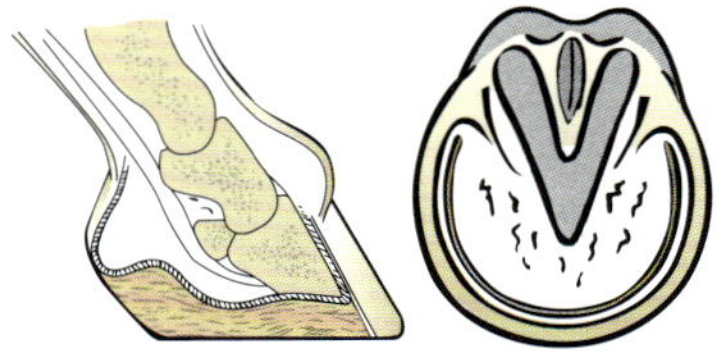

DER HUF Das Hufinnere besteht aus Kronbein, Hufbein und Strahlbein. Der v-förmige Strahl an der Fußsohle dient der Federung.

DER HUFSCHMIED Ein guter Hufschmied beurteilt den Zustand und die Entwicklung eines Hufes, um zu entscheiden, wie er das Pferd beschlägt.

DIE ANATOMIE DES HUFES

Der Fuß eines Pferdes wird von einer harten äußeren Schicht Horn umgeben, der Hufwand, die die empfindlicheren Elemente des Inneren schützt. Das Hufbein ist von den empfindlichen Lamellen der Wandlederhaut umgeben, durch die der Nerv verläuft und die die Blutversorgung sicherstellen. Die Weiße Linie verläuft an der Sohle sichtbar zwischen dem Hufhorn und den sensiblen inneren Bestandteilen des Hufes. Die Unterseite des Hufes schützen Sohle und Strahl. Die Sohle schirmt den inneren Huf ab, ist aber selbst recht empfindlich und kann geprellt oder rissig werden. Pferde mit besonders schwachen Sohlen können unter den Hufeisen schützende Polster tragen, die das Risiko von Schäden verringern.

Hufschuhe

Eine Alternative zu Hufeisen sind Hufschuhe. Sie werden dem Pferd über die Hufe gezogen, um diese bei bestimmten Aufgaben zu schützen. Ein Pferd, das in einer Reitbahn bewegt wird, kommt ohne Hufeisen gut zurecht, ist aber auf der Straße schon eher auf den Schutz von Hufschuhen angewiesen.

DIE ARBEIT DES EXPERTEN

Nur ein ausgebildeter Hufschmied darf ein Pferd beschlagen, denn durch fehlerhaftes Beschneiden oder Beschlagen der Hufe können erhebliche Schäden entstehen. In vielen Ländern ist es illegal, ein Pferd ohne entsprechende Ausbildung zu beschlagen. Der Huf eines Pferdes wächst kontinuierlich, sodass die Hufeisen alle vier bis sechs Wochen neu angepasst oder ersetzt werden müssen. Der Hufschmied nimmt das alte Hufeisen ab und beschneidet und balanciert den Huf wieder aus, damit die Fläche, die das Gewicht trägt, sich gleichmäßig über den Strahl und die Wand des Hufes verteilt. Dann passt er ein neues Eisen an. Dieses wird erhitzt, geformt und so angepasst, dass der Huf in der gewünschten Form wachsen kann und die Unterseite gleichzeitig so viel Schutz wie möglich erhält. Ein weiterer wichtiger Aspekt ist die korrekte Huf-Fessel-Achse: Im Idealfall soll der Winkel zwischen Fessel und Huf der Neigung der Schulter des Pferdes entsprechen. Das Hufeisen wird an den Huf genagelt, wobei die Nägel exakt in der harten Hufwand platziert werden, sodass sie den sensiblen Bereich des Fußes nicht berühren.

Hufpflege

Die sorgfältige Pflege der Hufe ist lebenswichtig. Das beginnt damit, einen guten Hufschmied zu beauftragen, Form, Balance und Länge der Hufe genau zu überprüfen. Er sollte das Pferd alle vier bis sechs Wochen neu beschlagen. Die richtige Ernährung trägt zum Wachstum der starken Hornhaut des Hufes bei. Es gibt viele Futterzusätze, die das Hufwachstum fördern. Damit der Huf nicht trocken und rissig wird oder bricht, sollte man ihn mit Huffett oder Huföl feucht halten.

Beschlagen der Hufe

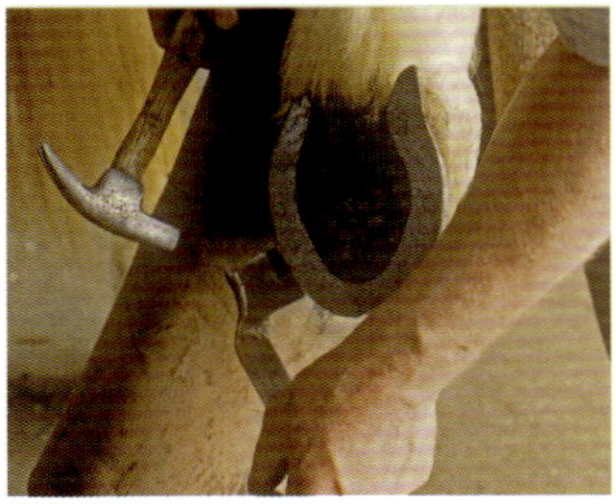

1 Um das Hufeisen abzunehmen, entfernt der Hufschmied alle Krampen, die abgebogenen Enden der Nägel. Dann löst er das alte Eisen einschließlich der Nägel mit mehreren Zangen.

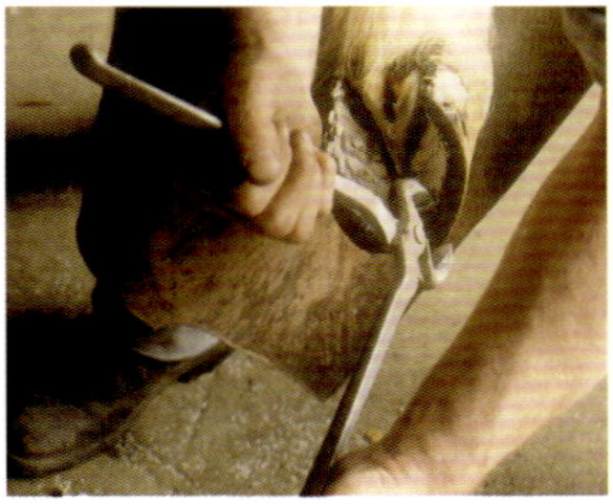

2 Mit einer Hufschere wird überschüssiges Horn beschnitten, um den Fuß wieder auszubalancieren, sodass die Oberfläche das Gewicht gleichmäßig trägt.

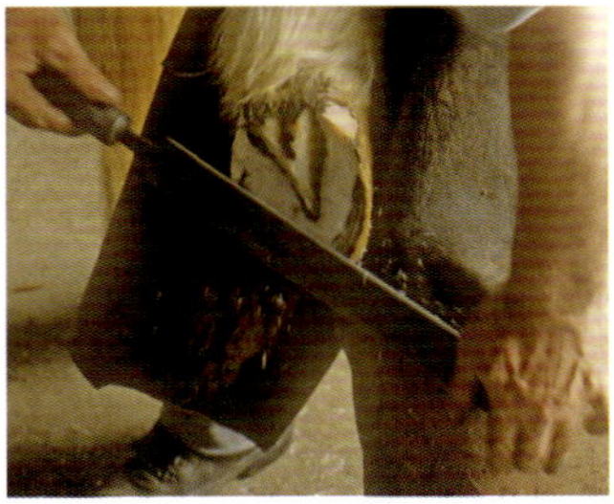

3 Mit einer Raspel werden die beschnittenen Flächen anschließend gefeilt. Bei der Arbeit achtet der Hufschmied immer darauf, dass der Fuß noch gleichmäßig und ausbalanciert steht.

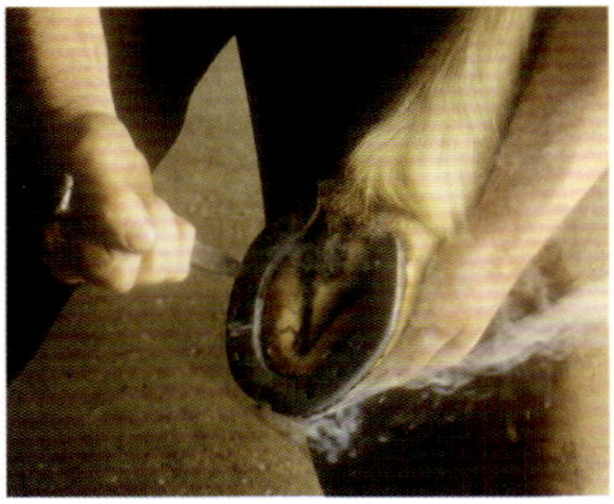

4 Das neue Hufeisen wird erhitzt und auf den beschnittenen Huf gesetzt, um zu prüfen, ob es passt. Solange das Eisen noch heiß ist, lässt es sich leicht formen.

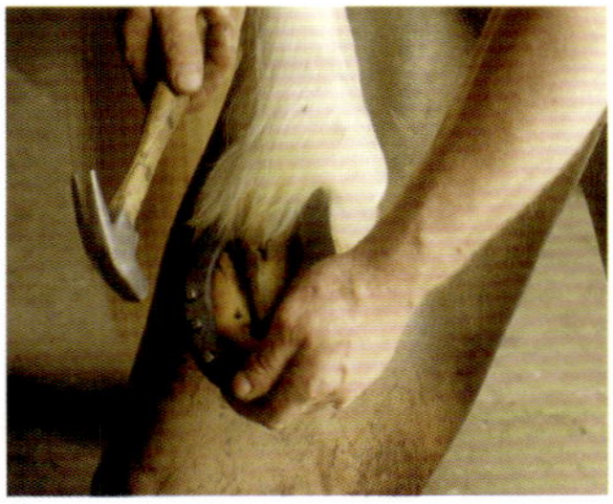

5 Hat das Eisen die richtige Passform, wird es an den Huf genagelt. Die Nägel müssen vorsichtig platziert werden, damit sie nicht das sensible Hufinnere berühren.

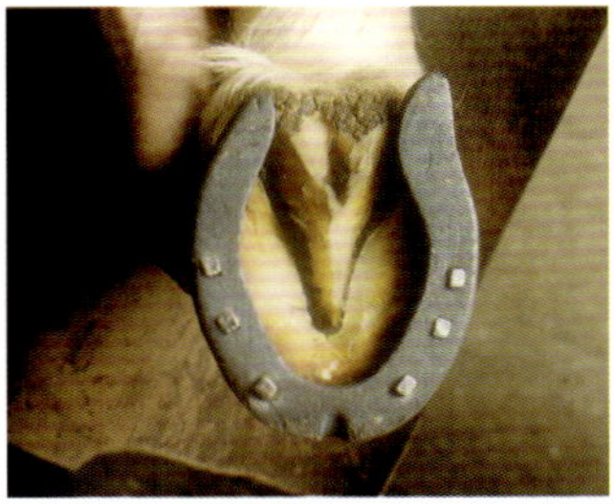

6 Das Ergebnis ist ein fest angepasstes Hufeisen. Spezialbeschläge können Stellungs- oder Gangfehlern entgegenwirken. Dieses Hufeisen ist an einer Seite etwas länger und breiter.

TRANSPORT DES PFERDES

Immer mehr Pferde werden zu Lande, zu Wasser und in der Luft transportiert, um sie zu weit entfernten Zielen zu bringen. Inzwischen gibt es Unternehmen, die sich auf solche Transporte spezialisiert haben und über das entsprechende Know-how verfügen. Die meisten Pferdebesitzer transportieren jedoch im Hänger, wenn sie beispielsweise an einem Turnier teilnehmen wollen.

SCHUTZMASSNAHMEN

Die meisten Pferde reisen gern, aber es ist wichtig, ihre Gliedmaßen während des Transports zu schützen. Jede Fahrt muss sorgfältig vorbereitet werden, denn es kann unangenehm werden, sich mit einem Pferd an Bord zu verfahren oder eine Panne zu haben. Wer regelmäßig zu Turnieren fährt, sollte eine Checkliste haben, auf der alle für die Fahrt notwendigen Utensilien notiert sind.

GUT VORBEREITET

- Man sollte stets mehr Futter und Wasser mitnehmen als nötig, da sich die Fahrt verzögern kann.
- Mehrere Decken stellen sicher, dass die Temperatur des Pferdes während der Reise konstant gehalten werden kann.
- Ein Erste-Hilfe-Set sollte man immer mitführen.

DECKEN Man sollte stets mehrere Decken aus leichtem und schwerem Material mitführen. Während des Tages prüft man mehrmals, ob das Pferd friert, und wechselt dementsprechend die Decke.

MODERNER PFERDEANHÄNGER Moderne Designs und Technologien haben Pferdetransporter und -anhänger erheblich verbessert. Inzwischen gibt es Hänger mit Unterkunft auch für den Reiter.

■ Wer zu einem Turnier fährt, packt die Ausrüstung am besten schon am Vorabend, um Verspätungen zu vermeiden. Terminplan, Regelbuch und Adresse nicht vergessen.
■ Eimer, Schwämme und Schweißmesser sind nötig, um das Pferd nach dem Turnier gründlich zu waschen.

GUT VORBEREITET Wer zu einem Turnier fährt, sollte Anfahrts- und Terminplan mitnehmen sowie Handy und Kontaktdaten, um bei Verspätung Bescheid geben zu können.

TURNIERAUSSTATTUNG

Es empfiehlt sich, für öffentliche Auftritte eine besondere Kiste mit sauberem und intaktem Putzzeug bereitzustellen, darunter gute Striegel und eine Reisedecke, die sich bereits bewährt hat.

ANKUNFT

Frische Luft und eine gute Luftzirkulation sind für die Gesundheit eines Pferdes wichtig, ob zu Hause im Stall oder auf Reisen. Im Pferdehänger sollte man so viele Fenster wie möglich offen lassen. Es ist besser, dem Pferd eine zusätzliche wärmende Decke aufzulegen, als die Fenster geschlossen zu halten. Auf dem Boden wird etwas Stroh verteilt, das den Urin des Pferdes aufnehmen kann. Da das Ammoniak im Urin die Atmung beeinträchtigen kann, sollte er von der Einstreu aufgesaugt werden.

Bei der Ankunft tut man gut daran, sofort die Rampe herunterlassen, damit frische Luft hereinkommt. Während das Pferd draußen ist, wird der Transporter von nasser Einstreu und Mist befreit. Dann führt man das Pferd am besten ausgiebig herum, damit es sich die Füße vertreten kann. Man sollte auch prüfen, ob noch alle Hufeisen sitzen. Im Hänger kann sich das Pferd leicht mit dem eigenen Huf ein Eisen abtreten. Dann wird das Pferd wieder in den Hänger geführt und ihm der Temperatur entsprechend eine Decke aufgelegt. Man gibt ihm etwas Wasser und wischt das Maul mit einem nassen Schwamm aus. Während der Aktivitäten des Tages und vor der Heimreise vergewissert man sich wieder, dass es dem Pferd weder zu kalt noch zu heiß ist.

FRISCHE LUFT Bei der Ankunft sorgt man dafür, dass das Pferd viel frische Luft bekommt. Rampe und alle Türen und Fenster werden geöffnet.

AUSLADEN DES PFERDES Das Pferd braucht Zeit, um das Begehen der Rampe auszuprobieren. Man bleibt am besten an seiner Seite, denn viele Pferde springen die Rampe einfach herunter. Es lohnt sich, dem Pferd Transportgamaschen anzuziehen, damit es sich nicht verletzt.

ERSTE HILFE UND HÄUFIGE ERKRANKUNGEN

Trotz ihrer Kraft und Größe sind Pferde für Unfälle, Verletzungen und Krankheiten anfällig. Dies liegt zum Teil in ihrer Natur und in ihren Reaktionen begründet: Werden sie mit etwas konfrontiert, was sie nicht einordnen können, ist ihr erster Instinkt die Flucht. Sie rennen davon und bringen sich damit in Gefahr. Da sie ihrer natürlichen Lebensweise beraubt sind, können Mängel bei ihrer Pflege und Versorgung zu Erkrankungen führen.

ERSTE-HILFE-KOFFER

Im Zweifel sollte sofort ein Tierarzt gerufen werden. Allerdings gibt es ein paar kleinere Erkrankungen, die man selbst behandeln kann. Man kann Erste-Hilfe-Koffer fertig kaufen oder seinen Koffer selbst zusammenstellen.

ROUTINEMASSNAHMEN

Alle Pferde sollten regelmäßig entwurmt, geimpft und ihre Zähne geraspelt werden. Pferde infizieren sich beim Grasen mit Würmern. Je mehr Pferde auf einer Fläche sind, desto größer ist die Belastung mit Würmern. Deshalb müssen Weiden gut gewartet und alle Pferde darauf regelmäßig einer Wurmkur unterzogen werden. Je nach Jahreszeit dominieren verschiedene Arten von Würmern. Orale Wurmkuren enthalten Wirkstoffe gegen bestimmte Arten des Befalls. Wurmkuren verabreicht man meist alle acht Wochen, aber es gibt moderne Mittel, die länger wirken. Alternativ kann man die im Pferdemist enthaltenen Würmer von Labors analysieren und sich beraten lassen, um dann eine passende Kur anzuwenden.

IMPFUNGEN

In verschiedenen Ländern sind unterschiedliche Krankheiten verbreitet, aber in der Regel werden Pferde gegen Tetanus und Pferdegrippe geimpft. Zusätzliche Impfungen gegen bestimmte zeitweilige Risiken, etwa die Afrikanische Pferdepest (AHS), können ebenfalls nötig sein. Offizielle Einrichtungen wie die International Equestrian Federation (FEI) und der Jockey Club bestehen darauf, dass alle registrierten Pferde korrekt geimpft werden. Das Pferd bekommt zunächst drei Spritzen; die ersten beiden müssen mindestens vier Wochen auseinanderliegen, während die dritte nach sechs Monaten erfolgt. Danach ist eine jährliche Auffrischungsimpfung erforderlich. Dies wird im Pferdepass oder Impfbuch festgehalten.

ZAHNPFLEGE

Ein Tier- oder Pferdearzt sollte mindestens einmal im Jahr die Zähne des Pferdes untersuchen. Dabei raspelt er scharfe Kanten ab und gewährleistet, dass das Pferd bequem fressen und Zaumzeug tragen kann.

Erste-Hilfe-Koffer

- **THERMOMETER** Das Thermometer wird ins Rektum eingeführt. Nach einer Minute wischt man es sauber und liest die Temperatur ab.
- **ANTISEPTISCHE WUNDABDECKUNG** Diese saugfähigen Polster kann man über eine Wunde legen, damit sie steril bleibt.

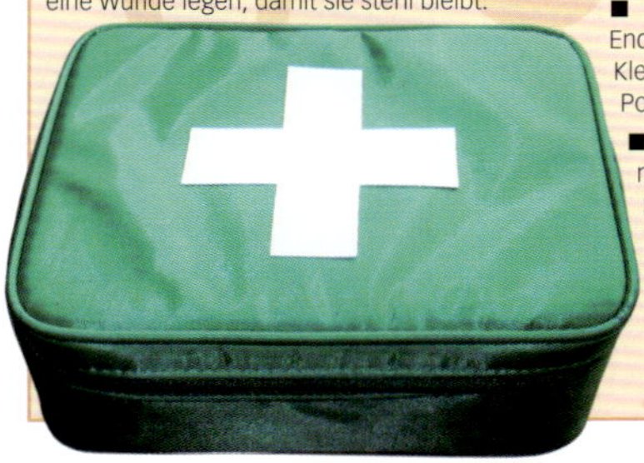

- **VETRAP** Dies ist eine selbsthaftende Bandage, mit der ein Umschlag oder Verband an Ort und Stelle gehalten wird.
- **GAZEROLLE** Eine sanfte, saugfähige Bandage kann als Polster über einem Verband dienen. Sie nimmt Flüssigkeit auf.
- **KLEBEBAND** Damit befestigt man die Enden der Bandagen. Extrabreites, saugfähiges Klebeband ist besonders für Umschläge und Polster am Fuß hilfreich.
- **GAMGEE** Diese Verbandwatte verwendet man unter Bandagen, um Wunden oder Sehnen und Bänder vor Druck zu schützen.
- **ANTISEPTISCHE SALBE** Gute antiseptische Salben helfen bei kleineren Kratzern, die Wunde zu säubern.
- **WUNDPUDER** Ein antiseptischer Puder kann auf kleine Kratzer aufgetragen werden. Nicht bei tiefen Wunden verwenden, die feucht gehalten werden sollen.
- **SCHERE** Erste-Hilfe-Scheren für Tiere sollten abgerundete Ecken haben, um ein Verletzungsrisiko auszuschließen.
- **UMSCHLÄGE** Heiße Umschläge helfen gegen Eiter und Infektionen. Sie dürfen nur so heiß sein, dass man sie noch anfassen kann. Kalte Umschläge lindern Prellungen.
- **SAUGFÄHIGE BAUMWOLLE** Sie wird in warmes Wasser getaucht, um Wunden zu reinigen. Man sollte immer wieder neue Stücke verwenden, um die Wunde keimfrei zu halten.
- **CHLORHEXIDIN** Diesen antibakteriellen Wirkstoff gibt man in warmes Wasser und reinigt damit Wunden oder den Bereich, wo eine Spritze gesetzt werden soll.

LAHMHEIT

An den Beinen treten die häufigsten Verletzungen auf; an den Hufen kann es zu Prellungen der Sohle oder Entzündungen kommen. Die Sehnen und Bänder in den Beinen sind besonders bei Pferden für den Hochleistungssport wie Vielseitigkeits- und Rennpferden einem hohen Verletzungsrisiko ausgesetzt. Oft weisen heiße Beine oder Hufe auf die Problemzone hin. Lahmheit tritt auch bei Hufrehe auf, einer schmerzhaften und schweren Entzündung der Huflederhaut.

LAHMT DAS PFERD?

Lässt man ein lahmes Pferd traben, hebt es Kopf und Hals, wenn der lahme Fuß den Boden berührt, und senkt den Kopf wieder, wenn es mit dem gesunden Fuß auftritt. Es hebt Kopf und Hals, um das schmerzende Bein zu

ZAHNBEHANDLUNG Der Kiefer des Pferdes wird fixiert, damit der Tierarzt bequem die Oberfläche der Zähne erreicht. Er raspelt die scharfen Kanten ab und prüft, ob die Zähne in Ordnung sind.

Anlegen eines Hufumschlags

Zweck dieses Umschlags ist, die Blutzufuhr an der verletzten Stelle durch eine Hitzequelle zu fördern, damit sie schneller heilt. Der Umschlag lindert auch die Eiterbildung. Eine Infektion in der harten Schale des Hufs kann schnell sehr schmerzhaft werden, weil der Huf sich zum Ausgleich nicht ausdehnen kann. Der Tierarzt oder Hufschmied schneidet meist vorsichtig in die infizierte Stelle, damit ein Loch entsteht, aus dem der Druck entweichen kann. Dann wird der Umschlag angelegt, der den Eiter durch das Loch herauszieht. Unbehandelte Infektionen treten möglicherweise durch das weiche Gewebe des Kronrandes aus, was für das Pferd unangenehm ist und eine offene Wunde verursachen kann.

1

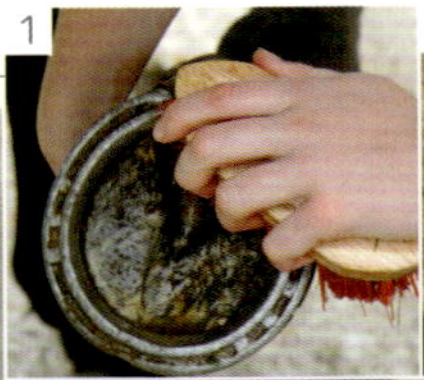

2

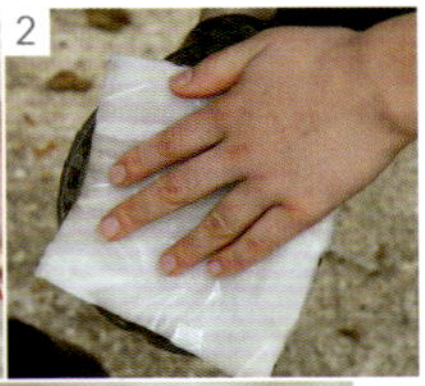

3

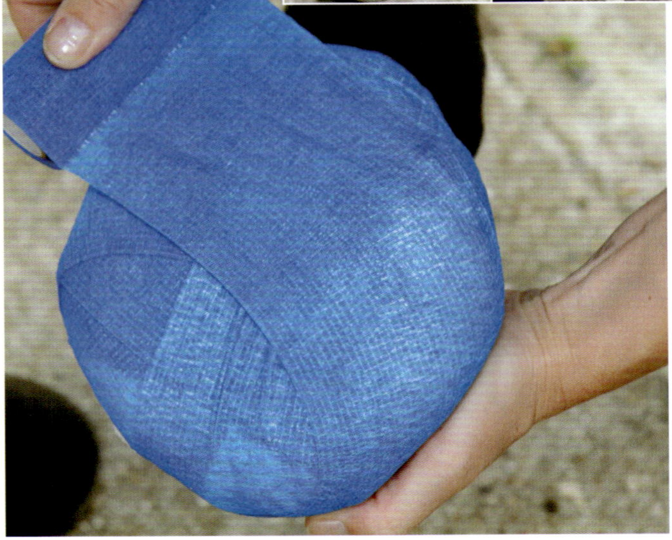

1 Mit einer Bürste und viel Wasser wird der gesamten Bereich der Sohle und des Strahls gereinigt. Bleibt hier Schmutz zurück, kann er in die Wunde eindringen und sie erneut infizieren.

2 Man schneidet ein Stück des Umschlagmaterials zu, taucht es in warmes Wasser, presst es aus und legt es auf die Verletzung. Etwas Küchenfolie darüber erhält die Hitze.

3 Dann wird Gamgee oder ein passendes Pol-ster über den Umschlag und die Folie gelegt und mit Vetrap befestigt. Breites Klebeband von oben gibt zusätzlich Schutz und Halt.

entlasten. Um festzustellen, ob das Pferd an einem Hinterbein lahmt, sollte man es von sich weg traben lassen: Das Hinterteil über dem lahmen Bein sinkt tiefer ab als über dem gesunden.

Prüft man die Beine des Pferdes täglich, kann man Warnzeichen entdecken, bevor der Schaden größer wird. Leichte Schwellungen und heiße Stellen über den Sehnen und Bändern weisen auf Verletzungen hin. Lässt man das Pferd arbeiten, kann sich die Verletzung verschlimmern, auch wenn die Hitzeentwicklung und Schwellung nur gering sind. Sofortige Ruhe und kalte Kompressen oder Eis zum schnellstmöglichen Abschwellen und Abkühlen können den Schaden minimieren, bis der Tierarzt kommt und seine Diagnose stellt. Das Anlegen von Bandagen über Wunden oder zur Befestigung von Polstern und Umschlägen kann wichtig bei der Behandlung sein.

Hufrehe

Unregelmäßig auftretendes Lahmen ist ein frühes Zeichen für Hufrehe. Verschlimmert sich der Schmerz, verlagert das Pferd sein Gewicht auf den hinteren Bereich des Hufs. Hufrehe kann durch Diät, Beschnitt der Hufe und Medikamente behandelt werden. Vorsorge ist besser als Behandlung; daher sollte man das Pferd nicht zu lange fressen lassen, wenn das Gras üppig wächst.

BEOBACHTUNG DES PFERDES BEIM LONGIEREN Um festzustellen, ob ein Pferd lahmt, kann man es entweder auf einer geraden Linie traben lassen oder es longieren. Manche Lahmheiten sind auf dem Zirkel besser zu erkennen als auf einer geraden Linie.

Anlegen einer Bandage

1 Ein Polster wird fest an das Bein gehalten. Es sollte von oberhalb des Gelenks bis zum Tragrand verlaufen und das gesamte Fesselgelenk bedecken.

2 Das lose Ende der Bandage wird in das überstehende Polster geklemmt. Die Bandage wird mit gleichmäßigem Druck um das Bein gewickelt.

3 Die Bandage wird bis zum Ende am Bein auf- und abgewickelt. Das Polster darunter sollte dabei glatt und flach bleiben. Die Bandage kann man mit Klettverschlüssen oder Klebeband befestigen.

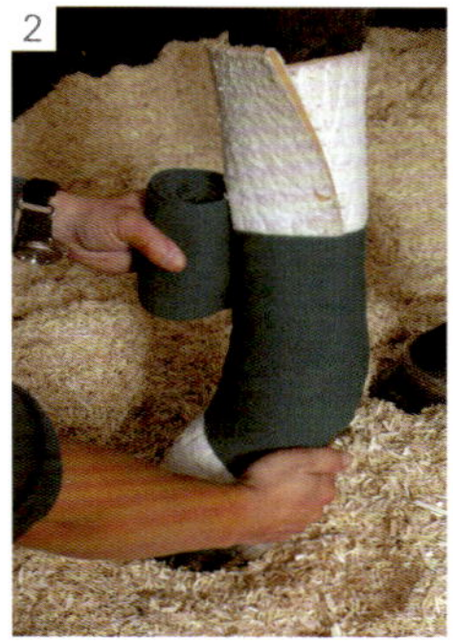

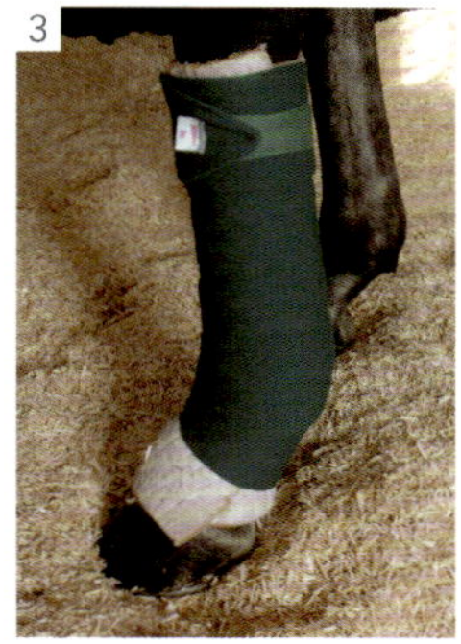

Bandagieren des Sprunggelenks

1 Ein Polster oder Gamgee wird um das Sprunggelenk gelegt. Das obere Ende wird befestigt, indem man die Bandage mehrmals darumwickelt. Es ist hilfreich, wenn jemand das Polster währenddessen festhält.

2 Die Bandage wird in Form einer Acht von oben über das Sprunggelenk nach unten geführt. Das Gelenk selbst bleibt dabei frei.

3 Der untere Teil des Polsters wird mit dem Rest der Bandage befestigt und das Ende gesichert.

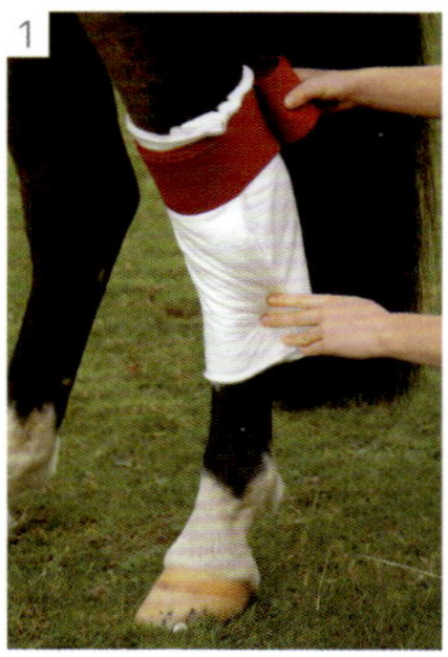

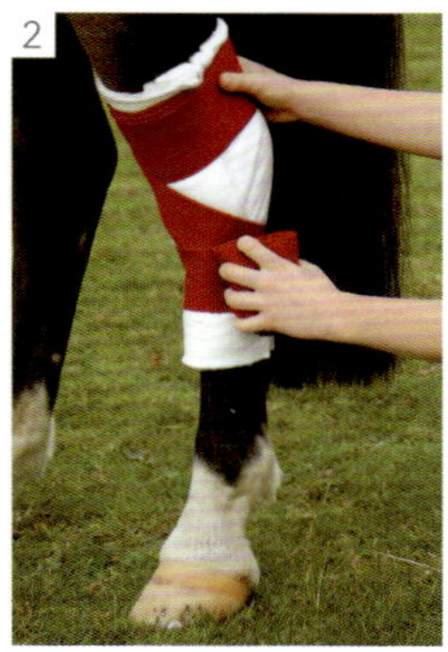

Bandagieren des Vorderfußwurzelgelenks

1 Man befestigt das obere Ende, indem man die Bandage mehrmals darumwickelt. Das Gelenk wird in Form einer Acht eingewickelt, sodass hinten ein Stück frei bleibt.

2 Die Bandage wird mehrmals um das Ende des Polsters gewickelt und befestigt. Die Bandage darf weder zu fest noch zu locker sitzen.

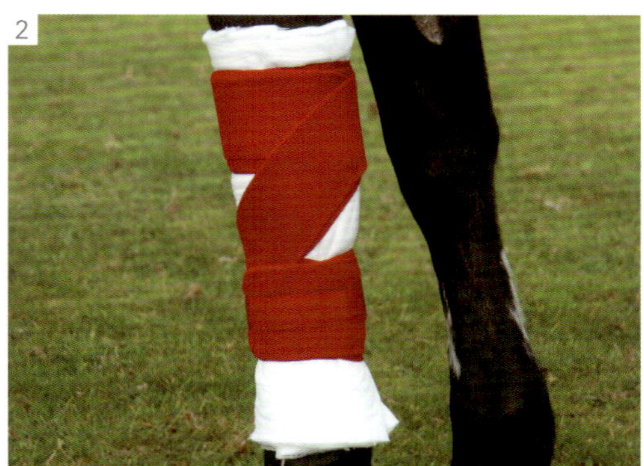

PFERDEZUCHT

Mit einer eigenen Stute ein Fohlen zu züchten kann etwas Wunderbares sein. Aber leider ist es aus finanzieller Sicht oft günstiger, ein zwei-, drei- oder vierjähriges Pferd von einem Züchter zu kaufen, als selbst ein Pferd aufzuziehen. Man berücksichtige, dass auch die Stute Zeit und Geld kostet. Entscheidet man sich dennoch dafür, mit ihr zu züchten, gilt es, das Gestüt und den Hengst sorgfältig auszuwählen.

SELBST ZÜCHTEN

Es gibt zwei Arten von Züchtern: den kommerziellen Züchter, der mehrere Stuten besitzt und die Fohlen mit Gewinn verkauft, und den Pferdebesitzer, der seine Stute, die er in der Freizeit oder auf Turnieren geritten hat, fohlen lassen möchte. Das Fohlen soll sie dann in der Zukunft ersetzen. Der kommerzielle Züchter möchte Gewinn erwirtschaften und lässt sich deshalb nicht von Gefühlen leiten. Doch auch wer nur ein einziges Pferd besitzt, sollte seine Entscheidungen nicht sentimental, sondern mit gesundem Menschenverstand treffen, mit dem Ziel, bessere Nachkommen zu züchten. Im Idealfall züchtet man mit einem Pferd nur dann, wenn man bestimmte Merkmale fortpflanzen möchte, etwa einen guten Körperbau, einen angenehmen Charakter oder besondere Gangarten.

TRAGENDE STUTE Der Zustand der Stute während der Trächtigkeit muss sorgfältig überwacht werden. Wird sie zu dick oder zu dünn, kann dies Muttertier und Fohlen schaden. Sie sollte regelmäßig vom Tierarzt untersucht werden, um mögliche Fehlentwicklungen rechtzeitig korrigieren zu können.

DIE WAHL DES HENGSTES

Der Hengst sollte die guten Eigenschaften der Stute verstärken und die schlechten ausgleichen. Hat die Stute leichte Knochen, sucht man eher einen stabileren Hengst aus; hat sie eine schöne Kruppe, lässt aber an Schultern und Hals zu wünschen übrig, braucht man einen Hengst, der in diesem Bereich besonders gut gebaut ist. Einige Hengste vererben bestimmte Merkmale stärker als andere. Andere gelten zu Recht oder Unrecht als schwierige Charaktere. Wieder andere sind bekannt dafür, dass sie eine gute Springtechnik oder spektakuläre Gangeigenschaften vererben. All dies ist bei der Wahl des richtigen Hengstes für die Stute zu berücksichtigen. Man sollte auch daran denken, wie groß der Nachkomme werden soll. Wenn die Stute genau die richtige Größe hat und man einen Ersatz für sie züchten will, ist es nicht sinnvoll, einen Hengst zu wählen, dessen Größe stark von ihrer abweicht. Auch Temperament und Können sollten an die gewünschte Verwendung des Fohlens angepasst werden. Wer das Fohlen verkaufen möchte, sollte sich informieren, welche Rassen und Kreuzungen bei den Käufern beliebt sind.

Hengste werden in der Regel auf kommerziellen Gestüten gehalten, deren ausgebildetes Personal beim Decken für die größtmögliche Sicherheit für die Stute und den Hengst sorgt. Das Gestüt erhält eine Deckgebühr, die je nach Qualität und Erfolg des gewählten Hengstes variiert. Es können auch Kosten für tierärztliche Untersuchungen und das Unterstellen der Stute anfallen, wenn sie in dem Gestüt bleibt, damit sie während der Rosse mehr als einmal gedeckt werden kann. So steigt die Wahrscheinlichkeit auf Erfolg.

DIE WAHL DES GESTÜTS

Wenn es um die Auswahl des Gestüts geht, in dem der Hengst steht, befragt man am besten den Tierarzt oder andere Pferdezüchter. Wichtig ist es zu erfahren, ob der Hengst frei mit den Stuten auf der Weide herumläuft oder ob das Decken überwacht wird, indem Hengst und Stute festgehalten werden. Letzteres ist sicherer, während die erste Variante schneller zum Ziel führen kann, weil sie natürlicher ist. Eine Stute, die nicht bereit ist, tritt nach dem Hengst aus, wenn er versucht, sie zu besteigen, und er wird wahrscheinlich zurücktreten, was ein Verletzungsrisiko für beide bedeutet. Ebenso sollte man nach der Zeugungsrate des Hengstes fragen. In der Regel wird eine Stute erfolgreich gedeckt. Sind aber mehrere Versuche nötig, steigen die Kosten. Die Stute kann zum Abfohlen wieder in dem Gestüt untergestellt werden. Hat man zu wenig Erfahrung oder Zeit, ist es sicherer, sie in die Obhut von Experten zu geben.

GESTÜT Als Besitzer der Stute sollte man sowohl das Gestüt als auch den Deckhengst sorgfältig auswählen. Kommt die Stute während ihres Aufenthalts auf die Weide, sollte diese gut umzäunt und gepflegt sein.

Der Fortpflanzungszyklus

Stuten erreichen ihre Geschlechtsreife mit etwa zwei Jahren, aber man züchtet erst mit dreijährigen Stuten. Während der Paarungszeit wird die Stute etwa alle drei Wochen für fünf bis sieben Tage rossig. Wenn sie trächtig werden soll, muss man sie innerhalb dieser Zeit von einem Hengst decken lassen.

Mit den höheren Temperaturen und der längeren Tageslichtdauer beginnt die Paarungszeit. Das Fohlen wird elf Monate später im folgenden Frühjahr geboren, wenn das Gras wieder üppig wächst und es wärmer wird. In freier Wildbahn decken Hengste die Stuten im späten Frühjahr oder frühen Sommer. In der teuren Vollblüterzucht für Pferderennen werden die Stuten allerdings oft künstlich so stimuliert, dass sie schon Anfang des Frühjahrs rossig werden und die Fohlen im Folgejahr so früh wie möglich geboren werden. Der Grund: Alle Rennpferde der nördlichen Erdhalbkugel haben offiziell am 1. Januar des Jahres Geburtstag, egal an welchem Tag sie wirklich geboren sind. Früher im Jahr geborene Fohlen sind ihren später geborenen Konkurrenten somit auf der Rennbahn überlegen. Die Geburt der Fohlen auf der südlichen Erdhalbkugel wird offiziell auf den 1. August datiert.

PFLEGE EINES ÄLTEREN PFERDES

Wie Menschen bleiben auch Pferde heute oft länger gesund und aktiv. Gute Ernährung, vorbeugende Pflege und der medizinische Fortschritt tragen dazu bei, dass viele Pferde als Teens und auch noch in ihren Zwanzigern auf Turniere gehen. Allerdings altern manche Pferde schneller als andere, und einige haben, wie auch die Menschen, mehr Mühe, fit zu bleiben – was sie aber nicht daran hindern sollte, ein aktives Leben zu führen.

ALTERSSYMPTOME

Solange ein Pferd gut aussieht, sich wohlfühlt und sein Arbeitspensum absolviert, gibt es keinen Grund, es wegen seines Alters anders zu behandeln als zuvor. Erst wenn es Alterserscheinungen zeigt, sollte man seinen Rhythmus verändern, um ihm das Leben zu erleichtern.

Zu den häufigen Problemen eines alternden Pferdes gehört das Nachlassen seiner Widerstandsfähigkeit. Es trotzt nicht mehr so leicht extremen Temperaturen und wird kälteempfindlicher. Es könnte sinnvoll sein, das Pferd im Sommer zu scheren, denn ältere Pferde haben meist sogar in den wärmeren Monaten ein dickeres Fell. Im Winter sollte man es ausreichend mit Decken versorgen, die gut sitzen und regelmäßig gewechselt werden müssen, da ein älteres Pferd sich schneller wund scheuert. Wegen der größeren Hitze- und Kälteempfindlichkeit brauchen ältere Pferde auf der Weide einen geschützten Unterstand. Wasser sollte leicht zugänglich sein. Steht es mit anderen Pferden auf der Weide, fällt das schwächere und ältere Pferd wahrscheinlich in der Rangordnung ein Stück zurück. Deshalb muss dafür gesorgt werden, dass es nicht um Futter, Wasser oder einen geschützten Platz kämpfen muss.

ZÄHNE

Zähne in schlechtem Zustand oder wenig Zähne können Appetit- und Gewichtsverlust verursachen. Sie sollten regelmäßig geradegeraspelt werden – mindestens einmal im Jahr und bei älteren Pferden alle sechs Monate. Sind Pferde nicht mehr in der Lage, das Futter genügend zu zerkauen, feuchtet man es an, sodass es etwas suppig wird. Auf diese Weise bekommt sie Kraftfutter, und über eingeweichtes Gras oder Heu sowie Zuckerrüben nehmen sie ausreichend Ballaststoffe zu sich.

ERNÄHRUNG

Mit dem Alter verringert sich die Fähigkeit des Pferdes, sein Futter effizient zu verdauen, sodass es aus derselben Menge Futter weniger Nährstoffe bezieht. Jede Veränderung des Speiseplans sollte langsam eingeführt werden, denn das Verdauungssystem braucht länger, um sich darauf einzustellen. Es gibt speziell für alte Pferde Futtersorten, die für eine ausgewogene Ernährung sorgen und entweder gepresst oder fein gemahlen sind, um die Verdaulichkeit zu verbessern. Das Futter sollte viel Proteine, Fett und Ballaststoffe enthalten. Man kann Speiseöl hinzugeben, z. B. Getreideöl, um den Fettgehalt zu erhöhen: bis zu einer Tasse pro Mahlzeit. Der Kalziumgehalt sollte verringert und der Phosphorgehalt erhöht werden. Heu oder Heulage sollten qualitativ hochwertig sein.

ARTHRITIS

Verschleiß und besonders die Anstrengungen eines Lebens als Turnierpferd führen häufig zu steifen Gelenken und chronischer Lahmheit. Es gibt verschiedene entzün-

SCHWIERIGKEITEN BEIM FRESSEN Die Zähne eines älteren Pferdes werden mit zunehmendem Alter länger, und es fällt ihm schwerer, seine Kiefer so zu koordinieren, dass es gut kauen kann. Die Folge ist, dass es zerkautes Futter „verliert".

dungshemmende Mittel wie Phenylbutazone sowie Futterzusätze, die diese Beschwerden lindern. Wichtig ist das richtige Beschneiden und Beschlagen der Hufe, da besonders ältere Pferde zu Problemen mit dem Kron- und Hufbein neigen. Weitere therapeutische Maßnahmen wie Massage, chiropraktische Behandlungen und sogar Akupunktur können helfen.

Man sollte den Bewegungsradius des Pferdes nicht einschränken und es so häufig wie möglich aus dem Stall lassen. Seine Box sollte groß sein und eine dicke, Sicherheit bietende Einstreu haben, damit es sich bequem zum Ausruhen hinlegen und wieder aufstehen kann.

EUTHANASIE

Wer ein altes Pferd besitzt, wird möglicherweise mit der harten Wahrheit konfrontiert, dass die Natur selten so nett ist, es einfach friedlich im Schlaf sterben zu lassen. Meist muss der Besitzer eine Entscheidung treffen, wenn sich die Lebensqualität des Pferdes erheblich verschlechtert. Das Pferd einschläfern zu lassen ist ein schwerer Entschluss. Der Versuch, einem alten Pferd noch eine Chance zu geben, kann fehlschlagen. Im Idealfall sollten die letzten Lebensmonate des Pferdes erfreulich und nicht von Schmerz geprägt sein. Für seinen Besitzer ist die Versuchung groß, das Unvermeidliche hinauszuzögern, aber die Verantwortung liegt letztendlich bei ihm, und er muss die richtige Entscheidung für sein Pferd treffen, wenn die Zeit gekommen ist.

GNADENBROT AUF DER WEIDE Dem Pferd das Gnadenbrot zu geben, indem man es einfach grasen lässt, ist sinnvoll, wenn es Pflege und Aufmerksamkeit bekommt. Dann bleibt es auch in hohem Alter zufrieden.

SATTELZEUG UND REITAUSRÜSTUNG

Der erste Mensch, der ein Pferd bestieg, machte einen vertrauensvollen Schritt ins Unbekannte. Wahrscheinlich hatte er nur einfachste Hilfsmittel – möglicherweise Zügel aus Seil –, um das Tier zu kontrollieren, aber keinen Sattel, um darauf zu sitzen. Jedenfalls hätte er gestaunt, wenn er das moderne Pferd und seinen Reiter hätte sehen können, die mit allen Raffinessen ausstaffiert sind. Sattelzeug und Reitausrüstung haben sich ständig weiterentwickelt. Das Arbeitspferd war nur einfach ausgestattet, und das heutige Sportpferd profitiert von neuen technischen Entwicklungen, die ihm maximale Leistung unter komfortablen Bedingungen ermöglichen.

SATTELZEUG FÜR FANS Westernsättel wurden entwickelt, damit Cowboys viele Stunden bequem reiten und ihre lebensnotwendige Ausrüstung mitnehmen konnten. Heute ist dieser einst als Arbeitsgerät konzipierte Sattel häufig sehr dekorativ und kunstvoll gearbeitet.

SICHERHEIT HAT PRIORITÄT

So viel Spaß man mit Pferden auch hat, man darf nie die damit verbundenen Gefahren vergessen. Pferde sind starke, schwere Tiere, die schneller reagieren als wir. Im Umgang mit Pferden steht die Sicherheit an erster Stelle.

STETS AUFPASSEN

Pferde verletzen selten jemanden mit Absicht. Wenn ein Reiter aber vom Pferd stürzt oder jemand einem Pferd im Weg steht, das auf eine beunruhigende Situation reagiert, können Unfälle passieren. Das Pferd kann beispielsweise nach etwas treten, das es kitzelt, etwa nach einem Insekt oder jemandem, der es putzt. Oder seine Fluchtinstinkte kommen zum Vorschein, wenn es aus Panik versucht, vor einer als gefährlich eingeschätzten Situation zu fliehen. Wer aufmerksam auf alles achtet, was in der eigenen Umgebung und der des Pferdes geschieht, ist in der Lage, schnell zu reagieren und Schwierigkeiten zu verhindern. Vor allem auf der Straße sollte man auf Dinge achten, die das Pferd erschrecken könnten: entgegenkommende Fahrzeuge und andere Tiere wie Hunde oder Kühe. Auch den Boden muss man berücksichtigen, beispielsweise glatte Bereiche auf der Straße, Kaninchenlöcher oder auf dem Boden umherliegenden Draht.

Beim Umgang mit Pferden passieren am Boden genauso viele Unfälle wie beim Reiten. Man sollte also während der Beschäftigung mit dem Pferd genau aufpassen, was in der unmittelbaren Umgebung passiert, ähnlich einem Autofahrer, der gleichzeitig sein Auto steuern und auf die Straße schauen muss, um die Absichten anderer Verkehrsteilnehmer zu erkennen.

Kopfbedeckung

Ein gut passender Reithelm oder eine Reitkappe ist wichtigster Teil der Ausrüstung und für den Reiter unverzichtbar. Der Kopfschutz sollte mit einem Kinnriemen ausgestattet sein und dem Sicherheitsstandard entsprechen.

LONGENARBEIT Auch auf einer Reitbahn ist es wichtig, schützende Reitkleidung zu tragen. In diesem Beispiel sind Reiter und Longierer korrekt gekleidet. Wenn der Reiter abgeworfen wird, muss der Longierer das Pferd beruhigen und sollte auch dafür durch seine Kleidung geschützt sein.

DIE REITAUSRÜSTUNG

Es gibt gute Gründe dafür, dass sich im Lauf der Jahre eine „uniformartige" Reitkleidung etabliert hat, sogar für das alltägliche Reiten. Das Design von langen Reithosen und Jodhpurreithosen ermöglicht Bewegungsfreiheit. Sie sind robust genug, um dem Verschleiß durch die Arbeit mit dem Pferd standzuhalten, ohne zu drücken oder zu scheuern. Ebenso empfiehlt sich ein gut anliegendes Oberteil mit langen Ärmeln, um die Arme zu schützen. Sehr wichtig ist eine richtig sitzende Reitkappe mit einem korrekt angepassten Riemen. Viele Reiter sind versucht, ohne Kappe zu reiten, wenn sie das Pferd für ruhig halten oder in der Reithalle reiten. Aber Unfälle können jedem und überall passieren, und man kann nicht vorhersehen, wann man abgeworfen oder getreten wird. Leider passieren die meisten Unfälle, wenn man am wenigsten mit ihnen rechnet. Daher sollte man wachsam sein und stets Schutzkleidung tragen.

Die Reitkappe sollte den nationalen Sicherheitsstandards entsprechen. Gegen Kappen mit Luftlöchern oder Schlitzen bestehen unberechtigte Vorurteile, weil man glaubt, etwas könnte durch sie hindurch den Schädel des Reiters verletzen. Doch diese Löcher tragen dazu bei, den Stoß und den Druck abzumildern, dem der Kopf als Folge eines schweren Schlags ausgesetzt ist. Dieser Vorteil überwiegt bei Weitem das minimale Risiko, dass ein scharfer Gegenstand durch eines dieser Löcher bis zum Kopf des Reiters vordringt.

SCHÜTZENDE KLEIDUNG

Sicherheits- und Sturzwesten sind bei den meisten Rennen und Gelände-Wettbewerben Pflicht, aber es lohnt sich, sie auch generell beim Reiten zu tragen, um den Oberkörper, insbesondere den Rücken, vor Verletzungen zu schützen. Sie unterscheiden sich in Gewicht und Stärke, sehen aber alle ähnlich aus. Sie sollten so leicht und flexibel sein, dass sie Beweglichkeit, Gleichgewicht und Reaktionsfähigkeit nicht beeinträchtigen. Wer abgeworfen wird, sollte sich wie ein Ball zusammenrollen; Sicherheitsweste oder Rückenschutz dürfen dabei nicht hinderlich sein.

BEINE, FÜSSE UND HÄNDE

Reithandschuhe sind zu empfehlen, weil sie beim Greifen der Zügel und beim Umgang mit dem Pferd besseren Halt geben. Sie schützen auch vor Verletzungen durch das Reißen am Strick, wenn das Pferd sich beim Führen loszureißen versucht. Das Schuhwerk sollte stabil genug sein; die Sohle darf nicht rutschen. Wenig Abatz verringert das Risiko, im Steigbügel hängen zu bleiben. Auch Stahlkappen sind sinnvoll: Wer schon einmal von einem Pferd auf den Fuß getreten wurde, weiß sie zu schätzen.

Nackengurt

Ein alter Steigbügelriemen kann am Pferdehals befestigt werden, um sich im Notfall daran festzuhalten. Er dient dem Reiter auch als Hilfsmittel, die Hände beim Springen über ein Hindernis tief zu halten.

GUT SICHTBARE KLEIDUNG

Für Reiter gibt es reflektierende Reitjacken, Westen und Kappen, und für das Pferd sind ebensolche Decken und Bandagen für die Beine und den Schweif erhältlich. Reflektierende Bandagen an den Beinen sind besonders effektiv, da Bewegung Aufmerksamkeit weckt, etwa wie ein blinkendes Licht.

SICHERHEIT AUF DER STRASSE Reflektierende Ausrüstung für Pferd und Reiter ist zu empfehlen, wenn man über Straßen reitet. Im Dunkeln wird man besser gesehen, aber sie veranlasst Autofahrer auch bei Tageslicht, ihre Geschwindigkeit zu verlangsamen.

DIE RICHTIGE REITKLEIDUNG

Betreibt man den Reitsport ernsthaft und nimmt an Wettbewerben für Pferd und Reiter teil, sollte man sich angemessene Reitkleidung sowie die erforderliche Ausstattung für das Pferd anschaffen, wie etwa Sattel- und Zaumzeug. Der Pferdesport ist von Tradition und Disziplin geprägt. Als Wettbewerbsteilnehmer sollten Sie sich informieren, welche Kleidung für den gewählten Sport erwartet wird.

DER PROFESSIONELLE AUFTRITT

In den unteren Kategorien der wichtigsten Disziplinen Dressur, Springreiten und Vielseitigkeit sowie bei Präsentationen auf Zuchtschauen reichen ein Reitjackett, ein weißes Hemd mit Reitkrawatte (Plastron), eine dunkelblaue oder schwarze sturzsichere Reitkappe, Reithose und Reitstiefel. Auch für das Jagdreiten ist diese Kleidung korrekt. Allerdings gibt es ein paar ungeschriebene Gesetze. Beim Vielseitigkeitsreiten und beim Jagdreiten beispielsweise tragen Frauen und

DRESSURKLEIDUNG In höheren Wettbewerbskategorien sowohl beim Dressurreiten als auch bei den Dressurprüfungen der Vielseitigkeitswettbewerbe wird erwartet, dass die Reiter Zylinder und Frack tragen. Der Zylinder sollte ohne Kinnriemen korrekt sitzen.

Männer eher beige, beim Spring- und Dressurreiten jedoch weiße Reithosen. Beim Jagdreiten werden gern längere Reitröcke getragen; gängig sind die Farben Rot, Grün und vereinzelt auch Schwarz.

ANDERE ZEITEN, ANDERE SITTEN

Traditionell war Reitkleidung so unifarben und einheitlich wie möglich, aber in jüngster Zeit eroberten Farben und Designs auch dieses Feld. Besonders beim Springreiten sind inzwischen Reitjacken in vielen verschiedenen Farben üblich; vorherrschend sind aber Schwarz und Dunkelblau. In höheren Kategorien wird nach wie vor in Rot geritten.

KLEIDUNG FÜR VIELSEITIGKEIT IM GELÄNDE Beim Geländereiten tragen die Reiter ein farbiges Sweatshirt oder etwas Ähnliches unter ihrer Sicherheitsweste. Alle Kleidungsstücke, auch die Reitkappe, sind farblich aufeinander abgestimmt.

KLEIDUNG FÜR DAS SPRINGREITEN Früher trugen Damen blaue oder schwarze Reitjacken und Männer rote. Heute geht ein telegenerer Trend dahin, dass die Reiter Jacketts in allen Farben verwenden – Frauen dürfen sogar ein rotes Jackett tragen.

DAS ZAUMZEUG

Als die Menschen begannen, Pferde zu reiten, dienten sie ihnen zur Fortbewegung. Die frühesten Zaumzeuge waren einfache Halfter aus Seil. Allerdings weisen archäologische Funde darauf hin, dass bereits kurz nach der Domestizierung der Pferde Stricke mit Gebissen verwendet wurden. Hatte das Zaumzeug kein Gebiss, wurden die Pferde gelenkt, indem man über ein Seil Druck auf die Nase ausübte.

MODERNES DESIGN

Als das Pferd stärker in der Freizeit und für Reitwettbewerbe genutzt wurde, war eine subtilere Art erforderlich, es zu lenken. Mit der Zeit wurde das Zaumzeug zu präzise entworfenen Kreationen aus Leder, die es in Kombination mit dem Gebiss ermöglichen, gezielten Druck auf Unterkiefer, Lippen und Zunge auszuüben. Modernes Zaumzeug bietet gepolsterte Nasenriemen und Kopfstücke, die bequem zu tragen sind. Neuere Modelle sind so geschnitten, dass sie nicht mit den empfindlichen Stellen am Ansatz der Ohren in Berührung kommen.

ANPASSUNG DES ZAUMZEUGS

Das Zaumzeug muss passen und richtig am Kopf sitzen, damit es bequem und wirksam ist. Zwischen den Kehlriemen und die Kehle des Pferdes sollten zwei Finger passen. Der Nasenriemen sollte fest sitzen, aber nicht zu eng sein, da sich das Pferd sonst verspannt. Ein Finger sollte unter den Nasenriemen passen. Die Backenriemen halten das Gebiss in der richtigen Höhe, sodass es die Maulwinkel des Pferdes nur leicht kräuselt. Das Stirnband muss den Ohren genügend Spielraum bieten.

DOPPELTE ZÜGEL
Dieses Zaumzeug hat zwei Gebisse mit eigenen Zügeln, für eine präzise Führung. Die Unterlegtrense unterstützt das Pferd, den Kopf zu heben, und die Kandare, ein Stangengebiss, wirkt auf Unterkiefer und Genick und fördert die Versammlung.

EINFACHES ZAUMZEUG
Dieses Pony trägt eine einfache Trense mit Olivenkopfgebiss. Es reibt weniger an den Maulwinkeln des Pferdes als die Alternative, eine gewöhnliche Wassertrense.

Hilfszügel

Hilfszügel sind Extras, die es dem Reiter ermöglichen, dem Pferd eine korrekte Haltung und Gehorsam anzutrainieren. Sie werden vorübergehend verwendet, um den Gang des Pferdes zu korrigieren. Sobald sich Balance und Muskulatur richtig entwickeln, sollte man ohne Hilfszügel arbeiten können. Das Ziel des Reiters ist es, dem Pferd die richtige Haltung beizubringen. Die Kraft, die das Pferd vorwärtstreibt, sollte aus den Hinterbeinen kommen, mit denen es weit unter den Körper tritt, während es gerade und aufrecht geht. Je besser es trainiert ist, desto mehr Gewicht trägt es mit der Hinterhand, sodass die Vorhand leicht ist und angehoben werden kann. Der Hilfszügel dient dazu, dieses Trainingsziel zu erreichen.

ENGLISCHES UND HANNOVERSCHES REITHALFTER Das Hannoversche Reithalfter verhindert das Aufsperren des Mauls und übt Druck auf den Unterkiefer aus, um die Biegung zu fördern. Das Englische Reithalfter (*oben Mitte*) ist weniger effektiv, da es lediglich das Maulaufsperren unterbindet.

MARTINGALE

Stoßzügel und gleitende Ringmartingale sind Riemen, die mit einer Schlaufe durch den Sattelgurt gezogen werden und am Hals entlang nach oben führen. Der Stoßzügel wird am Nasenriemen befestigt, während das gleitende Ringmartingal an beiden Seiten einen Ring hat, durch den der Zügel gleitet. Ihr Zweck ist es, das Pferd davon abzuhalten, den Kopf so hochzureißen, dass es sich der Kontrolle entzieht. Ein Irisches Martingal ist ein einfacher Lederriemen mit zwei Ringen, durch die die Zügel laufen. Es verhindert, dass die Zügel über den Kopf des Pferdes gestreift werden, wenn der Reiter sie aus der Hand verliert.

MARTINGAL Das Martingal verhindert, dass das Pferd seinen Kopf so hoch trägt, dass der Reiter es nicht mehr kontrollieren kann.

MEXIKANISCHES REITHALFTER Das Mexikanische Reithalfter oder auch Kreuzhalfter hindert das Pferd nicht nur daran, sein Maul zu öffnen, sondern auch die Kiefer zu kreuzen. Beides tun Pferde, um sich der Einwirkung der Zügel über das Gebiss zu entziehen.

VERSCHIEDENE GEBISSE

Das Gebiss wirkt an verschiedenen Stellen im Pferdemaul und am Kopf, je nachdem was für ein Mundstück verwendet wird und ob es in Kombination mit einem bestimmten Nasenriemen oder Martingal eingesetzt wird. Das Pferdemaul ist sehr empfindlich, und das soll es auch bleiben. Jeder Reiter hat die Pflicht, so gut reiten zu lernen, dass er sich nicht an den Zügeln festhalten muss und dadurch dem Maul des Pferdes schadet.

DAS GEEIGNETE GEBISS

Ein ausbalancierter sicherer Sitz ermöglicht es dem Reiter, das Pferd durch Gewichtsverlagerung und Schenkeldruck sowie mit den Zügeln über das Gebiss zu lenken. Viele Reiter verlassen sich zu sehr auf die Hand und das Gebiss, statt auch ihren Sitz und ihre Schenkel einzusetzen. Fühlt sich ein Pferd im Maul wohl, lässt es sich leichter reiten und trainieren. Verschiedene Gebisse haben unterschiedliche Wirkungen und Zwecke. Bei fortschreitendem Training muss man möglicherweise das Gebiss wechseln. Es ist immer nur so sanft oder hart wie die Hand des Reiters am anderen Ende der Zügel. Wenn das Pferd am Gebiss zu ziehen oder sich darauf zu stützen vermag und der Reiter in der Folge nur noch an seinem Maul reißt, um es davon abzuhalten, ist das Gebiss ungeeignet. Auch wenn der Reiter sein Gleichgewicht nicht halten kann und sich an den Zügeln festhält, um nicht herabzufallen, ist dies für das Pferd unangenehm.

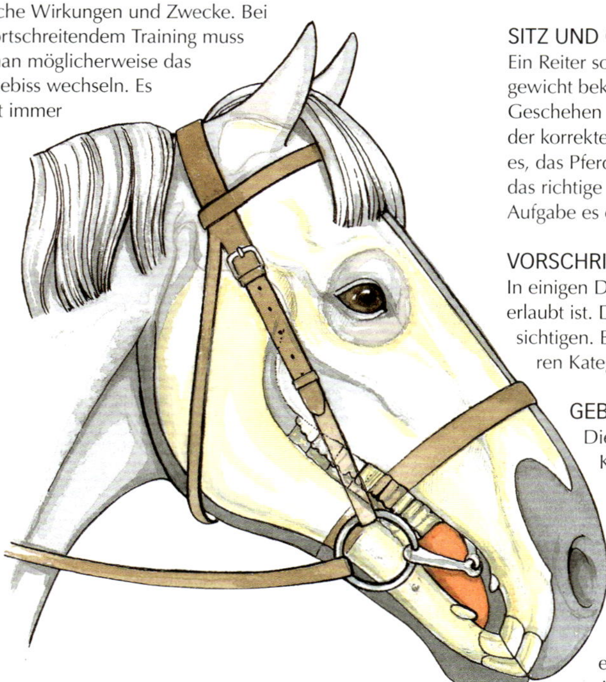

WIE DAS GEBISS WIRKT Verschiedene Gebisse wirken an unterschiedlichen Stellen des Pferdemauls: Maulwinkel, Unterkiefer, Zahnfleisch, Zunge, Kinngrube, Kinnladen und Lippen. Diese gebrochene Trense etwa wirkt seitlich auf die Lippen ein sowie auf Zunge und Unterkiefer.

SITZ UND GLEICHGEWICHT

Ein Reiter sollte zunächst genügend Sicherheit und Gleichgewicht bekommen, um seine Hände unabhängig vom Geschehen einsetzen zu können. Eine ruhige Hand und der korrekte Einsatz von Sitz und Schenkeln ermöglichen es, das Pferd richtig zu reiten und herauszufinden, welches das richtige Mundstück für das Pferd ist und welche Aufgabe es erfüllen soll.

VORSCHRIFTEN

In einigen Disziplinen ist geregelt, welche Art von Gebiss erlaubt ist. Das sollte man bereits beim Training berücksichtigen. Bei Dressurprüfungen darf das Pferd in höheren Kategorien mit einer Kandare geritten werden.

GEBISSARTEN

Die meisten Gebisse gehören in eine dieser fünf Kategorien: Trense, Kandare, Pelhamgebiss, Aufziehtrense und gebisslose Zäumung (auch Hackamore).

TRENSE

Es gibt zahlreiche Varianten der Wassertrense; die einfachste ist eine ungebrochene Gummitrense. Gebrochene Trensen wirken effektiver als ungebrochene. Hält das Pferd seinen Kopf beim Reiten tief, übt die Trense aufrichtenden Druck auf die Maulwinkel aus. Nimmt es den Kopf dann hoch, wirkt das Gebiss auf den Unterkiefer.

KANDARE

Die Kandare, ein Stangengebiss, wird mit der Unterlegtrense verwendet. Jedes Gebiss hat eigene Zügel. Man setzt dabei vorwiegend die Zügel der Unterlegtrense ein, mit denen man das Pferd ermutigt, seinen Kopf zu heben. Die Kandare übt Druck auf Zunge, Laden und Gebiss aus.

PELHAMGEBISS

Das Pelhamgebiss, eine Mischform aus Trense und Kandare, übt eine Hebelwirkung aus. Es besitzt nur ein Mundstück, wirkt auf die Biegung des Halses und kann mit zwei Zügeln verwendet werden. Häufiger werden aber mit Lederriemen der obere und der untere Ring verbunden, um nur einen Zügel einzusetzen. Das Mundstück kann ungebrochen oder gebrochen sein. Dieses Gebiss übt Druck auf Kinnkettengrube, Maul und Genick aus.

AUFZIEHTRENSE

Dieses Gebiss ist eine Variante der Trense, die das Pferd aber weiter aufrichtet. Sie wird bei Pferden verwendet, die ihren Kopf nach unten ziehen, um so dem Reiter auszuweichen. Es gibt zwei Grundtypen: Das Westerngebiss hat lange Hebel, die dem Reiter einen stärkeren Druck ermöglichen. Die Cheltenham-Aufziehtrense erreicht denselben Effekt mittels zwei Ösen an den Trensenringen, durch die der Zaum mit dem Zügel verbunden wird.

GEBISSLOSE ZÄUMUNG (AUCH HACKAMORE)

Diese Zäumungen haben kein Mundstück und wirken, indem sie Druck auf Nase, Genick und Halsbiegung ausüben. Pferde mit gebissloser Zäumung sind meist leichter zu lenken, wenn man die Zügel über den Nacken des Pferdes führt, statt sie konventionell einzusetzen.

OLIVENKOPFGEBISS Dieses einfach gebrochene Mundstück ist ein relativ mildes Gebiss. Das Olivenkopf-Gelenk an den Ringen wirkt sanft auf die Maulwinkel.

GEDREHTES OLIVENKOPFGEBISS Es wirkt zwar relativ mild, aber das gedrehte Mundstück ist auf der Zunge und an den Maulwinkeln unangenehm, wenn das Pferd sich dagegen wehrt.

DOPPELT GEBROCHENE WASSERTRENSE Das Mittelstück liegt angenehm auf der Zunge und hat eine abgemilderte Wirkung. Deshalb wird das Gebiss gern für junge Pferde verwendet.

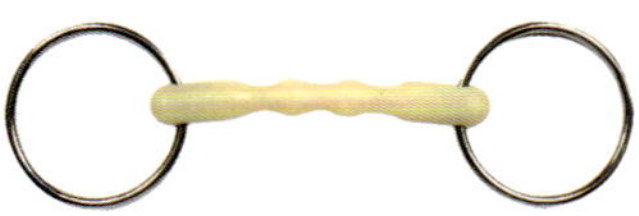

UNGEBROCHENES KUNSTSTOFFGEBISS Das flexible Mundstück gibt sehr wenig Spielraum. Trotzdem nehmen manche Pferde diese Trense gern an.

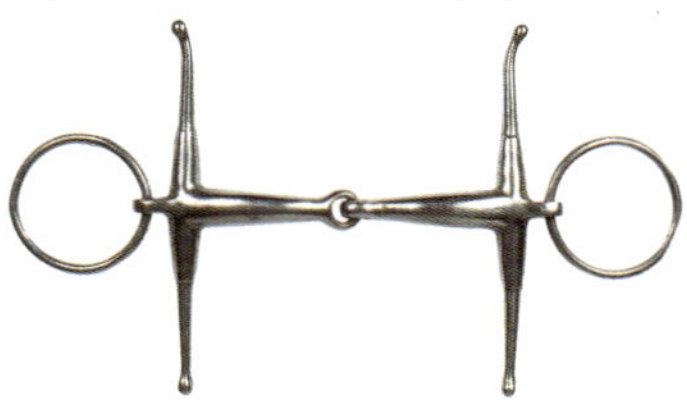

KNEBELTRENSE Die langen Backenstücke bewirken, dass das Gebiss gerade im Maul bleibt. Sie erleichtern das Wenden, denn die Backenstücke üben auf die Seiten des Mauls Druck aus.

PELHAMGEBISS Das ungebrochene Gebiss mit Hartgummi ist eine Pelhalm-Variante. Es wird aufgrund seiner Hebelwirkung gern eingesetzt, um vorantreibende Pferde zu kontrollieren.

AUFZIEHTRENSE Sie unterstützt den Reiter bei der Kontrolle des Pferdes. Oft wird sie bei Pferden eingesetzt, die den Kopf nach unten ziehen und sich auf das Gebiss lehnen. Die Backenriemen des Zaumzeugs verlaufen durch die Gebissringe und werden an den Zügeln befestigt.

DREI-RINGE-GEBISS Vom Prinzip her entspricht das Mundstück einer Wassertrense. Aber es übt starken Druck nach unten aus, wenn man den Zügel durch einen der beiden unteren Ringe verlaufen lässt.

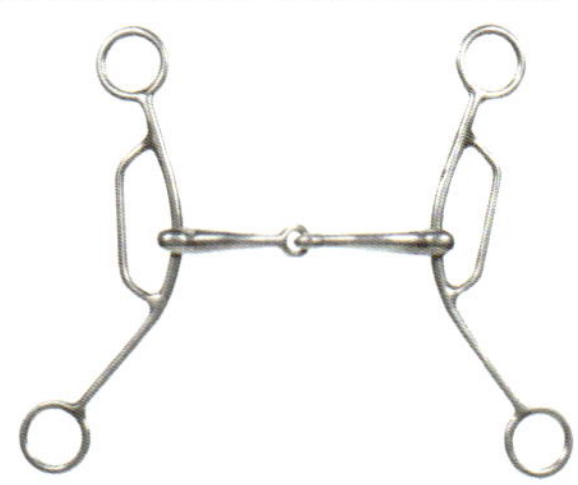

WESTERNGEBISS Zieht der Reiter die Zügel an, gelangt das Mundstück höher in das Maul des Pferdes. Auch dieses Gebiss dient dazu, den Kopf des Pferdes anzuheben. Die langen Backenstücke bieten eine starke Hebelwirkung, die mit Vorsicht einzusetzen ist.

SÄTTEL

Als die ersten Menschen Pferde ritten, war der Sattel noch unbekannt, und als sie beschlossen, sich das Leben bequemer zu gestalten, bestand der „Sattel" eher aus einer einfachen Decke oder Tierhaut, die mit einem Gurt und einem Riemen um die Brust des Pferdes befestigt wurde. Die heutigen Sättel sind Hightech-Produkte mit Modellen für verschiedene Disziplinen. Der Sattel ist in der Regel das teuerste Teil einer Reitausrüstung.

FRÜHE SÄTTEL

Die Skythen, nomadische Reiter, die um 3000 v. Chr. lebten, entwickelten den ersten Sattel. Er bestand aus zwei länglichen Polstern an beiden Seiten der Wirbelsäule, die vorn und hinten durch einen Holzbügel verbunden waren. Wie ein moderner Sattel trug er das Gewicht des Reiters so, dass es sich gleichmäßig verteilte. Archäologische Funde beweisen, dass die Skythen auch als Erste einen einfachen Steigbügel verwendeten: einen Haken, der an einer Kette hing.

Der Steigbügel, wie wir ihn heute kennen, wurde in Nordchina erfunden. In der Terrakotta-Armee (etwa 200 v. Chr.) befinden sich Krieger, die mit Steigbügeln reiten. Zuerst gab es nur einen einzelnen, langen Steigbügel, der dazu diente, besser auf das Pferd zu steigen. Aber es dauerte nicht lange, bis Reiter die Stabilität und das Gleichgewicht zu schätzen wussten, die zwei Steigbügel ihnen bieten konnten. Steigbügel beeinflussten um 1500 sogar die Mode: Europäische Adelige trugen Schuhe mit Absätzen, damit ihre Füße in den Steigbügeln blieben.

AUFSATTELN Der Sattel wird auf Widerrist und Pferderücken gelegt; die Steigbügel sind beim Aufsatteln eingeschlagen.

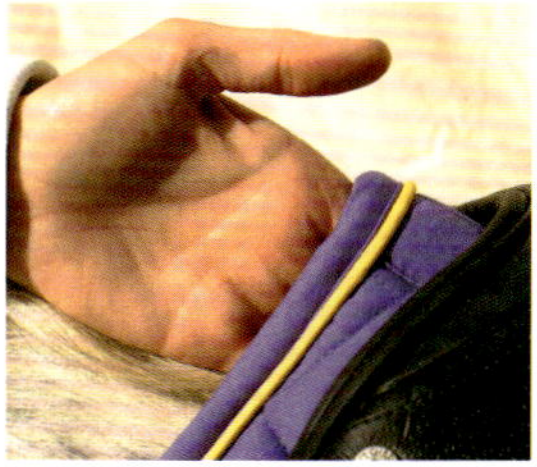

PRÜFEN DER SATTELDECKE Die Satteldecke liegt über dem Widerrist unter der Sattelkammer. Damit sie nicht drückt, muss ausreichend Spielraum bleiben.

DER RICHTIGE SATTEL

Für Reiter und Pferd ist es wichtig, dass der Sattel geeignet ist und passt. Er sollte bequem auf dem Pferderücken liegen, ohne Druckstellen zu verursachen, und so geformt sein, dass er die Bewegungsfreiheit der Schulter nicht einengt oder zu weit hinten auf die Lenden drückt. Dem Reiter sollte der Sattel Nähe zum Pferd ermöglichen, ohne dass dieser nach vorne oder hinten kippt. Er muss auch die richtige Größe für die Beinlänge des Reiters haben.

PRÜFEN DES SATTELGURTES Der Gurt wird so fest angezogen, dass der Sattel sicher auf dem Pferderücken sitzt. Eine flache Hand soll zwischen den Gurt und das Pferd passen. Die Haut am Gurt streicht man glatt.

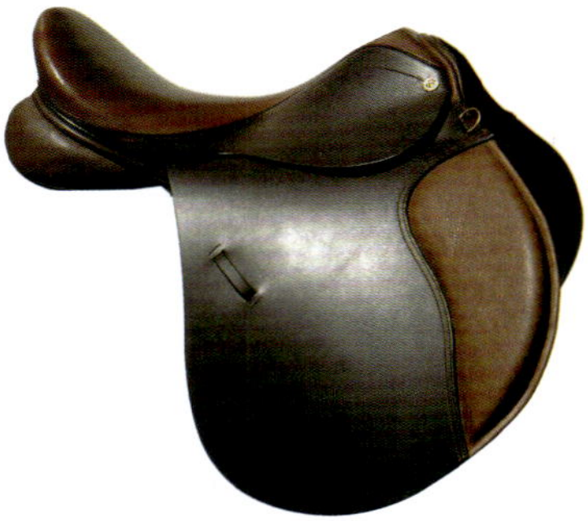

VIELSEITIGKEITSSATTEL Ein Sattel für das alltägliche Reiten, auf dem der Reiter mittig und aufrecht sitzt. Er ermöglicht auch beim Springreiten mit kürzeren Steigbügeln genügend Beinfreiheit.

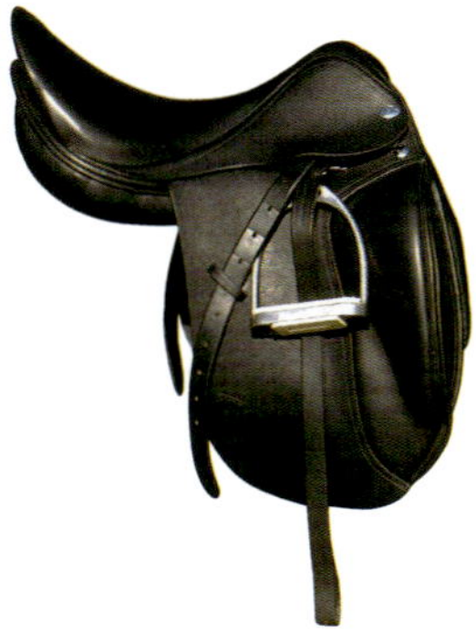

DRESSURSATTEL Ein speziell für das Reiten auf flachem Grund geeigneter Dressursattel, auf dem der Reiter aufrecht und mit am Pferd anliegenden Beinen und langen Steigbügeln reitet.

SPRINGSATTEL Dieser Sattel erlaubt es dem Reiter, sein Gleichgewicht nach hinten zu verlagern und mit kurzen Steigbügeln zu reiten. Die Pauschen für das Knie halten das Bein des Reiters in seiner sicheren Position.

SATTELGURTE UND VORDERZEUG

Ein Gurt hält den Sattel sicher auf dem Pferderücken. Gurte gibt es aus verschiedenen Materialien wie Leder, Stoff oder Nylon. Damit sie bequem sind, haben sie meist eine gewisse Elastizität, und sie passen sich der Körperform an, damit sie nicht scheuern. Vorderzeug verhindert, dass der Sattel zu weit nach hinten rutscht. Meist wird es für extreme Reitsportarten wie Geländespringen, Rennen und Polo eingesetzt. Den Schweifriemen, eine Schlaufe aus Leder, die am Schweifansatz befestigt wird, verwendet man vorwiegend bei Ponys mit niedrigem Widerrist, damit der Sattel nicht zu weit nach vorn rutscht.

DER SATTELBAUM

Lange Zeit galt der Sattelbaum, der Rahmen aus Holz oder Metall im Sattelinneren, als sehr bequem für das Pferd, weil seine Stabilität die Wirbelsäule vor dem Gewicht des Reiters schützt. Aber dank technischer Neuerungen sind inzwischen auch Sättel ohne Baum beliebt. Sie bieten der Wirbelsäule des Pferdes Schutz und sind zugleich flexibler und für das Pferd bequemer. Einige moderne Sättel haben auch Luftkammern, die so gefüllt werden können, dass der Sattel perfekt passt. Für neue Satteldesigns wird sehr die Werbetrommel gerührt; sie sollen sogar den Gang des Pferdes verbessern. Aber schnelle Problemlösungen sind selten, und daher lautet der beste Rat: vor dem Kauf ausprobieren!

SATTELUNTERLAGEN

Unter dem Sattel befindet sich in der Regel eine weiche Unterlage, die Schweiß aufnimmt und verhindert, dass der Sattel scheuert. Satteldecken entsprechen in ihrer Form meist dem Sattel, Schabracken sind rechteckig. Verschiedene Farben, Materialien und Stärken sind in beiden Formen erhältlich. Thermisch vorgeformte Polster können bewirken, dass ein Sattel, der für mehrere Pferde verwendet wird, besser passt.

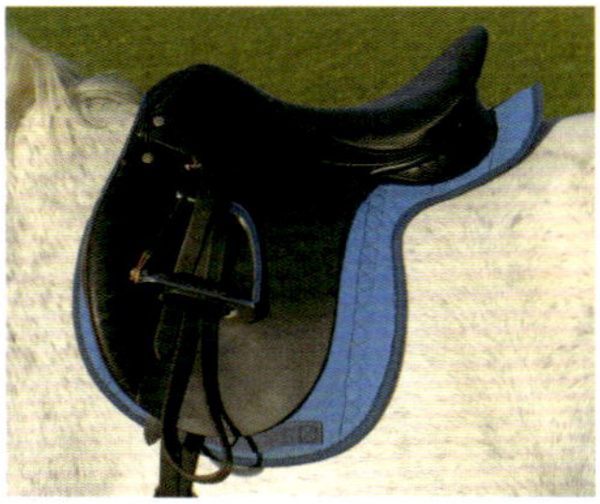

SATTELDECKE Die Satteldecke entspricht der Form des Sattels. Es sind verschiedene Formen erhältlich, die zu Dressur-, Spring- und Vielseitigkeitssätteln passen.

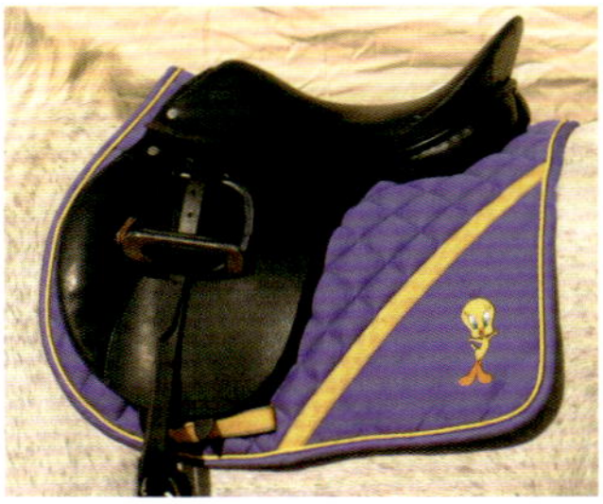

SCHABRACKE Die Schabracke kann wie hier unter einem konventionellen Sattel liegen oder unter einem Westernsattel. Beim Westernreiten wird oft eine dicke gefaltete Lammfellunterlage verwendet.

GAMASCHEN UND BANDAGEN

Gamaschen und Bandagen schützen die Beine des Pferdes vor Verletzungen durch äußere Einwirkung und stützen die Gelenke, Bänder und Sehnen. Gamaschen gibt es je nach Verwendungszweck in verschiedenen Formen und mit unterschiedlichen Polstern. Sie alle müssen sorgfältig angelegt werden. Besonders ist auf den Druck zu achten, der auf die Beine ausgeübt wird. Ungleicher Druck kann zu Verletzungen führen.

GAMASCHEN

Beim Streichen berührt das Pferd die Innenseite eines Beins mit dem Huf eines anderen. Bewegen sich die Beine eines Pferdes nicht ganz gerade, kann dies in allen oder nur in einigen Gangarten der Fall sein. Deshalb tragen viele Pferde beim Reiten und Trainieren Streichkappen, die mit Riemen an der Außenseite des Beins befestigt werden und die Beininnenseite mit einem Polster schützen. Für verschiedene Disziplinen gibt es unterschiedliche Beinschoner.

BESONDERER SCHUTZ FÜR DIE BEINE

Streichkappen bieten den Sehnen und dem Röhrbein wenig Schutz. Für

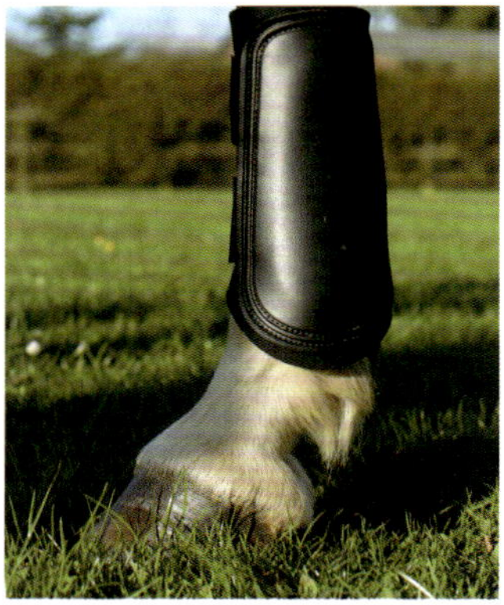

STREICHKAPPEN Sie bieten Schutz, wenn das Pferd mit dem Huf eines Beins die Innenseite eines anderen streift. Überdies schützen sie vor Verletzungen bei Ausritten.

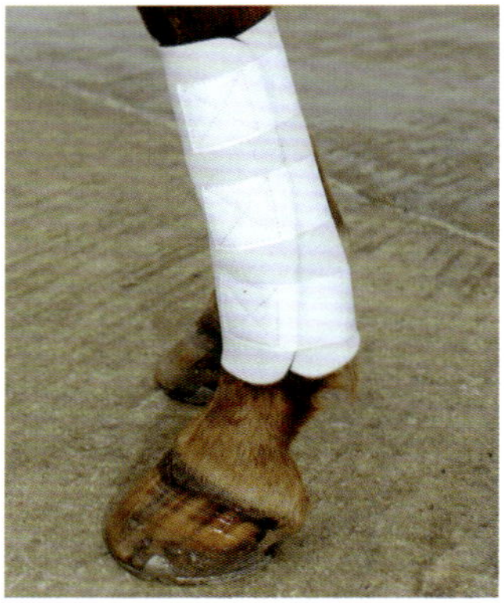

TRAININGSGAMASCHEN Eine sanfte, dehnbare, aber recht robuste Gamasche bietet ähnlichen Schutz wie eine Bandage, lässt sich aber schneller und leichter anlegen. Sie wird mit Klett befestigt.

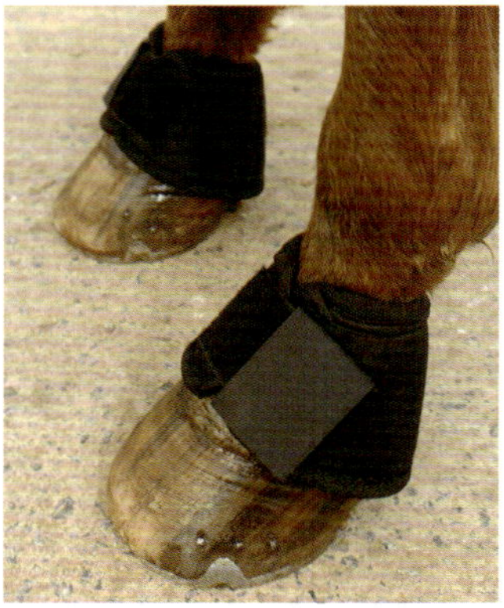

HUFGLOCKEN Sie schützen die Ballenregion der Vorderbeine gegen Tritte der Hinterbeine. Sie werden häufig beim Geländespringen angelegt.

SEHNENSCHONER Sie schützen die empfindlichen Sehnen im hinteren Teil des Beins, schränken die Bewegungsfreiheit aber wenig ein.

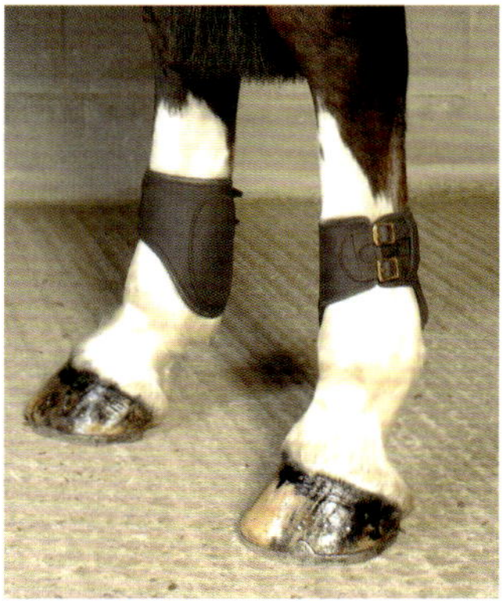

FESSELSCHONER Sie werden vorwiegend bei Springpferden verwendet, denn sie schützen die innere Fessel vor Stößen durch das gegenüberliegende Bein.

beide besteht beim Springen über feste Hindernisse im Gelände ein Verletzungsrisiko. Das Röhrbein kann verletzt werden, wenn das Pferd gegen einen Zaun prallt, und die Sehnen und Bänder werden durch die Geschwindigkeit und die schnellen Wendungen stark beansprucht. Man sollte deshalb Geländegamaschen verwenden, die in beiden Bereichen genügend Schutz bieten. Das Dressurreiten belastet Gelenke und Sehnen etwas weniger. Allerdings besteht das Risiko, dass das Pferd mit einem Hinterbein die Sehnen des Vorderbeins verletzt. Da das Pferd meist auf künstlichen Böden geritten wird, können deren Materialien die Gamaschen beschädigen, deshalb werden oft stützende Bandagen bevorzugt.

Beim Springreiten müssen die Sehnen geschützt werden. Allerdings sollten die Vorderbeine nicht zu sehr abgepolstert werden. Ein Springpferd soll lernen, vorsichtig zu sein und die Berührung der Stangen zu vermeiden. Trägt es zu starke Polster, ist es nicht in der Lage, dies zu bemerken.

Neue Materialien und Technologien haben Komfort, Sicherheit und Effektivität des Beinschutzes wesentlich verbessert. Die verwendeten Materialien passen sich unter Wärmeeinfluss der Form des Pferdebeins an. Riemen und Klettverschlüsse ermöglichen einen festeren Halt, ohne dass zu viel Druck auf den Sehnen lastet.

BANDAGEN

Eine Alternative zu den Gamaschen sind Trainingsbandagen. Sie eignen sich besonders für Pferde mit sensibler Haut, auf der die Gamaschen zu sehr scheuern. Es ist wichtig, Bandagen so anzulegen, dass der Druck gleichmäßig verteilt wird. Sind sie zu eng, können sie die Sehnen verletzen, während zu lockere Bandagen herunterrutschen und sich lösen. Dadurch entsteht wiederum ungleicher Druck, der Verletzungen verursacht, oder das Pferd kann darüber stolpern. Trainingsbandagen sind auch an einem Stück erhältlich: Sie sind genauso sanft gepolstert, lassen sich aber schneller und leichter befestigen.

Anlegen einer Trainingsbandage

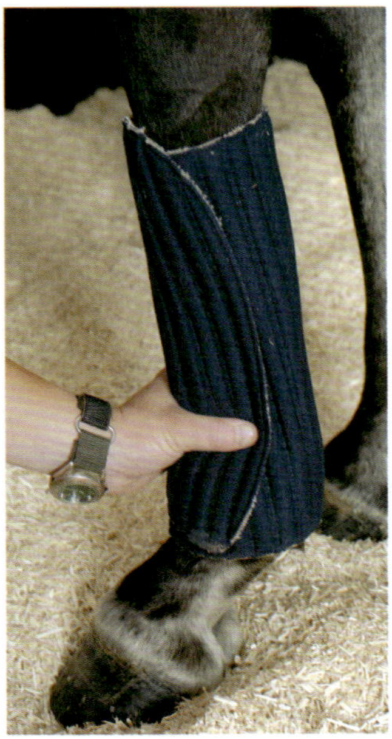

1 Eine Trainingsbandage verläuft von unterhalb des Vorderfußwurzelgelenks bis zum Fesselgelenk. Dazu muss die Bandagenpolsterung die richtige Länge haben.

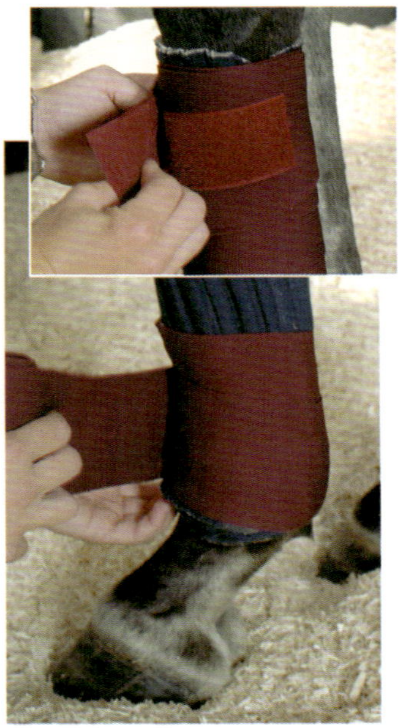

2 Die Bandage wird in das überstehende Polster gesteckt. Man wickelt gleichmäßig über das Fesselgelenk, wobei jeweils zwei Drittel der vorhergehenden Lage bedeckt werden.

3 Beim Anlegen der Bandage wird überall der gleiche Druck ausgeübt. Oben und unten sollte das Polster jeweils etwas überstehen, damit die Bandage nicht direkt das Bein berührt.

WESTERNREITEN

Beim Westernreiten musste die Ausrüstung für Pferd und Reiter den harten Bedingungen des Lebens der frühen Cowboys in einem wilden und wenig gastlichen Land gerecht werden. Um zu überleben, war der Cowboy vollkommen auf sein Pferd angewiesen, und jedes Zubehör diente mindestens einem bestimmten Zweck. Alles war am Sattel befestigt. Das Pferd musste ruhig und geduldig sein.

REITKLEIDUNG

Zur Kleidung des Westernreiters gehört der Stetson: Der Cowboyhut wurde nach John Betterson Stetson benannt, der die Hüte seit 1865 in Philadelphia verkaufte. Ein Stetson hielt ein Leben lang, bot Schutz vor Wind und Wetter, und man konnte daraus auch Wasser zum Trinken schöpfen.

OUTFIT FÜR DAS WESTERNREITEN Westernkleidung ist bequem und praktisch, aber jeder Cowboy ist auch ein Selbstdarsteller: daher die dekorativ gesäumten Chaps und die Lederverzierungen an Stiefeln und Sattel.

REITSTIEFEL

Cowboystiefel bieten sicheren Halt im Steigbügel; ihre Spitze passt leicht hindurch, doch der Absatz verhindert, dass der Fuß hindurchrutscht. Ebenso lässt sich der Absatz in den Boden „graben“ und gibt dem Cowboy die nötige Standfestigkeit, um sich gegen ein Tier am Lasso zu stemmen. Die Stiefel waren früher oft sehr hoch und schützten so vor tödlichen Schlangenbissen. Die tief hängenden Sporen klirren, wenn der Cowboy geht, und machen das Vieh darauf aufmerksam, dass er sich unter die Herde gemischt hat.

CHAPS

Beinkleider aus Leder, die über den Jeans getragen werden, nennt man Chaps. Sie schützen ihren Träger vor Dornen und Gestrüpp. Sie haben oft einen dekorativen Saum.

EIN WIDERSTANDSFÄHIGES HEMD

Cowboys trugen meist ein buntes Hemd, manchmal mit einer Lederweste darüber. Bei der Arbeit verwendeten sie Bandannas, Halstücher, mit denen sie Mund und Nase vor dem vom Vieh aufgewirbelten Staub schützten. Es fand auch Verwendung, um Wasser zu schöpfen.

DIE WESTERNTRENSE

Junge Pferde werden zunächst oft mit einem Hackamore gezäumt, einer gebisslosen Trense, die Druck auf die Nase ausübt. Ist das Pferd bereits besser ausgebildet, wird es mit der Westernstange, einem Gebiss mit langen Backenstücken, geritten, in der Regel mit einem Nasenriemen. Es gibt zwei Arten von Westerntrensen: Die eine hat ein Kopfstück mit Schlaufen für beide Ohren, und die Einohrtrense, wie der Name sagt, nur eine Schlaufe für ein Ohr. Die Zügel, die nicht wie beim englischen Reitstil miteinander verbunden sind, hält man in einer Hand. So läuft das Pferd nicht Gefahr, mit dem Fuß in die Zügel zu geraten, wenn der Reiter bei der Arbeit abspringen muss.

WESTERNSATTEL Der breite Cinch, der stabile Sattelknauf und die kunstvollen Verzierungen sind typische Elemente des Westernsattels.

DER WESTERNSATTEL

Der Westernsattel ist größer und schwerer als ein normaler Sattel, bequem und praktisch für lange Ritte, und er transportiert einen Großteil der Ausrüstung. Als Unterlage verwendet man eine dicke, gefaltete Decke, und die große Fläche, mit der der Sattel das Gewicht trägt, macht ihn für das Pferd bequem. Das auffällige Horn vorn am Sattel ist stabil genug, um einen im Lasso gefangenen Stier oder Mustang daran festzubinden. Der Sattelgurt, Cinch genannt, wird durch die Rigging befestigt. Das Sattelleder ist häufig mit aufwendigen Reliefmustern verziert.

SKID BOOTS

In jüngster Zeit werden beim Westernreiten Skid Boots verwendet. Das Pferd trägt sie zum Schutz der hinteren Fesselköpfe, wenn es den spektakulären Sliding Stop ausführt, den Halt aus dem Galopp, der gern auf Rodeoshows gezeigt wird.

Satteln des Westernpferdes

1 Auf dem Pferderücken liegt eine dicke, gefaltete Satteldecke. Sie sollte flach aufliegen und keine Falten werfen.

2 Den schweren Sattel hebt man vorsichtig hoch und platziert ihn von oben auf dem Pferderücken.

3 Den Sattel hält ein breiter Gurt (Cinch), der mit der Rigging befestigt wird. Er muss eng genug sein, um ein Abrutschen zu verhindern, wenn der Reiter aufsteigt.

4 Die Trense wird angelegt und angepasst. Die Zügel führt man über den Hals oder legt sie um den Sattelknauf, bis der Reiter sie aufnimmt.

DAS PFERD ALS ARBEITSTIER

Einst domestizierte man das Pferd als Fleisch- und Lederlieferant, aber der Mensch entdeckte schnell, dass er sich die Kraft dieses Tiers für viele andere Aufgaben nutzbar machen konnte. Das Pferd wurde bald geritten und vor Kutschen gespannt, ermöglichte dem Menschen, Entfernungen zurückzulegen, die er sich nie hätte träumen lassen, und transportierte sein Hab und Gut in neue Siedlungsgebiete. Die Entdeckung neuen Landes brachte Konflikte mit sich, und das Pferd diente dem Menschen im Krieg ebenso treu wie im Frieden. Heute erledigt es noch in vielen Ländern täglich seine Arbeit und leistet seinen Beitrag zu der Partnerschaft, die den Menschen mit dem Pferd verbindet.

HARTE ARBEIT Das Leben eines Arbeitspferdes kann sehr hart sein, aber es ist auch interessant und von Aktivität erfüllt. Ist der Besitzer auf die Arbeitskraft des Pferdes angewiesen, sind dessen Pflege und Wohlbefinden von größter Wichtigkeit.

DOMESTIZIERUNG

Die Beziehung zwischen Mensch und Pferd begann in prähistorischer Zeit. Das Pferd diente dem Menschen nur als Nahrungsquelle. Der prähistorische Jäger vor 50000 Jahren konnte nicht so schnell laufen wie ein Pferd und hatte keine Chance, es aus der Entfernung zu töten. Daher jagte er die unglücklichen Kreaturen zu steilen Abhängen, wo sie in den Tod stürzten.

ERSTE HIRTEN

Etwa 4000 v. Chr. begannen die Menschen, Pferde wie andere Haustiere zu halten. Sie waren schneller und reaktionsfreudiger als Schafe, Kühe und Ziegen, und die Menschen brauchten Zeit, um zu verstehen, wie sie am besten mit ihren neuen Freunden umgehen konnten.

JAGD AUF PFERDE Höhlenmalereien wie dieses afrikanische Beispiel zeigen uns frühe Jagdtechniken. Wild, Pferde und Büffel wurden mit Feuer und Lärm erschreckt; die in Panik geratenen Tiere stürzten von Felsen hinab, dann bemächtigten sich die Jäger des Fleisches und der Felle.

GRIECHISCHER STREITWAGEN Dieses Flachrelief stellt einen frühen griechischen Streitwagen dar. Er beförderte einen Kutscher und einen Bogenschützen und wurde von bis zu vier Pferden gezogen. Nachdem bessere Methoden der Kriegsführung entwickelt worden waren, übernahmen Pferde und Wagen bei sportlichen Wagenrennen eine neue Rolle.

Die ersten Pferde wurden wahrscheinlich von nomadischen Stämmen der eurasischen Steppen gezähmt. Die Pferde gaben Milch, man nutzte ihre Haut, und bald verwendete man sie als Lasttiere. Zuerst packte man ihnen die Lasten auf den Rücken, dann baute man einfache Schlitten, die von Pferden gezogen wurden. Es ist umstritten, ob die Pferde zuerst geritten oder angespannt wurden. Ursprünglich glaubte man, sie seien anfänglich Zugtiere gewesen, aber jüngere archäologische Funde weisen darauf hin, dass sie wohl bald, nachdem sie domestiziert worden waren, als Reittiere dienten.

Verschleißspuren an 5000 Jahre alten Pferdezähnen, die in Kasachstan ausgegraben wurden, könnten von Seilen stammen, die durch das Maul geführt wurden.

DAS PFERD ALS MITTEL DER FORTBEWEGUNG

Sobald die Menschen zu reiten begannen, konnten sie sich schneller und weiter als je zuvor fortbewegen und entdeckten bald neue Gebiete. Unglücklicherweise führte dies schnell dazu, dass Mensch und Pferd in Kriege verwickelt wurden. Pferde zogen in Schlachten zuerst Wagen, aber als sich die Reittechniken verbesserten, entwickelte sich auch die Kavallerie.

Einblicke in den frühen Umgang mit Pferden gibt der von Kikkuli verfasste Text von 1350 v. Chr., der auf vier Tontafeln aufgezeichnet wurde. Kikkuli hatte den Auftrag, die Kriegspferde des Suppiluliuma, des Königs der Hethiter, zu trainieren. Er wendete das Prinzip des Intervalltrainings an: Zuerst arbeitete er eine gewisse Zeit mit dem Pferd, dann ließ er es für eine kurze Zeit ruhen, um dann wieder zu arbeiten. Mit zunehmender Kondition wurden die Trainingsphasen verlängert und die Ruhephasen verkürzt. Junge Pferde spannte man an ein älteres Pferd oder einen Wagen, bis sie stark genug waren, selbst einen Reiter zu tragen oder eine Kutsche zu ziehen. Nach der Arbeit wurden die Pferde mit warmem Wasser gewaschen und bekamen warme Decken. Drei- bis viermal pro Tag erhielten sie Futter, und die Portionen wurden genau notiert. Eine australische Universität trainierte 1991 Pferde nach Kikkulis Anleitung und stellte fest, dass sie dabei sehr gut gediehen.

PFERDE IM KRIEG

Viele Krieg führende Stämme waren als berittene Krieger berüchtigt, wie z. B. die Skythen, nomadische Reiter, die ursprünglich aus Südrussland stammten. Sie ritten schnelle, kleine Pferde und waren mit Schwertern, Säbeln sowie Pfeil und Bogen bewaffnet. Sie eroberten und besetzten riesige Gebiete und gelangten im 7. Jahrhundert v. Chr. bis nach Ägypten. Als erste Reiter verwendeten sie einen einfachen Sattel und trugen Hosen, die praktischer waren als die damals üblichen wehenden Gewänder. Auch für die Kommunikation spielten Pferde eine sehr wichtige Rolle. Schon im 5. Jahrhundert v. Chr. entsandten die Perser Staffeln berittener Kuriere, um innerhalb ihres riesigen Reichs Befehle zu übermitteln.

DAS PFERD IN LANDWIRTSCHAFT UND INDUSTRIE

Als es die Entwicklung des Kummets ermöglichte, die volle Kraft des Pferdes einzusetzen, diente es in Europa ab etwa dem 8. Jahrhundert als Arbeitstier in der Landwirtschaft. Die Chinesen waren den Europäern bei der Entwicklung von Pferdegeschirren weit voraus: Sie verwendeten hochentwickelte Wagen mit Rädern und Kummeten schon Hunderte von Jahren, bevor sich diese Neuerungen im Westen durchsetzten. Ende des 18. und Anfang des 19. Jahrhunderts trugen sie zu einer schnellen Industrialisierung bei.

Pferde und Ponys übernahmen eine Vielzahl von Aufgaben in Bergwerken, an Kanälen, in Mühlen und im Verkehr. Schließlich wurden sie als Freizeitpferde immer beliebter. In Ländern der Dritten Welt sind Pferde bis heute unentbehrliche Arbeitstiere. In den Industrieländern spielen sie weiterhin eine große Rolle, da das Interesse an Pferden für Freizeit und Sport immer noch stetig wächst.

Das erste Pferdebuch

Der griechische Historiker und Philosoph Xenophon (430 bis 354 v. Chr.) schrieb das erste bekannte Pferdebuch mit dem Titel *Über die Reitkunst*. Darin riet er, mit dem Pferd eine Partnerschaft aufzubauen, die auf Vertrauen und Respekt beruht. Das Pferd soll für richtiges Verhalten belohnt und bei falschem korrigiert werden. Es soll lernen, alles, was es mag, mit Menschen zu assoziieren. Auf diese Weise kooperiert es bereitwillig. Bis heute folgen Pferdehalter seinen Ratschlägen. Das Buch ist der älteste erhaltene Text dieser Art.

PFERDE IM KRIEG

Sobald die Menschen reiten gelernt hatten, benutzten sie das Pferd zur Kriegsführung. Verschiedene Rassen dienten im Lauf der Jahrhunderte als Schlachtrösser, und auch Ausrüstung und Aufgaben veränderten sich mit der Zeit. Krieg führende Nomadenstämme wie die Skythen, Mongolen und Araber verwendeten kleine, leichte Pferde.

NOMADENKRIEGER

Frühe Nomadenreiter hatten wenig Sattel- und Zaumzeug. Ihre spärliche Ausrüstung beschränkte sich auf Pfeil und Bogen, leichte Lanzen oder Wurfspeere. Geschwindigkeit und Gewandtheit zählten mehr als Kraft und Gewicht. Die kleinen, leichten Pferde des Orients, die Vorfahren der Araber und Achal-Tekkiner, waren schnell, wendig und ausdauernd. Sie wurden für Überfälle eingesetzt sowie zur Aufklärung und zur Kommunikation. Als sich neue Kampftechniken und schwerere Waffen entwickelten, waren entsprechend schwerere Pferde gefragt. Die Soldaten in den Streitwagen begannen beispielsweise, zum Schutz Rüstungen zu tragen. Die größten und schwersten dieser mittelgroßen Pferde wurden manchmal als Schlachtrösser bezeichnet und ähnelten möglicherweise heutigen Irish Draughts, den Irischen Zugpferden.

KRIEGSPFERDE

Die Erfindung des Steigbügels ließ den Reiter sicherer im Sattel sitzen. Der Reiter fand darin Halt, während er mit der Lanze oder dem Schwert zustieß. Die Erfindung der Rüstungen führte dazu, dass schwer gepanzerte Krieger

EINSATZ DER KAVALLERIE Die Überlegenheit eines berittenen Kämpfers gegenüber einem Fußsoldaten ist offensichtlich. Ein mittelschweres Pferd wie dieses konnte einen leicht bewaffneten Krieger tragen.

auf großen, kräftigen Streitrössern ritten, was besonders für das mittelalterliche Europa typisch war. Dieses Pferd, das einen Ritter in voller Rüstung tragen konnte, nannte man „Großes Pferd". Es war der Vorfahre des Shire.

Während des Ersten und auch des Zweiten Weltkriegs bestand Bedarf an mittelschweren Pferden, die für Aufgaben der Kavallerie ebenso taugten wie als Zugpferde der Artillerie. Heute beschränken sich ihre Aufgaben auf das Repräsentieren bei Paraden. Maultiere und Esel wurden früher auch häufig als Lasttiere eingesetzt. Sie trugen die Ausrüstung und die Vorräte der Infanterie. Sie sind ruhiger, zäher und im Unterhalt billiger als Pferde.

BERITTENER BOGENSCHÜTZE Frühe Krieger waren nur leicht bewaffnet. Die Skythen waren dafür berüchtigt, von ihren Pferde aus einen Pfeilhagel auf die Gegner abzufeuern.

FRANZÖSISCHER CHASSEUR Soldaten eines napoleonischen Chasseur-Regiments. Napoleon setzte viele berittene Truppen ein.

URSPRÜNGE DER DRESSUR

Pferde mussten ausgebildet werden, um die harten Kriegsbedingungen aushalten zu können. Kriegspferde lernten, ihren Reitern zu vertrauen. Sie durften sich nicht von ihren Instinkten leiten lassen und vor Lärm und Gefahr fliehen. Das Pferd musste auch lernen, den Reiter auszubalancieren, der sich im Kampf unruhig im Sattel drehte und wendete. Gleichgewichtssinn, Wendigkeit und schnelle Reaktionsfähigkeit waren wichtige Anforderungen an Kriegspferde.

Die Ursprünge des Dressurreitens basieren auf der Notwendigkeit, dem Pferd diese Fähigkeiten anzutrainieren. Auch viele der Bewegungsabläufe, die die berühmten Lipizzaner der Spanischen Hofreitschule in Wien vorführen, gehen auf Manöver zurück, die auf dem Schlachtfeld erforderlich waren. Im Nahkampf verwendete Pferde wurden so trainiert, dass sie den Gegner bissen, traten und nach ihm ausschlugen.

SCHUSSWAFFEN

Ab dem Mittelalter kam mit der Entwicklung der Schusswaffen wieder das schnelle, wendige Kavallerie-Pferd in Mode. Die spanischen Konquistadoren setzten ihre Pferde und Feuerwaffen sehr effektiv ein. Mittels ihrer Hilfe eroberten sie die Reiche der Azteken und Inkas, als sie im 16. Jahrhundert nach Amerika kamen. Pferde waren in Nord- und Südamerika bereits seit 10 000 Jahren ausgestorben, aber viele Pferde der spanischen Eroberer entflohen und lebten in wilden Herden zusammen, den heutigen Mustangherden, die bald von den einheimischen Völkern gefangen wurden. Einheimische amerikanische Indianerstämme wurden gefürchtete berittene Krieger und später gefährliche Gegner der amerikanischen Pioniere.

DIE WELTKRIEGE

Die leichte Kavallerie war bis zum Ersten Weltkrieg ein wichtiger Bestandteil der Armeen und ihrer Feldzüge. Während des Kriegs wurden Millionen von Pferden eingesetzt, die in großer Zahl der konventionellen Kavallerie dienten und außerdem Geschütze und die Ambulanz transportierten. Auch im Zweiten Weltkrieg kamen noch Pferde zum Einsatz, aber die harte Lektion des Ersten Weltkriegs hatte ihre Zahl sehr verringert.

Bis der Erste Weltkrieg 1914 ausbrach, herrschte in Deutschland und Großbritannien die Kavallerie vor, die zu dieser Zeit auf beiden Seiten aus über 100 000 Soldaten bestand. In der Kavallerie waren viele höhere Dienstgrade vertreten, da man naiverweise glaubte, die Kavallerie könne sich erneut retten. Niemand sah den Horror der Kriegsführung in den Schützengräben voraus, die den Ersten Weltkrieg charakterisierte. Die Schützengräben, Stacheldrahtbarrieren und Maschinengewehre machten den erfolgreichen Einsatz der Kavallerie so gut wie unmöglich. Doch weiterhin zogen und trugen zahlreiche Pferde und Maultiere Waffen, Ausrüstung und Vorräte. Traurig und ernüchternd ist, dass nicht nur unzählige Menschen ihr Leben verloren, sondern auch Millionen Pferde auf den Schlachtfeldern des Ersten Weltkriegs starben.

Auch am Zweiten Weltkrieg nahmen viele Pferde teil, wenn auch weit weniger von ihnen im direkten Kampf eingesetzt wurden. Die dürftig ausgestattete polnische Armee verließ sich sehr stark auf die Kavallerie, um sich

BERITTENE PALASTWACHE Manche Streitkräfte haben noch Kavallerie-Einheiten, aber ihre Pflichten sind rein zeremoniell: Das Bild unten zeigt den Wachwechsel am spanischen Königspalast in Madrid.

gegen das Vordringen der Deutschen zu wehren. Sowohl die deutsche als auch die sowjetische Armee verwendete Pferde zum Transport von Munition und Ausrüstung. Reiteinheiten dienten der Aufklärung. In Indien und Asien setzte die britische Armee Maultiere ein, um ihre Ausrüstung zu tragen, und auch die USA hatten einige Kavallerie-Einheiten. Die Feuerkraft der Panzer führte dazu, dass der berittene Soldat in der Kriegsführung ausgedient hatte.

Trotzdem gibt es heute in manchen Teilen der Erde noch berittene Krieger, wie etwa die Bürgerwehr im Sudan. Sogar US-amerikanische und britische Spezialkräfte verlassen sich in rauem Gelände manchmal lieber auf Pferdestärken, beispielsweise wenn Pferde bei Einsätzen weniger Aufmerksamkeit erregen als andere Transportmittel.

LASTMAULTIER DER ARGENTINISCHEN ARMEE Maultiere sind stark, zäh und trittsicher. Sie eignen sich hervorragend als Lasttiere auf schwierigem Gelände. Sie können schwere Waffen und Munition tragen und bringen Schwerverletzte von der Front zur ärztlichen Behandlung in Feldlazarette.

PFERDE IN DER LANDWIRTSCHAFT

Trotz der offensichtlichen Eignung der Pferde für die Landwirtschaft dauerte es Hunderte von Jahren, bis sie dort eine entscheidende Rolle spielten. Zunächst mussten Pferde gezüchtet werden, die stark genug waren. Auch die Anbaumethoden und Geräte waren noch lange nicht so fortgeschritten, dass sie von der Kraft der Pferde profitieren konnten.

DAS ZEITALTER DER OCHSEN

Im 8. Jahrhundert arbeiteten Pferde in Europa bereits in geringen Umfang in der Landwirtschaft. Ab dem frühen Mittelalter wurden schwerere Schlachtrösser gezüchtet, sodass nun Pferde zur Verfügung standen, die groß und stark waren. Eine ebenso große Rolle spielte der Erfindungsreichtum der Chinesen, die dem Westen in der Entwicklung von Fahrzeugen und Anschirrmethoden um Jahrhunderte voraus waren. Als ihre Erkenntnisse allmählich nach Europa vordrangen, begann die Ära der Pferdestärken. Das einfache, für Ochsen entwickelte Geschirr ermöglichte es dem Pferd zunächst nicht, seine Zugkraft effektiv einzusetzen.

FORSTARBEITEN In der Forstwirtschaft behaupten sich die Pferde bis heute. Beim Transport von Holz arbeiten sie viel effektiver als Traktoren. Sie sind wendiger, kommen auf schwierigem Gelände zurecht und schaden dem Boden und der Umwelt weniger.

BESTELLEN DES LANDES Um schwere Böden zu bearbeiten, waren schwere Pferde erforderlich. Das hier verwendete, relativ einfache Geschirr basiert auf dem Kummet, das es dem Pferd ermöglicht, seine ganze Zugkraft einzusetzen.

FAHRT ZUM MARKT In vielen Ländern prägen Pferde noch heute die Landwirtschaft. Sie arbeiten entweder auf dem Feld oder als Lasttiere, oder sie transportieren Menschen und Produkte in die Stadt.

Angesichts der damaligen Anbaumethoden erfüllten Ochsen ihre Aufgabe und waren im Vergleich zu Pferden günstiger in der Haltung. Erst im 18. Jahrhundert führten Fortschritte in Landwirtschaft und Technik in Kombination mit den effektiveren Kummeten für Pferde dazu, dass der Ochse in Europa und Amerika durch das Pferd ersetzt wurde. Die Amerikaner wollten die weiten Ebenen der Vereinigten Staaten in Ackerland verwandeln. Sie entwickelten landwirtschaftliche Maschinen, die von mehreren Pferden gezogen wurden. Einige der großen Mähdrescher, Sämaschinen, Eggen und Pflüge, die sie verwendeten, erforderten die Zugkraft von 36 bis 42 Pferden.

Im Mittelmeerraum und im Mittleren Osten waren Pferde auf dem Land weniger verbreitet. Die leichteren Pferde dieser Regionen waren nicht so stark und zäh wie Esel und Ochsen. Auch bestand für die leichteren Böden kein Bedarf an den schweren Zugpferden, die vorwiegend im Norden Europas verbreitet waren.

SCHWERE PFERDERASSEN

Bis in das frühe 20. Jahrhundert hinein waren Pferdestärken für die Produktion in Landwirtschaft und Industrie unentbehrlich. In Westeuropa ermöglichte es die Zucht schwerer Zugpferderassen ganzen Nationen, sich zu entwickeln und ihre landwirtschaftlichen Anbaumethoden zu verbessern. In Frankreich, Deutschland, Holland, Belgien und Skandinavien wurden die einheimischen schweren Pferderassen durch Züchtungen verbessert. So entstanden die häufigsten Zugpferderassen: der schwergewichtige Brabanter, auch Belgisches Kaltblut genannt, und der vielseitige Percheron, der auch als Kutschpferd verwendet wurde. Ab Ende des 18. Jahrhunderts wurden viele Percherons nach Nord- und Südamerika, Australien und Südafrika exportiert. Tausende dienten im Ersten Weltkrieg als Militärpferde.

Osteuropa modernisierte seine Landwirtschaft nur langsam, und für die kleineren Höfe und leichteren Böden brauchte man leichtere Arbeitspferde. Sie waren in der Haltung preiswerter als die schweren Zugpferde und auch vielseitiger einsetzbar: Sie waren groß und kräftig genug, um einen einfachen Karren zu ziehen, und leicht genug, um geritten zu werden. Das Pferd auf dem Bauernhof gehörte so gut wie zur Familie. Ab dem 20. Jahrhundert ersetzte die Dampfzugmaschine nach und nach die Pferde. Von Motoren betriebene Maschinen arbeiteten schneller und effizienter als von Pferden gezogene. Doch in ärmeren Ländern werden in der Landwirtschaft immer noch Pferde eingesetzt.

VIEHHIRTEN Pferde werden noch häufig eingesetzt, um Vieh zu hüten. Sie müssen anpassungsfähig genug sein, um in der weiten Ebene eine fliehende Herde aufzuhalten und zu kontrollieren oder Vieh ruhig durch Städte und Dörfer, zu Märkten und frischen Weiden zu geleiten.

COWBOY In Gegenden mit weiten Ebenen wie in Teilen der USA, Argentiniens und Australiens gibt es für Herden bis heute noch genug Platz zum Umherstreifen, seien es Pferde oder Rinder. Hier lebt die romantische Vorstellung von Männern weiter, die mit ihren Pferden die Ebenen durchstreifen.

DAS PFERD BEI DER ARBEIT

Paradoxerweise stieg mit der fortschreitenden Mechanisierung während der industriellen Revolution die Nachfrage nach Pferden für die Industrie immer mehr. Die Folge waren immer spezialisiertere Züchtungen: Die schweren Pferde wurden durch Kreuzungen mit Rassen wie dem Englischen Vollblut verfeinert. So entstanden mittelschwere Pferde sowie Ponykreuzungen und Rassen für verschiedene Zwecke.

DAS POSTWESEN

Geschäftliche und private Post wurde von berittenen Postboten oder in Postkarren und -kutschen transportiert. In den USA gab es vor den Postkutschen den legendären Pony-Express: Dieser Service war eine Idee von William Russell und nahm 1860 den Betrieb auf. Die Strecke war über 3000 km lang, hatte 157 Stationen und verlief durch sechs Staaten. Reiterstaffeln mit 400 Ponys absolvierten sie in zehn Tagen. Mit einer Pistole und einer Flinte bewaffnet, durchquerten sie feindliches Indianerland; jeder Mann ritt 100 km. An den Stationen befanden sich ausgeruhte Ponys, Post und Vorräte. Der Pony-Express war nur zwei Jahre in Betrieb, lange genug, um sich sein romantisches Image und einen Platz in der Geschichte zu verdienen. In Großbritannien und den USA ebneten die Postkutschen den Personenkutschen den Weg, die nach einem regelmäßigen Fahrplan mit einer Geschwindigkeit von 16 bis 19 km/h fuhren. Ältere Kulturen hatten schon lange zuvor

LASTTIERE Zähe Ponys, Esel und Maultiere dienen auch heute noch als Lasttiere. Sie lernen, in einer Reihe zu gehen – manchmal aneinandergebunden, manchmal frei –, und finden ihre Wege, sobald sie sie gut genug kennen, oft unbeaufsichtigt.

Ponyreiter eingesetzt, um Botschaften durch ihr Reich zu transportieren. Die Perser verfügten im 6. Jahrhundert v. Chr. über ein Staffelsystem für Nachrichten, mit dessen Hilfe in 7 bis 14 Tagen 2400 km zurückgelegt wurden. Auch das Mongolische Reich setzte Staffeln ein, um Nachrichten zu überbringen; die Reiter bewältigten oft 240 km am Tag.

Kohle war während der industriellen Revolution eine wichtige Energiequelle. Ponyrassen wie das Shetland- und das Welsh-Pony arbeiteten in den Bergwerken. Sie drehten das Rad für den Lastenaufzug und zogen die schweren Kohlekarren an die Erdoberfläche. Die Grubenponys lebten auch in Ställen unter Tage. Noch bis 1972 arbeiteten einige Ponys in britischen Bergwerken.

Jeder Transport hing von der Entwicklung eines Netzwerks ausgebauter Straßen ab. Pferde zogen Busse und später Trams für den Personenverkehr durch die Städte. Sogar Feuerwehrwagen wurden von Gruppen mehrerer Pferde gezogen. Milch, Brot und Bier wurden mit Pferdekarren ausgeliefert. Milchpferde gewöhnten sich schnell daran, während der Milchmann zum Haus ging, selbstständig zum nächsten Haus weiterzuziehen.

KANAL- UND SCHIENENVERKEHR

Im 18. Jahrhundert entstand in Europa ein Netzwerk von Kanälen. Von Pferden gezogene Schleppkähne transportierten Waren und Passagiere. Kanalpferde mussten anpassungsfähig und intelligent sein und auf ihrem Weg mit Brücken, Toren und Steigen zurechtkommen. Im späten 18. Jahrhundert wurden Schnellboote für Passagiere und leichte Frachter eingeführt. Zwei Pferde zogen sie in munterem Arbeitsgalopp; eins von ihnen wurde geritten. Durch das häufige Austauschen der Pferde war eine Durchschnittsgeschwindigkeit von 19 km/h möglich.

STARKE ZUGPFERDE In manchen Städten werden Pferde immer noch für örtliche Warenlieferungen eingesetzt. Manchmal sind sie ökonomischer und umweltfreundlicher als Lkws. Insbesondere große Brauereien unterstützen Lieferungen mit Pferdewagen.

Pferde zogen auch Eisenbahnwagen, und Pferdewagen beförderten Waren von und zu den Bahnhöfen. In Nordirland wurde die Eisenbahn bis 1952 mit Pferdekraft betrieben – und in Newmarket, der britischen Hauptstadt für Flachrennen, rangierte ein Eisenbahnpferd bis 1967 die Pferdeboxen auf den Abstellgleisen. Eine der berühmtesten Pferdebahnen verlief von Linz nach Budweis in Böhmen und diente hauptsächlich dem Transport von Salz. Der Betrieb mit Pferden wurde 1872 geschlossen.

Polizeipferde

In vielen Staaten setzt die Polizei Pferde ein. Sie werden darauf trainiert, in allen Situationen Ruhe zu bewahren; in Menschenmengen verhalten sie sich einzigartig. Auch bei großem Lärm und in kritischen Situationen beeindrucken sie mit ihrer ruhigen, imposanten Präsenz. Polizeikräfte großer Städte beklagten, sie fühlten sich von der Öffentlichkeit entfremdet, der sie dienen sollen, woraufhin einige die berittene Polizei wieder eingeführt haben. Ihre Präsenz ist nicht zu übersehen, und die Beamten berichteten, dass die Leute eher bereit sind, mit berittenen Polizisten zu sprechen. Die berühmte Royal Canadian Mounted Police, die königliche berittene kanadische Polizei, wurde gegründet, um in den Weiten Kanadas für Ordnung zu sorgen.

SPORTPFERDE

Die großartige Partnerschaft, die sich zwischen Mensch und Pferd entwickeln kann, ist einzigartig. Insbesondere der Pferdesport leistet dazu einen wichtigen Beitrag. Die Jahre des Trainings und der Vorbereitung, derer es bedarf, um ein Sportpferd auszubilden, festigen diese Bindung. Vertrauen und Kooperationsbereitschaft haben höchste Bedeutung. Der Reiter beziehungsweise Trainer muss sich in das Pferd, mit dem er arbeitet, einfühlen können, um es zu Bestleistungen zu bringen. Glücklicherweise sichert den Pferden die Freude, die sie den Menschen machen, ihre Zukunft.

EINSATZBEREIT Es gibt keine schönere Perspektive, die Welt zu betrachten, als vom Pferderücken aus. Dieses Pferd ist jedoch sicher der Meinung, sie sei sehr viel besser, wenn es das Pferd vor ihm überholen könnte.

DIE GESCHICHTE DES PFERDESPORTS

Der Mensch misst von Natur aus seine Kräfte. Daher ist es sehr wahrscheinlich, dass er, sobald er reiten gelernt hatte, sein eigenes Können und das seiner Rosse in Wettbewerben unter Beweis stellte. Sicher nutzten die Menschen ihre Pferde zum Jagen; überdies ist anzunehmen, dass sie auf dem Heimweg Wettrennen veranstalteten oder den erfolgreichsten Jäger prämierten.

HÖHLENKUNST Höhlenmalereien veranschaulichen, dass die Menschen für die Jagd Pferde einsetzten. Was als Notwendigkeit begann, wurde später zu einem Abenteuersport. In vielen Ländern ist das Jagdreiten bis heute beliebt.

DIE OLYMPISCHEN SPIELE DER ANTIKE

Die alten Griechen kannten Pferdesport in Form von Pferde- und Wagenrennen. Das erste dokumentierte Pferderennen fand bei den Olympischen Spielen im Jahr 648 v. Chr. statt. Maultierrennen und Rennen frei laufender Pferde gehörten ebenfalls für eine kurze Zeit zu den olympischen Disziplinen. Extrem beliebt waren Wagenrennen. Die ursprüngliche Form der Wagen war für ihren Einsatz im Krieg ausgelegt. Sie konnten mit hoher

VIERSPÄNNIGER WAGEN Pferdewagen nahmen an spektakulären und riskanten Rennen teil. Das moderne Pendant ist das Trabrennen, das glücklicherweise nicht annähernd so gefährlich ist.

Geschwindigkeit einen Soldaten transportieren, der Pfeile abschoss. Wagenrennen wurden bei den Olympischen Spielen von 680 v. Chr. ausgetragen; es gab Rennen mit Zwei- und Vierspännern. Die Rennbahn war so bemessen, dass 60 Wagen an einem Rennen teilnehmen konnten. Es war ein gefährlicher Sport. Die Rennen fanden in einem relativ engen Rundparcours statt; Erdwälle und Säulen begrenzten die innere Bahn. Die engen Kurven forderten die Geschicklichkeit des Wagenlenkers heraus, denn das Risiko umzukippen oder mit den anderen Wagen, Erdwällen oder Säulen zusammenzustoßen, war groß. Die Länge der Rennstrecke betrug 6,5 km.

Als die Römer 146 v. Chr. die Griechen besiegten, übernahmen sie deren Sport. Der größte Veranstaltungsort Roms, der Circus Maximus, bot 150 000 Zuschauern Platz. Meist fuhren Sklaven die Wagen, aber das Preisgeld bekamen die Besitzer der Pferde und Wagen. Das moderne Pendant ist das Trabrennen.

REITJAGD

Das Jagen zu Pferd war besonders in Europa ein beliebter Zeitvertreib. In frühen Zeiten wurden Hasen, Wölfe, Bären und – wie noch heute in Frankreich – Wild und Wildschweine gejagt. Frankreich hat die älteste Geschichte organisierter Jagden. Das Jagen als Freizeitvergnügen war vor allem ein Sport für Reiche. Fing ein armer Bauer ein wildes Tier und verspeiste es zum Abendbrot, konnte er wegen Wilderei gehängt werden. Im 17. Jahrhundert begannen in Großbritannien die Fuchsjagden. Diese Variante des Jagdsports wurde dort praktiziert, bis die Regierung 2005 ein Verbot für die Jagd mit Hunden erließ. In Deutschland ist die Jagd auf lebendes Wild aus tierschützerischen Gründen gesetzlich verboten.

POLO

Die Perser spielten schon 600 v. Chr. Polo. Von Persien aus gelangte das Spiel nach China, Japan, Tibet und Ostindien. Bis ins 19. Jahrhundert hinein war das Spiel außerhalb Asiens unbekannt. Britische Offiziere und Teeplantagenbesitzer aus Indien führten Polo im Westen ein. Der erste Poloklub war der 1859 gegründete Cachar-Club in Assam (Indien). Er hatte seine eigenen Regeln, die zu Beginn neun Spieler pro Team erlaubten. Später wurde ihre Zahl auf sieben und dann auf vier beschränkt. In England fand 1869 das erste Polospiel statt. Einige Jahre später besuchte der Amerikaner James Gordon Bennett ein Polospiel und exportierte die Idee in die USA. Von dort verbreitete sich der Sport schnell in Argentinien, Australien, Neuseeland und dann in Frankreich. Heute wird auf allen Ebenen Polo gespielt, vom Ponyklub bis zu internationalen Championships.

POLOSPIEL IN LADAKH, INDIEN Polo stammt ursprünglich aus Persien. Heute ist dieser Sport mit Reichtum und Glamour verbunden, und die Spiele finden an renommierten Veranstaltungsorten weltweit statt.

GYMKHANAS

Besonders beliebt sind Gymkhanas genannte Geschicklichkeitswettbewerbe in Großbritannien. Ursprünglich waren sie ein Vorwand für Erwachsene, sich zu amüsieren, ohne die strengen Regeln des ernsteren Polospiels einhalten zu müssen. Das anglo-indische Wort Gymkhana bedeutet „großer Tag auf dem Pferderücken". Britische Soldaten, die im späten 19. Jahrhundert in Indien stationiert waren, hielten sich und ihre Pferde mit Gymkhanas fit und beweglich, auch wenn das Vergnügen im Vordergrund stand. Neben Pferden wurden Kamele, Esel, Maultiere und sogar Fahrräder verwendet. Die britischen Offiziere brachten die Idee dieser Reiterspiele nach Europa, als sie nach Hause zurückkehrten. Besonders begeisterten sich Kinder dafür, deren kleine, wendige Ponys sich dafür perfekt eigneten. Der in Großbritannien 1920 gegründete, heute internationale Pony Club sah diese den Teamgeist fördernden Spiele als eine Chance für Kinder, Reitkünste, Gleichgewicht und Koordination zu verbessern. Inzwischen finden die Reiterspiele in zahlreichen Ländern immer mehr Freunde.

MODERNES JAGDREITEN

Das Jagdreiten ist heutzutage ein Sport und dient nicht mehr wie in vergangenen Zeiten dazu, eine Beute zum Abendessen erlegen zu müssen. Die Reitjagd erfreut sich in vielen Ländern nach wie vor großer Beliebtheit. Zu den hierzulande stattfindenden Schleppjagden gehört eine Meute von Spürhunden, die einer künstlich gelegten Duftspur folgt.

SCHLEPPJAGD

Großbritannien und Irland waren lange die international führenden Jagdnationen. In beiden Ländern ist der Fuchs die beliebteste Beute, obwohl es auch Jagden auf Hirsche und Hasen gibt. Das Jagen mit Hunden wurde in Großbritannien 2005 von der Regierung verboten. Hunde dürfen aber noch Hasen jagen, und diese Ausnahme führte zu einer großen Verwirrung. Viele Parlamentsmitglieder und auch die Repräsentanten der Öffentlich-

MEUTE Foxhounds sind typische Meutehunde, die auch in Deutschland gern für die Reitjagd eingesetzt werden.

HUNTSMAN UND HUNDE Auf dem englischen Gutshof Badminton finden die berühmten Badminton Horse Trials statt; er ist Sitz der noblen englischen Jagdgesellschaft Beaufort-Hunt.

keit, die sich an den heftigen Debatten beteiligt hatten, die zu dem Verbot führten, sahen darin keine Veränderung. Das Jagdreiten konnte in Großbritannien überleben, weil Schleppjagden angeboten werden, bei denen die Hunde nicht mehr einer lebenden Beute folgen. Oder die Füchse werden zwar von den Hunden aufgestöbert, aber dann von den Jägern erschossen. Auf den Fuchsbestand hat das Jagdverbot mit Hunden trotz allem keine positive Auswirkung gezeigt. Füchse werden noch immer erschossen oder in Fallen getötet; für Wildhüter und Bauern sind sie nach wie vor eine legitime Jagdbeute.

Reitjagden in Deutschland verlaufen „unblutig", denn die Jagd auf lebendes Wild vom Pferderücken aus ist bereits seit 1934 verboten. Statt einer lebendigen Beute wird ein Reiter, der den Fuchs darstellt, von der Jagdgruppe verfolgt. Bei Schleppjagden setzen die Reiter der Hundemeute nach, die als Ersatz für eine echte Beute auf einer stark riechenden, künstlich gelegten Duftspur entlanghetzt, die Schleppe genannt wird. Die Jagden finden auf einer zuvor festgelegten Strecke statt, in die künstliche und natürliche Hindernisse einbezogen werden. Geritten wird in verschiedenen Feldern. Die Reiter des ersten Feldes müssen alle Hindernisse überspringen, die des zweiten Feldes dürfen sie überspringen oder aber auch daran vorbeireiten, und das dritte Feld ist den nichtspringenden Reitern vorbehalten. Die Felder werden von einem erfahrenen Reiter, dem Master, angeführt, der wiederum Unterstützung von den begleitenden Pikören erhält. Die herbstlichen Reitjagden gehören zu den traditionellen Höhepunkten des Reiterjahrs.

Schleppjagden

Schleppjagden sind für Reiter geeignet, die gern fortlaufend galoppieren und Hindernisse überspringen. Eine kleine Hundemeute folgt einer zuvor gelegten Duftspur. Die Organisatoren kennen den Verlauf der Spur, sodass das Vorhandensein vieler Hindernisse und die Vermeidung bekannter Gefahren gewährleistet sind. Eine Schleppjagd wird wesentlich schneller geritten als eine Jagd auf lebendes Wild, denn die Spur verläuft geradlinig, während ein gejagtes Tier naturgemäß Haken schlägt.

JAGDREITEN INTERNATIONAL

Auch in anderen Teilen der Welt sind Jagden zu Pferd nach wie vor sehr beliebt. In Europa ist Frankreich in Sachen Jagdbegeisterung führend. Frankreich genießt bis heute den Vorteil seiner weiten Landschaften, wo sich Wildbestand und Jagd miteinander vereinbaren lassen. Wild und Wildschweine sind eine beliebte Beute. Das Springen über natürliche Hindernisse, ein so berauschendes Element des Jagdreitens in anderen Ländern, spielt jedoch in Frankreich meist keine Rolle. Organisiertes Jagdreiten gibt es auch in den USA, Kanada und Australien, wo vorwiegend Graufüchse und Kojoten gejagt werden.

JAGEN UND NATURSCHUTZ

Dass Jagd und Naturschutz zusammengehören, mag widersprüchlich erscheinen, aber durch die Jagd wird der Bestand wild lebender Tiere kontrolliert. Notwendig wird dies etwa, wenn das gejagte Tier keinen natürlichen Feind mehr hat und das Naturgesetz des Überlebens der Stärksten außer Kraft gesetzt ist. Das Ziel der Jagd ist nicht, den lokalen Bestand an Wild, Hasen, Füchsen oder Kojoten auszurotten, sondern ihn auf einen vertretbaren Rahmen zu begrenzen. In vielen Jagdgebieten werden natürliche Lebensräume geschaffen, wovon nicht nur die Beutetiere, sondern auch andere Wildtiere profitieren.

POLO

Das Polospiel entstand vor 2500 Jahren in Persien und ist heute auf der ganzen Welt verbreitet. Der erste der zahlreichen Poloklubs war der Hurlingham Club in London. Seine Regeln wurden später allgemein akzeptiert.

DAS POLOSPIEL

Polo wird auf einem Feld gespielt, das 275 m lang und 180 m breit ist. An jedem Ende befindet sich ein etwa 7,3 m breites Tor. Es spielen zwei Teams aus je vier Spielern gegeneinander. Der erste Spieler zielt auf das Tor oder versucht, dem hinteren Spieler der Gegenmannschaft, deren Spieler 4, den Weg zum Tor zu versperren, um seiner eigenen Mannschaft, meist Spieler 2 oder 3, einen gezielten Schuss zu ermöglichen. Spieler 2 befindet sich ebenfalls im Vorderfeld. Er arbeitet eng mit Spieler 1 zusammen, mit dem Ziel, den Ball ins Tor zu schießen. Spieler 3 vermittelt zwischen den beiden vorderen und dem hinteren Spieler. Seine Aufgabe ist es, das Spiel von der Verteidigung zum Angriff zu bringen. Er muss verteidigen, angreifen und Tore schießen. Spieler 4 verteidigt das Tor, muss aber den Ball auch weit ins Feld schießen können, um den Spielern im Vorfeld die Chance zu geben, ein Tor zu erzielen.

POLO IM SCHNEE Polo wird manchmal auch auf einem schneebedeckten Feld gespielt, auf dem der große, leuchtend rote Ball gut sichtbar ist. Die Ponys tragen spezielle Hufschuhe.

REICHTUM UND TALENT Polo hat ein glamouröses Image. Viele Teams werden von reichen Sponsoren gefördert. Dies gestattet es talentierten, aber nicht unbedingt reichen Spielern, in einer Mannschaft zu reiten.

Jedes Polospiel ist in mehrere Spielzeiten von 7,5 Minuten aufgeteilt, die man „Chukkas" nennt; ein Pony spielt maximal zwei Chukkas, die jedoch nicht aufeinanderfolgen. Aus diesem Grund benötigt ein Polospieler mehrere Poloponys. Die Spieler verwenden einen Bambusschläger mit Holzkopf, um den Ball über das Feld ins Tor zu schlagen. Die gegnerische Mannschaft verteidigt ihr Tor und schlägt den Ball in die andere Richtung, um zu punkten. Jedem Polospieler wird ein Handicap zugeteilt, das zwischen –2 bis +10 Torschüssen liegt. Die Teams haben ein Gesamthandicap, das festlegt, mit welcher Torvorgabe und in welcher Spielklasse sie spielen: High Goal, Medium, Intermediate oder Low Goal. Es gibt vier Grundschläge im Spiel: Offside Forehander, Offside Backhander, Nearside Forehander und Nearside Backhander, die durch acht weitere Schläge ergänzt werden.

Ein Polospiel verläuft sehr schnell. Ponys lernen das Spiel und wissen oft vor ihrem Reiter, wohin sie sich bewegen müssen. Eine Größenbeschränkung für Poloponys gibt es nicht mehr. Pony und Reiter tragen Schutzausrüstung; die Beine der Ponys sind bandagiert und ihre Schweife hochgebunden, damit sie sich nicht in den Schlägern verfangen. Die Reiter tragen Knieschoner, Helme und manchmal Visiere.

WEITERE BALLSPIELE

Horseball und Polocrosse zählen zu den Mannschaftssportarten zu Pferde, deren Beliebtheit als Freizeitsport zunimmt. Sie sind auch deshalb attraktiv, weil man dafür nur ein Pony benötigt. Horseball ähnelt einer Mischung aus Rugby, Fußball und Basketball zu Pferd. Zwei Teams mit vier Spielern treten auf einem 70 m langen und 30 m breiten Feld gegeneinander an, was auch in einer Halle möglich ist. Die Spieler werfen sich einen Fußball mit Ledergriffen zu. Fällt er zu Boden, müssen die Reiter ihn vom Boden aufheben können. Ein Tor erzielt man, indem man den Ball durch einen Hängekorb mit Netz wirft.

POLOCROSSE Ein schnelles und wildes Spiel ist das Polocrosse, das sich zunehmender Beliebtheit erfreut. Für die Teilnehmer ist es wesentlich kostengünstiger als Polo, da man nicht unbedingt mehrere Ponys braucht.

Polocrosse basiert auf Polo und Lacrosse und erfordert zwei Teams aus je drei Spielern (aus einem kompletten Team mit sechs Spielern). Es wird auf einem Feld gespielt, das etwas größer ist als ein Rugby-Feld. An jedem Ende steht ein 2,5 m breites Tor. Der Ball wird mit einem langen Schläger, an dessen Spitze sich ein Netz befindet, geworfen und gefangen. Ein weicher Gummiball wird von Spieler zu Spieler geworfen oder geschlagen.

HORSEBALL Diese besonders in Frankreich beliebte Sportart wird von Erwachsenen und Kindern gespielt. Der Ball wird wie beim Basketball durch einen Hängekorb mit Netz geworfen.

EIN ANSPRUCHSVOLLER SPORT Polo ist ein Sport, der Körperkontakt und hohe Geschwindigkeit verlangt. Die Spieler schwingen Holzschläger und schlagen harte Bälle. Schutzausrüstung für Pferd und Reiter ist unerlässlich.

FLACHRENNEN

Pferderennen gab es schon bei den Olympischen Spielen der Antike, und Nomadenstämme aus Zentralasien veranstalteten sicherlich Rennen mit den Vorfahren der Araberpferde. Der kommerzielle Pferderennsport, wie wir ihn heute kennen, verdankt seine Existenz der Entwicklung des Vollbluts während des 17. und 18. Jahrhunderts.

DERBY, EPSOM Rennpferdebesitzer und Trainer aus aller Welt träumen davon, das Derby im britischen Epsom zu gewinnen: Es ist ein klassisches Rennen der Gruppe I für Colts.

DIE URSPRÜNGE

Die Araberpferde, die während der Kreuzzüge von Rittern nach England gebracht wurden, schätzte man wegen ihrer Geschwindigkeit und ihres Temperaments. Im 16. Jahrhundert fanden Pferderennen in Newmarket statt, das bis heute die britische Metropole für Flachrennen ist. Pferderennen, wie wir sie heute kennen, gab es zuerst im frühen 17. Jahrhundert. Sie wurden zwischen Pferdegruppen ausgetragen, und die Zuschauer konnten auf das Ergebnis wetten. Für den beliebten Sport wurden bald Rennbahnen eröffnet, wie etwa 1711 in Ascot.

Der britische, 1752 gegründete Jockey Club ist die Dachorganisation für den Pferderennsport. Pferderennen überall in der Welt orientieren sich an dem britischen Vorbild. In Europa finden die meisten Rennen in England, Irland, Frankreich und Italien statt. Auch die USA, Hongkong, Neuseeland und Australien sowie viele weitere Länder begeistern sich für den Rennsport. In Deutschland fand das erste Pferderennen 1822 in Mecklenburg statt.

Eclipse

Eclipse gilt als großartigstes Rennpferd aller Zeiten. Es wurde 1764 geboren, im Jahr der großen Sonnenfinsternis. Das Pferd war störrisch und oft gereizt, gewann aber 1769 und 1770 jedes Rennen, an dem es teilnahm. Im Jahr 1771 wollte niemand mehr gegen dieses Pferd antreten, sodass es in ein Gestüt gebracht wurde. Als Deckhengst war Eclipse sehr erfolgreich; ein Großteil der Derby-Sieger stammte von ihm ab. Als der Hengst 1789 starb, wurde ein Teil seines Erfolgsgeheimnisses gelüftet: Er hatte ein außergewöhnlich großes Herz, das 6,5 kg wog.

Alle Rennpferde müssen als Vollblüter registriert sein und von lizensierten Trainern ausgebildet werden. Der Jockey Club überwacht die Einhaltung der strengen Regeln und Bestimmungen.

Flachrennen unterliegen einem vorgegebenen Muster: Eine Folge von Rennen wird auf festgelegten Distanzen absolviert, um die Fähigkeiten der besten Pferde auf die Probe zu stellen. Da Vollblüter schnell wachsen, können sie schon als Zweijährige an Rennen teilnehmen. Zu den höchsten Klassifizierungen zählen die klassischen Rennen der Gruppe I: In Großbritannien gehören das Derby (Colts) und das Oaks (Stutfohlen) in Epsom zu den renommiertesten Rennen, ebenso die 2000 Guineas (Colts) sowie 1000 Guineas (Stutfohlen) in Newmarket und das St. Ledger in Doncaster. Es gibt Rennen für alle Leistungs- und Altersklassen, die auf Gras- oder Allwetterbahnen, in den USA auf Dirt Tracks (Sandbahnen) ausgetragen werden. Bei dem Geschäft mit Pferderennen und dem damit verbundenen Glücksspiel geht es um Milliarden Dollar: daher der Bedarf an strengen Bestimmungen.

RENNEN MIT ARABERN

Der Erfolg der Arabernachkommen, der Englischen Vollblüter, bedeutete fast das Ende der Rennen mit Arabern. In Großbritannien waren sie die ursprünglichen Rennpferde, und eine Zeit lang traten sie gegen das Englische Vollblut an. Bald aber konnten sie auf der Rennbahn nicht länger mithalten. Schon um 1900 gab es keine Profi-Rennen mit Arabern mehr. Mitglieder der Arab Horse Society veranstalten heute mit arabischen Vollblütern Flachrennen für Amateure.

HANDICAPS

Für viele Pferderennen gibt es Handicap-Systeme: Das beste Pferd muss als Handicap das schwerste Gewicht tragen. Bei Ausgleichsrennen überwacht der Ausgleicher die Entwicklung jedes Rennpferds und entscheidet, ob es ein schwereres oder leichteres Gewicht bekommt. Rennpferde haben sehr unterschiedliche natürliche Fähigkeiten und werden auch unterschiedlich gut trainiert. Ohne ein Handicapsystem ist die Wahrscheinlichkeit höher, dass dasselbe Pferd immer gewinnt. Dies heißt aber auch, dass die besten Pferde einen Punkt erreichen, an dem sie wegen ihres Handicaps nicht mehr gewinnen können. Nach einigen verlorenen Rennen bekommen sie ein leichteres Handicap und haben wieder Gewinnchancen.

RENNEN MIT ARABERN Als die Arab Horse Society 1978 vom Jockey Club die Erlaubnis bekam, Flachrennen für Amateure mit Arabern durchzuführen, erlebten die Rennen eine Renaissance. Seit Ende des 19. Jahrhunderts war dieser Sport in Großbritannien nicht mehr praktiziert worden.

SANDBAHNEN Dirt-Track-Rennen sind in den USA beliebt. Manche Pferde laufen gern auf diesem Untergrund; sie wirbeln Sand auf, der Pferden und Reitern ins Gesicht fliegt. Andere Pferde verabscheuen Sandbahnen.

HINDERNISRENNEN

Hindernisrennen entwickelten sich aus dem Jagdreiten; so überrascht es wenig, dass Großbritannien und Irland in dieser Sportart führend sind. Vergleichbare Wettbewerbe existieren in anderen Ländern kaum; eines der bekanntesten ist das Große Pardubitzer Steeplechase im heutigen Tschechien, das als das härteste Rennen Europas gilt.

JAGDRENNEN UND HÜRDENRENNEN

Steeplechase – der englische Begriff für Jagdrennen – bedeutet wörtlich „Kirchturmrennen", benannt nach den englischen Jagdrennen, die seit dem Ende des 18. Jahrhunderts von einem Kirchturm zum nächsten führten, wobei auf der Strecke verschiedene Hindernisse übersprungen wurden. Sie finden überwiegend in Großbritannien und Irland statt. Jagdrennen und Hürdenrennen sind die professionellen Zweige dieses Sports, während das Geländejagdrennen seinen Amateurstatus bewahrt hat. Die Strecken für das Jagdrennen sind zwischen 3,2 und 7,2 km lang. Gesprungen wird über feste Hindernisse wie Hecken, Wälle und Gräben; die größten sind über 1,2 m hoch. Zu einigen Strecken gehören auch Wassergräben. Die Pferde müssen als Vollblüter registriert und von Trainern mit entsprechender Lizenz ausgebildet worden sein. Ihre Reiter sind zumeist professionelle Jockeys.

Vollblutpferde, die für Jagdrennen gezüchtet und trainiert werden, sind in der Regel später einsatzbereit als Pferde für Galopprennen; sie nehmen erst mit vier oder fünf Jahren an Hindernisrennen teil. Vorher werden sie bei leichteren Flachrennen für Jagdrennpferde eingeführt, an denen sie ab drei Jahren teilnehmen. Die Strecke für diese Altersgruppe beträgt in der Regel 2,4 km. Danach laufen sie sofort Jagd- oder Hürdenrennen.

Chance für Amateure

Amateur-Trainer und -Jockeys haben Gelegenheit, den professionellen Zweig des Sports auf nationalen Hindernisrennstrecken kennenzulernen, bei Rennen, die auch für Teilnehmer von Geländejagdrennen zugelassen sind. Das Preisgeld ist wesentlich höher als bei Geländejagdrennen. Die beiden größten Preise, die man in Großbritannien gewinnen kann, sind die Cheltenham und Aintree Foxhunters. In Aintree springen Amateure die beeindruckenden Hindernisse des Grand National!

Verbreitung des Jagdrennens

Die Disziplin des „Steeplechase" (Kirchturmrennen) soll 1752 entstanden sein, als sich die Iren O'Callaghan und Blake zwischen zwei Kirchen in der Grafschaft Cork über 7 km ein Querfeldeinrennen lieferten. Irland und Großbritannien sind die Vorreiter dieses Sports, der von vielen anderen Ländern übernommen wurde. Zu den großen Rennen in Großbritannien gehören der Cheltenham Gold Cup und das Grand National in Aintree. Frankreichs berühmteste Rennstrecke liegt in Pau; in Tschechien findet das Große Pardubitzer Steeplechase statt, und in Amerika wird der Maryland Cup ausgetragen.

HANDICAPS

Das komplizierte System der Handicaps, Strafen und Ausgleiche hat großen Einfluss auf die Platzierung eines Rennpferdes. Um eine faire Ausgangssituation zu schaffen, werden den Teilnehmern gemäß ihrer vorausgehenden Leistungen genau berechnete Gewichte zugeordnet, die sie während des Rennens zu tragen haben. So bekommen alle Pferde die gleiche Chance auf den Sieg.

GELÄNDEJAGDRENNEN

In Großbritannien und Irland gibt es nationale Geländejagdrennen, Point-to-points genannt. Diese Hindernisrennen für Amateure werden im ganzen Land veranstaltet. Die Streckenlänge variiert von 4 bis 6,4 km. Sie beginnen mit einer Anfängerstufe für Pferde, die noch nie ein Rennen gewonnen haben. Darauf folgen weitere Kategorien; das Pferd nimmt an der nächsthöheren teil, sobald es in der darunterliegenden gewonnen hat. Alle teilnehmenden Pferde müssen als Vollblüter registriert sein, außer in einem „Member´s Race", für das alle Pferde zugelassen werden, die schon an einer Jagd teilgenommen haben.

DESERT ORCHID Der legendäre Desert Orchid (*rechts*) ringt mit Charcoal Wally in Cheltenham, Großbritannien. Attraktion des viertägigen Cheltenham-Festivals ist der renommierte Gold Cup für Jagdrennen.

DRESSUR

Das Dressurreiten ist eine Disziplin des Pferdesports, die Grundlage der Ausbildung jedes Reitpferdes bilden sollte. Das Pferd wird gymnastiziert und gekräftigt, um ihm das Tragen des Reiters zu erleichtern. Ziel der Dressur ist nicht das Abrichten des Pferdes, sondern die Verfeinerung seiner natürlichen Bewegungen durch den Reiter.

TRAINING Training ist der Schlüssel zur Dressur; der Reiter entwickelt ein Gefühl dafür, wie das Pferd seinen Körper und seine Muskeln einsetzt. Die Dressurausbildung eines Pferdes kann für jede andere Disziplin von Vorteil sein, auf die man sich später vielleicht konzentrieren möchte.

DIE GESCHICHTE DER DRESSUR

Die Kunst der Dressur besteht darin, das Pferd dabei zu unterstützen, die richtige Balance zu finden sowie seine Losgelassenheit und Kraft sowie die Gangarten zu verbessern, damit es leicht und willig auf die Anweisungen seines Reiters reagiert. Langfristiges Ziel des Dressurreitens ist es, dem Pferd beizubringen, dass es einen größeren Teil seines Gewichts auf die Hinterhand verlagert, sodass die Vorhand entlastet wird und sich aufrichtet. Dies ist nicht nur auf der Reitbahn nützlich, sondern auch bei jeder anderen Aktivität, etwa Ausritten ins Gelände, Jagdreiten, Renn- oder Springreiten. Die Hinterhand ist die Kraftzentrale des Pferdes. Je mehr es die Hinterhand einsetzt, desto besser kann sich der Reiter die natürliche Kraft des Pferdes zunutze machen.

VORFÜHRUNG DER SPANISCHEN HOFREITSCHULE Die Lipizzanerhengste der Spanischen Hofreitschule zeigen in ihrer Hohen Schule, der *Haute-École*, die hohe Kunst des Dressurreitens.

Im 16. Jahrhundert legten mehrere europäische Reiter, darunter Frederico Grisone und François de la Guérinière, das Fundament für die klassische Reitausbildung. Ein großer Teil des Trainings erfolgte vom Boden aus, wobei das Pferd an langen Zügeln gelenkt wurde und nicht durch das Gewicht eines Reiter aus dem Gleichgewicht gebracht wurde.

Nach den Napoleonischen Kriegen etablierten sich in Europa die mitreißenden Jagd- und Hindernisrennen und verdrängten die kultiviertere Kunst des Dressurreitens. Aber die Schönheit und Kunstfertigkeit des klassischen Reitstils war nicht verloren: Im 19. Jahrhundert wurden zwei große Reitschulen gegründet, die den Rest der Welt bis heute beeindrucken: die Spanische Hofreitschule in Wien und die Kavallerieschule im französischen Saumur. Dressurreiten war bereits 1873 eine Turnierdisziplin, und das erste internationale Turnier fand 1902 im italienischen Turin statt. Bei der Olympiade in Stockholm 1912 gab es das erste Mal Dressurprüfungen; schwedische Reiter

NADINE CAPELLMANN UND ELVIS, AACHEN Dressurrichter vergeben für jede Hufschlagfigur eine Note von 1 bis 10. Beurteilt werden die korrekte Ausführung, die Entwicklung der Gangarten, das körperliche Gleichgewicht und der korrekte Einsatz der Hilfen.

gewannen die Gold-, Silber- und Bronzemedaillen. Während des 20. Jahrhunderts dominierte Deutschland im Dressurreiten. Die Deutsche Reitschule in Warendorf ist eine bekannte Trainingsstätte. Heute ist das Dressurreiten ein international anerkannter Sport.

WETTBEWERBE

Der offizielle internationale Dressurreitsport wird von der FEI, der Internationalen Reiterlichen Vereinigung, geregelt. In vielen Ländern finden auch dort nicht angemeldete Wettbewerbe für Amateure statt. Dressurprüfungen für Anfänger werden auf einer Reitbahn in der Größe 20 x 40 m geritten, für Fortgeschrittene auf 20 x 60 m. Eine Dressurprüfung beinhaltet eine festgesetzte Folge von Figuren. Buchstaben kennzeichnen die Punkte, an denen die einzelnen Hufschlagfiguren beginnen und enden. Es gibt E-Dressuren für Einsteiger, und darauf folgen Prüfungen verschiedener Stufen bis hin zu olympischen Wettbewerben. Bei den einfacheren Prüfungen können sich die Reiter den Ablauf der Prüfung vorlesen lassen, beim Abteilungsreiten wird immer vorgelesen. Bei Einzelprüfungen in höheren Klassen darf der Reiter eine Person zum Vorlesen mitbringen. Dressur zu Musik ist eine weitere Variante dieser Sportart. Die Reiter bestimmen die Abfolge der Figuren selbst, wobei jedoch festgelegt ist, welche Figuren die Komposition enthalten muss. Auch die Zusammenstellung der Musik übernimmt der Reiter, um den Rhythmus, die Gänge und den Charakter seines Pferdes am besten zur Geltung zu bringen. Diese Vorführungen sind bei den Zuschauern besonders beliebt. Das Dressurreiten bietet ein breites Spektrum an Wettbewerben, von lokalen, inoffiziellen Kategorien bis zu regionalen, nationalen und internationalen Turnieren.

VORAUSSETZUNGEN

Der Reiter muss geduldig, einfühlsam und diszipliniert sein, wenn er das Pferd ruhig korrigiert oder belohnt. Er bemüht sich kontinuierlich darum, sein eigenes Gleichgewicht und seine Beweglichkeit zu verbessern, ebenso wie die des Pferdes. Alle Pferde profitieren von einer Dressurausbildung, aber einige sind offensichtlich geeigneter als andere. Ein formbares Temperament, geeignetes Exterieur und natürlich raumgreifende und ausdrucksvolle Gänge sind von Vorteil, aber „Starqualität" bzw. Präsenz ist ebenso wichtig. Sie kennzeichnet den feinen Unterschied zwischen einer korrekt gerittenen Prüfung und einer Leistung, die Aufmerksamkeit erregt, indem Reiter und Pferd ausstrahlen: „Wir sind die Sieger."

GELÄNDESPRINGEN

Das Geländespringen wird nicht nur als eine der drei Phasen des Vielseitigkeitsreitens praktiziert. In Großbritannien sind Jagdspringen und Mannschaftsrennen Disziplinen, die sich nur dem Geländereiten widmen. Auch hierzulande werden separate Prüfungen angeboten. Beim Geländespringen absolviert man eine Strecke mit Naturhindernissen.

DIE GELÄNDESTRECKE

Geländestrecken haben grundsätzlich feste Hindernisse ohne abwerfbare Teile. Erst bei härteren Stößen fallen sie um, damit sich das Pferd nicht darin verfängt. Im Vergleich zu Springturnieren sind die Hindernisse niedriger, da Faktoren wie Bodenneigung und Tempo den Ablauf des Geländespringens erschweren. Natürliche Hindernisse wie Gräben, Wälle und Hecken sind ebenso Teil der Strecke wie künstlich angelegte Naturhindernisse. Häufig werden Gatter, Billard, Baumstämme und Langholzwagen eingesetzt. Die Hindernisse werden dem jeweiligen Gelände so angepasst, dass sie möglichst natürlich wirken. Ein Vorbeireiten sollte in jedem Fall gewährleistet sein. Nicht jede Geländeprüfung ist Teil des Vielseitigkeitsreitens. Vereine bieten beispielsweise Geländespringen mit niedrigeren Hindernissen und kürzeren Strecken an, die sich für Anfänger und unerfahrene Pferde eignen.

DER KÜRZESTE WEG Das Geländespringen verlangt von Pferd und Reiter einen guten Sinn für Rhythmus und Gleichgewicht. Sie müssen einander vertrauen, um die Hindernisse zu überwinden. Dieses Hindernis wird in einem Winkel übersprungen, der wertvolle Sekunden spart.

VORAUSSETZUNGEN

Die meist trickreich angelegten Strecken auf schwierigem Gelände fordern von Pferd und Reiter ein hohes Maß an Mut, Harmonie und gegenseitigem Vertrauen. Doch auch bei einem mutigen und offensiven Reitstil darf nicht alles in wildem Galopp überrannt werden. Der Reiter muss in der Lage sein, das Hindernis so anzureiten, dass das Pferd dessen Höhe einschätzen und es fehlerfrei überspringen kann. Vor komplizierten Hindernissen muss er das Pferd jederzeit verlangsamen und auf unwegsamem Gelände wenden können.

ÜBUNG MACHT DEN MEISTER Kurse im Geländespringen ermöglichen es Pferd und Reiter, ohne Wettbewerbsdruck das Springen zu üben. Die Parcours haben meist Hindernisse zunehmender Höhe, sodass man mit dem kleinsten beginnen und sich weiter hocharbeiten kann.

AUSRÜSTUNG

Da Gelände-Hindernisse stabil sind und keine Stangen fallen, wenn sie berührt werden, braucht man mehr Körperschutz als in anderen Disziplinen. Zur Ausrüstung gehören unbedingt ein sturzsicherer Helm und eine Schutzweste. Das Pferd sollte Hufschuhe, Gamaschen oder Bandagen tragen. Vorderzeug verringert das Risiko, dass der Sattel nach hinten rutscht. Die Geländebedingungen erfordern es, dass die gesamte Ausrüstung robuster und sicherer ist als beim alltäglichen Reiten. Einige Reiter schmieren Fett auf die Vorderbeine des Pferdes, damit es leichter an einem Hindernis abgleiten kann und Verletzungen vermieden werden.

JAGDSPRINGEN

Das Jagdspringen ist eine Geländesportart, die wie das Mannschaftsrennen in Großbritannien beheimatet ist, in Deutschland aber nicht praktiziert wird. Die Reiter absolvieren allein oder zu zweit einen Hindernis-Parcours. Die Kategorien unterscheiden sich durch die Höhe der Hindernisse und den Schwierigkeitsgrad, aber die Höhe variiert auf den meisten Geländestrecken zwischen 0,75 und 1 m. Der Parcours kann Wasser, Bänke, Stufen und Gräben beinhalten sowie einfache und doppelte Kombinationssprünge. Die Organisatoren legen eine ideale Zeit fest, die die Teilnehmer aber bis zum Schluss nicht erfahren. In der Regel schließt der Parcours einen zusätzlichen Abschnitt ein, der zeitlich bewertet wird. Sieger sind Pferd und Reiter, die dem Zeitoptimum am nächsten kommen. Schaffen dies mehrere Teilnehmer, siegt derjenige, der den Abschnitt, dessen Zeit zählt, am schnellsten absolviert hat.

Zweierteams bieten einem unerfahrenen oder nervösen Pferd die Gelegenheit, Sicherheit durch die Gesellschaft eines anderen Pferdes zu gewinnen. In der Regel gibt es für Paarkategorien mehrere Hindernisse, die breit genug sind, damit beide Pferde sie nebeneinander überspringen können. An diesen Hindernissen vergeben die Richter Noten für Stil, gemeinsame Wirkung, Gesamteindruck und Engagement. Das Paar mit den besten Noten siegt, wenn es den Parcours fehlerfrei gesprungen ist.

MANNSCHAFTSRENNEN

Beim Mannschaftsrennen bewältigen vier Reiter den Gelände-Parcours im Team. Es kommt auf die Geschwindigkeit an, denn das schnellste Team gewinnt. Nur drei von vier Reitern müssen den Parcours absolvieren. Die Zeit wird vom Start des ersten Teammitglieds bis zum Überqueren der Ziellinie durch den dritten Reiter gemessen. Jedes Team hat in der Regel ein „Leitpferd", das mutig und sicher springt. Das vorausreitende Paar muss auch ein gutes Gefühl für das Tempo haben, denn es setzt den Geschwindigkeitsmaßstab für die anderen. Hat das Leitpferd ein Problem, muss ein anderes Pferd im Team die Führung übernehmen. Für Stürze, Anhalten oder Verweigern eines Hindernisses gibt es keine Fehlerpunkte, aber die Zeit verlängert sich, in der das Team den Parcours absolviert. Meist schreiben die Regeln ein oder zwei Hindernisse vor, die das gesamte Team überspringen muss, bevor es das nächste angeht. Dies gewährleistet, dass die Reiter die Strecke als Team bewältigen und nicht als vier Individuen mit jeweils eigenem Tempo.

TEAMGEIST Das Mannschaftsrennen ist ein aufregendes Spektakel, denn alles dreht sich um Geschwindigkeit. Das Team mit den drei schnellsten Pferden und Reitern, die den Parcours zusammen absolvieren, gewinnt. Die Reiter auf diesem Bild tragen traditionelle Jagdkleidung.

SPRINGREITEN

Bei Springturnieren überwinden Pferd und Reiter einen Parcours aus Hindernissen. Die Stangen liegen locker auf dem Hindernis und fallen, wenn das Pferd sie berührt. Dies ist zwar mit einem gewissen Nervenkitzel verbunden, aber für Pferd und Reiter nicht so riskant wie etwa das Geländespringen.

SPRINGTRAINING In der Regel werden mehrere Cavalettis hintereinander aufgestellt. Bei diesem Training wird die Gelenkigkeit des Pferdes gefördert, und es lernt, seine Schritte zwischen den Hindernissen zu verkürzen oder zu verlängern. Anfänger trainieren zunächst mit einer niedrigen Höhe.

DIE GESCHICHTE DES SPRINGREITENS

Die ersten Springturniere wurden Ende des 18. Jahrhunderts in Irland, Russland und Frankreich ausgetragen. In den USA wurden 1883 in Madison Square Garden Sprünge über Hindernisse vorgeführt. Das Springreiten war 1900 bei der Olympiade in Paris vertreten, und 1907 wurde in London das erste internationale Reitturnier veranstaltet. Das Springreiten entwickelte sich schnell zu

PONY-CLUB-TURNIER Dieses Paar zeigt eine sehr gute Technik. Das Pony zieht die Vorderbeine eng unter den Bauch, und der Reiter bewahrt einen sicheren und ausbalancierten Sitz.

MÄCHTIGKEITSSPRINGEN Dabei handelt es sich um eine beliebte und spektakuläre Kategorie. Die Reiter absolvieren einen kurzen Parcours mit einer Mauer, die höher ist als die anderen Hindernisse. Jeder Reiter, der fehlerfrei ist, springt den Parcours erneut mit erhöhter Mauer. Dies wird so lange fortgesetzt, bis es niemand mehr schafft, fehlerfrei über die Mauer zu springen.

einem internationalen Sport und ist besonders in Europa und den USA sehr beliebt. Die Teilnehmer der verschiedenen Kategorien werden nach ihrer Leistung beurteilt: Sie bekommen Fehler- oder Strafpunkte für das Abwerfen von Stangen, Abweichen vom Parcours, Verweigern, Herunterfallen und für das Überschreiten der vorgegebenen Zeit.

SPRINGTURNIERE

Springturniere finden in der Halle oder im Freien statt. Bei dieser Sportart muss ein Hindernisparcours, der für jedes Turnier neu entworfen wird, in einer bestimmten Reihenfolge überwunden werden. Nur die sogenannten Derbys finden auf immer dem gleichen Parcours statt. Man unterscheidet mehrere Springturnierklassen und Arten von Springprüfungen; in der Regel kommt es darauf an, die Hindernisse fehlerfrei zu überspringen und in der kürzestmöglichen Zeit den Parcours zu bewältigen. Eine weitere Art von Springprüfung ist die in Deutschland immer beliebter werdende Hunterprüfung, bei denen die Kriterien von Springpferde- und Stilprüfungen kombiniert und der Gesamteindruck bewertet wird. Bei den Hindernissen handelt es sich um Hoch- oder Hochweitsprünge, und je nach Schwierigkeitsgrad wird auch die Überwindung von Kombinationen mehrerer Einzelhindernisse verlangt. Den deutschen Turniersport reglementiert die Leistungsprüfungsordnung der Deutschen Reiterlichen Vereinigung.

Bei Derbys müssen sowohl die Hindernisse der Springturniere als auch Geländehindernisse übersprungen werden, darunter Gräben, Bänke und Wälle. Ein Hindernis des berühmten Derby-Parcours im englischen Hickstead ist eine beeindruckende Derby Bank.

DAS PFERD ALS ATHLET Springpferde müssen über ein sehr gutes Gleichgewicht verfügen, beweglich, athletisch und gehorsam sein. Aber vor allem kommt es darauf an, dass das Pferd den Sprung schaffen will.

VORAUSSETZUNGEN

Springparcours werden oft auf relativ kleinen Flächen aufgebaut. Daher müssen Pferd und Reiter schnell und sanft springen, landen und wenden können und für das nächste Hindernis das Gleichgewicht bewahren. Auch Dressurtraining ist wichtig, denn es verbessert die Balance, den Gehorsam und die Beweglichkeit des Pferdes. Das Reiten über Cavalettis, eine Reihe von Hindernissen, die in unterschiedlichen Abständen aufeinanderfolgen, fördert die Gewandtheit und Reaktionsfähigkeit des Pferdes. Der Reiter muss jedes Hindernis in gleichmäßigem Rhythmus anreiten und über dem Hindernis mit dem Pferd im Gleichgewicht bleiben. Wenn der Reiter das Tempo des Pferdes nicht kontrolliert, kann es passieren, dass sich das Pferd zu dicht vor dem Hindernis befindet und nicht sauber abspringen kann. Springt es zu weit vor dem Hindernis ab, kann es bei der Landung das Gleichgewicht verlieren. Die wichtigste Voraussetzung ist jedoch die Bereitschaft des Pferdes zum Sprung.

VIELSEITIGKEITSREITEN

Dieser Sport, auch Eventing genannt, testet die Vielseitigkeit von Pferd und Reiter. Dressur, Springreiten und Geländespringen werden kombiniert. Das Vielseitigkeitsreiten erfordert eine umfassende Reitausrüstung.

DIE URSPRÜNGE

Diese Sportart begann als Übung für die Kavallerie, daher wurde sie „Military" genannt. Sie umfasst bis heute drei Aufgaben. Bei der Dressurprüfung bewiesen die Pferde ihren Gehorsam, die Geländeprüfung zeigte die Fähigkeit der Pferde, jedes Gelände schnell und sicher zu durchqueren. Und bei der Springprüfung demonstrierten die Pferde, dass sie nach einem harten Kampf noch fit, gesund und gehorsam genug waren, um weitere Pflichten zu erfüllen. Seit 1912 ist das Vielseitigkeitsreiten eine olympische Disziplin. Der Sport verbreitete sich durch Wettbewerbe zwischen den Regimentern und weckte bald das Interesse bei zivilen Reitern. Er entwickelte sich zunächst in Europa und hat heute eine große internationale Verbreitung, wobei Großbritannien als Nabel der Eventing-Welt gilt. Die dreitägige Vielseitigkeitsprüfung im britischen Badminton ist die bekannteste von nur fünf internationalen Ereignissen diesen Rangs. Die größte deutsche Veranstaltung findet in Luhmühlen in der Lüneburger Heide statt.

BURGHLEY Um einen Vier-Sterne-Parcours zu absolvieren, haben sich Pferd und Reiter durch das Prüfungssystem nach oben gearbeitet. Es gibt fünf internationale Vielseitigkeitsprüfungen mit fünf Sternen: Badminton und Burghley (GB), Lexington (USA), Luhmühlen und Pau (Frankreich).

AUFBAU DER WETTBEWERBE

Es gibt zwei Arten von Vielseitigkeitswettbewerben: eintägige nationale oder internationale Veranstaltungen und in der Regel dreitägige internationale Events. Professionelle Reiter nutzen eintägige Veranstaltungen zur Vorbereitung auf die Drei-Tages-Prüfungen, aber viele Amateure nehmen ausschließlich an eintägigen Turnieren teil. Dabei werden alle drei Prüfungen an einem Tag absolviert: zuerst die Dressurprüfung, gefolgt vom Springen und der Geländestrecke – dem Cross-Country-Ritt. Zwischen jeder Prüfung müssen Pferd und Reiter mindestens eine halbe Stunde pausieren. Die Noten für jede Prüfung werden zusammengezählt, um den Sieger zu ermitteln. Bei dreitägigen Turnieren sind alle drei Prüfungen technisch anspruchsvoller und schwieriger. Am ersten Tag wird die Dressurprüfung geritten, am nächsten Tag die Geländeprüfung, und am dritten Tag folgt das Springen. Die Reihenfolge der Reiter richtet sich nach der Leistung. Der beste Reiter nach der Geländeprüfung ist beim

DAS VIELSEITIGKEITSPFERD
Vielseitigkeitspferde müssen mutig und schnell sein, um den Geländeritt zu bewältigen, ruhig und gehorsam für das Dressurreiten und umsichtig und athletisch für die Springprüfung.

Springen als Letzter an der Reihe. So steht der Sieger erst fest, wenn das letzte Pferd gesprungen ist.

VORAUSSETZUNGEN

Ein Training, das auf den Prinzipien von Rhythmus, Balance, Vertrauen und Gehorsam basiert, bringt Pferd und Reiter in allen drei Prüfungen Vorteile. Der Reiter muss Disziplin aufbringen, wenn er mit seinem Pferd für die verschiedenen Anforderungen dieses Sports trainiert. Das Pferd muss ihn akzeptieren und lernwillig sein, damit es die Leistungsfähigkeit für alle Prüfungen erreicht. Ein Vielseitigkeitspferd ist belastbarer als ein reines Dressur- oder Springpferd und muss dem Druck und den Anforderungen beider Disziplinen gerecht werden, was seine Ausbildung noch schwieriger macht.

WASSER Wassersprünge sind eine echte Herausforderung und ein wichtiges Element bei jedem Vielseitigkeitsspringen. Das Pferd wird sehr früh ans Wasser gewöhnt, indem man mit ihm bei Ausritten durch Pfützen und Bäche trabt, damit es sich dieser Art von Gefahr gewachsen fühlt.

Geschwindigkeit und Ausdauer

Die Geländestrecke bei dreitägigen Vielseitigkeitsprüfungen galt früher als Tempo- und Ausdauerstrecke mit mehreren Zusatzelementen. Die Reiter begannen mit Phase A, einem Abschnitt aus Wegen und Pfaden, die in einer vorgegebenen Zeit geritten werden musste, andernfalls gab es Zeitfehlerpunkte. Diese Phase diente als Warm-up für das Steeplechase, die Phase B, bei dem Pferd und Reiter über einen Parcours mit Geländehindernissen galoppieren mussten. Phase C, ein weiterer Abschnitt aus Wegen und Pfaden, diente als Erholungsphase. Dann folgten obligatorische zehn Minuten Pause, bevor der eigentliche Cross-Country-Parcours absolviert wurde, die Phase D. Anfang 2000 wurden die Tempo- und Ausdauerstrecken abgeschafft. Ein wesentlicher Grund war der Geländebedarf für diese zusätzlichen Strecken. Diese sogenannte Kurzform kam erstmals 2004 bei der Olympiade in Athen zum Einsatz, und die übrigen Anhänger dieser Sportart folgten diesem Vorbild.

DISTANZREITEN

Über die Jahrhunderte hinweg legten Mensch und Pferd viele lange Wege zurück: bei Kriegen und Eroberungen, um neue Gebiete zu entdecken und zu besiedeln, und manchmal nur als Herausforderung, um zu sehen, wie weit man kommt.

AMERIKANISCHE URSPRÜNGE

Das Ausdauerreiten als Sportart nahm seine Anfänge 1955 in Kalifornien. Wendell Robie wollte beweisen, dass Pferd und Reiter in der modernen Zeit noch denselben anstrengenden Unternehmungen gewachsen waren wie ihre Vorfahren. Er ritt mit einer Gruppe von Freunden 160 km über alte Bergwerks- und Emigrantenpfade von Squaw Valley über die Bergkette der Sierra Nevada bis Auburn. Der Western States Trail Ride gilt als erster Distanzritt und ist in der heutigen Sportwelt ein begehrtes Championat. Der Sieger bekommt den Tevis Cup, benannt nach dem Präsidenten der Wells Fargo Company, deren Ponyreiter im 19. Jahrhundert für ihren Mut und ihre Ausdauer berühmt waren.

TIERÄRZTLICHE UNTERSUCHUNG Das Back-up-Team spielt eine wichtige Rolle. Es kümmert sich um das Wohlbefinden von Pferd und Reiter. Vor jeder tierärztlichen Untersuchung besteht die Möglichkeit, beide zu stärken und das Pferd bestmöglich für den Tierarzt-Check vorzubereiten.

PAUSE Während des Ritts ist der Reiter für das Wohlbefinden des Pferdes verantwortlich. Dies kann bedeuten, dass er das Pferd am Zügel führt, um dessen Rücken zu schonen oder um schwieriges Gelände zu überqueren.

DISTANZREITEN HEUTE

Heutige Distanzritte finden auf einer festgelegten Strecke statt; hierbei werden Geschwindigkeit und Ausdauer getestet. Die Sportart ist seit 1982 von der FEI anerkannt. Wettbewerbe variieren in ihrer Länge; internationale Distanzritte dauern zwei bis drei Tage, und pro Tag werden 80 bis 100 km zurückgelegt. Championate werden an einem Tag ausgetragen; die Strecken sind bis zu 160 km lang. Die Sieger reiten sie in etwa zehn bis zwölf Stunden. Jeder Ritt ist in Teilstrecken von etwa 40 km aufgeteilt. Am Ende jeder Strecke untersucht ein Tierarzt das Pferd und prüft, ob es Wunden hat oder überanstrengt ist. Beträgt der Puls über 64 Schläge pro Minute, darf das Pferd nicht mehr teilnehmen. Vor jeder Untersuchung ermöglicht es ein kleines Zeitfenster dem Back-up-Team, alles Mögliche zu unternehmen, damit das Pferd dem Tierarzt fit und gesund präsentiert wird. Der Reiter ist stark von diesem Team abhängig, das den Wettbewerb verfolgt und zur Stelle ist, um Pferd und Reiter an jedem Tierarzt-Stopp zu unterstützen sowie Zaum- und Sattelzeug und, wenn nötig, auch Ausrüstung und Kleidung zu wechseln. Das Tempogefühl des Reiters und die Kenntnis über den Zustand seines Pferdes sind unerlässlich, um den Ritt gesund und fit beenden zu können.

Ausdauerreiten ist besonders in Europa, den USA, Australien und Dubai beliebt. Neben der sportlichen Herausforderung machen oft auch interessante Landschaften diese Wettbewerbe attraktiv.

VORAUSSETZUNGEN

Für Distanzritte muss das Pferd hart im Nehmen sein und Ausdauer besitzen. Stabile Gliedmaßen und Hufe sind absolut erforderlich, da ein Großteil des Geländes hart und zerklüftet ist. Auch das Temperament ist ein wichtiges Kriterium. Das Pferd muss während des gesamten Ritts entspannt und ruhig bleiben, um Energie zu sparen. Wichtig sind auch die Bewegungsabläufe und der Gang; ein leichter, ausgreifender Schritt bedeutet für Pferd und Reiter eine Erleichterung. Erschütterungen an Hufen und Gelenken sind nicht zu unterschätzen, weshalb die Versammlung des Pferdes und ein guter Gang von Vorteil sind. Das Pferd muss lernen, einen entspannten Trab oder Arbeitsgalopp zu gehen und sich auszubalancieren sowie sich den zahlreichen natürlichen Gefahren zu stellen, denen es begegnet. Bei diesem Sport verbringt man viele Stunden im Sattel; deshalb sind eine spezielle Ausrüstung und Reitkleidung unerlässlich. Die meisten Reiter verwenden spezielle Sättel für Distanzritte sowie Gel-Polster und Satteldecken, damit der Satteldruck minimiert wird. Beliebt sind gebisslose Zäumungen, da sie für viele Pferde angenehmer sind. Gamaschen werden eher selten getragen, da sie Scheuerstellen und Wunden verursachen. Die Reitkleidung wiegt weniger als bei anderen Reitsportarten.

GUTE WAHL Araber oder Araberkreuzungen dominieren das Ausdauerreiten. Zähigkeit und Durchhaltevermögen in Kombination mit ihren leichten, fließenden Bewegungen machen sie für die harten Anforderungen dieses Sports geeignet.

Wanderreiten

Eine Variante des Distanzreitens ist das Wanderreiten. Anders als das Distanzreiten ist es aber kein Rennen, sondern bietet Pferd und Reiter Gelegenheit, lange Strecken zu bewältigen und dabei ihr reiterliches Können und Tempogefühl auf die Probe zu stellen. Ziel ist es, die Strecke so zu absolvieren, dass sich das Pferd anschließend noch in guter Verfassung befindet. Wie beim Distanzreiten sorgen tierärztliche Untersuchungen dafür, dass nur leistungsfähige Pferde weiter teilnehmen dürfen.

START AM FRÜHEN MORGEN Bei Distanzritten bewältigen Pferd und Reiter alle Arten von Gelände und Wetterbedingungen. Sie durchqueren manchmal einige der spektakulärsten Landschaften der Welt.

BREITENSPORT

Mounted Games sind ein verbreiteter Sport. Veranstaltet werden sie entweder von Mitgliedsorganisationen des Pony Clubs oder von den Verbänden für Breitensport. Sie werden aber auch spontan von Reitergruppen organisiert, die einfach ihren Spaß haben wollen. Auf Mounted Games spezialisierte Reiter können an nationalen und internationalen Wettbewerben teilnehmen.

ABWECHSLUNG Reiterspiele waren ursprünglich Spiele für Erwachsene, oft für Soldaten. Sie förderten Reitkunst und Teamgeist und sorgten für Abwechslung. Diese Gruppe afghanischer Reiter spielt das traditionelle Buzkashi: Zwei Mannschaften versuchen, eine tote Ziege in ihren Besitz zu bringen.

ERWACHSENE UND KINDER

An einfachen Reiterspielen kann praktisch jeder Reiter mit seinem Pony teilnehmen, egal wie gut er reitet. Spiele bieten vielfältige Möglichkeiten, Selbstvertrauen zu gewinnen und eine gute Partnerschaft mit dem Pferd aufzubauen. Das berühmteste Mounted-Games-Turnier

FAHNENSLALOM Die International Mounted Games Association ermutigt auch Erwachsene, den Breitensport zu pflegen. Dieses Paar nimmt an einem Fahnenrennen teil. Dazu braucht man ein flinkes und bewegliches Pony, das schnell auf engem Raum wenden kann.

für Kinder ist wahrscheinlich der Prince Philip Cup, den der Londoner Pony Club jährlich auf der „International Horse of the Year Show" veranstaltet.

NATIONALER UND INTERNATIONALER BREITENSPORT

Die International Mounted Games Association ist für Kinder und Erwachsene zuständig. Es gibt für die Teilnehmer keine Altersbeschränkung, aber das Gewicht des Reiters ist in Relation zur Größe des Ponys festgelegt. Die Höhe der Pferde darf 1,48 m nicht überschreiten. Es gibt über 25 verschiedene Spiele, Einzelwettbewerbe sowie Paar- und Mannschaftsspiele. Ziel ist es, die Genauigkeit des Reiters und die Kooperationsbereitschaft sowie den Gehorsam des Pferdes zu prüfen. Es handelt sich also nicht um reine Geschwindigkeitswettbewerbe. Neben den nationalen Wettbewerben gibt es einmal im Jahr ein weltweites Mounted Games Championat mit Kategorien für Einzelteilnehmer, Paare und Mannschaften.

PONY-CLUB-RENNEN Der Pony Club für Mounted Games hat sich sehr engagiert, um aus dem Reiten das Beste zu machen. Er unterstützt Teamgeist, Kooperation, Fitness und Beweglichkeit sowie die Fähigkeit, Spaß zu haben – unabhängig davon, ob man gewinnt oder verliert.

DIE SPIELE

Die einfachsten Spiele sind für kleine Kinder gedacht, die geführt werden. Bei einem Slalomrennen stehen alle Ponys in einer Reihe und starten gleichzeitig, um Slalom um eine Reihe von Stäben zu laufen. Im Verlauf anderer Rennen wird ein Gegenstand ergriffen, den man auf dem Rückweg in einem Eimer ablegt. Einige Rennen werden in Staffeln aus Teams mit jeweils vier Reitern geritten, wobei einer nach dem anderen an der Reihe ist.

Für den jährlichen Prince Philip Cup werden immer fantasievollere und aufregendere Spiele entwickelt. Einige beziehen besonders raffinierte Hindernisse mit ein, bei anderen wird gesprungen.

VORAUSSETZUNGEN

Für eine erfolgreiche Teilnahme braucht man ein schnelles, wendiges und gehorsames Pony, denn die Spiele erfordern häufiges Halten, Anreiten, Drehen und Wenden. Das Pferd muss auf Befehl sofort stillstehen, damit sein Reiter nach einem Gegenstand greifen kann. Das Pony sollte genügend Mut haben, um nicht vor außergewöhnlichen Hindernissen zu scheuen. Ein schneller Start verschafft ihm einen großen Vorteil, ebenso wie die Fähigkeit, in letzter Minute zu verlangsamen und zu wenden. Der Reiter sollte fit und beweglich sein. Oft wählt er ein Pony, das für andere Sportarten zu klein wäre, damit er leichter etwas vom Boden aufheben kann oder schneller auf- und absteigen kann. Das Pony sollte robust und tolerant genug sein, um sich nicht an dem Trubel zu stören.

SACKRENNEN Beim Sackrennen stolpern mit Sicherheit mehrere Läufer übereinander. Beide Beine jedes Teilnehmers sollten sich wohl im Sack befinden, aber andere Interpretationen dieser Regel können Vorteile bringen.

SCHWERE PFERDE

Die schweren Pferderassen waren einst in vielen Ländern ein unverzichtbarer Bestandteil des Arbeitskräftepotenzials in Landwirtschaft und Industrie. Anfang bis Mitte des 20. Jahrhunderts jedoch hatten sich Traktoren und Lastwagen durchgesetzt und das Ende der meisten Arbeitspferde besiegelt. Einige Nischen besetzen sie aber noch immer; in manchen Städten ist ihr Einsatz in der Warenauslieferung wirtschaftlich rentabel, und sie spielen nach wie vor eine Rolle in der Forstarbeit.

BOULONNAIS Das prächtige Porträt eines Boulonnais, einer französischen Kaltblutrasse, (S. 132–133) zeigt, dass viele Zugpferde zwar für schwere Arbeit gezüchtet wurden, aber dennoch eine gewisse Eleganz und Anmut ausstrahlen. Bei dieser Rasse zeugen die großen, ausdrucksvollen Augen von arabischen Vorfahren.

Ardenner

HERKUNFT Frankreich/Belgien
UMGEBUNG
BLUT
EIG.
STOCKMASS 160–165 cm
FARBEN Meist Stichelhaar, aber auch Schimmel, Fuchs, Brauner, Schwarzbrauner und Palomino

SCHWARZ-BRAUNER | FUCHS | FALBE | BRAUNER | PALOMINO | STICHELHAAR

Der relativ kleine, aber unglaublich kräftige Ardenner ist nach seiner Heimat benannt, der zerklüfteten Ardennen-Region an der französisch-belgischen Grenze. Die Vorfahren dieser alten Rasse rühmte schon Julius Cäsar wegen ihrer Ausdauer und Zähigkeit.

ZUCHTGESCHICHTE

Der Ardenner soll der direkte Nachfahre des Solutré-Pferdes sein, eines prähistorischen, stupsnasigen Pferdes, das vor über 50 000 Jahren lebte und dessen Knochen man bei Solutré in Südostfrankreich fand. Die Funde deuten darauf hin, dass das Solutré-Pferd ein Stockmaß von etwa 150 cm besaß und damit so groß war wie ein kleiner Ardenner. Diese Pferde lebten in einer kalten Berggegend und waren daher trittsicher und zäh.

REITPFERD

Vor dem 19. Jahrhundert war die Rasse nicht so massig und gedrungen wie heute und wurde sowohl als Reit- wie auch als Zugpferd eingesetzt. Einige Ardenner kamen in den Kreuzzügen zum Einsatz; während der Kreuzzüge kamen auch Araber nach Europa, mit deren Blut der Ardenner veredelt wurde. Im 17. und 18. Jahrhundert wurde die Rasse oft in Schlachten geritten. Angeblich verdankt Napoleon ihr seine Rückkehr aus dem Russland-Feldzug.

Im frühen 19. Jahrhundert kreuzte man Englische Vollblüter und weiteres Araberblut ein sowie das von Boulonnais und Percheron. Der relativ kleine Ardenner, der sich als Kavallerie- und Artilleriepferd behauptete, ist heute eher selten, aber in anderen Rassen tritt das Ardennerblut deutlich zutage. Der Bedarf in

ROTSCHIMMEL Die häufigste und beliebteste Farbe beim Ardenner ist Stichelhaar, besonders Rotschimmel. Eisenschimmel ist zulässig, nicht jedoch Apfelschimmel; Fuchs, Palomino, Brauner und Schwarzbrauner sind ebenfalls erlaubt.

der Landwirtschaft an Arbeitspferden führte zu Kreuzungen mit dem größeren Brabanter. Daraus gingen die häufiger anzutreffenden schweren Ardenner hervor und beeinflussten die Entwicklung des Trait du Nord (S. 170), manchmal auch als Nordardenner bezeichnet, sowie des Auxois (S. 130).

EIGENSCHAFTEN

Der Ardenner ist klein und stämmig mit gedrungenem Hals, kurzem Rücken und muskulösen Lenden. Die Beine sind kurz mit starken Knochen, die Hufe relativ klein, aber kräftig. Die Unterschenkel tragen dicke, gewellte Kötenbehänge; der ursprüngliche, kleinere Ardenner hat jedoch etwas feinere Knochen und weniger Kötenbehang. Der Kopf ist kurz und stumpf. Der Ardenner hat ein freundliches, williges und sanftes Wesen. Für ein derart massig-kräftiges Tier ist er überraschend lebhaft und aktiv.

ARBEIT Für den Ardenner gibt es Stutbücher in mehreren europäischen Ländern. Die Züchtervereine bemühen sich darum, den Einsatz der Rasse in der Land- und Forstwirtschaft zu fördern.

Auxois

HERKUNFT Frankreich

UMGEBUNG

BLUT

EIG.

STOCKMASS 160–167 cm

FARBEN Meist Stichelhaar, aber auch Brauner und Fuchs

FUCHS

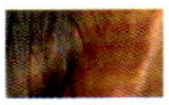
BRAUNER

STICHELHAAR

Der Auxois ist so eng mit dem Ardenner (S. 128–129) verwandt, dass er zuweilen als „Schlag" dieser Rasse betrachtet wird. Er ist größer als der Ardenner, nicht so schwer gebaut, jedoch ähnlich kräftig und fügsam. Es gibt nur noch wenige Exemplare dieser alten Rasse, obwohl in Frankreich Anstrengungen zu ihrem Erhalt unternommen werden.

ZUCHTGESCHICHTE

Der Auxois kommt aus der Region Burgund und stammt vom Burgunderpferd des Mittelalters ab. Im 19. Jahrhundert sollte durch Kreuzungen mit Percheron, Boulonnais und Ardenner ein größeres, kräftigeres Arbeitspferd gezüchtet werden. Seit dem Beginn des 20. Jahrhunderts ist zur Veredelung der Rasse nur noch Ardennerblut erlaubt. Wegen ihrer Seltenheit wird die Rasse heute vom Syndicat du Cheval de Trait Ardennais de L'Auxois geschützt.

EIGENSCHAFTEN

Der Auxois sieht dem schweren Ardenner äußerlich sehr ähnlich, ist jedoch insgesamt größer, und Hinterhand sowie Gliedmaßen sind weniger massiv. Die Beine tragen auch keinen so ausgeprägten Behang wie beim Ardenner. Der Rücken erscheint durchgehend breit mit einer langen, abschüssigen, muskulösen Kruppe und niedrig angesetztem Schweif. Der Kopf ist relativ klein und breit mit aufmerksamen Ohren.

KRAFTPAKET Der Auxois, Inbegriff von Kraft und Stärke, hat sich als außergewöhnliches Arbeitspferd verdient gemacht, das dank seines sanften Wesens leicht zu lenken ist und mit dem sich gut arbeiten lässt. Der kurze, dicke Hals, die muskulösen Vorderbeine und die breite Brust verleihen ihm eine gewaltige Zugkraft.

WENDIGKEIT Obwohl er auf Kraft gezüchtet wurde, ist der Auxois keine Schlafmütze! Seine guten Schultern, die kräftige Kruppe und die leichteren Gliedmaßen ermöglichen ihm erstaunlich freie und rasche Bewegungen.

Schwarzwälder Kaltblut

HERKUNFT Deutschland
UMGEBUNG
BLUT
EIG.
STOCKMASS 150–160 cm
FARBEN Meist Fuchs, aber auch Schimmel

FUCHS

FALBE

Das Schwarzwälder Kaltblut ist ein kleines, robustes Zugpferd. Es entstand als Arbeits- und Reitpferd, das die langen, kalten Winter in seiner Heimat, dem Schwarzwald, überstehen konnte. Es ist auch als St. Märgener Fuchs und Wälderpferd bekannt, wegen seiner Färbung auch als Schwarzwälder Fuchs.

ZUCHTGESCHICHTE

Das Schwarzwälder Kaltblut wurde aus der älteren Rasse Noriker gezüchtet, die aus Österreich stammt. Im späten 19. Jahrhundert bemühte man sich, das Stockmaß der Rasse zu erhöhen, indem nur schwere Brabanter als Zuchthengste erlaubt wurden. Aber die Bauern setzten heimlich weiterhin einheimische Hengste ein. Der Einsatz von Brabanterblut fand ein Ende, als deutlich wurde, dass die daraus resultierenden Pferde sich nicht für das steile, waldige Gelände eigneten. Die Bauern durften nun weiterhin ein Pferd des von ihnen gewünschten Gepräges züchten. So konnte das Schwarzwälder Kaltblut seine adrette Größe und sein flinkes und lebendiges Wesen erhalten.

EIGENSCHAFTEN

Das Schwarzwälder Kaltblut ähnelt einem großen Haflinger (S. 328). Es ist ein gut gebautes, kräftiges kleines Pferd mit einem besonders schönen, aktiven Trab. Die robuste, trittsichere Rasse ist gut an das Leben auf Höfen und Wäldern in hügeligen Gegenden angepasst. Noch heute wird sie im Schwarzwald zum Abtransport von Holz eingesetzt und erfreut sich als Reitpferd wie als leichtes Zug- und Kutschenpferd steigender Beliebtheit.

FUCHS Dem rötlich braunen Fell und fuchsroten Mähnen- und Schweifhaar verdankt die Rasse die Bezeichnung Schwarzwälder Fuchs. Eine weitere Farbvariante ist der Dunkelfuchs.

Boulonnais

HERKUNFT Nordwestfrankreich

UMGEBUNG

BLUT

EIG.

STOCKMASS 150–165 cm

FARBEN Überwiegend Schimmel, aber auch Brauner, Rappe und Fuchs

RAPPE

FUCHS

FALBE

BRAUNER

Der Boulonnais ist das eleganteste der schweren Pferde, was er auch dem arabischen Einfluss in seinen Zuchtlinien verdankt. In den Weltkriegen wurde der Bestand der einst weit verbreiteten Rasse stark dezimiert. Boulonnais tragen am Hals ein ankerförmiges Brandzeichen zu Ehren ihrer Ursprünge an der Küste.

ZUCHTGESCHICHTE

Der heutige schwere Boulonnais ist ein Nachfahre des Ritterpferdes. Ein kleinerer, leichterer Typ, genannt Mareyeur („Gezeitenpferd"), wurde zum Ziehen der schweren Fischkarren von Boulogne nach Paris eingesetzt. Die 322 km lange Strecke konnte in weniger als 18 Stunden absolviert werden. Die Stärke, Ausdauer und Schnelligkeit der Rasse machten sie zum idealen Transportpferd. Noch heute wird zu Ehren des Pferdes jährlich ein Rennen veranstaltet, die *Route du Poisson*. Der kleinere Schlag ist fast verschwunden, und der große Boulonnais findet zwar gelegentlich Verwendung in der Landwirtschaft, wird aber überwiegend als Fleischlieferant gezüchtet. Es werden jedoch viele Anstrengungen zum Schutz des Boulonnais unternommen.

EIGENSCHAFTEN

Der Boulonnais hat einen guten, gerundeten Brustkorb, eine ideal geschrägte Schulter und einen gut entwickelten Widerrist. Die kräftigen Beine mit den kompakten, behanglosen Gelenken zeigen offene Fesseln und kurze Röhrbeine. Der dicke, muskulöse Hals trägt eine dichte Doppelmähne. Der Kopf ist kurz und elegant mit einer breiten, flachen Stirn.

AUSDRUCKSVOLLES GESICHT Das orientalische Blut in seinem Stammbaum zeigt sich in den großen, dunklen Augen, dem ausdrucksstarken Gesicht und den scharfen, beweglichen Ohren. Der Boulonnais hat einen anmutig geschwungenen Hals und schräge Schultern.

GUTE GÄNGE Der Boulonnais zeigt für ein schweres Pferd außergewöhnlich gute Gänge. Seine Aktion ist gerade und lang, seine Gänge flink und energisch. Die Gliedmaßen sind kräftig, aber ohne den schweren Klötenbehang vieler Zugrassen.

Brabanter

HERKUNFT Belgien
UMGEBUNG
BLUT
EIG.
STOCKMASS 165–170 cm
FARBEN Variabel zwischen den Blutlinien, z. B. Fuchs, Falbe, Schimmel und Stichelhaar

FUCHS SCHIMMEL FALBE STICHELHAAR

Die korrekte Bezeichnung der auch als Belgisches Kaltblut bekannten Rasse stammt aus dem Hauptzuchtgebiet in Belgien. Diese historische Rasse wurde vielfach zur Veredelung anderer schwerer Rassen wie des Shire (S. 164–165), des Suffolk Punch (S. 166–169) und des Clydesdale (S. 138–139) eingesetzt.

ZUCHTGESCHICHTE

Der Brabanter stammt vom primitiven Waldpferd ab, das zu Cäsars Zeiten als williges Arbeitspferd bekannt war. Aus dem Stamm entwickelte sich der Ardenner (S. 128–129). Im Mittelalter kannte man die schwere Rasse, die daraus in Belgien entstanden war, als Flamländer oder Flämisches Pferd. Diese Tiere trugen als erste Pferde Ritter. Sorgfältige Kontrolle und Verfeinerung der Rasse führten zur Entstehung des heutigen Brabanters.

Die Rolle der fruchtbaren Weiden Belgiens, die ausreichend Futter lieferten, kann bei der Entwicklung eines so großen und kräftigen Zugpferdes nicht hoch genug angesetzt werden. Im 19. Jahrhundert erkannten die Belgier die Bedeutung ihrer

KLUGES GESICHT Der Brabanter hat einen relativ kleinen, schlichten Kopf, aber freundliche Augen und einen intelligenten Gesichtsausdruck. Der Hals ist kurz und kräftig und geht in massige Schultern über.

Zugrasse und bemühten sich um die Förderung und Kontrolle von Zucht und Export. Die Pferde wurden in einer Reihe von Schauen beurteilt, die besten kamen in die Nationalschau in Brüssel. Die Kontrolleure waren auch für die Zulassung der Zuchtpferde zuständig. Ab 1891 wurden Brabanter-Hengste in die Regierungsgestüte Russlands, Italiens, Frankreichs, Deutschlands und Österreich-Ungarns exportiert. In den USA wurde 1887 eine Zuchtgesellschaft gegründet. Der Stamm wurde importiert, sodass die Amerikaner mit dem Aussetzen aller Exporte aus Belgien zu Beginn des Ersten Weltkriegs bereits einen ausreichend großen Bestand besaßen, um allein mit der Zucht zu beginnen. Ende des 19. Jahrhunderts hatten sich drei Zuchtstränge herausgebildet: Die Linie *Gros de la Dendre* bestand überwiegend aus Braunen, der Schlag *Gris du Hainaut* trat hauptsächlich als Schimmel, Rotschimmel sowie Brauner auf, und der kräftigste Schlag waren die *Colosses de la Mehaique*. Die drei Typen sind inzwischen nicht länger maßgeblich und heute alle als Brabanter bekannt.

EIGENSCHAFTEN

Die selektive Zucht sorgte auch für kräftige Gliedmaßen und eine allgemeine Robustheit. Die Beine sind kraftvoll und hart mit mittelgroßen, gut geformten Hufen und reichlich Kötenbehang. Die gewaltige Stärke des Brabanters ist glücklicherweise mit einem gefügigen Wesen gepaart. Die strenge Zuchtpolitik in Belgien brachte ein sehr typstarkes Pferd hervor. Die Rasse wird heute noch auf kleinen Höfen in Teilen Europas eingesetzt und erfreut sich in den USA ungebrochener Beliebtheit.

SORGFÄLTIGE ZUCHT Gelegentliche, aber sorgfältige Inzucht und der Ausschluss fremden Bluts gehörten zur erfolgreichen Zuchtstrategie des Brabanters. Einige Tiere werden im Kentucky Horse Park gehalten; Stuten wurden zur Zucht von Mammoth-Maultieren eingesetzt.

ÜBUNGSRAD Ein hübsches Paar beim sanften Training. Trotz seiner Größe ist der Brabanter genügsam in der Haltung. Sein Körper ist relativ kurz und kompakt mit viel Gurtentiefe und kräftiger, gerundeter Hinterhand. Er ist von Natur aus sanft und leicht zu lenken.

Bretone

HERKUNFT Frankreich
UMGEBUNG
BLUT
EIG.
STOCKMASS 152–167 cm
FARBEN Hauptsächlich Fuchs, aber auch Stichelhaar, Brauner und Schimmel

FUCHS

SCHIMMEL

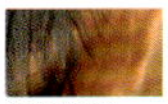
BRAUNER

STICHELHAAR

Der Bretone ist ein relativ kleines, aber schweres und robustes Zugpferd. Im Mittelalter war ein Strang wegen seines bequemen Trabs – oder geruhsamen Passgangs – beliebt. Seinen vierschrötigen Körperbau betont der traditionell kupierte Schweif.

ZUCHTGESCHICHTE

Der Bretone hat sich wahrscheinlich aus den Steppenpferden in den bretonischen Bergen entwickelt. Diese Pferde trugen keltische Krieger, und später, nach den Kreuzzügen, fanden Einkreuzungen mit den nach Europa gebrachten Arabern und orientalischen Pferden statt. Daraus resultierte der bretonische Bidet. Bis zum Mittelalter hatten sich zwei Schläge entwickelt, der Sommier und der Roussin. Der Sommier wurde in der

AKTIVER ARBEITER Trotz der Kürze von Hals und Schultern zeigt der Bretone einen raschen, aktiven Schritt und Trab. Er ist daher auch als Kutschpferd beliebt.

Nord-Bretagne gezüchtet und hauptsächlich als Packpferd oder in der Landwirtschaft eingesetzt. Der Roussin aus dem Süden war edler und bei Offizieren als Reitpferd beliebt.

EIGENSCHAFTEN

Bis zum 19. Jahrhundert hatten sich die drei heute anerkannten Schläge entwickelt: Der Petit Trait Breton, der „kleine Bretone", hat einen Hechtkopf und soll dem ursprünglichen Pferd am meisten ähneln. Der Trait Breton, das „bretonische Zugpferd", ist dank der Kreuzungen mit dem Ardenner massiger und schlichter. Der leichtfüßige Postier Breton, das „bretonische Postpferd", ist der eleganteste der drei. Den feineren Körperbau und die leichteren Gangarten verdankt er der Kreuzung mit dem Norfolk Roadster. Petit Trait Breton und Trait Breton werden selten noch in der Landwirtschaft eingesetzt, hauptsächlich aber als Fleischlieferanten gezüchtet. Der Postier ist noch immer als Kutschpferd beliebt und wird zur Veredelung einheimischer Bestände nach Spanien, Italien und Japan exportiert.

BEWEGUNG Der Bretone ist für seine freien, leichten Gänge bekannt. Er wird heute noch auf kleinen Höfen als Arbeitspferd eingesetzt und ist wegen seiner beachtlichen Stärke, Widerstandsfähigkeit und Energie begehrt.

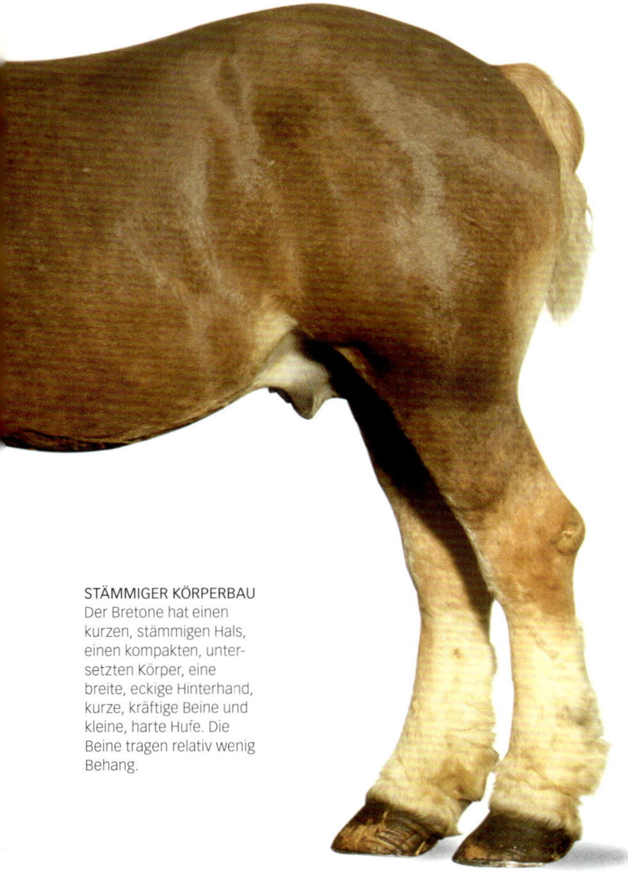

STÄMMIGER KÖRPERBAU Der Bretone hat einen kurzen, stämmigen Hals, einen kompakten, untersetzten Körper, eine breite, eckige Hinterhand, kurze, kräftige Beine und kleine, harte Hufe. Die Beine tragen relativ wenig Behang.

ECKIGER KOPF Der recht eckige Kopf des Bretonen hat tief ansetzende Ohren. Die weit auseinanderstehenden Augen blicken freundlich und deuten zu Recht ein kooperatives und einnehmendes Wesen an.

Clydesdale

HERKUNFT Schottland
UMGEBUNG
BLUT
EIG.
STOCKMASS 167–173 cm
FARBEN Meist Brauner, aber auch Rappe, Schwarzbrauner, Schimmel, Stichelhaar und Fuchs

Der Clydesdale erwies sich als beliebte schwere Zugrasse und wurde in großem Stil aus seiner Heimat Schottland exportiert. Er wird als edel, schwer und kräftig beschrieben, mit einer gewissen Fröhlichkeit in Haltung und Benehmen, und vermittelt den Eindruck von Qualität und Kraft – nicht von Plumpheit und Masse.

ZUCHTGESCHICHTE

Der Clydesdale entstand als anerkannte Rasse im 19. Jahrhundert, stammt aber wahrscheinlich von einem Zugpferd ab, das im 18. Jahrhun-dert gezüchtet wurde. Damals kaufte ein Pferdezüchter in Schottland einen großen schwarzen Flamländer, den er in den einheimischen Packpferde-Bestand einkreuzen wollte. Der Hengst hinterließ deutliche Spuren, und die Lochyloch-Zuchtlinie war bald sehr gefragt. Die dort gezüchteten Pferde ähnelten dem modernen Clydesdale und trugen häufig große weiße Abzeichen. 1808 wurde gern ein Zuchthengst eingesetzt, der „Thompson's Black Horse" oder „Glancer" hieß, in dessen Adern Lochyloch-Blut geflossen sein soll. „Glancer" lässt sich in vielen Clydesdale-Stammbäumen aufspüren. Auch Shire-Blut (S. 164–165) spielte eine Rolle bei der Entwicklung der heute als Clydesdale anerkannten Rasse. Der Clydesdale, oft auch als Shire von Schottland bezeichnet, ist weniger massig gebaut und bewegt sich leichter als der Shire. Clydesdales wurden in die USA, Australien und Neuseeland exportiert.

KUTSCHPFERD Die Fröhlichkeit in Wesen und Bewegungen des Clydesdale machen ihn zu einem beliebten Fahrpferd. Auch die Begeisterung, mit der die Rasse auf Schauen gezeigt wird, sichert ihre Zukunft im Gegensatz zu der einiger anderer schwerer Zugrassen, die sich seit Mitte des letzten Jahrhunderts größtenteils ohne Aufgabe wiederfinden.

ROBUST
Clydesdales werden auf gute Gliedmaßen und Hufe gezüchtet. Kuhhessigkeit – einwärts zeigende Sprunggelenke – sind bei dieser Rasse zulässig.

WEISSE ABZEICHEN
Breite weiße Gesichtsabzeichen sind ein Merkmal der Rasse, neben viel Weiß an den Beinen und häufig weißen Tupfen in der Bauchgegend. Große, freundliche Augen und große Ohren machen diesen sanften Riesen noch attraktiver.

Viele zog man im Ersten Weltkrieg als Militärpferde ein. Wie alle schweren Pferde wurden sie auf Höfen und in Städten rasch durch Traktoren und Lastwagen ersetzt, als Mitte des 19. Jahrhunderts das industrielle Zeitalter begann.

EIGENSCHAFTEN

Der Clydesdale verkörpert den Inbegriff der Kraft ohne viel Masse. Sein Hals ist länger als beim Shire, was ihm ein etwas langgliedrigeres Aussehen verleiht. Der Widerrist ist gut definiert, und die kräftigen Schultern fallen sanft ab. Ein attraktives Merkmal des Clydesdale, das seine prächtige Erscheinung noch verstärkt, sind die zahlreichen weißen Abzeichen an den unteren Gliedmaßen, die sich manchmal über das ganze Bein und auf den Bauch erstrecken, sowie die charakteristische Laterne. An den unteren Gliedmaßen und den runden, offenen Hufen trägt er feine Kötenbehänge. Der für seine Robustheit bekannte Clydesdale erfreut sich gegenwärtig eines wieder auflebenden Interesses und ist nach wie vor bei Schauen, als Kutschpferd, Arbeitspferd und sogar als Reitpferd beliebt.

Comtois

HERKUNFT Frankreich/Schweiz

UMGEBUNG

BLUT

EIG.

STOCKMASS 152–163 cm

FARBEN Gewöhnlich Fuchs, manchmal auch Schwarzbrauner

SCHWARZ-BRAUNER

FUCHS

Der Comtois ist für ein Zugpferd relativ leicht gebaut, hat sich im Lauf der Jahrhunderte jedoch den Ruf erworben, robust, stark und wendig zu sein. Diese Eigenschaften sind eine Anpassung an die zerklüftete Umgebung, in der die Rasse entstand: das Juragebirge an der französisch-schweizerischen Grenze. Diese gesellige Rasse zeigt ein charakteristisches Erscheinungsbild mit flachsfarbenem Mähnen- und Schweifhaar.

ZUCHTGESCHICHTE

Vermutlich stammt der Comtois von den kleinen, robusten Pferden ab, die Siedler aus Norddeutschland in die Region brachten. Sie wurden vom 16. Jahrhundert an in großem Maßstab als Kavallerie- und Artilleriepferde eingesetzt. Im 19. Jahrhundert wurde die Rasse durch die Kreuzung mit Percheron und Boulonnais sowie dem Normannischen Cob weiterentwickelt. Im frühen 20. Jahrhundert setzte man auch Ardennerblut ein, um kräftigere Pferde zu züchten. Der Comtois wird heute noch als Zugpferd beschäftigt, für den Holztransport Wäldern des Zentralmassivs und als Schlittenpferd in Skigebieten.

SCHNELLE AKTION Wegen seiner leichten, schnellen Aktion war der Comtois beliebt als Kavalleriepferd. Die Rasse wurde unter Ludwig XIV. und Napoleon bei der Kavallerie und der Artillerie eingesetzt.

EIGENSCHAFTEN

Obwohl er nicht so schwer gebaut ist wie viele andere Zugrassen, hat der Comtois einen gedrungenen, kräftigen Körper und eine sehr muskulöse Hinterhand. Die Hufe präsentieren sich besonders kräftig, die Beine tragen keinen Kötenbehang. Der Comtois verfügt über eine außergewöhnliche Trittsicherheit und ein gutes Gleichgewicht – wegen dieser Qualitäten wird er auch heute noch in bergigen, zerklüfteten Regionen eingesetzt.

Die Rasse ist bekannt für ihr angenehmes Wesen und ihre Gelehrigkeit. Zwar wird der Comtois hauptsächlich als Zug- und Fahrpferd eingesetzt, einige jedoch auch als Reitpferde.

FLACHSBLONDE MÄHNE Die häufigste Fellfarbe ist Fuchsrot in allen Nuancen. Mähne und Schweif bestehen aus flachsfarbenem Haar und sind dick und zottig.

Dölepferd

HERKUNFT Norwegen
UMGEBUNG
BLUT
EIG.
STOCKMASS 147–157 cm
FARBEN Überwiegend Schwarzbrauner, Rappe oder Fuchs, aber auch Brauner, Schimmel oder Falbe

Das Dölepferd oder Gudbrandsdal-Pferd stammt aus Norwegen. Die Ursprünge dieser Rasse liegen weit in der Vergangenheit, aber erst 1967 wurden eine Zuchtgesellschaft und ein staatliches Zuchtprogramm ins Leben gerufen, um das Interesse an diesen Pferden wiederzubeleben und zu erhalten.

ZUCHTGESCHICHTE UND EIGENSCHAFTEN

Die Rasse stammt aus dem Tal Gudbrandsdal, das sich zwischen der Nordseeküste und der Region um Oslo erstreckt. Wegen der Ähnlichkeiten zwischen beiden Rassen stammt sie wahrscheinlich vom seit römischen Zeiten bekannten Friesen ab (S. 216). Auch andere niederländische Rassen könnten bei der Entwicklung des Dölepferdes beteiligt gewesen sein.

Es gibt zwei Schläge von Dölepferden: das schwere Zugpferd, das auch Gudbrandsdal-Pferd genannt wird, und der leichtere, edlere Döle-Traber. In neuerer Zeit wurden die beiden Schläge gekreuzt und sind heute kaum noch zu unterscheiden.

Seit Gründung der Zuchtgesellschaft müssen Hengste geprüft und gekört werden, bevor sie eine Zuchtlizenz bekommen. Das Zugpferd wird auf Zugkraft und Trabqualitäten geprüft. Treten beim Röntgen der Unterschenkel Defekte zutage, darf das Pferd nicht in der Zucht eingesetzt werden. Die Rasse wurde traditionell als Packpferd und in der Landwirtschaft beschäftigt. Obwohl sie zu den kleinsten Zugrassen zählt, ist sie für ihre große Zugkraft und Ausdauer berühmt.

EIN HÜBSCHES PFERD Das Dölepferd hat kurze, kräftige Beine mit starken Knochen und etwas Kötenbehang. Mähne und Schweif sind voll und üppig.

Niederländisches Kaltblut

HERKUNFT Niederlande
UMGEBUNG
BLUT
EIG.
STOCKMASS 163–170 cm
FARBEN Gewöhnlich Fuchs, Schimmel oder Brauner, manchmal auch Rappe oder Stichelhaar

RAPPE

FUCHS

SCHIMMEL

BRAUNER

STICHELHAAR

Das Niederländische Kaltblut wurde erst 1914 als eigene Rasse eingeführt. Die größte und schwerste der niederländischen Rassen wird häufig auf Landwirtschaftsschauen gezeigt. Vor dem Eintrag in das Stutbuch der Rasse wird jedes Pferd nach Körperbau, Fruchtbarkeit, Aktion und Typus bewertet.

ZUCHTGESCHICHTE

Die Rasse entstand aus Kreuzungen zwischen dem Brabanter (S. 134–135) und einheimischen Pferden sowie gelegentlichen Outcrosses mit dem Ardenner (S. 128–129). Sie wurde für landwirtschaftliche Arbeit gezüchtet und war wegen ihrer Stärke, Ausdauer und Gefügigkeit bei den Bauern der Regionen Zeeland und Nordbrabant sehr beliebt.

EIGENSCHAFTEN

Das Pferd ist recht massiv gebaut mit kurzem, dickem Körper und breitem, markantem Hals. Lenden und Hinterhand sind kräftig bemuskelt und fallen recht steil von der Kruppe zum Schweif ab. Der Kopf ist eher klein und gerade, die Beine tragen leichten Behang. Trotz seiner Größe zeigt das Niederländische Kaltblut einen aktiven Schritt und einen leichten Trab.

Die Tiere werden früh geschlechtsreif, erreichen ein hohes Alter und sind gute Futterverwerter, was sie zu soliden Arbeitspferden macht.

KUPIERTER SCHWEIF Der Schweif des Niederländischen Kaltbluts wurde traditionell kupiert; die umstrittene Praxis ist heute in vielen Ländern verboten.

Freiberger

HERKUNFT Schweiz
UMGEBUNG
BLUT
EIG.
STOCKMASS 150–157 cm
FARBEN Rappe, Schwarzbrauner, Fuchs oder Brauner

Der Freiberger ist ein relativ leicht gebautes Zugpferd. Durch seinen kleineren und eher athletischen Körperbau kann sich das Tier einer Vielzahl von Einsatzbereichen anpassen. Der Freiberger wurde für die Hofarbeit in Bergregionen gezüchtet und zeichnet sich durch Zähigkeit, Wendigkeit und Trittsicherheit aus.

RAPPE

SCHWARZ-BRAUNER

FUCHS

BRAUNER

ZUCHTGESCHICHTE

Der Freiberger ist nach einer Berggegend im Schweizer Jura benannt. Er wurde im 19. Jahrhundert als Arbeitspferd für die Gebirgsbauern gezüchtet. Die Rasse entstand durch die Kreuzung mit zahlreichen anderen Rassen: Einheimische Kaltblüter wurden mit französischem, englischem, belgischem und arabischem Blut veredelt. Das Schweizerische Nationalgestüt in Avenches unterhält ein kontrolliertes Zuchtprogramm – Pflege und Zucht der Pferde werden von der Schweizer Regierung finanziell gefördert. Die Rasse wird auf die Leistung in verschiedenen Disziplinen hin geprüft, vom Fahren und Reiten bis zum allgemeinen Verhalten. Rassestandard ist ein fügsames, aber aktives und verlässliches Pferd.

VIELSEITIG Der Freiberger ist ein aktives, wendiges und trittsicheres Pferd, das sich gut als leichtes Zugpferd eignet. Von der Schweizer Armee wird es als Artilleriepferd eingesetzt.

EIGENSCHAFTEN

Die Blutmischung im Stammbaum des Freibergers führt zu einigen Variationen im Erscheinungsbild der Rasse, aber in der Regel sollte er kompakt, muskulös und stämmig aussehen. Der Kopf sollte wohlgeformt mit einem leicht konkaven Profil sein. Die Hinterhand ist dick, kräftig und gut entwickelt. Die Beine sind relativ kurz mit guten Gelenken, starken Knochen und harten Hufen. Die Fesseln tragen nur wenig Kötenbehang.

REITPFERD Der ruhige, vielseitige Freiberger ist wegen seiner gleichmäßigen Gänge und seines ausgeglichenen Wesens als Reitpferd sehr beliebt.

Irish Draught

HERKUNFT Irland
UMGEBUNG
BLUT
EIG.
STOCKMASS 157–170 cm
FARBEN Alle Grundfarben

Irische Pferde sind, genau wie die Iren selbst, bekannt für ihre Wanderlust: Vor allem das Irish Draught gehört bei den Reitern aller Welt zu den begehrtesten Rassen. Bei der Entwicklung von Sportpferden leistete es einen beträchtlichen Beitrag.

RAPPE | SCHWARZ-BRAUNER | FUCHS | SCHIMMEL | BRAUNER

ZUCHTGESCHICHTE

Die Vorfahren des Irish Draught kamen während der Anglo-Normannischen Invasion 1172 mit den Normannen als Kriegspferde nach Irland. Es handelte sich wahrscheinlich um französische und flämische Zugpferde, die dann mit dem kleineren einheimischen Bestand gekreuzt wurden. Im 16. Jahrhundert veredelte man die Rasse durch Andalusier- und möglicherweise Araberblut. Das frühe Irish Draught war kleiner und von schwererem Körperbau als die heute bekannte Rasse. Es musste ebenso in der Landwirtschaft helfen wie auch bei Bedarf als Reitpferd dienen, was für irische Verhältnisse so viel wie Jagdpferd bedeutet. Das Pferd verschaffte sich einen guten Ruf durch seine Klugheit und galt als bequemes und sicheres Reittier.

VEREDELUNG

Während der Großen Hungersnot von 1845 bis 1849 wurden Tausende dieser Pferde geschlachtet. Zu Beginn des 20. Jahrhunderts, als die Landwirtschaft in Irland wieder aufzublühen begann,

VOM AUSSTERBEN BEDROHT Das reinrassige Irish Draught war Mitte des 20. Jahrhunderts vom Aussterben bedroht. Die Irish Draught Horse Society wurde 1976 gegründet, um die Rasse zu erhalten und zu fördern.

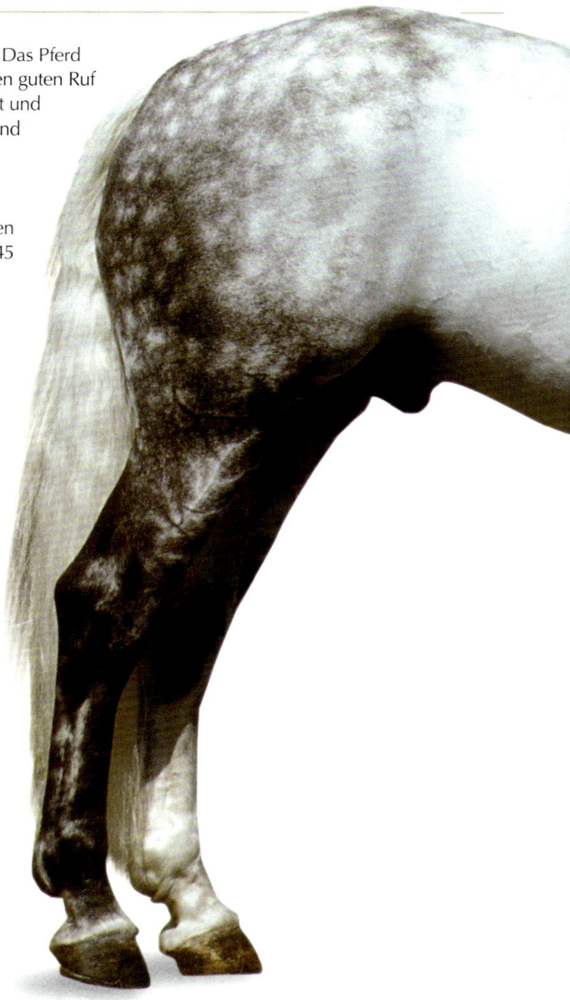

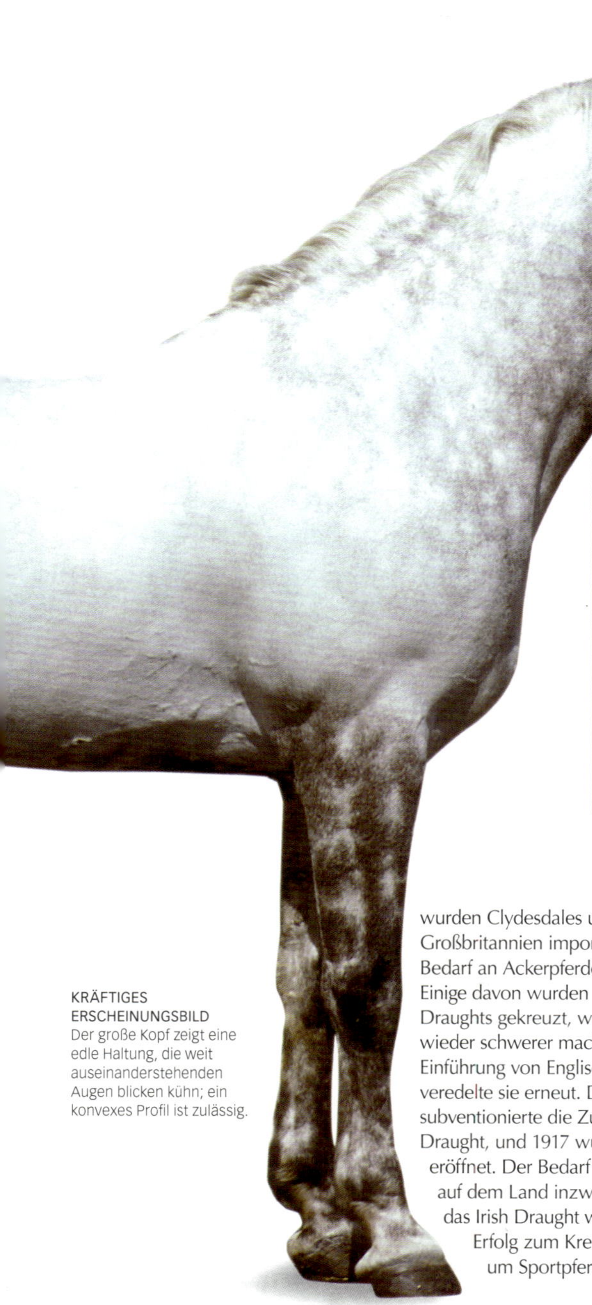

KRÄFTIGES ERSCHEINUNGSBILD Der große Kopf zeigt eine edle Haltung, die weit auseinanderstehenden Augen blicken kühn; ein konvexes Profil ist zulässig.

SCHAUPFERDE Das Irish Draught wurde im späten 18. Jahrhundert und erneut im frühen 20. Jahrhundert durch reichlich Englisches Vollblut veredelt.

wurden Clydesdales und Shires aus Großbritannien importiert, um den Bedarf an Ackerpferden zu decken. Einige davon wurden mit Irish Draughts gekreuzt, was die Rasse wieder schwerer machte. Die rasche Einführung von Englischem Vollblut veredelte sie erneut. Die Regierung subventionierte die Zucht des Irish Draught, und 1917 wurde ein Stutbuch eröffnet. Der Bedarf an Pferden ließ auf dem Land inzwischen nach, und das Irish Draught wurde mit großem Erfolg zum Kreuzen verwendet, um Sportpferde von internationalem Rang zu züchten. Heute gibt es Zuchtvereinigungen und Stutbücher in zahlreichen Ländern.

EIGENSCHAFTEN

Das Irish Draught soll ein Bild der Stärke abgeben, das durch Qualität veredelt wird. Trotz seiner Kraft muss es sich frei und wendig bewegen können. Das Irish Draught hat starke Knochen, breite Knie und Sprunggelenke, kurze, kräftige Röhrbeine und die Hufe eines Jagdpferdes, nicht die eines Wagenpferdes. Es besitzt keinen Kötenbehang.

Italienisches Kaltblut

HERKUNFT Italien
UMGEBUNG
BLUT
EIG.
STOCKMASS 152–163 cm
FARBEN Überwiegend Fuchs, aber auch Schimmel, Brauner und Stichelhaar

FUCHS

SCHIMMEL

BRAUNER

STICHELHAAR

Das Italienische Kaltblut durchlief während seiner Entwicklung durch die Verschiebung von Bedürfnissen und Praktiken in der Landwirtschaft verschiedene Typänderungen. Der heute anerkannte Rassestandard begann, sich im 20. Jahrhundert zu entwickeln; ein Stutbuch wurde erst 1961 eröffnet.

ZUCHTGESCHICHTE

Das Italienische Kaltblut entstand im 19. Jahrhundert. In den einheimischen Bestand wurden Hackney- und Araberblut eingeführt, um ein leichtes, aktives Pferd für die Landwirtschaft zu züchten. Als die Nachfrage nach schwereren Pferden wuchs, kamen Percheron- und Boulonnais-Zuchtlinien zum Einsatz, aber Wendigkeit und Stärke überzeugten noch nicht. In den 1920er-Jahren führte Kreuzen mit dem leichteren Postier-Bretonen zu dem modernen Schlag. Das Brandzeichen Italienischer Kaltblüter zeigt eine Leiter in einem Schild.

EIGENSCHAFTEN

Viele Merkmale des Bretonen (S. 136–137) treten im Italienischen Kaltblut zutage. Der Kopf zeigt eine breite Stirn, große Augen und Nüstern, verjüngt sich jedoch zu einer edlen Nase. Die Ohren sind klein, aber beweglich. Der Hals ist dick, kurz und mit ausgeprägtem Mähnenkamm, der mit dem hoch angesetzten Schweif für eine kecke Erscheinung sorgt. Das Pferd verfügt über eine große Gurtentiefe, der Rücken ist kurz und kräftig.

WILDE MISCHUNG Obwohl bei der Zucht vielfältige Einflüsse eine Rolle spielten, ist das attraktive Endergebnis ein kompaktes, gut ausgewogenes Pferd. Dargestellt ist hier die häufigste Färbung als Fuchs mit flachsfarbenem Mähnen- und Schweifhaar.

SANFTES WESEN Die Rasse ist für ihr freundliches, gefügiges Wesen bekannt und kostengünstig in der Haltung.

Japanisches Kaltblut (Ban-ei)

HERKUNFT Japan
UMGEBUNG
BLUT
EIG.
STOCKMASS 147 cm
FARBEN Gewöhnlich Fuchs, aber auch Schwarzbrauner

SCHWARZ-BRAUNER

FUCHS

Hauspferde wurden in Japan schon im 4. Jahrhundert aus der Mongolei importiert. Ursprünglich wurden sie im Krieg eingesetzt, später in der Landwirtschaft, und im späten 19. Jahrhundert zogen sie Kutschen und Straßenbahnen. Kaltblutrennen sind in einigen ländlichen Gegenden Japans heute noch beliebt.

ZUCHTGESCHICHTE UND EIGENSCHAFTEN

Die ersten japanischen Pferde waren sehr klein und wurden in Kämpfen und als Transportpferde benutzt. Bis zur Meiji-Ära (1868–1912) bearbeiteten Ochsen das Land, dann förderte die Regierung die Zucht größerer Pferde. Belgische und bretonische Zugpferde waren an der Entwicklung des Japanisches Kaltbluts beteiligt. Obwohl ihm heute in der Landwirtschaft eine geringere Bedeutung zukommt, hat es immer noch einen festen Platz in Japan. So werden bei dem farbenprächtigen „Chagu Chagu Umakko"-Fest geschmückte Zugpferde zur Stadt Morioka in Nord-Honshu geritten.

STUTE UND FOHLEN Die Landschaftsform der Insel Hokkaido begünstigt die Pferdezucht. Dem Erfolg stellten sich anfangs einheimische Wölfe, wilde Hunde und Bären in den Weg, die die Fohlen schlugen.

Jütländer

HERKUNFT Dänemark
UMGEBUNG
BLUT
EIG.
STOCKMASS 152–163 cm
FARBEN Gewöhnlich Fuchs mit flachsfarbenem Mähnen- und Schweifhaar

RAPPE FUCHS BRAUNER STICHELHAAR

Der stämmige Jütländer wird seit über tausend Jahren auf der dänischen Halbinsel Jütland gezüchtet. Er war das ideale Reittier für die Ritter des Mittelalters in ihren schweren Rüstungen. Die Wikinger brachten bei ihren Überfällen im 9. und 10. Jahrhundert ähnlich aussehende Pferde nach Großbritannien.

ZUCHTGESCHICHTE UND EIGENSCHAFTEN

Den Haupteinfluss in der Entwicklung des Jütländers stellt der Suffolk Punch dar (S. 166–167). 1860 wurde der Suffolk-Punch-Hengst Oppenheim LXII. in Dänemark mit einheimischen Stuten gekreuzt. Dieser Einfluss zeigt sich im kräftigen, aber „pummeligen" Körper und in der gewöhnlich dunklen Fuchsfärbung.

Der Jütländer hat kurze, kräftige Beine und eine rasche, freie Aktion. Den schweren Kötenbehang versuchen die Züchter zu reduzieren, um der Gefahr einer Dermatophilose zu begehnen. Die Schultern sind sehr muskulös, die Brust ist besonders breit. Der Jütländer ist ein unermüdliches Arbeitstier mit einem sehr folgsamen Wesen.

STADTPFERD Auf dem Land sind die Einsatzmöglichkeiten der Rasse heute beschränkt, aber sie wird auf Schauen vorgeführt und eignet sich ideal als Zugpferd.

Muraközer

HERKUNFT Ungarn

UMGEBUNG

BLUT

EIG.

STOCKMASS 163 cm

FARBEN Gewöhnlich Fuchs oder Schimmel, gelegentlich auch Brauner

FUCHS

SCHIMMEL

BRAUNER

Dieses mittelgroße Zugpferd verdankt seinen Namen seiner Heimatstadt Muraköz in Südungarn. Die Rasse wurde für den Einsatz auf den Höfen am Fluss Mura entwickelt und wird immer noch für landwirtschaftliche Arbeiten eingesetzt.

ZUCHTGESCHICHTE UND EIGENSCHAFTEN

Diese Rasse entstand im späten 19. und frühen 20. Jahrhundert. Einheimische ungarische Stuten wurden mit Ardenner-, Percheron- und Noriker-Hengsten gekreuzt sowie mit leichten ungarischen Halbbluten. Das Ergebnis war ein kräftiges Arbeitspferd mit raschen Bewegungen und einem freundlichen, willigen Wesen. Die Muraközer kamen in großer Zahl auf dem Land sowie in beiden Weltkriegen zum Einsatz. Die häufigste Farbe ist Fuchsrot mit flachsfarbenem Mähnen- und Schweifhaar.

VIEL GURTENTIEFE Der Muraközer ist ein kurzes Pferd mit viel Gurtentiefe und ohne Kötenbehang. Er hat einen breiten Kopf mit edlen, intelligenten Augen und großen Ohren.

Murgese

HERKUNFT Italien

UMGEBUNG

BLUT

EIG.

STOCKMASS 150–167 cm

FARBEN Gewöhnlich Rappe, gelegentlich auch Schimmel

RAPPE

SCHIMMEL

Der Murgese ist ein leichtes Zug- und Reitpferd. Das gewöhnlich als Rappe, aber auch als Schimmel auftretende Pferd stammt von orientalischen Vorfahren ab, die mit einheimischen gekreuzt wurden. 1926 wurde zur Rettung der Rasse ein Herdenbuch eingerichtet.

ZUCHTGESCHICHTE UND EIGENSCHAFTEN

Der gemischte Stammbaum dieses Pferdes geht bis ins 15. Jahrhundert zurück. Es gilt als leicht lenkbares Landwirtschaftspferd und war wegen seiner robusten Natur hoch geschätzt. Der moderne Murgese bewegt sich unter dem Sattel ebenso gern wie im Geschirr. Die Brust des robust gebauten Tiers ist breit, die Gliedmaßen sind kräftig. Die breite Stirn wird oft ganz von dem charakteristischen, fließenden Stirnhaar bedeckt. Die Augen sind freundlich und ausdrucksstark.

EDEL Der Murgese ist solide gebaut, aber gut proportioniert mit edlen Merkmalen. Die Beine tragen keinen Kötenbehang.

MURAKÖZER Diese kräftigen Pferde bildeten im 20. Jahrhundert das Rückgrat der ungarischen Landwirtschaft und wurden wegen ihrer Schnelligkeit und Vielseitigkeit geschätzt. In manchen Regionen kommen sie heute noch in der Landwirtschaft zum Einsatz.

Noriker

HERKUNFT Österreich
UMGEBUNG
BLUT
EIG.
STOCKMASS 160–173 cm
FARBEN Gewöhnlich Dunkelfuchs mit flachsfarbenem Mähnen- und Schweifhaar

RAPPE | SCHWARZBRAUNER | FUCHS | SCHIMMEL | STICHELHAAR

Diese auch als Pinzgauer bekannte Rasse verdankt ihren Namen der römischen Provinz Noricum, die das Gebiet des heutigen Österreichs umfasste. Der Noriker ist ein attraktives leichtes Zugpferd, das für seine Trittsicherheit berühmt ist – ein Ergebnis der bergigen Umgebung, in der er sich entwickelte und arbeitete.

NORIKER ALS REITPFERDE Der moderne Noriker ist ein besonders gutmütiges Pferd, das als Reitpferd, in der Landwirtschaft und als Kutschpferd Verwendung findet. Er ist als zäh und arbeitswillig bekannt. Seine bergige Heimat verlieh ihm sichere Bewegungen und einen besonders aktiven Trab.

ZUCHTGESCHICHTE

Möglicherweise war der Stammvater der Noriker das schwere Kriegspferd von Thessaloniki, das von den Römern nach Noricum gebracht wurde. Einer anderen Theorie zufolge wanderten Wildpferde aus den Alpen nach Italien, wo sie mit orientalischen Pferden zum italienischen Kriegspferd gekreuzt wurden.

Im 16. Jahrhundert lag die Zucht der Noriker in den Händen der Klöster in Salzburg, die eigene Gestüte besaßen. Sie brachten italienische und spanische Zuchtlinien ein, wodurch die Pinzgauer Noriker einen besonders reinen Stammbaum erhielten. Dieser Zuchtstrang – einst gab es vier davon – stammte aus den Tälern von Pinzgau, Pongau und Lungau und wurde als Stamm für den modernen Noriker ausgewählt. 1803 hatte der Staat das Zuchtprogramm des Norikers übernommen, aber die traditionellen

Züchter vermieden erneut die Kreuzung mit Clydesdale-, Holsteiner- und normannischem Blut. Mit steigender Nachfrage nach einem frühreiferen, lenkbareren Pferd gaben sie jedoch schließlich nach und setzten belgisches Blut ein, um diese Ziele zu erreichen.

EIGENSCHAFTEN

Trotz seiner relativ geringen Größe ist der Noriker sehr kräftig und besonders trittsicher, eine Anpassung an die Bergregionen seiner Heimat. Er hat gute, schräge Schultern, einen kurzen, kräftigen Rücken und für ein Zugpferd relativ lange, aber kräftige Gliedmaßen. Seine Beine weisen einen leichten Kötenbehang auf. Er hat ein ruhiges Wesen und ist für seine Tapferkeit bekannt. Der relativ kleine Kopf trägt eine unverwechselbare lange, gewellte Mähne.

FUCHS Häufig sieht man den Noriker als auffälligen Dunkelfuchs mit flachsfarbenem – und stets gewelltem – Mähnen- und Schweifhaar. Zu viel Weiß am Kopf oder den Gliedmaßen gilt als unerwünscht.

HOHE STANDARDS Die Zucht des Norikers wird heute sorgfältig überwacht. Für die Zulassung müssen die Tiere Leistungsproben im Bereich Zugkraft und Qualität von Schritt und Trab absolvieren. Außerdem müssen sie bestimmte Mindestmaße betreffend Körperbau, Stockmaß und Gurtentiefe aufweisen.

Normannischer Cob

HERKUNFT Frankreich

UMGEBUNG

BLUT

EIG.

STOCKMASS 160–170 cm

FARBEN Gewöhnlich Fuchs, Brauner oder Schwarzbrauner, aber auch Schimmel oder Stichelhaar

SCHWARZBRAUNER · FUCHS · SCHIMMEL · BRAUNER · STICHELHAAR

Die Normandie ist die Heimat zweier bekannter Gestüte, Le Pin und Saint Lô. Beide züchten den beliebten Normannischen Cob, der zwar als Zugpferd eingesetzt wird, sich jedoch in einer anderen Gewichtsklasse bewegt.

ZUCHTGESCHICHTE UND EIGENSCHAFTEN

Die Ursprünge des Normannischen Cob liegen weit in der Vergangenheit. Er stammt von zähen kleinen Pferden ab, den Bidets, die von den Kelten aus Asien über Russland nach Frankreich gebracht wurden. In der Römerzeit kreuzte man den Bidet mit den schweren Packstuten, die von den römischen Legionen eingesetzt wurden. Das Ergebnis war ein mittelgroßes Arbeitspferd, der Stammvater des Normannischen Cob. Das Pferd kam häufig als Kriegspferd zum Einsatz. Im 16. und 17. Jahrhundert wurde die Rasse veredelt, zunächst mit Berbern und Arabern, später mit Norfolk Roadstern und Englischen Vollblütern. Daraus entstanden verschiedene Schläge, einige als Kavalleriepferde geeignet, andere als leichte Zugpferde. Im 20. Jahrhundert wurden beide Schläge unterschieden, indem man den Zugpferden den Schweif kupierte. Der Normannische Cob zeigt einen kräftigen Körperbau mit dickem Hals und freundlichem, ausdrucksvollem Kopf. Er fühlt sich unter dem Sattel ebenso wohl wie im Geschirr.

STÄMMIGER KÖRPERBAU Der Normannische Cob hat einen kräftigen, stämmigen Körper. Der Schweif setzt hoch an, die Beine sind kurz und am Unterschenkel stark bemuskelt, die Fesseln tragen einen leichten Kötenbehang.

GUTE GÄNGE Ein Merkmal des Cob sind seine besonders guten Gänge, so der freie, aktive Trab. Er ist heute noch beliebt als Kutschpferd und wird in der Normandie noch immer für die Landarbeit eingesetzt.

Nordschwedisches Pferd

HERKUNFT Schweden

UMGEBUNG

BLUT

EIG.

STOCKMASS 152–157 cm

FARBEN Gewöhnlich Rappe oder Schwarzbrauner, aber auch Fuchs oder Falbe möglich

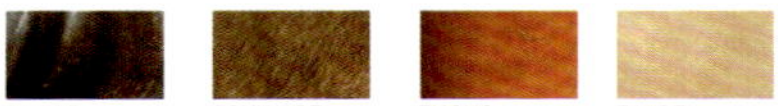

RAPPE SCHWARZ-BRAUNER FUCHS FALBE

Der Nordschwede ist ein widerstandsfähiges leichtes Zugpferd, das häufig in der Forstarbeit eingesetzt wird. Die frühreife Rasse wird bereits im Alter von drei Jahren zur Arbeit herangezogen. Sie ging aus einer Mischung skandinavischer Rassen hervor, einen besonderen Einfluss stellte das Dölepferd (S. 141) dar.

ZUCHTGESCHICHTE

Das wichtigste Einsatzgebiet für die Rasse war – und ist – die Forstwirtschaft. Daher suchte man nach einem kräftigen, aber wendigen, nicht allzu großen Pferd. Im 19. Jahrhundert entstand durch Kreuzungen ein leichter Schlag. Mit dem Aufkommen schwerer Maschinen orientierte man sich hin zu schwereren Pferden, und Zugrassen wie der Clydesdale kamen zum Einsatz. Um dem Risiko des Aussterbens der Rasse zu begegnen, wurde 1909 ein Stutbuch angelegt.

EIGENSCHAFTEN

Der Kopf ist keilförmig, der Hals muskulös. Der Rücken präsentiert sich lang, aber muskulös. Die Schultern sind gut angesetzt, die Beine ausgeglichen proportioniert mit breiten Gelenken und kräftigen Sehnen. Die Bewegungen sind energisch und rhythmisch.

ENERGISCHE AKTION Das Nordschwedische Pferd ist zwar nicht massig, verfügt aber über eine immense Kraft in Hals und Schultern. Seine Beine sind kurz und dick mit etwas Behang, seine Hufe breit und kräftig.

Percheron

HERKUNFT Frankreich
UMGEBUNG
BLUT
EIG.
STOCKMASS 157–173 cm
FARBEN Vorwiegend Apfelschimmel oder Rappe, gelegentlich auch Fuchs, Brauner oder Stichelhaar

RAPPE FUCHS SCHIMMEL BRAUNER STICHELHAAR

Der Percheron wurde trotz seiner gewaltigen Größe als Rasse stark vom vergleichsweise zarten Araber (S. 184–187) beeinflusst. Auch bei der Entwicklung des Boulonnais (S. 132–133) spielte der Araber eine Rolle, und beide Rassen zeigen eine Kombination von Größe, Kraft und Qualität.

ZUCHTGESCHICHTE

Die Rasse entwickelte sich in der Normandie. Man nimmt an, dass sie vom Kriegspferd der Ritter Karl Martells abstammt. Unabhängig vom Wahrheitsgehalt dieser Geschichte fiel den Franzosen durch den Sieg über die Muslime im Jahr 732 bei Poitier eine große Anzahl von Berbern und Arabern in die Hände, die mit den schweren Pferden gekreuzt wurden. Nach dem ersten Kreuzzug 1099 gelangte weiteres Araberblut in die Zuchtlinie. Die Normandie war lange eine wichtige Pferdezuchtregion. Im 18. Jahrhundert stellte das Gestüt in Le Pin den einheimischen Züchtern erneut Araber-Zuchthengste zur Verfügung. Zwei besonders einflussreiche arabische Beschäler waren „Godolphin" und „Gallipoly"; Letzterer zeugte um 1830 einen der wichtigsten Percheron-Stammväter, „Jean le Blanc".

EIGENSCHAFTEN

Der Araber verlieh dem Percheron große Zuverlässigkeit und Ausdauer sowie den attraktiven edlen Kopf, eine gute Aktion und Beine ohne Kötenbehang. Diese Qualitäten in Verbindung mit seiner Größe und Kraft machten ihn nicht nur in seiner französischen Heimat, sondern in der ganzen Welt zu einem beliebten Zugpferd, wobei sich die USA und Kanada als guter Markt für die Rasse erwiesen. Percherons wurden in der Landwirtschaft, als Reitpferde und als Kutschpferde eingesetzt und dienten auch zu Tausenden im Ersten Weltkrieg.

Der Percheron hat für ein so gewaltiges Tier einen besonders hübschen Kopf mit einer breiten Stirn, dunklen, ausdrucksvollen Au-

POLIZEIPFERD Kein offensichtliches Reitpferd, aber durch sein gutes Exterieur, besonders Widerrist, Schultern und Hals betreffend, kann der Percheron mühelos einen Reiter tragen. Er gibt ein eindrucksvolles Polizeipferd ab.

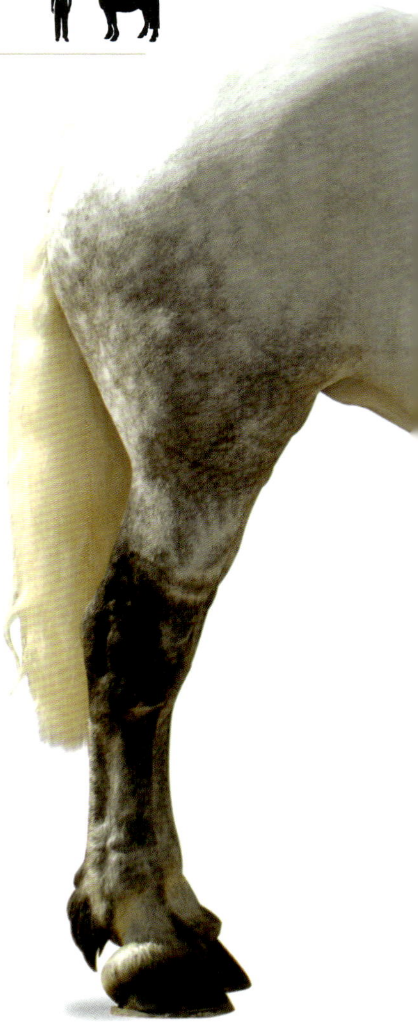

gen, großen, aber feinen Ohren und großen, offenen Nüstern. Der Hals ist lang, anmutig gebogen und geht in breite, schräge Schultern über.

Der Rücken ist kurz und kräftig. Das Pferd hat eine große Gurtentiefe, und die Rippen sind gewölbt. Die Hinterhand ist schön gerundet und von guter Länge. Viele dieser Attribute tragen zu dem offenen, freien Gangwerk bei, das den Percheron so elegant erscheinen lässt.

EDEL UND STARK Der Percheron gibt ein Bild edler Kraft ab. Er zeigt keinerlei Derbheit wie einige andere Zugrassen. Wegen seines gefügigen Wesens und seiner Anpassungsfähigkeit an verschiedene Klimabedingungen ist er ein Exportschlager.

BELIEBT IN AMERIKA Obwohl die Rasse überwiegend Schimmel hervorbringt, war der schwarze Percheron in Nordamerika sehr beliebt, wo man den großen, schwereren Schlag bevorzugte.

ANPASSUNGSFÄHIGER RIESE Der Percheron ist ein wandlungsfähiges Kraftpaket. Er wird in vielen Bereichen eingesetzt. Er diente als Kriegspferd und kommt als Reit- und Kutschpferd sowie in der Landwirtschaft zum Einsatz.

Poitevin

HERKUNFT Frankreich
UMGEBUNG
BLUT
EIG.
STOCKMASS 157–167 cm
FARBEN Gewöhnlich Falbe

RAPPE FALBE SCHIMMEL

Viel scheint heutzutage nicht mehr für die alte Rasse Poitevin zu sprechen. Mit ihrem groben Exterieur und den langsamen Reaktionen hat sie sich jedoch eine – wenn auch kleine – eigene Nische erobert: die Maultierzucht. Aus der Kreuzung mit dem Baudet-de-Poitou-Esel entsteht das Poitevin-Maultier.

ZERZAUST Der Kopf des Poitevin hat ein eigenwilliges Aussehen. Von seinem guten, wenn auch schwerfälligen Charakter zeugt die Tatsache, dass er den Menschen bei den schwersten Arbeiten treu gedient hat.

ZUCHTGESCHICHTE

Der Poitevin stammt von den schweren Zugrassen ab, die im 17. Jahrhundert in die Region Poitou gebracht wurden, um Sumpfland trockenzulegen. Die ursprüngliche Mischung setzte sich hauptsächlich aus niederländischen, dänischen und norwegischen Zugrassen zusammen, die mit den einheimischen Sumpfland-Stuten gekreuzt wurden. Außenstehenden mag das Bild, das man vom Poitevin in seiner Heimat entwirft, idealisiert erscheinen. Der romantischen Beschreibung der Franzosen zufolge spiegelt das Pferd seine Heimat wider: Sumpfland auf schwerem, mineralienreichem Meertonboden, das im Sommer knochenhart austrocknet und im Winter zum Morast wird. Der Poitevin gilt als „Sohn von Meerwind, Land und Wasser".

EIGENSCHAFTEN

Die realistische Beschreibung des Pferdes fällt weniger elegant aus, doch als Arbeitspferd in den Sümpfen eignete es sich offensichtlich gut. Der lange, schwere Kopf weist gedrungene Kiefer und große, lange Ohren auf. Hals und Rücken sind lang, aber die breite Brust ist die eines Arbeitspferdes. Die breiten Gelenke an den dicken, kräftigen

Beinen können leicht fleischig sein. Die Hufe präsentieren sich sehr groß und flach – nützlich für Sumpfgebiete. Mähne und Schweif sind lang und dicht und oft gewellt. Das Fell selbst ist ebenfalls dick und grob und wird im Winter sehr lang. Die Beine tragen viel Kötenbehang, der um die Knie und Fesselgelenke häufig gewellt ist. Die Aktion ist langsam und bedächtig.

MAULTIERZUCHT

Der Poitevin schien auf die Ausrottung zuzusteuern und ist auch heute noch stark gefährdet. Er fand aber eine Aufgabe in der Maultierzucht. Poitevin-Stuten werden mit den großen Baudet-de-Poitou-Eseln gekreuzt und bringen das Poitevin-Maultier hervor. Diese Maultiere sind für ihre Kraft und Vielseitigkeit bekannt; sie können auf Gelände arbeiten, das normale Zugpferd überfordern würde.

Poitevin-Maultiere wurden in großer Zahl in ganz Europa und den USA eingesetzt, einige sogar nach Russland exportiert. Vor und während dem Ersten Weltkrieg setzte die amerikanische Armee viele Poitevin-Maultiere ein. Nach dem Krieg sank die Nachfrage, aber in den letzten Jahren lebte das Interesse wieder auf. Leider ist der einzige andere Markt für den Poitevin der Fleischmarkt.

DÜSTERE AUSSICHTEN Die Zukunftsaussichten dieses Fohlens sind leider sehr beschränkt. Stuten werden immer noch in der Maultierzucht eingesetzt, aber die meisten anderen landen heute auf dem Fleischmarkt.

HAARIG Der Poitevin präsentiert sich gewöhnlich als Falbe oder Schimmel. An den Stuten wird die allgemeine „Haarigkeit" der Rasse deutlich.

Polnisches Kaltblut

HERKUNFT Polen

UMGEBUNG

BLUT

EIG.

STOCKMASS 152–160 cm

FARBEN Gewöhnlich Fuchs, manchmal Brauner oder Schwarzbrauner

SCHWARZBRAUNER FUCHS BRAUNER

Das auch als Sokolsky bekannte Polnische Kaltblut wurde durch Kreuzungen zwischen Brabanter (S. 134–135), Ardenner (S. 128–129), Dölepferd (S. 141) und anglo-normannischen Beständen entwickelt. Das Ergebnis war ein vielseitiges, aber nicht übermäßig schweres Zug- und Ackerpferd von großer Stärke.

ZUCHTGESCHICHTE UND EIGENSCHAFTEN

Diese recht neue Rasse wurde erst vor etwa 100 Jahren eingeführt. Der relativ große Kopf besitzt ein gerades Profil, große, freundliche Augen und aufmerksame Ohren. Der kräftige Hals ist recht lang. Die Schultern stehen gut zusammen und sind leicht geschrägt, was zur freien, energischen Aktion der Rasse beiträgt. Das Pferd hat viel Gurtentiefe, und der Rücken ist kurz und gerade.

KUTSCHPFERDE Polnische Zugpferde sind zäh und verfügen über viel Ausdauer und einen hervorragenden raumgreifenden Gang. Wegen dieser Merkmale sind sie als Kutschpferde beliebt.

Russisches Kaltblut

HERKUNFT Russland

UMGEBUNG

BLUT

EIG.

STOCKMASS 152 cm

FARBEN Überwiegend Fuchs, aber auch Schwarzbrauner und Brauner

SCHWARZBRAUNER FUCHS BRAUNER

Russland führte im späten 19. Jahrhundert einige gut organisierte Zuchtprogramme durch, um ein relativ kleines und schnelles Zugpferd sowie die typischeren großen Zugpferd-Schläge zu erzeugen. Das Ergebnis war das Russische Kaltblut. Ardenner-Zuchtlinien (S. 128–129) übten dabei einen großen Einfluss aus.

ZUCHTGESCHICHTE UND EIGENSCHAFTEN

Der Stamm des Russischen Kaltbluts waren ukrainische Rassen, der Ardenner und in geringerem Umfang der Brabanter und der Orlow-Traber. Die Rasse ging im Ersten Weltkrieg fast verloren, aber ein Zuchtbestand wurde isoliert und konnte wiederbelebt werden. Heute ist das Russische Kaltblut in Russland weit verbreitet. Das hübsche Tier mit dem edlen Kopf und dem kräftigen Hals besitzt ein fügsames Wesen.

KOMPAKT GEBAUT Das Russische Kaltblut ist gewöhnlich ein Fuchs mit flachsfarbenem Mähnen- und Schweifhaar. Es ist kompakt und ungemein kräftig.

Schleswiger

HERKUNFT Deutschland

UMGEBUNG

BLUT

EIG.

STOCKMASS 154–162 cm

FARBEN Gewöhnlich Fuchs, aber auch Brauner und Schimmel

FUCHS

SCHIMMEL

BRAUNER

Der dänische Jütländer (S. 148) stellte den Stamm für den ursprünglich in Schleswig-Holstein beheimateten Schleswiger. Dieser wurde aufgrund der Nachfrage nach einem mittelgroßen Zugpferd für die Forstwirtschaft und als Zugpferd für Kutschen und Straßenbahnen gezüchtet.

ZUCHTGESCHICHTE

Im frühen 19. Jahrhundert gründete sich die Entwicklung dieser Rasse hauptsächlich auf den Jütländer und Kreuzungen mit dem Englischen Vollblüter (S. 284–287) und dem Yorkshire Coach Horse. Unter Verwendung von Jütländer-Zuchtlinien, besonders der Munkadel-Linie, wurde selektiv weitergezüchtet. 1888 wurde die Rasse offiziell anerkannt.

1891 wurde der Verband Schleswiger Pferdezuchtvereine gegründet. Die Rasse fand Verwendung als Zugpferd für Busse und Straßenbahnen sowie in der Forstwirtschaft. Der Erste Weltkrieg reduzierte ihren Bestand und ihre Qualität beträchtlich, aber ab den 1940er-Jahren wurden Anstrengungen zur Veredelung unternommen, indem man Boulonnais (S. 132–133), Bretone (S. 136–137) und Suffolk Punch (S. 166–169) einkreuzte. Zwar kommt der Schleswiger in der Forstwirtschaft heute noch zum Einsatz, doch der Bestand ist zurückgegangen.

EIGENSCHAFTEN

Der wohlproportionierte, aber eher einfache Kopf weist aufmerksame Ohren und kleine, freundliche Augen auf. Der Körper kann ein wenig lang sein und besitzt viel Gurtentiefe; Hals und Schultern zeugen von Stärke.

FUCHS Aufgrund des fuchsroten Fells mit dem flachsfarbenen Mähnen- und Schweifhaar und des Kötenbehangs an den Beinen sieht Schleswiger dem Jütländer sehr ähnlich.

Shire

HERKUNFT Großbritannien

UMGEBUNG

BLUT

EIG.

STOCKMASS 167–183 cm

FARBEN Gewöhnlich Rappe, aber auch Schwarzbrauner, Schimmel und Brauner

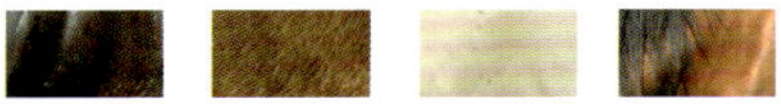

RAPPE · SCHWARZBRAUNER · SCHIMMEL · BRAUNER

Der Shire ist ein wahrhaft sanfter Riese, der wegen seines gefügigen, edelmütigen Wesens geliebt wird. Sein Name stammt daher, dass er in den mittleren „Shires" (Grafschaften) von England gezüchtet wurde: Lincolnshire, Leicestershire, Staffordshire und Derbyshire.

ZUCHTGESCHICHTE

Stellt man sich einen Ritter in Rüstung auf seinem Schlachtpferd vor, hat man den Vorfahren des Shire vor Augen. Das „Große Pferd" des Mittelalters kam 1066 mit Wilhelm dem Eroberer nach England. Es wurde so gezüchtet, dass es einen Ritter in Rüstung und mit schweren Waffen tragen konnte und trotzdem wendig genug war, um sich im Kampfgetümmel zu bewegen.

Mit der Einführung von Feuerwaffen wurde die Rasse nicht mehr als Kriegspferd, sondern für schwere Zugarbeiten eingesetzt; sie pflügte fortan das Land oder zog Karren und Wagen. Im 17. Jahrhundert wurde flämisches Blut eingekreuzt, als niederländische Arbeiter ihre Zugpferde nach England mitbrachten. Im Lauf der Zeit kam als weiterer Import der Friese hinzu, um dem entstehenden „Schwarzen Pferd", wie es genannt wurde, eine bessere Beweglichkeit zu verleihen. In den englischen Midlands führte die weitere selektive Zucht unter Robert Bakewell zu dem Shire, den wir heute kennen.

NOCH IMMER BELIEBT

Heute werden Shire-Pferde immer noch zum Ausliefern von Bier und Brot und sogar bei der Straßenreinigung und der Müllabfuhr eingesetzt. Neuerdings soll die Zugkraft des Shire für Last- und Freizeitkähne auf Kanälen eingesetzt werden. Dank

ACKERPFERD Shire-Pferde werden heute noch auf einigen Höfen eingesetzt und können ihre Fähigkeiten in Pflügewettbewerben unter Beweis stellen. Die Messingplatten am Geschirr sollten einst das Böse abwenden.

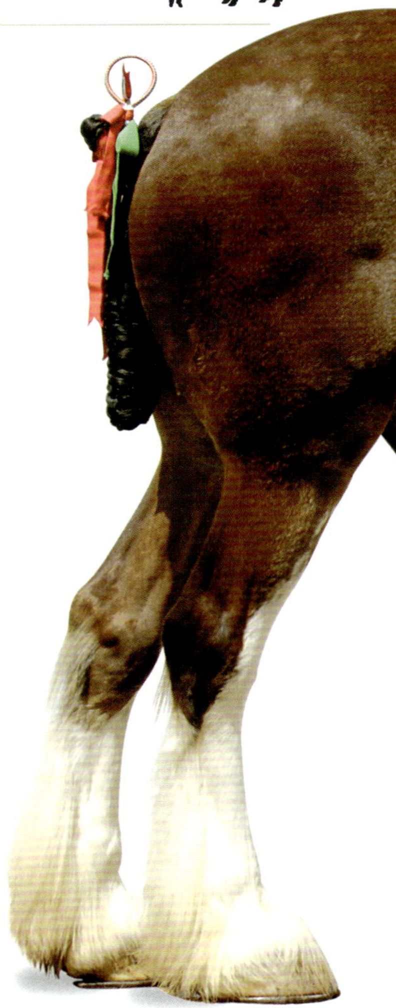

FOHLEN Shire-Fohlen können als erwachsene Tiere ein Stockmaß von über 183 cm erreichen und wiegen ausgewachsen etwa 1000 kg. Dank des wieder auflebenden Interesses am Einsatz echter Pferdestärken könnte auf dieses Fohlen wirkliche Beschäftigung warten, wenn es erwachsen ist.

MAMMUT Shire-Pferde sind berühmt für ihr massives Gebäude. Das größte, je vermessene Pferd war ein Shire namens „Sampson". Es wurde 1846 im englischen Bedfordshire geboren und erreichte ein Stockmaß von 218 cm bei einem Gewicht von über 1500 kg. Als es nicht aufhörte zu wachsen, nannte man es „Mammut".

seiner Kraft und Größe wird der Shire auch gern mit Vollbluthengsten gekreuzt, um ein eindrucksvolles kräftiges Reit- oder Jagdpferd hervorzubringen.

EIGENSCHAFTEN

Das durchschnittliche Stockmaß des Shire beträgt 180 cm, und seine Gurtentiefe kann von 1,80 m bis 2,40 m reichen. Der Kopf ist lang und trocken mit einem leicht konvexen Profil und großen, freundlichen Augen. Der lange Hals geht in tiefe Schultern über, die breit genug sein müssen, um ein Kummet zu tragen. Der Rücken ist kurz, kräftig und muskulös, vor allem über den Lenden, die Hinterhand lang, geschwungen und sehr gut bemuskelt. Brust und Hinterhand müssen zwar breit sein, die Fesselgelenke sollen jedoch recht eng beieinanderstehen. Der charakteristische Kötenbehang muss fein, glatt und seidig sein. Wie bei jedem Arbeitspferd sollten die Hufe sehr kräftig, breit und gut geformt sein, was in der Regel auch der Fall ist.

Suffolk Punch

HERKUNFT Großbritannien
UMGEBUNG
BLUT
EIG.
STOCKMASS 163–170 cm
FARBEN Nur Fuchs, sieben Schattierungen werden vom Zuchtverein anerkannt

Der Suffolk Punch ist Großbritanniens älteste Kaltblutrasse und durch seine „pummelige" Gestalt leicht zu erkennen und lieb zu gewinnen. Alle Suffolk-Punch-Pferde sind Füchse unterschiedlicher Farbabstufungen.

ZUCHTGESCHICHTE

Der Suffolk Punch stammt aus East Anglia. Ein einzigartiges Merkmal der Rasse besteht darin, dass jeder Suffolk Punch seine Abstammung auf einen einzigen Hengst zurückführt: „Thomas Crisp's Horse of Ufford", geboren in den 1760er-Jahren. Die genaue Herkunft dieses Zuchthengstes ist nicht bekannt, aber wahrscheinlich haben Flamländer, die von niederländischen Arbeitern im 17. Jahrhundert nach Ostanglien gebracht wurden, dabei Pate gestanden. Auch der Norfolk Roadster, ein beliebter Traber jener Zeit, hatte wahrscheinlich Einfluss auf die Entwicklung der Rasse.

GEFLOCHTENER SCHWANZ Mähne und Schweif des Suffolk Punch werden traditionell geflochten. Der Schweif wird geflochten oder hochgebunden, damit er nicht mit Schlamm und Maschinen in Berührung kommt.

SELTENE RASSE Der Suffolk Punch litt unter der Mechanisierung der Landwirtschaft. 1966 wurden nur neun Fohlen geboren. Man unternahm Anstrengungen, um den Bestand durch Zuchtprogramme aufzustocken, aber die Rasse ist noch immer selten.

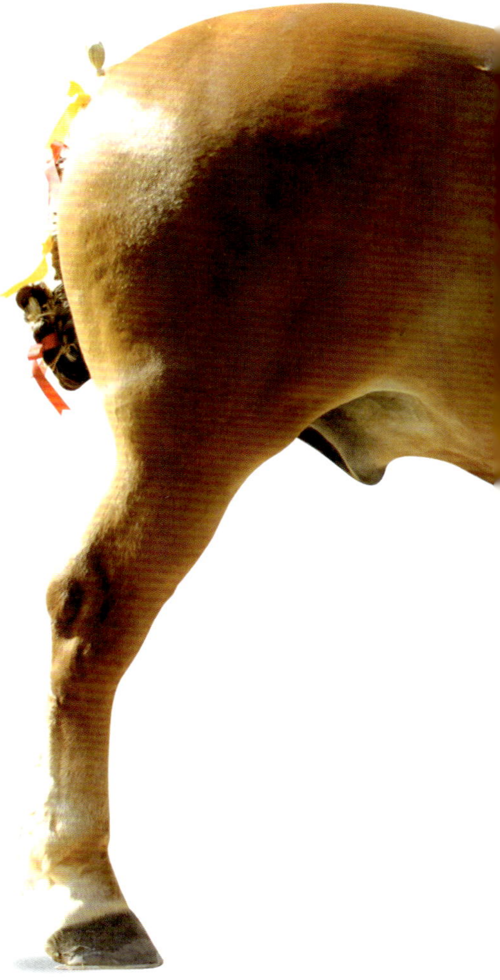

EIGENSCHAFTEN

Die Rasse sollte schweren Lehmboden bearbeiten; daher brauchte man ein kräftiges Tier ohne Kötenbehang. Der Suffolk Punch ist leicht an seiner Färbung – einer von sieben Fuchs-Schattierungen – und an seinem Körperbau zu erkennen. Der herrlich große, runde Körper ruht auf relativ kurzen Beinen. Am großen Kopf sitzen kleine Ohren. Seine bekannte Zugkraft verdankt er dem tiefen Hals, der stabil an langen, niedrigen, muskulösen Schultern ansetzt. Die niedrige Schulter stellt ein Merkmal dar, auf dessen Erhalt die Züchter sorgfältig bedacht sind. Die Hinterhand ist breit und kräftig, die Hinterbeine müssen jedoch eng beieinanderstehen, damit das Pferd zwischen Reihen von Saatgut gehen kann, ohne allzu viel Schaden anzurichten.

INTELLIGENT Suffolks haben einen intelligenten Kopf mit aktiven Ohren und einen kräftigen Hals. Die Mähne ist hier zu Schauzwecken geschmückt.

TRABLIEBHABER Der Suffolk Punch ist auch ein guter Traber und als Kutschpferd ebenso beliebt wie als Zugpferd; diese Eigenschaft zeugt vom Norfolk-Roadster- und Flamländer-Blut in seinem Stammbaum.

FUCHS-TEAM Diese ansehnliche Gruppe von Suffolk Punches zeigt die rötlich braune Fellfarbe, die unter den sieben zugelassenen Fuchs-Schattierungen am häufigsten vorkommt.

Trait du Nord

HERKUNFT Frankreich
UMGEBUNG
BLUT
EIG.
STOCKMASS 157–173 cm
FARBEN Meist Brauner oder Stichelhaar

Der Trait du Nord wurde aus dem Ardenner und dem Brabanter entwickelt. Die Bestandszahlen sinken zwar, aber er wird heute noch in der Gegend um Lille, in Somme und im Pas-de-Calais gezüchtet. Er ist größer und breiter gebaut als der Ardenner; manche betrachten ihn jedoch auch als Strang dieser Rasse.

ZUCHTGESCHICHTE

Trotz der Kontroverse um seinen Stammbaum wurde der Trait du Nord zu Beginn des 20. Jahrhunderts als eigene Rasse anerkannt. 1903 wurde ein Stutbuch eröffnet. In seinen Adern fließt auch Boulonnais-Blut, was zum energischen und aktiven Gangwerk der Rasse beigetragen hat.

EIGENSCHAFTEN

Das Pferd verfügt über immense Kraft und Ausdauer und einen besonders guten Trab. Der relativ kleine Kopf zeigt ein gerades Profil; der kurze Hals ist leicht gebogen und muskulös. Mähne und Schweif sind üppig. Der Körper präsentiert sich kompakt, und der flache Widerrist und ein relativ kurzer, flacher Rücken gehen in eine sehr muskulöse und kräftige Hinterhand über. Die Schultern sind lang und schräg, die Brust ist breit und tief. An den massigen Beinen findet sich reichlich Kötenbehang.

ALLROUNDTALENT Sein gelassenes, freundliches Wesen macht den Trait du Nord zu einem vielseitigen Pferd, das in der Landwirtschaft als Wagenpferd und im Freizeitbereich als Kutsch- und sogar als Reitpferd eingesetzt wird.

Wladimirer Kaltblut

HERKUNFT Russland
UMGEBUNG
BLUT
EIG.
STOCKMASS 160–165 cm
FARBEN Gewöhnlich Brauner, aber auch Rappe und Fuchs

RAPPE

FUCHS

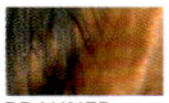
BRAUNER

Das Wladimirer Kaltblut ist ein Zugpferd aus den russischen Provinzen nordöstlich von Moskau. Die Rasse ist frühreif und mit drei Jahren schon zum Arbeiten oder für die Zucht einsetzbar. Das Pferd mit dem besonders freundlichen und sanften Wesen trägt ein charakteristisches Abzeichen in Form eines Sterns oder einer Blesse am Kopf.

ZUCHTGESCHICHTE

Die Rasse wurde im frühen 20. Jahrhundert entwickelt. Importierte Kaltbluthengste aus Großbritannien und Frankreich wurden mit einheimischen Stuten gekreuzt. Man brauchte ein großes Pferd für schwere Zugarbeit; die einflussreichste Zuchtlinie war dabei der Clydesdale. Dieser Rasse verdankt das Wladimirer Kaltblut seine aktiven Gänge, die es zu einem beliebten Zugpferd für russische Troikas machen.

EIGENSCHAFTEN

Das Wladimirer Kaltblut ist das größte der russischen Kaltblüter. Die Hengste sind nicht nur frühreif, sondern auch für ihre hohe Fruchtbarkeitsrate bekannt. Die Rasse wurde erst 1946 offiziell benannt und anerkannt. Der große, lange Kopf zeigt ein deutlich konvexes Profil. Der Widerrist ist ausgeprägt und der Hals lang und gebogen. Rücken und Kruppe sind lang, aber breit, die Brust ist dagegen breit, aber nicht tief. Dank seiner relativ langen Beine wirkt das Wladimirer Kaltblut trotz seines Gewichts und seiner Kraft elegant. An den Beinen findet sich etwas Kötenbehang, Mähne und Schweif präsentieren sich üppig und gewellt.

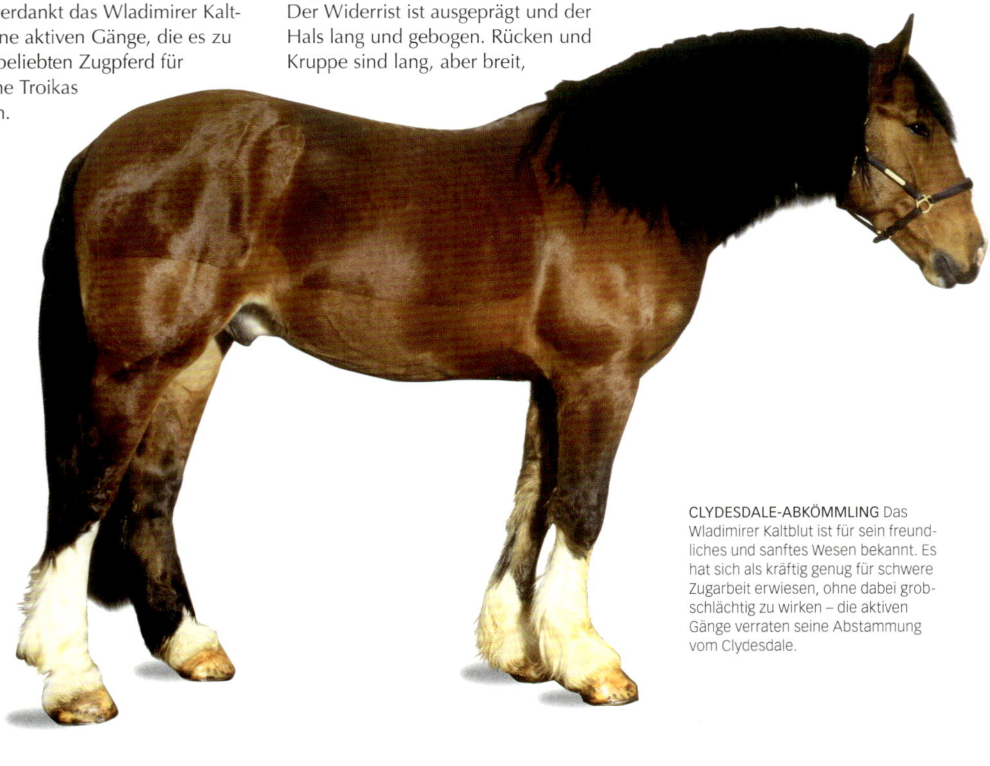

CLYDESDALE-ABKÖMMLING Das Wladimirer Kaltblut ist für sein freundliches und sanftes Wesen bekannt. Es hat sich als kräftig genug für schwere Zugarbeit erwiesen, ohne dabei grobschlächtig zu wirken – die aktiven Gänge verraten seine Abstammung vom Clydesdale.

LEICHTE PFERDE

Die meisten Rassen gehören zur Kategorie der leichten Pferde. Als leichtes Pferd gilt jede Rasse – außer den schweren, kaltblütigen Pferden und den Ponys –, die sich zum Reiten eignet. Die frühesten leichten Pferderassen wie der Araber und der nordafrikanische Berber stellten das Stammblut für spanische Pferde und das Englische Vollblut. Diese leichtknochigen, wendigen Rassen wurden im Lauf der Zeit mit einheimischen schweren Pferden und Ponys gekreuzt und brachten leichter gebaute Pferde zum Reiten und als Kutschpferde hervor. In der Geschichte dienten leichte Pferde vielfach in der Kavallerie, aber seit Beginn des 20. Jahrhunderts konzentrieren sich die Züchter aufgrund der Mechanisierung der Armee auf die Bereiche Sport und Freizeit.

VOLLBLUT Der Araber (S. 184–187) ist die älteste und reinste aller Pferderassen und einer der wenigen Vollblüter. Er hatte weltweit den größten Einfluss auf die Entwicklung und Veredelung anderer Rassen, darunter auch das berühmte Englische Vollblut (S. 284–287).

Achal-Tekkiner

HERKUNFT Turkmenistan

UMGEBUNG

BLUT

EIG.

STOCKMASS 150–163 cm

FARBEN Gewöhnlich Fuchs, aber auch Rappe, Falbe, Schimmel, Brauner und Palomino

Der Achal-Tekkiner ist in Form und Farbe unverwechselbar. Sein Fell zeigt in jeder Färbung einen geradezu metallischen Glanz. Das Pferd ist der Inbegriff der Sportlichkeit, obwohl sein langer Rücken und der eher röhrenförmige Körper zuweilen als Merkmale eines mangelhaften Gebäudes betrachtet werden. Wie der Araber (S. 184–187) verfügt er über hohe Ausdauer.

RAPPE FUCHS FALBE SCHIMMEL BRAUNER PALOMINO

ZUCHTGESCHICHTE

Die Ursprünge des Achal-Tekkiners sind nicht genau bekannt. Manchmal wird behauptet, er sei älter als der Araber, andere halten den Araber für dessen Stammvater. Er ähnelt stark dem sogenannten Pferdetyp 3, einer der vier Unterarten der Pferde und Ponys, die sich etwa zu der Zeit entwickelt hatten, als das Pferd erstmals domestiziert wurde. Pferdetyp 3

ZÄHIGKEIT Mut, Ausdauer und Zähigkeit gehören zu den Rassemerkmalen. Obwohl dem Achal-Tekkiner ein schwieriges Temperament nachgesagt wird, verstanden die Turkmenen die Rasse offenbar gut, da die Pferde für die Treue zu ihrem Besitzer bekannt waren.

LEGENDÄRE AUSDAUER 1935 wurde eine Gruppe Achal-Tekkiner von Aschgabat in Turkmenistan bis nach Moskau in Russland geritten. Die Entfernung von über 4000 km legten die Tiere in nur 84 Tagen zurück.

bewohnte Zentralasien. Er wurde etwa 150 cm hoch, hatte einen langen, schmalen Körper und war gut an das heiße, trockene Klima angepasst. Mit Sicherheit lässt sich sagen, dass das turkmenische Volk den Achal-Tekkiner seit über 3000 Jahren als Reit- und Rennpferd einsetzt. Diese Pferde wurden hoch geschätzt und gut gepflegt. Man schützte sie mit schweren Decken vor den kalten Wüstennächten und gab ihnen konzentriertes, eiweißreiches Futter, beispielsweise mit Eiern und Hammeltalg vermischte Gerste.

EIGENSCHAFTEN

Der Achal-Tekkiner soll ein Bild von Eleganz und Beweglichkeit abgeben. Er hat einen edlen Kopf mit großen, ausdrucksvollen Augen und langen, hübsch geformten Ohren. Sein langer, eleganter Hals sitzt hoch auf. Der Rücken ist lang, und der Körper kann röhrenförmig wirken. Die Beine sind lang, schlank und stehen recht eng, aber die Rasse ist berühmt für ihre Zähigkeit und Ausdauer. Mähne und Schweif präsentieren sich fein und seidig, oft ohne Schopf, und das Fell glänzt auffällig metallisch. Diese Wirkung erklärt sich aus dem Aufbau der Haare, die eine sehr dünne Außenschicht besitzen. Dadurch kann der Haarkern das Licht reflektieren und etwas Schutz vor Hitze bieten. Heute wird der Achal-Tekkiner wegen seiner Schnelligkeit und Ausdauer als Rennpferd eingesetzt und nimmt auch an Springreit- und Dressurturnieren teil.

RENNRASSE Achal-Tekkiner wurden traditionell in Rennen eingesetzt, und der Sport floriert noch heute. Sie sind jedoch auch als Reit- und Sportpferde beliebt, vor allem für Dressurreiten und Springreiten.

Altér Real

HERKUNFT Portugal

UMGEBUNG

BLUT

EIG.

STOCKMASS 152–163 cm

FARBEN Gewöhnlich Schwarzbrauner oder Brauner, manchmal Rappe

RAPPE

SCHWARZBRAUNER

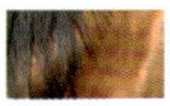
BRAUNER

Der Altér Real wurde in Portugal für die Dressur der Hohen Schule und als Kutschpferd gezüchtet. Die Rasse ist ein Strang des Lusitano (S. 244). Sie überstand den Napoleonischen Krieg auf der Iberischen Halbinsel (1807–1814) nur mit Mühe. In den 1930er-Jahren wurden erfolgreiche Anstrengungen unternommen, die Rasse wiederzubeleben, die heute noch viel von ihrem ursprünglichen „edlen" Wesen zeigt.

ZUCHTGESCHICHTE

Der Altér Real wurde nach dem Ort benannt, an dem er ursprünglich gezüchtet wurde: dem königlichen Gestüt Vila de Portel in Altér do Chão in Portugal. *Real* ist das portugiesische Wort für „königlich". Zuchtziel war ein eindrucksvolles Pferd, das sowohl für die klassische Reitkunst als auch als Kutschpferd geeignet war. Von 1748 an wurden die Pferde aus der Rasse Lusitano gezüchtet, und die selektive Zucht verlieh dem Altér Real unverwechselbare Merkmale.

Das Gestüt wurde während der Napoleonischen Kriege verwüstet; nach dem Fall der portugiesischen Monarchie im frühen 20. Jahrhundert erfolgte die Schließung. Erst 1932 wurde das Gestüt Altér, nun im staatlichen Besitz, wiedereröffnet.

EIGENSCHAFTEN

Die Rasse ist bekannt für ihren Mut und ihre Vielseitigkeit. Dank seiner ausschreitenden, extravaganten Gänge eignet sich der Altér Real für die Hohe Schule. Er zeigt einen kleinen, edlen Kopf; Mähne und Schweif sind üppig und unterstreichen seine Starqualitäten.

GANGWERK Die Gänge des Altér Real sind typisch mit relativ kurzer Schrittlänge, aber hoher Knieaktion. Der Hals ist von Natur aus hoch und geschwungen.

RETTUNG VORM AUSSTERBEN Die Bemühungen der Familie d'Andrade bewahrten die Rasse vor dem Aussterben. Sie begann ein Zuchtprogramm mit einigen Hengsten und Stuten, die sie gerettet hatte.

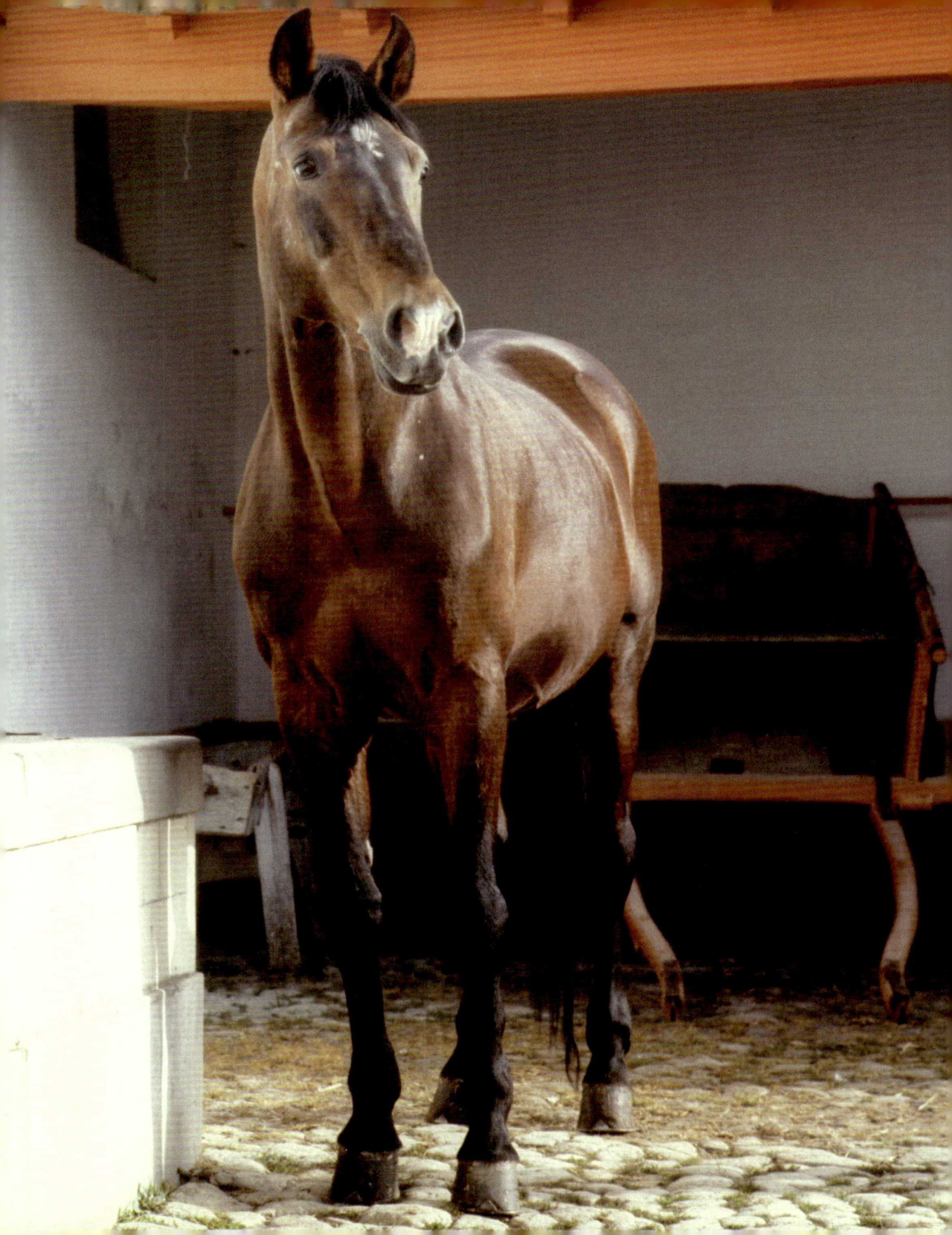

American Cream

HERKUNFT USA

UMGEBUNG

BLUT

EIG.

STOCKMASS 147–170 cm

FARBEN Creme

Der American Cream bricht alle Zucht- und sogar Typregeln, da die Rasse einzig über ihre Farbe definiert ist. Ponys sowie leichte und schwere Pferde können zugelassen werden, sofern sie die Farbbestimmungen erfüllen. Trotz dieser Vielfalt sind American Creams im Allgemeinen sehr gelehrig.

ZUCHTGESCHICHTE UND EIGENSCHAFTEN

Der American Cream ist ein Ableger des American Albino Horse, dessen Ursprünge auf die Geburt eines Albinopferdes namens „Old King“ im Jahr 1908 zurückzuführen sind. Es war 157 cm groß, hatte weißes Fell, rosa Haut und dunkelbraune Augen; es erwies sich als gelehrig und vielseitig. 1917 wurde es als Stammvater einer neuen Rasse ausgewählt. Old King wurde selektiv mit Morgan-Stuten gekreuzt und gab seine Fellfarbe erfolgreich weiter. In den 1970er-Jahren entstand ein Register für den American Albino, heute bekannt als das American White Horse, mit einer Unterabteilung für cremefarbene Pferde: das American Cream. Die Pferde gelten als sehr intelligent und lernfähig. Früher standen weiße Pferde hoch im Kurs; sie waren Gegenstand vieler Legenden, die ihnen magische Eigenschaften zuschrieben.

CREMEWEISSES FELL Die Fellfarbe darf von hellem Elfenbein bis zu kräftigem Cremeweiß variieren; Mähne und Schweif sind weiß bis zimtfarben. Die Augen dürfen hellblau, hellbernsteinfarben oder braun sein.

American Saddlebred

HERKUNFT USA

UMGEBUNG

BLUT

EIG.

STOCKMASS 152–163 cm

FARBEN Rappe, Fuchs, Schimmel, Brauner, Palomino und Stichelhaar

In natürlichem Zustand ist der American Saddlebred ein gutes Reit- und Kutschpferd. Das ursprüngliche Zuchtziel war ein gutes Allzweckpferd, aber wegen diverser Veredelungen für die Schauarena, z. B. die unnatürliche Schweifhaltung und die ungewöhnlich langen Hufe, gilt die Rasse zuweilen als zu künstlich.

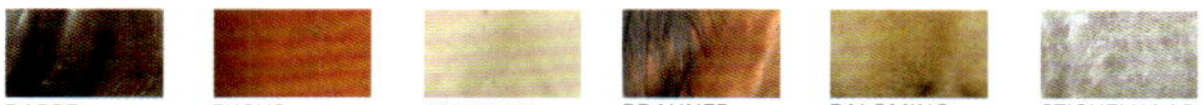

ZUCHTGESCHICHTE

Im frühen 19. Jahrhundert begann man im Süden der USA mit der Zucht eines Pferdes, das elegant, aber praktisch sein sollte. Zu den wichtigsten Zuchtlinien des American Saddlebred gehören neben dem Englischen Vollblut (S. 284–287) zwei Passgänger-Rassen: der heute ausgestorbene Narrangansett Pacer und der Canadian Pacer.

EIGENSCHAFTEN

Der American Saddlebred zeigt einzigartige Gänge und wird als Drei- oder Fünfgänger trainiert. Dreigänger arbeiten in Schritt, Trab und Kanter und zeigen ein langsames, versammeltes und ausschreitendes Gangwerk. Der Fünfgänger verfügt außerdem über einen tänzelnden „Slow Gait" und den „Rack" – einen schnellen, prunkvollen Viertaktgang. Die Hufe lässt man sehr lang wachsen und beschlägt sie mit schweren Eisen, um die Gänge übertrieben darzustellen.

KONTUREN Zu den charakteristischen Konturen des Saddlebred gehören ein hoch aufgesetzter, langer, gebogener Hals, ein kurzer, kräftiger Rücken und eine gerade Kruppe. Die künstlich hervorgerufene Schweifhaltung ist hier deutlich zu sehen; ebenso sind die langen Hufe mit den großen, schweren Eisen erkennbar.

EDLER KOPF Der Kopf zeigt viele Qualitäten des Englischen Vollbluts: klar definierte Linien, wachsam gespitzte Ohren und einen stolzen, kühnen und intelligenten Gesichtsausdruck.

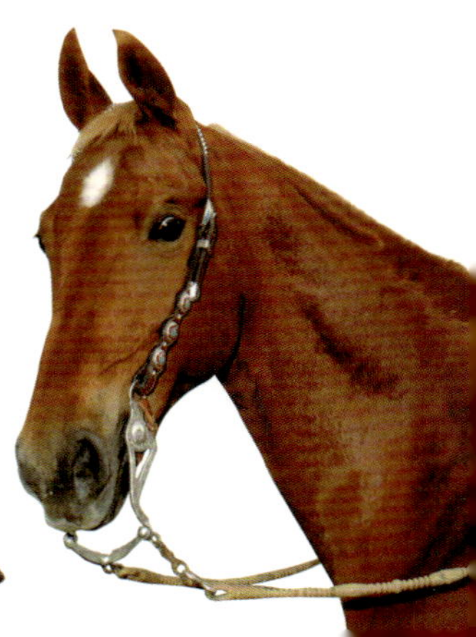

Andalusier

HERKUNFT Spanien
UMGEBUNG
BLUT
EIG.
STOCKMASS 152–157 cm
FARBEN Schimmel oder Brauner

SCHIMMEL

BRAUNER

Der Andalusier war jahrhundertelang als das Iberische Pferd bekannt. Das bewunderte und begehrte Tier wurde oft als Kriegsbeute geraubt und in zahlreichen Ländern zur Veredelung des einheimischen Bestandes eingesetzt. Iberische Pferde stellten den Stamm vieler amerikanischer Rassen, nachdem die spanischen Konquistadoren sie im 16. Jahrhundert nach Nord- und Südamerika gebracht hatten.

ZUCHTGESCHICHTE

Der Andalusier stammt aus Südspanien und entwickelte sich vermutlich aus der Kreuzung von nordafrikanischen Berbern (S. 190–191) mit einheimischen Ponys (möglicherweise Sorraia-Ponys, S. 357). Vor der letzten Eiszeit gab es eine Landbrücke zwischen Nordafrika und Spanien, die solche Kreuzungen ermöglicht hätte. Viele Kriegszeiten überlebte der Andalusier nur mit der Hilfe der Klöster. Besonders die Kartäusermönche von Jerez waren darauf bedacht, die besten Zuchtlinien zu erhalten.

EIGENSCHAFTEN

Der Andalusier ist eine hübsche, stolze Rasse, die kompakt und muskulös erscheint. Er ist mutig und temperamentvoll, aber auch sanft und gelehrig. Durch die großen, ausschreitenden Gänge und die kräftige Hinterhand eignet sich die Rasse gut für die Hohe Schule. Auch im Stierkampf werden Andalusier eingesetzt.

WEISS MIT GRAU Die Rasse tritt überwiegend als Schimmel auf, und die Pferde zeigen stets besonders üppiges und oft gewelltes Mähnen- und Schweifhaar.

Anglo-Araber

HERKUNFT Großbritannien
UMGEBUNG
BLUT
EIG.
STOCKMASS 160–170 cm
FARBEN Schwarzbrauner, Fuchs oder Brauner

SCHWARZ-BRAUNER

FUCHS

BRAUNER

Der Anglo-Araber ist eine Kreuzung zwischen einem Araber (S. 184–187) und einem Englischen Vollblut (S. 284–287), die die besten Eigenschaften dieser herausragenden Rassen kombinieren soll. Im Stammbaum des in Großbritannien gezüchteten Anglo-Arabers finden sich nur diese beiden Rassen, beim älteren Französischen Anglo-Araber wurden zu Beginn auch andere Zuchtlinien verwendet.

ZUCHTGESCHICHTE

Die Ursprünge von Araber und Englischem Vollblut sind gut dokumentiert, und angesichts der Qualitäten beider Rassen war es nur eine Frage der Zeit, bis jemand darauf kam, sie zu kreuzen. Die ersten Anglo-Araber wurden einfach als Partbred-Araber registriert; inzwischen ist die Rasse jedoch eigenständig anerkannt.

EIGENSCHAFTEN

Die Permutationen durch Kreuzen und Rückkreuzen von Vollblut und Araber führen zu einer variablen Größe und Ausprägung der Rasse. In der Regel ähnelt der Anglo-Araber im Erscheinungsbild jedoch eher dem Englischen Vollblut, mit geradem statt konkavem Profil, kräftigem Körper und guten Gliedmaßen.

Der ideale Anglo-Araber sollte die Schnelligkeit und Reichweite des Vollbluts mit der Robustheit und Ausdauer des Arabers vereinen. Durch den Vollblut-Anteil auf beiden Elternseiten gehört der Anglo-Araber in die Elitegruppe der Vollblüter.

ERFOLGREICHES SPORTPFERD Der Anglo-Araber erwies sich als besonders erfolgreich in der Vielseitigkeitsprüfung sowie in der Dressur.

Appaloosa

HERKUNFT USA
UMGEBUNG
BLUT
EIG.
STOCKMASS 147–163 cm
FARBEN Schecke

Geflecktes Fell gibt es bei Pferden seit Jahrtausenden; schon 20 000 Jahre alte Höhlenmalereien zeigen Pferde mit solcher Färbung. In den USA bezeichnet der Name Appaloosa eine Rasse gefleckter Pferde, er kann sich aber auch einfach auf die Fellfarbe beziehen.

ZUCHTGESCHICHTE

Viele der Pferde, die die Konquistadoren nach Amerika brachten, waren gefleckt. Die Rasse Appaloosa wurde dann im 18. Jahrhundert vom Stamm der Nez Percé entwickelt, der im heutigen Idaho und Oregon lebte, einem fruchtbaren Streifen Land. Diese Indianer züchteten ihre Pferde selektiv auf die von ihnen hoch geschätzte gefleckte Fellfärbung. Die Pferde wurden als „Palouse Horses" bekannt, was im Lauf der Zeit zu Appaloosa wurde. Die Niederlage der Indianer gegen die US-Armee im späten 19. Jahrhundert führte beinahe zum Aussterben dieses Pferdetyps. Viele Tiere wurden in den blutigen Kämpfen getötet, die überlebenden flohen und verwilderten. In den 1920er-Jahren wurde die Rasse von Liebhabern wiederbelebt, die mit den Nachkommen der Indianerponys eine Zucht betrieben.

INTELLIGENT Der Appaloosa zeigt oft dünnes Mähnen- und Schweifhaar, weiße Lederhaut im Auge und eine gefleckte Haut, besonders um Augen, Maul und Genitalien. In der Regel ist er intelligent und kooperativ.

VIELSEITIG Als Rasse sind Appaloosas gewöhnlich kräftige, kompakte Pferde. Allerdings können Größe und Körperbau beträchtlich variieren, da die Rasse über die Farbe und nicht über Zuchtlinien definiert wird. Sie werden gern beim Western- und Distanzreiten sowie in allgemeinen Wettbewerbsklassen eingesetzt.

FELLMUSTER

Zwar haben alle Appaloosas Flecken, aber es gibt fünf offiziell anerkannte Typen: Schabrackenschecken mit einem fleckenfreien weißen Bereich über den Hüften, Frostschecken mit weißen Flecken auf dunklem Fell, Leopardenschecken mit einem vorwiegend weißen Bereich über Lenden und Hüften, in dem sich große dunkle Flecken zeigen, Marmorschecken mit einem Tupfenmuster am ganzen

Körper und Schneeflockenschecken mit dunklen Flecken auf weißem Fell, die sich auf den Hüften konzentrieren.

EIGENSCHAFTEN

Der Appaloosa zeigt in der Regel spärliches Schweif- und Mähnenhaar, um in seiner Heimat nicht an Dornen hängen zu bleiben. Auch eine weiße Lederhaut im Auge und Tupfen am Maul sind typisch. Übermäßig viel Weiß im Auge gilt bei vielen Pferdekennern als negatives Merkmal, aber beim Appaloosa ist dies ein erforderliches Rassemerkmal. Die Gliedmaßen sind bemerkenswert kräftig und die Hufe hart, oft mit charakteristischen senkrechten Streifen. Die Nez Percé beschlugen ihre Pferde nie.

ERHALTUNG DER RASSE Der Appaloosa Horse Club wurde 1938 gegründet. Sein Ziel besteht darin, die Rasse zu erhalten und zu verbessern sowie als Register für Appaloosa-Pferde zu fungieren.

SCHABRACKENSCHECKE Es gibt fünf verschiedene Appaloosa-Fellmuster. Dieses Fohlen würde als Schabrackenschecke klassifiziert werden, wenn der weiße Bereich über seinen Hüften fleckenfrei bleibt. Sein Fell kann sich beim Heranwachsen jedoch verändern, und wenn sich Flecken auf dem weißen Bereich zeigen, gilt es als Leopardenschecke.

Araber

HERKUNFT Naher Osten
UMGEBUNG
BLUT
EIG.
STOCKMASS 147–152 cm
FARBEN Gewöhnlich alle Grundfarben

Der Araber ist die älteste und reinste aller Pferderassen und außerdem eine der schönsten und charakteristischsten. Viele halten ihn für ein Geschenk Gottes, „aus Wüstenwind geformt", ein Pferd, das „ohne Flügel fliegen kann". Der Araber ist auch der Stammvater des Englischen Vollbluts (S. 284–287).

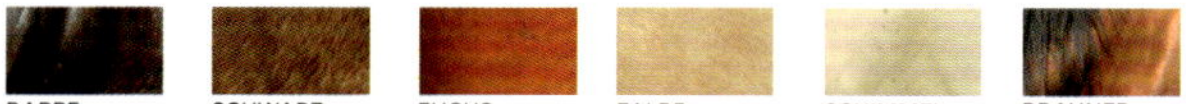
RAPPE SCHWARZBRAUNER FUCHS FALBE SCHIMMEL BRAUNER

ZUCHTGESCHICHTE

Die genauen Ursprünge der Rasse sind unbekannt, aber die Beduinen, die die Zucht ihres „Wüstenpferdes" mit religiöser Inbrunst betrieben, führen sie bis 3000 v. Chr. zurück auf eine Stute namens „Baz", die im Jemen von Bax erbeutet worden sein soll, dem „Ur-Urenkel von Noah".

Die Beduinen legten großen Wert auf ihre Araberstuten, züchteten nur mit den allerbesten und gaben die angesehensten Stammbäume und Stutenstämme von Generation zu Generation weiter. Der Araber wurde im Zuge muslimischer Eroberungen ab 600 n. Chr. auch in anderen Teilen der Welt eingeführt. Zu Beginn des 18. Jahrhunderts hatte der Araber den Weg nach Asien und Nordamerika gefunden. Überall wurde sein Blut zum Veredeln einheimischer Rassen verwendet.

MARENGO

Der Araberschimmel „Marengo" war Napoleons Lieblingspferd. Nach der Schlacht von Waterloo erbeuteten es die Briten und stellten nach dessen Tod das Skelett in einem Militärmuseum aus.

EIGENSCHAFTEN

Araber sind meist etwa 152 cm hoch und erscheinen gut proportioniert, elegant und athletisch. Ihre Ausdauer und Robustheit verliehen ihnen den natürlichen Schneid, durch den sie beim Vielseitigkeitsreiten hervorragende Leistungen erbringen. Der einzigartige Skelettaufbau definiert die unverwechselbare Gestalt: Der Araber hat 17 Brust-, 5 Lenden- und 16 Schwanzwirbel, während es bei anderen Rassen 18, 6 und 18 Wirbel sind. Der Hals ist gebogen, und der Kopf sitzt in einem Winkel auf, der eine große Beweglichkeit zulässt. Einzigartiges Merkmal des Kopfes ist die Jibbah, eine schildförmige Wölbung zwischen den Augen.

HECHTKOPF Der Kopf des Arabers ist mit der breiten Stirn und dem leicht konkaven Profil sehr charakteristisch. Die Nüstern sind groß und die Augen tief und weit auseinanderstehend. Die kleinen Ohren können nach innen gebogen sein.

ELEGANZ Der Rücken des Arabers ist kurz und konkav, die Lenden kräftig und die Kruppe lang und gerade. Der hoch angesetzte Schweif wird hoch und gebogen getragen.

ARABER IM SCHNEE Schönheit, Temperament und Ausdauer des Arabers werden von jeher hoch geschätzt. Immer wieder beeinflusste der Araber die Länder, in die man ihn brachte, auf ganz eigene Weise – indem er den einheimischen Pferdebestand stets veredelte und verbesserte.

Australian Stock Horse

HERKUNFT Australien
UMGEBUNG
BLUT
EIG.
STOCKMASS 152–170 cm
FARBEN Gewöhnlich Brauner, aber auch Rappe, Schwarzbrauner, Fuchs, Falbe und Schimmel

Erst mit den europäischen Siedlern kamen im 18. Jahrhundert Pferde nach Australien. Wahrscheinlich handelte es sich um Berber (S. 190–191) und Araber (S. 184–187). Bis 1971 hieß das Australian Stock Horse Waler, benannt nach der Rasse, die in New South Wales entwickelt wurde.

ZUCHTGESCHICHTE

Mit der Zeit brachten Frachtschiffe weitere Pferde, häufig Englische Vollblüter (S. 284–287), ins Land. Pferderennen waren bald in Australien beliebt, sodass immer mehr Vollblüter importiert wurden. In den letzten Jahren wurden Kreuzungen mit Quarter Horses (S. 267–269), Ponys und schweren Zugpferden wie dem Percheron (S. 156–159) und dem Clydesdale (S. 138–139) durchgeführt, um die Rasse kräftiger zu machen.

EIGENSCHAFTEN

Aufgrund der gemischten Zuchtlinien dieser Rasse gibt es keinen Standardtyp, aber ein typisches Australian Stock Horse zeigt Qualität in Verbindung mit Kraft und sollte stets besonders gute Gliedmaßen und Hufe sowie eine kräftige Hinterhand aufweisen.

STOCK HORSE BEI DER ARBEIT Der Waler war als zähes Ranchpferd entwickelt worden, aber aufgrund seiner Kraft und Zuverlässigkeit wurde er auch als Kavalleriepferd eingesetzt.

EINFLUSS DES QUARTER HORSE Das moderne Australian Stock Horse zeigt noch immer zahlreiche Merkmale des Englischen Vollbluts, aber häufig auch die zusätzliche Kraft des amerikanischen Quarter Horse, besonders in der Hinterhand.

Azteke

HERKUNFT Mexiko
UMGEBUNG
BLUT
EIG.
STOCKMASS 147–163 cm
FARBEN Alle Farben wie Rappe, Schwarzbrauner, Fuchs, Falbe, Schimmel, Palomino, Brauner und Stichelhaar

Der Azteke ist eine neue Rasse. Sie wurde ab 1972 in Mexiko entwickelt und 1982 offiziell anerkannt. Der Azteke vereinigt die besten Zuchtlinien der Alten und der Neuen Welt und eignet sich für viele Reitsportdisziplinen.

ZUCHTGESCHICHTE

Der Azteke entstand aus dem Wunsch nach einem Pferd, das über Wendigkeit, Schnelligkeit und „Cow Sense" verfügen sollte, um auf den großen Rinderfarmen zu arbeiten. Er wurde aus Andalusier (S. 180), Quarter Horse (S. 267–269) und Criollo (S. 207) gekreuzt und verdiente sich rasch den Titel des „Nationalpferdes von Mexiko". Das Gleichgewicht der Zuchtlinien wird innerhalb der Rasse streng kontrolliert. Ein Azteke darf zwischen drei und fünf Achteln Andalusier- oder Quarter-Horse-Blut und höchstens ein Viertel Criollo-Blut besitzen.

EIGENSCHAFTEN

Liebhaber behaupten, Azteken vereinten die besten Eigenschaften von Andalusier und Quarter Horse. Azteken sollten die erhabenen und kräftigen Bewegungen des Andalusiers zeigen, kombiniert mit der Wendigkeit und dem „Cow Sense" des Quarter Horse. Ein weiteres Merkmal ist ihr freundliches, kooperatives und gelehriges Temperament.

EDLE RASSE Der Azteke hat einen breiten, leicht konkaven Kopf mit großen, ausdrucksvollen Augen. Der Hals ist anmutig gebogen, Mähnen- und Schweifhaar sind üppig. Der Rücken präsentiert sich kurz und kräftig, die Hinterhand groß und kraftvoll.

Berber

HERKUNFT Nordafrika
UMGEBUNG
BLUT
EIG.
STOCKMASS 147–157 cm
FARBEN Gewöhnlich Rappe, Schwarzbrauner, Schimmel und Brauner

RAPPE

SCHWARZBRAUNER

SCHIMMEL

BRAUNER

Der Berber wird außerhalb seiner nordafrikanischen Heimat selten eingesetzt; dennoch war er als Stammzuchtlinie fast ebenso einflussreich wie der Araber (S. 184–187). Er verfügt über die Qualitäten des Arabers, jedoch nicht über dessen edle Erscheinung.

ZUCHTGESCHICHTE

Möglicherweise gehörte der Berber zu einer Gruppe von Pferden, die die Eiszeit überlebten. Damit wäre die Rasse älter als der Araber.

Die Küstenregion des Maghreb in Marokko, Algerien und Tunesien war die Heimat des Berbers. Die Ausbreitung des Islam und die Ankunft einer muslimischen Armee im Europa des frühen 8. Jahrhunderts führte auch zu einer Verbreitung dieser Pferderasse. Sie war das Reittier der Berbervölker, die die frühen muslimischen Eroberungen anführten und 711 in Spanien einfielen. In späteren Zeiten waren die Berber auch bei den algerischen und tunesischen Kavallerieregimentern der französischen Armee eingesetzt.

EIGENSCHAFTEN

Der Berber ist bemerkenswert schnell und wendig. Zwar zeigt der Kopf im Gegensatz zum Araber ein gerades Profil, der Hals ist jedoch deutlich gebogen. Die Beine sind schlank und sehr hart, die Hufe extrem belastbar.

KLARES PROFIL Das klare Profil des Berbers vermittelt den Eindruck einer sehr alten Rasse.

SCHÖNHEIT IM AUGE DES BETRACHTERS Zwar verfügt der Berber nicht über die klassische Schönheit des Arabers, aber seine zähe, abgeklärte Erscheinung lässt sich doch als attraktiv beschreiben.

SPRINTPFERD Der Berber erreicht über kurze Entfernungen enorme Geschwindigkeiten, was in den wilden Schauangriffen mit Gewehrsalven, die zu vielen nordafrikanischen Festen gehören, dramatisch unter Beweis gestellt wird.

Bayerisches Warmblut

HERKUNFT Deutschland
UMGEBUNG
BLUT
EIG.
STOCKMASS 163–167 cm
FARBEN Gewöhnlich Fuchs

Das Bayerische Warmblut zählt zu den schwereren Warmblutrassen. Es entwickelte sich aus der älteren süddeutschen Pferderasse Rottaler.

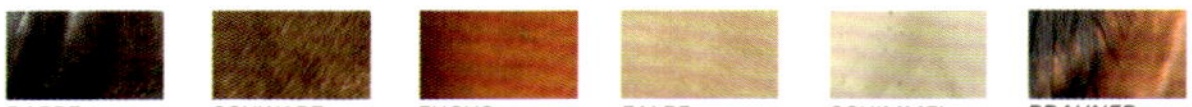

ZUCHTGESCHICHTE

Das Bayerische Warmblut geht auf den einheimischen Rottaler aus dem Rottal zurück, der als Kriegspferd Verwendung fand. Seit dem Zweiten Weltkrieg wurde die Rasse durch Englisches Vollblut (S. 284–287) und Trakehner (S. 288–289) veredelt. Das Bayerische Warmblut wurde 1963 als eigenständige Rasse registriert und kommt als gutes Allround-Sportpferd zum Einsatz.

EIGENSCHAFTEN

Das Bayerische Warmblut ist ein großes, elegantes Pferd, ähnlich dem Hannoveraner (S. 224), mit einem kraftvollen, schön aufgesetzten Hals, einer kräftigen Brust, langen, schrägen Schultern und einem hohen Widerrist. Es zeigt einen gut bemuskelten, langen Rücken und kräftige Beine mit massigen Sprunggelenken. Die Rasse ist für ihre Stärke und ihren guten Charakter bekannt.

KRAFTVOLLES SPORTPFERD
Dieses kräftige Pferd kombiniert eine schwere Brust, einen muskulösen Rücken, kräftige Beine und Sprunggelenke mit einem schön aufgesetzten Hals und langen, schrägen Schultern. Schnell ist es nicht, eignet sich aber gut für Dressur- und Springreiten.

Belgisches Warmblut

HERKUNFT Belgien
UMGEBUNG
BLUT
EIG.
STOCKMASS 163–167 cm
FARBEN Rappe, Schwarzbrauner, Fuchs, Schimmel und Brauner

Belgische Pferdezüchter brachten sehr erfolgreich schwere, verlässliche Zugpferde hervor, begannen aber relativ spät mit der Zucht von Sportpferden. Erst in den 1950er-Jahren, als die Ruhe nach dem Kriegssturm den Gedanken an solchen Luxus erlaubte, begann man mit diesem Projekt.

RAPPE | SCHWARZBRAUNER | FUCHS | SCHIMMEL | BRAUNER

ZUCHTGESCHICHTE

In den 1950er-Jahren war durch die Kreuzung der leichten belgischen Landwirtschaftspferde mit dem Gelderländer (S. 220) ein schweres Reitpferd entstanden. Das Ergebnis war nicht viel mehr als ein verlässliches, kräftiges Reitpferd. In den folgenden Jahren wurden mehrere Rassen eingekreuzt, darunter Englisches Vollblut (S. 284–287), Araber (S. 184–187) und Holländisches Warmblut (S. 210). Daraus entstand ein Pferd mit ausreichend Schnelligkeit, Reichweite und Ausdauer für den Reitsport, das gleichzeitig über ein gutes, ruhiges Temperament verfügt.

EIGENSCHAFTEN

Die Rasse hat sich die Robustheit und Kraft der schweren Zugpferde erhalten. Sie zeigt gute, leicht ausschreitende Gänge, jedoch ohne spektakuläre Bewegungen.

SORGFÄLTIGE MISCHUNG Eine kräftige Hinterhand und starke Lenden, robuste Gliedmaßen und allgemein gute Proportionen sind das Ergebnis der sorgfältigen Mischung von Zuchtlinien, aus denen das Belgische Warmblut hervorging.

GUTER SPRINGER Die Rasse setzt ihre Kraft besonders vorteilhaft im Springreiten ein. Ihre Gelehrigkeit ist hilfreich bei diesem Sport, der eine akkurate Technik verlangt.

Boerperd

HERKUNFT Südafrika
UMGEBUNG
BLUT
EIG.
STOCKMASS 147–167 cm
FARBEN Gewöhnlich Brauner und Schimmel. Albinos sind nicht zulässig.

Die Geschichte und Entwicklung des Boerperd ist untrennbar mit den weißen Siedlern in Südafrika verknüpft. Das Pferd leistete einen wesentlichen Beitrag dazu, dass die Buren die mächtige britische Armee im Zweiten Burenkrieg (1899–1902) so lange abwehren konnten.

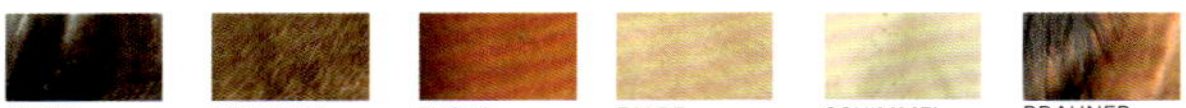

RAPPE SCHWARZ-BRAUNER FUCHS FALBE SCHIMMEL BRAUNER

ZUCHTGESCHICHTE

1652 landete Jan van Riebeeck in der Tafelbucht, um eine Kolonie für die Versorgung der Schiffe der Niederländischen Ostindien-Kompanie zu gründen. Anfangs importierte man eine Reihe von Ponys berberisch-arabischer Herkunft aus Java. Diese wurden vermehrt und an Siedler verkauft. Ein Glücksfall trat für die Rasse ein, als ein Schiff mit 14 der besten Araber (S. 184–187) des Schahs von Persien auf Grund lief; die Pferde schwammen an Land, wurden eingefangen und mit den vorhandenen Ponys gekreuzt. Ein Jahrhundert später wurde mit Blut des importierten Andalusiers (S. 180) der Grundstein für die Rasse gelegt.

Im späten 19. Jahrhundert importierte man eine größere Zahl von Rassen nach Südafrika, die alle eine Rolle bei der Entwicklung des Boerperd spielten: Englisches Vollblut (S. 284–287), Flamländer, Hackney (S. 223), Norfolk Trotter und Cleveland Bay (S. 205) wurden mehr oder weniger intensiv eingesetzt. Zwei Ausbrüche der Afrikanischen Pferdepest in den Jahren 1719 und 1763 töteten große Teile des Pferdebestandes, trugen aber möglicherweise zur Robustheit der überlebenden Pferde bei.

OPFER DES KRIEGS

Das Pferd, das sich aus dieser Mischung entwickelte, wurde als das zähe, wendige Kriegspferd in den Burenkriegen berühmt. Tausende dieser tapferen kleinen Pferde kamen in den Schlachten ums Leben.

Nach dem Krieg wurden Anstrengungen unternommen, um das Boerperd zu erhalten und seine Zucht zu fördern. 1905 richtete man ein Stutbuch ein. Das Boerperd wurde 1996 offiziell als Rasse anerkannt.

EDLES BLUT Die Qualität der Stammzuchtlinien, darunter Araber und Andalusier, zeigt sich im edlen Kopf und dem feinen Exterieur dieses Boerperd-Fohlens. Das Pony- und Zugpferdeblut seiner Vorfahren sorgt für Robustheit.

EIGENSCHAFTEN

Das Boerperd zeigt eine breite Stirn zwischen hervortretenden Augen. Die Ohren sind von mittlerer Länge. Das Profil ist gerade oder leicht konkav mit einer tiefen, gut definierten Kieferpartie. Der wohlgeformte Hals ist mittellang; die Schultern sind schräg mit ausgeprägtem Widerrist. Der Rücken präsentiert sich breit und muskulös mit gut entwickelten Lenden und einer kräftigen Hinterhand. Die Brust ist tief und kraftvoll. Die gut bemuskelten Beine haben gute, harte Hufe.

EINE VIELSEITIGE, INTELLIGENTE RASSE Das Boerperd wird für eine Vielzahl von Aktivitäten gern eingesetzt; dazu gehören zahlreiche Pferdesportarten, Polizei- und Patrouillenarbeit, Farmarbeit sowie Jagd, Vielseitigkeitsreiten und Freizeitreiten. Die Rasse gilt als zuverlässig und aufmerksam.

SOLIDES TEMPERAMENT Die Geschichte des Boerperd ist eng mit der Entwicklung weißer Siedlungen in Südafrika verknüpft. Die Rasse ist bekannt für Mut, Intelligenz, Robustheit, Trittsicherheit und ein solides Temperament.

Brandenburger Warmblut

HERKUNFT Deutschland

UMGEBUNG

BLUT

EIG.

STOCKMASS 167–173 cm

FARBEN Überwiegend Brauner, aber auch Rappe, Schwarzbrauner und Fuchs

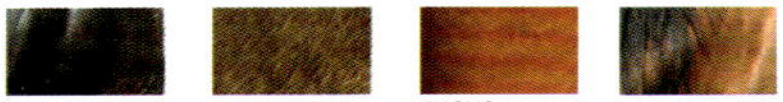

RAPPE SCHWARZBRAUNER FUCHS BRAUNER

Die Entwicklung des Brandenburger Warmbluts wurde wesentlich vom Landgestüt Neustadt beeinflusst, das 1788 vom preußischen König gegründet wurde. Mit den Einsatzgebieten für Pferde änderte sich auch die Rasse, die heute eher den Anforderungen des Sports genügt als denen der Landwirtschaft.

ZUCHTGESCHICHTE

Das Zuchtziel war ursprünglich ein großes, kräftiges Pferd, das sich sowohl für landwirtschaftliche Arbeiten als auch als Kutschpferd eignete. Mitte des 20. Jahrhunderts ließ der Bedarf an solchen Pferden immer mehr nach; die Züchter verlegten sich darauf, die Rasse für den Sportpferdemarkt zu veredeln. Trakehner (S. 288–289), Hannoveraner (S. 224) und Englisches Vollblut (S. 284–287) waren hieran beteiligt. Eine weitere Veredelung fand in den 1990er-Jahren mit Holsteiner- (S. 226) und Selle-Français-Zuchtlinien (S. 273) statt.

EIGENSCHAFTEN

Das Brandenburger Warmblut ist eine der kräftigeren, größeren Warmblutrassen. Es zeigt einen schön aufgesetzten Hals, große Kraft in Rücken, Lenden und Gliedmaßen und ein lebhaftes, aber kooperatives Temperament. Das Brandenburgische Landgestüt Neustadt stellt weiterhin das Hauptzuchtzentrum dar.

VIELZWECKPFERD Das moderne Brandenburger Warmblut ist ein vielseitig einsetzbares Pferd. Besondere Erfolge feiert es bei Springreiten und Dressur, kommt aber auch als Kutschpferd und Freizeitreitpferd zum Einsatz.

VEREDELUNG Nach der Wiedervereinigung wurde mit Hannoveraner-Zuchtlinien gekreuzt. In den letzten Jahren haben die berühmte Holsteiner *Ladykiller*-Linie sowie die Selle-Français-Linie *Cor de la Bryère* zur Veredelung des Brandenburger Warmbluts beigetragen.

Britisches Warmblut

HERKUNFT Großbritannien
UMGEBUNG
BLUT
EIG.
STOCKMASS 157–173 cm
FARBEN Alle Farben

Das Britische Warmblut ist keine echte Rasse – der Name umfasst eine Gruppe von Sportpferdetypen aus britischer Zucht. Es müssen strenge Auswahlkriterien erfüllt werden, aber die Zuchtlinien der verschiedenen als Britische Warmblüter bezeichneten Pferde stammen aus einer Vielzahl von Rassen.

ZUCHTGESCHICHTE

Großbritannien hat sich bei Wettkampfpferden lange auf das Englische Vollblut (S. 284–287) und verschiedener Halbblüter verlassen, aber mit der steigenden Nachfrage erwarben viele britische Reiter Pferde anderer hochkarätiger Warmblutrassen. Die British Warmblood Society wurde 1977 gegründet, um ein einheimisches Sportpferd für die britischen Reiter zu züchten. Die Hengste müssen gekört werden, um eine Zuchtlizenz zu erhalten.

EIGENSCHAFTEN

Das Ziel der Zuchtgesellschaft besteht in der Entwicklung robuster, athletischer Pferde mit hervorragenden Bewegungen und gelehrigem Temperament, die sich für alle Disziplinen eignen. Die gekörten Hengste müssen alle Körungskriterien erfüllen und mindestens 50 Prozent Warmblüter in ihrem Stammbaum aufweisen. Um den Status der Gruppe 1 zu erhalten, muss der Hengst gekört und im Stutbuch des Britischen Warmbluts eingetragen sein, einen Leistungsnachweis erbracht haben, der Vater eines qualifizierten Dressur- oder Vielseitigkeitspferdes oder ein Springreitpferd der Klasse A sein.

BRITISCHE RASSE Den Reitern des britischen Nationalteams sollen Britische Warmblüter zur Verfügung gestellt werden.

Brumby

HERKUNFT Australien
UMGEBUNG
BLUT
EIG.
STOCKMASS 152–163 cm
FARBEN Alle Farben

Brumbys heißen die australischen halbwilden Pferde, deren Bestand in die Tausende geht. Ihre Liebhaber sehen in ihnen das Symbol für Australiens Wildnis und Freiheit; andere betrachten sie als Plage, die Umweltschäden anrichtet und Ressourcen frisst, die für Rinder und Schafe gebraucht werden.

ZUCHTGESCHICHTE

Die frei umherstreifenden Brumbys sind die Nachkommen von Pferden, die den frühen Siedlern entliefen. Die ersten importierten Pferde waren Kap-Pferde aus Südafrika. Später kamen chilenische Pferde sowie Ponys und Zugpferde aus Großbritannien nach Australien. Gelegentlich schloss sich ein Englisches Vollblut (S. 284–187) oder ein Araber (S. 184–187) der Brumby-Herde an. Aus dieser frühen Mischung verschiedener Zuchtlinien formte die raue Umgebung das zähe, schlaue, drahtige kleine Pferd, das wir heute als Brumby kennen.

SCHWERE ZEITEN

Heute sind Brumbys vor allem in Queensland und im Northern Territory zu finden. Ihre Verbreitung hat zu Konflikten mit Farmern geführt. Seit den 1960er-Jahren werden sie gezielt erschossen, obwohl nach einer grausigen Abschussaktion, bei der Hunderte von Tieren von Hubschraubern aus getötet wurden und die zu einer Massenpanik mit verletzten und toten Pferden geführt hatte, diese Praxis in einigen Bundesstaaten verboten wurde.

SCHUTZGEBIET Nach dem Streit um die Abschussmethoden stellten Landbesitzer den Pferden Schutzgebiete zur Verfügung. Andere werden eingefangen und zur „Adoption" angeboten.

Budjonny

HERKUNFT Russland

UMGEBUNG

BLUT

EIG.

STOCKMASS 163–165 cm

FARBEN Überwiegend Fuchs, oft mit auffälligem Goldglanz

RAPPE SCHWARZ-BRAUNER FUCHS BRAUNER

In den 1920er-Jahren wurden in Russland mehrere neue Pferderassen gezüchtet. Dabei versuchte man, die Nachfrage nach zähen Kavalleriepferden zu decken. Der Budjonny war ein Ergebnis dieser Zuchtpolitik und entwickelte sich dank seiner Qualitäten zu einem beliebten Wettkampfpferd.

ZUCHTGESCHICHTE

Der Budjonny war das Ergebnis einer Kreuzung von Don- (S. 209) und Tschernomor-Stuten mit Anglo-Don-Hengsten. Don-Pferde waren die berühmten Reittiere der Donkosaken, der Tschernomor war eine kleinere, leichtere Version des Don-Pferdes. Das Zuchtprogramm des Budjonny hatte seinen Sitz in einem Militärgestüt in der Region Rostow.

EIGENSCHAFTEN

Das Gebäude ist insgesamt schlank und athletisch, aber die Schultern präsentieren sich nicht so lang und schräg wie beim Englischen Vollblut. Die Hinterbeine können relativ gerade und schwach erscheinen.

VEREDELT Der Kopf des Budjonny sollte gut proportioniert und edel wirken und auf einem langen, recht geraden Hals aufsitzen. Die Augen erscheinen klar und intelligent, die Ohren scharf und wachsam.

RENNPFERD Der Budjonny wurde 1949 als Rasse anerkannt. Heute ist er als Wettkampfpferd und als Rennpferd gefragt.

KEINE ZUFLUCHT Selbst ein so weitläufiger Kontinent wie Australien scheint nicht groß genug für frei umherstreifende Wildpferdherden zu sein. Die Tiere mit dem richtigen Temperament werden zugeritten und finden ein neues Zuhause als Reitpferde; viele andere werden einfach abgeschossen.

Campolina

HERKUNFT Brasilien

UMGEBUNG

BLUT

EIG.

STOCKMASS 145–160 cm

FARBEN Gewöhnlich Falbe, aber auch alle anderen Farben

Cassiano Campolina begann 1857 ein Zuchtprogramm auf seiner Ranch im brasilianischen Minas Gerais. Sein Ziel waren Pferde mit großer Präsenz, jedoch ruhigem Temperament und bequemen Gängen. Der Campolina ist ein Gangpferd – neben den gewöhnlichen Gangarten beherrscht er zusätzlich den diagonalen und den lateralen Viertaktgang.

RAPPE · SCHWARZ-BRAUNER · FUCHS · FALBE · SCHIMMEL · BRAUNER · PALOMINO · SCHECKE

ZUCHTGESCHICHTE

Aus der Kreuzung einer schwarzen Berberstute (S. 190–191) mit einem reinrassigen Andalusierhengst (S. 180) entstand ein dunkelgraues Fohlen namens „Monarca"; es gilt als Stammvater des Campolina. Er diente 25 Jahre als Zuchthengst und wurde hauptsächlich mit Criollo-Stuten gekreuzt. Daneben setzte der Züchter auch andere Hengste ein, darunter Holsteiner (S. 226), Anglo-Normannen, American Saddlebred (S. 179), ein Clydesdale-Halbblut (S. 138–139) und zur weiteren Veredelung den Mangalarga Marchador (S. 245). 1934 wurde das Stutbuch geschlossen, 1951 eine Zuchtvereinigung gegründet und ein Rassestandard erstellt.

EIGENSCHAFTEN

Der Campolina zeigt Präsenz und Substanz. Er hat einen attraktiven Kopf mit recht großen Ohren und freundlichen, dunklen Augen auf einem kräftigen, gebogenen Hals. Die Mähne präsentiert sich voll und seidig, ein Hinweis auf sein Andalusier-Blut. Die Kruppe fällt leicht ab, und die Hinterhand ist rund mit tief angesetztem Schweif.

FALBE Campolina-Pferde gibt es in jeder Farbe, ein Großteil zeigt jedoch die hübsche Falbfärbung, ein Vermächtnis des Criollo-Bluts. Auch ein Aalstrich und Zebrastreifen an den Beinen finden sich häufig.

Canadian Cutting Horse

HERKUNFT Kanada
UMGEBUNG
BLUT
EIG.
STOCKMASS 157–165 cm
FARBEN Gewöhnlich Schwarzbrauner, Fuchs, Schimmel oder Brauner

In Kanada wird noch immer eine große Zahl von Pferden in der Rancharbeit eingesetzt. Kanada besitzt keine einheimischen Pferderassen, wohl aber eine florierende Pferdezucht. Das Canadian Cutting Horse wurde von dieser Branche nach dem Bedarf der Ranchbesitzer entwickelt.

RAPPE | SCHWARZBRAUNER | FUCHS | FALBE | SCHIMMEL | BRAUNER | PALOMINO

ZUCHTGESCHICHTE

Bei Cutting-Wettbewerben lässt der Reiter, nachdem die ausgewählte Kuh von der Herde isoliert wurde, die Zügel fahren und überlässt es dem Pferd zu verhindern, dass sie sich wieder der Herde anschließt. Das Ziel der Canadian Cutting Horse Association besteht in der Förderung dieses Sports. Das Stutbuch der Vereinigung ist nicht geschlossen; daher sind die Zuchtlinien der Rasse nicht festgelegt. Es bleibt dem Pferd überlassen zu beweisen, dass es über Cutting-Qualitäten verfügt.

EIGENSCHAFTEN

Die meisten Canadian Cutting Horses haben einen hohen Anteil an Quarter-Horse-Blut (S. 267–269). Das Quarter Horse wiederum entstand aus dem Iberischen Pferd, von dem beide Rassen ihren „Cow Sense“ geerbt haben.

KÖRPERBAU Der wohlproportionierte Kopf sitzt auf einem leicht gebogenen Hals. Die Schultern sind schräg und kräftig, die Brust ist breit und tief, die Hinterhand enorm kraftvoll.

Kartäuser

HERKUNFT Spanien
UMGEBUNG
BLUT
EIG.
STOCKMASS 152 cm
FARBEN Überwiegend Schimmel, aber auch Rappe und Fuchs

RAPPE FUCHS SCHIMMEL

Der Kartäuser gilt als reinrassigster Strang des Andalusiers (S. 180) und wird auch Cartujano genannt. Als eine der ältesten spanischen Rassen verdankt er seine Reinrassigkeit der Arbeit von Kartäusermönchen. Heute wird er in staatlichen Gestüten in Cordoba, Jerez und Badajoz gezüchtet.

ZUCHTGESCHICHTE

Der Kartäuser-Stammvater wurde von den Gebrüdern Zamora gezüchtet, die eine Herde von iberischen Stuten besaßen und den alten Hengst „El Soldado" kauften – angeblich erkannte einer der Brüder in ihm sein altes Kavalleriepferd. Das erste Fohlen, das gezeugt wurde, war der dunkelgraue „Esclavo". Er hatte viele Nachkommen, und 1736 schenkte man den Kartäusermönchen einige Stuten aus seiner Nachkommenschaft. Die Mönche widersetzten sich sogar königlichen Befehlen, Fremdblut einzukreuzen, um die Reinrassigkeit ihrer Pferde zu erhalten. 1854 kaufte Don Vincent viele der Pferde und veredelte die Rasse weiter, ebenfalls ohne den Einsatz von Fremdblut.

GUTES GEBÄUDE Die Rasse ist für ihren Körperbau bekannt – vom feinen Kopf auf dem muskulösen Hals bis zur runden, gut bemuskelten Hinterhand. Die Schultern stehen schräg, und die Brust ist tief, der Rücken kurz und breit.

EINZIGARTIGES MERKMAL Der Kopf erscheint edel und elegant, die Mähne üppig. Ein einzigartiges Merkmal, das bei dieser Rasse zuweilen auftritt, sind zwei kleine, hornige Auswüchse, entweder an der Schläfe oder an den Ohren.

Cleveland Bay

HERKUNFT Großbritannien
UMGEBUNG
BLUT
EIG.
STOCKMASS 163–167 cm
FARBEN Brauner

Der Cleveland Bay wird gern als Kutschpferd eingesetzt, macht aber auch als Jagdpferd eine gute Figur. Kreuzungen mit dem Englischen Vollblut (S. 284–287) ergeben gute Sportpferde, vor allem für das Springreiten. Der Cleveland Bay ist stets goldbraun, wodurch die schwarzen Beine und das schwarze Mähnen- und Schweifhaar gut zur Geltung kommen.

KUTSCHPFERDE Das 18. Jahrhundert war das goldene Zeitalter der Kutschen. Der Cleveland Bay wurde mit dem Englischen Vollblut zum schnelleren Yorkshire Coach Horse gekreuzt. Diese außergewöhnlichen Kutschpferde wurden in die ganze Welt exportiert.

ZUCHTGESCHICHTE

Der Cleveland Bay gilt als Großbritanniens älteste Rasse und soll von einem Schlag brauner Packpferde abstammen, die im Mittelalter in den Klöstern Nordenglands gezüchtet wurden. Dieser Braune wurde von fahrenden Händlern eingesetzt, den sogenannten „chapmen", und daher als Chapman Horse bekannt.

EIGENSCHAFTEN

Im 17. Jahrhundert wurde die Rasse mit dem Berber (S. 190–191) und in einigen Fällen mit dem Andalusier (S. 180) gekreuzt. Das Ergebnis, der Cleveland Bay, war ein kräftiges, aber elegantes Pferd mit gleichmäßiger, freier, raumgreifender Aktion, das als Reit-, Kutsch- und leichtes Zugpferd eingesetzt werden konnte.

KÜHN UND AUFRICHTIG Der aktive, elegante, aber sehr kräftige Cleveland Bay ist kühn, aufrichtig und hat einen starken Charakter – was ihn in den falschen Händen schwierig werden lässt.

Cob

HERKUNFT Großbritannien
UMGEBUNG
BLUT
EIG.
STOCKMASS 147–155 cm
FARBEN Alle Farben

Der Cob ist eine Ausnahme in dem Sinne, dass es sich um einen Schlag und nicht um eine feste Rasse handelt, obwohl er ebenso leicht erkennbare Merkmale aufweist wie echte Rassen. Der Unterschied besteht darin, dass der Pferdetyp, der als Cob anerkannt wird, durch eine Vielzahl von Kreuzungen erreicht werden kann.

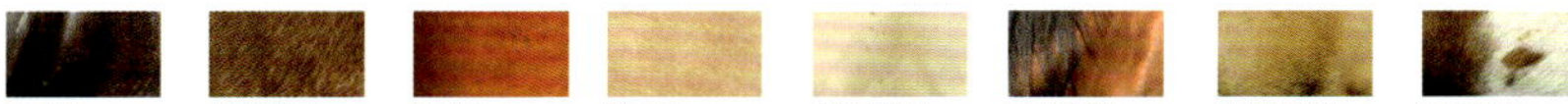

ZUCHTGESCHICHTE

Durch Kreuzungen mit dem Englischem Vollblut (S. 284–287) können Irish Draught (S. 144–145), Hunter (S. 228–231) und sogar Shire-Pferde (S. 164–165) einen guten Schlag Cobs hervorbringen. Das Ziel der Zucht war ein kräftiges, robustes, aktives, vernünftiges und nicht allzu großes Jagd- oder Fahrpferd, das günstig, einfach zu halten und anpassungsfähig war.

EIGENSCHAFTEN

Cobs sind stämmig gebaut, der kompakte Körper hat kurze, kräftige Beine. Die Variationen sind vielfältig: Manche erscheinen eher schlicht und vielleicht etwas „pummelig", andere dagegen vornehm mit edlem Kopf und kraftvollen, aber aktiven Gängen. Zu Schauzwecken sollte ein Cob starke Knochen und Substanz, aber auch Qualität zeigen und beträchtliches Gewicht tragen können. Der Kopf darf ein konvexes Profil zeigen; der Hals sollte einen starken Mähnenkamm aufweisen.

DER BESTE SCHLAG Ein guter Cob sollte ein sehr vornehmes kleines Pferd mit einem spritzigen, heiteren Wesen, guten, niedrigen Gängen und kräftigem Sprung sein. Er wird gern als Jagdpferd eingesetzt, obwohl er keine hohen Geschwindigkeiten erreicht. Cobs sind bequem, zäh, leicht zu lenken und können beim Überwinden von Hindernissen normalerweise mit den besten Jagdpferden mithalten.

Colorado Ranger

HERKUNFT USA

UMGEBUNG

BLUT

EIG.

STOCKMASS 147–163 cm

FARBEN Vorwiegend Appaloosa, aber alle Farben zulässig

Der Colorado Ranger ist eine relativ neue Rasse aus einem Zuchtprogramm mit dem Ziel, ein gutes Pferd zum Rinderhüten hervorzubringen. Die meisten Colorado Ranger zeigen eine Appaloosa-Färbung, doch diese Scheckung ist keine Bedingung für die Zugehörigkeit zur Rasse.

RAPPE · SCHWARZ-BRAUNER · FALBE · SCHIMMEL · BRAUNER · PALOMINO

ZUCHTGESCHICHTE UND EIGENSCHAFTEN

1878 schenkte der türkische Sultan US-General Grant zwei Hengste: den Araber „Leopard" und den Berber „Linden Tree". Zwei Nachkommen dieser Hengste, „Patches" und „Max", bildeten den Stamm des Colorado Ranger. Sie wurden mit Arbeitsstuten aus Colorado gekreuzt. Ihre Nachkommen waren wegen ihres oft auffällig gefleckten Fells, ihrer Wendigkeit und ihrer Intelligenz beliebt. Registrierte Pferde sind immer direkte Nachkommen der beiden Stammväter.

OFFIZIELLE RASSE Seit 1935 führt die Colorado Ranger Association akribisch und handschriftlich Buch über Stammbaum und Fellmuster jedes einzelnen Pferdes.

Criollo

HERKUNFT Argentinien

UMGEBUNG

BLUT

EIG.

STOCKMASS 142–152 cm

FARBEN Überwiegend Falbe, aber auch Fuchs

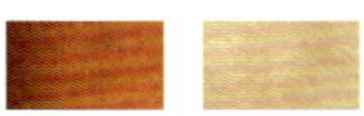

FUCHS · FALBE

Der Criollo ist für seine Zähigkeit und Robustheit berühmt. Die Pferde wurden von der rauen Umgebung der argentinischen Pampas geformt, in der nur die robustesten Tiere überlebten.

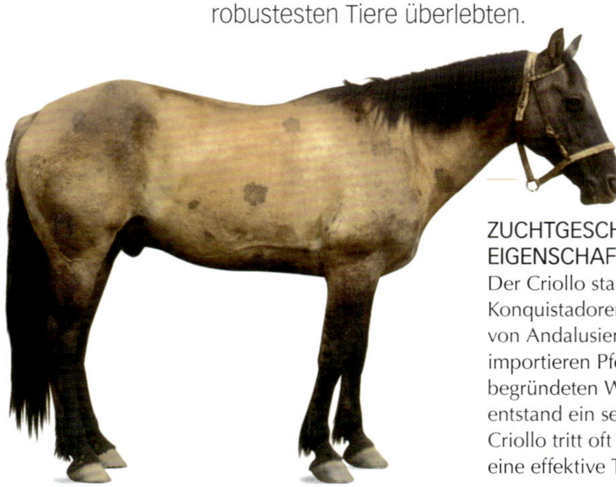

VIELSEITIG Der Criollo wurde ursprünglich als Reit- und Packpferd eingesetzt und gilt bei den Gauchos als erste Wahl beim Rinderhüten. Aus Kreuzungen mit dem Englischen Vollblut gehen hervorragende Polo-Ponys hervor.

ZUCHTGESCHICHTE UND EIGENSCHAFTEN

Der Criollo stammt von Pferden der Konquistadoren ab, überwiegend von Andalusiern (S. 180). Viele der importieren Pferde verwilderten und begründeten Wildherden. Daraus entstand ein sehr zähes Pferd. Der Criollo tritt oft als Falbe auf, was ihm eine effektive Tarnung verschafft.

Dänisches Warmblut

HERKUNFT Dänemark
UMGEBUNG
BLUT
EIG.
STOCKMASS 160–167 cm
FARBEN Meistens Brauner

Das Dänische Warmblut ist relativ neu unter den europäischen Sportpferderassen. Die Dänen besitzen eine lange Tradition als Züchter, aber ihre einheimischen Rassen, der Frederiksborger (S. 211) und der Knabstrupper (S. 241), sind keine Sportpferde.

RAPPE SCHWARZBRAUNER FUCHS SCHIMMEL BRAUNER PALOMINO

ZUCHTGESCHICHTE UND EIGENSCHAFTEN

Ein Zuchtprogramm mit dem Ziel, ein Sportpferd zu entwickeln, wurde 1962 begonnen. Dazu kreuzte man einheimische Stuten mit einer Auswahl schwedischer, Trakehner- (S. 288–289), Holsteiner- (S. 226) und polnischer Hengste. Anschließend wurde durch strenge Körungsprozesse sichergestellt, dass nur die besten Stuten und Hengste Eingang ins Stutbuch fanden. Das Endergebnis ist ein attraktives, mutiges Pferd mit ausgezeichnetem Gangwerk – ein erfolgreiches Wettkampfpferd, das vor allem in der Dressur brilliert.

BRANDZEICHEN Alle Dänischen Warmblüter werden nach der Zulassung für die Eintragung ins Stutbuch der Rasse mit einem Brandzeichen in Form einer Krone und einer Identifikationsnummer auf der Hinterhand markiert.

DRESSUR Das Dänische Warmblut wird als Allround-Sportpferd gezüchtet. Wie andere Warmblüter auch, werden sie wegen ihrer extravaganten Aktion gern in der Dressur eingesetzt.

Don-Pferd

HERKUNFT Russland
UMGEBUNG
BLUT
EIG.
STOCKMASS 157–167 cm
FARBEN Überwiegend Fuchs mit Goldglanz

SCHWARZ-BRAUNER

FUCHS

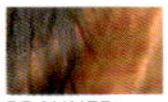
BRAUNER

Das Don-Pferd war das Reittier der Donkosaken, die 1812 gegen Napoleon kämpften. Es entwickelte sich im 18. und 19. Jahrhundert vor allem als Kavallerie- und Artilleriepferd.

ZUCHTGESCHICHTE UND EIGENSCHAFTEN

Die Pferde der Kosaken stammten von den Tieren ab, die die frühen Nomadenstämme in der russischen Steppe domestiziert hatten. Diese wurden in Herden gehalten und mussten sich in der rauen Umgebung der Steppe selbst versorgen. Das Ergebnis war ein zähes, robustes Pferd von großer Ausdauer. Im 19. Jahrhundert wurden Englisches Vollblut (S. 284–287) und Orlow-Traber (S. 259) eingekreuzt, um das Don-Pferd zu veredeln. Aber seit Beginn des 20. Jahrhunderts kam kein weiteres Fremdblut mehr hinzu.

WENIG ELEGANZ Das Don-Pferd hat einen attraktiven Kopf, aber aufgrund von Schwächen im Bau von Genick, Schultern und Gliedmaßen erscheint sein Gangwerk trotz aller Zähigkeit und Robustheit recht gewöhnlich.

Holländisches Warmblut

HERKUNFT Niederlande
UMGEBUNG
BLUT
EIG.
STOCKMASS 163–173 cm
FARBEN Hauptsächlich Brauner und Schwarzbrauner

Die Niederländer züchten sehr erfolgreich Pferde, und das Holländische Warmblut ist vielleicht das am erfolgreichsten vermarktete aller Warmblutrassen. Die Rasse wird ihrem Ruf durch mehrere hervorragende Wettkampfpferde gerecht, vor allem in Dressur und Springreiten.

RAPPE SCHWARZ-BRAUNER FUCHS SCHIMMEL BRAUNER

ZUCHTGESCHICHTE

Gelderländer (S. 220) und Groninger (S. 221) bildeten den Ausgangspunkt für das Holländische Warmblut. Der übermäßig lange Rücken konnte durch das Einkreuzen von Englischem Vollblut (S. 284–287) korrigiert werden, das auch Kopf und Hals stark beeinflusste. Trakehner-Hengste (S. 288–289) kamen ebenso zum Einsatz wie Holsteiner-Stuten (S. 226), die mit den Gelderländer- und Groninger-Hengsten gekreuzt wurden. Nachdem der Grundtyp feststand, verfeinerte man ihn mit weiteren Warmblutrassen.

EIGENSCHAFTEN

Für die Körung und Registrierung müssen Holländische Warmblüter einen strengen Auswahlprozess durchlaufen. Das Hauptziel besteht darin, ein Pferd mit gutem Gebäude und schönen Bewegungen zu züchten, aber ebenso großer Wert wird auf ein gutes Temperament und Gelehrigkeit gelegt. Der Einfluss des Englischen Vollbluts zeigt sich im eleganten Kopf und Hals. Der Gelderländer sorgt für die gute Schulter und die aktiven Gänge, der Groninger für Stärke, vor allem in der Hinterhand, und Robustheit.

VIELSEITIG Zwar gibt das Holländische Warmblut dank seiner Kutschpferd-Vorfahren ein gutes Wettkampf-Fahrpferd ab, besser ist die Rasse jedoch für ihre enormen Erfolge beim Springreiten sowie in der Dressur bekannt.

Einsiedler

HERKUNFT Schweiz
UMGEBUNG
BLUT
EIG.
STOCKMASS 163–170 cm
FARBEN Alle Grundfarben

RAPPE | SCHWARZBRAUNER | FUCHS | SCHIMMEL | BRAUNER

Die Herkunft des auch als Schweizer Warmblut bekannten Pferdes lässt sich bis ins 10. Jahrhundert zum Benediktiner-Kloster in Einsiedeln zurückverfolgen. Es wird ebenso als Armeepferd wie als Sportpferd eingesetzt.

ZUCHTGESCHICHTE UND EIGENSCHAFTEN

Der Einsiedler wurde erstmals im 10. Jahrhundert aus Schweizer Pferden gezüchtet. Ein Stutbuch wurde 1784 eröffnet. Im 19. Jahrhundert wurde die Rasse durch andere Rassen verfeinert. Im 20. Jahrhundert kreuzte man auch schwedisches und irisches Blut ein.

VIELSEITIG Die moderne Rasse ist anpassungsfähig; sie wird in allen Reitsportdisziplinen sowie als Fahrpferd eingesetzt. Sie eignet sich auch besonders gut als Kavalleriepferd.

Frederiksborger

HERKUNFT Dänemark
UMGEBUNG
BLUT
EIG.
STOCKMASS 160–163 cm
FARBEN Fuchs

Im 19. Jahrhundert war der Frederiksborger so begehrt, dass er fast Opfer seines Erfolgs geworden wäre: Infolge des starken Exports ging der Bestand in der Heimat sehr stark zurück.

ZUCHTGESCHICHTE UND EIGENSCHAFTEN

Das Gestüt Frederiksborg wurde in der Mitte des 16. Jahrhunderts gegründet. Der Stamm bestand aus Iberischen Pferden, die dort mit dem verwandten Neapolitaner gekreuzt wurden. Zur Weiterentwicklung der Rasse wurden osteuropäische Rassen und englische Halbblüter eingesetzt.

Obwohl er sich in der Dressur und als Kavalleriepferd großer Beliebtheit erfreute, eignet sich das Gebäude des Frederiksborgers mit seinem langen Rücken, relativ kurzen Hals und den aufrechten Schultern besser als Kutsch- denn als Reitpferd. Sein Kopf zeigt ein gerades oder konvexes Profil mit ausdrucksvollen Augen und spitzen Ohren.

LEICHTES GESCHIRRPFERD Der Frederiksborger hat in letzter Zeit zugunsten des neueren Dänischen Warmbluts an Beliebtheit eingebüßt.

Französischer Anglo-Araber

HERKUNFT Frankreich
UMGEBUNG
BLUT
EIG.
STOCKMASS 160–167 cm
FARBEN Alle Grundfarben

Der Französische Anglo-Araber wurde mit dem Ziel entwickelt, die Reichweite und Schnelligkeit des Englischen Vollbluts (S. 284–287) mit der Ausdauer und dem Charakter des Arabers (S. 184–187) zu kombinieren. Anglo-Araber sind besonders beliebt in Frankreich, wo man sie einst gern in Militär und Sport einsetzte.

RAPPE | SCHWARZBRAUNER | FUCHS | SCHIMMEL | BRAUNER

ZUCHTGESCHICHTE

Das Zuchtprogramm begann im 19. Jahrhundert mit der Kreuzung des Englischen Vollbluts mit in Frankreich gezüchteten Arabern. Die Nachkommen wurden mit dem Vollblut gekreuzt, und dieses Dreiviertelblut wurde anschließend wieder mit dem Araber verpaart. Nachdem der Typ festgelegt war, unternahm man weitere Versuche mit unterschiedlichen Prozentsätzen an Vollblüter- und Araberblut. Um ins Stutbuch aufgenommen zu werden, muss das Pferd mindestens 25 Prozent Araber-Blut nachweisen.

EIGENSCHAFTEN

Der Anglo-Araber zeigt an Kopf und Nacken in der Regel mehr vom Englischen Vollblut, hat aber im Vergleich zu diesem einen kürzeren Rücken. Er ist kein so gutes Laufpferd wie das Vollblut; insgesamt ist sein Gangwerk jedoch aktiver und ausschreitender.

VIELSEITIGKEITSPFERD Der Anglo-Araber ist auf dem Sportmarkt durch den Selle Français vom Thron gestoßen worden, aber er wird noch gern in der Vielseitigkeitsprüfung eingesetzt.

Französisches Vollblut

HERKUNFT Frankreich
UMGEBUNG
BLUT
EIG.
STOCKMASS 163–173 cm
FARBEN Alle Grundfarben

Das Englische Vollblut (S. 284–287) wurde im 17. und 18. Jahrhundert entwickelt, und um die Rasse herum entstand eine umfangreiche Rennsport- und Zuchtindustrie. Das Vollblut wurde rasch von anderen Ländern übernommen, besonders von Frankreich und den USA, die ihr eigenes „Vollblut" daraus züchteten.

RAPPE · SCHWARZBRAUNER · FUCHS · SCHIMMEL · BRAUNER

ZUCHTGESCHICHTE UND EIGENSCHAFTEN

Alle Vollblüter stammen von drei Stammvätern ab: „Byerley Turk", „Darley Arabian" und „Godolphin Arabian". Das Englische Vollblut wurde bald nach seiner Entwicklung nach Europa und in die USA exportiert. Die einzelnen Zuchtlinien, die diese Länder übernahmen, bildeten den Stamm, aus dem der jeweils eigene Bestand gezüchtet wurde. Die französische Zuchtbranche wurde im Ersten Weltkrieg beinahe vernichtet, erlebte durch gute Zuchthengste wie den 1910 geborenen „Bruleur" jedoch einen Neuaufschwung. Traditionell ist das Französische Vollblut ein schwererer, etwas schlichterer Schlag als sein britisches Gegenstück, aber der Einfluss importierter Vollblüter macht sich hier langsam bemerkbar.

FRANZÖSISCHSTÄMMIG Um als französischstämmig zu gelten, muss ein Pferd in Frankreich geboren sein und darf das Land nicht vor dem 1. Juni des auf die Geburt folgenden Jahres verlassen haben – mit Ausnahme kurzer Abwesenheitsphasen von weniger als einem Monat.

Französischer Traber

HERKUNFT Frankreich
UMGEBUNG
BLUT
EIG.
STOCKMASS 165–170 cm
FARBEN Alle Grundfarben, Schimmel jedoch selten

RAPPE · SCHWARZBRAUNER · FUCHS · SCHIMMEL · BRAUNER

Frühe französische Trabrennen wurden geritten, nicht im Wagen gefahren. Der Französische Traber wurde aus der wachsenden Begeisterung für diesen Sport gezüchtet. Heute werden nur etwa 10 Prozent der französischen Trabrennen noch geritten; gerittene Traber sind meist die schwerer gebauten Vertreter der Rasse.

ZUCHTGESCHICHTE

Die Sportart Trabrennen entstand in Frankreich im frühen 19. Jahrhundert. Das erste gerittene Trabrennen fand 1806 statt, und die erste zu diesem Zweck erbaute Trabrennbahn wurde 1836 in Cherbourg eröffnet. 1861 gründete man einen Dachverband für den Sport, und die Franzosen begannen, durch die Kreuzung von Englischem Vollblut (S. 284–287), Halbblut und Norfolk Roadster mit Normänner-Stuten eine eigene Traberrasse zu entwickeln. Aus diesen frühen Kreuzungen gingen fünf einflussreiche Zuchtlinien hervor: *Fuchsia, Lavater, Conquerant, Normand* und *Phaeton. Conquerant*

GELÄNDETAUGLICH Traber werden als Kutschpferde ebenso eingesetzt wie im Wagenrennen. Sie müssen auch auf Schnee laufen können, entweder in der Sportart „Skijöring", bei der das Pferd einen Menschen auf Skiern zieht, oder im konventionellen Wagenrennen, bei dem Skier die Sulkyräder ersetzen.

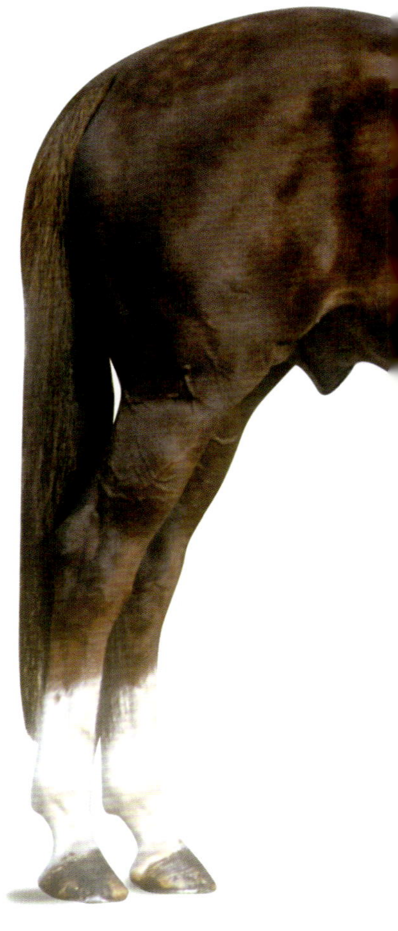

und *Normand* wurden beide vom Englischen Halbblut „Young Rattler" gezeugt, *Lavater* von einem Norfolk Roadster. Der Französische Traber wurde 1922 als Rasse anerkannt, und nach kurzzeitigem Einkreuzen des amerikanischen Standardbred (S. 276–279) wurde das Stutbuch für Pferde nichtfranzösischer Herkunft 1937 geschlossen. Manchmal wird es jedoch wieder geöffnet, um das Einkreuzen bestimmter Standardbred-Zuchtlinien zu ermöglichen.

EIGENSCHAFTEN

Der Französische Traber ist als zähes Fahrpferd entstanden und wird international wegen seiner sportlichen Erfolge anerkannt. Insgesamt ähnelt das Pferd einem kräftig gebauten Englischen Vollblut – die enorm ausgeprägte Hinterhand ermöglicht dem Pferd das Erreichen von Geschwindigkeiten im Trab, die nur knapp unter der eines galoppierenden Vollbluts liegen. Die Fortsetzung gerittener Trabrennen, die einen kräftigeren, größeren Pferdeschlag erfordern, hat dazu beigetragen, die allgemeine Stärke und Qualität der Rasse zu erhalten. Den wichtigsten Einzelfaktor, der die Leistung auf der Bahn verbesserte, stellt jedoch die Entwicklung des modernen Gigs in den 1970er-Jahren dar – des Sulkys.

RENNMASCHINE Standardbred-Zuchtlinien wurden eingekreuzt, um den Französischen Traber schneller zu machen. Die frühen Traber hatten relativ steile Schultern, aber dieser Teil des Gebäudes wurde verbessert, und die moderne Rasse zeigt gute Schultern und insgesamt mehr Qualität.

HÜBSCHER KOPF Der Kopf des Französischen Trabers ist nicht ganz so edel wie der des Englischen Vollbluts, aber er vermittelt insgesamt den Eindruck von Vollkommenheit, Temperament und Intelligenz. Er tritt überwiegend als Fuchs oder als Brauner auf.

Friese

HERKUNFT Niederlande
UMGEBUNG
BLUT
EIG.
STOCKMASS 152–163 cm
FARBEN Rappe

Der Friese ist ein auffälliges kleines Pferd: kräftig gebaut und pechschwarz mit üppigem, gewelltem Mähnen- und Schweifhaar. Ursprünglich wurde er für leichte Farmarbeiten eingesetzt, heute jedoch eher als Kutsch- und Reitpferd, besonders im Dressurreiten. Er wird auch häufig vor Leichenwagen spannt.

ZUCHTGESCHICHTE

Der Friese stammt von einer schweren Kaltblüterrasse ab, die im Norden der heutigen Niederlande beheimatet war. Die Rasse wurde von den Römern eingesetzt und durch das Einkreuzen von Arabern (S. 184–187) zur Zeit der Kreuzzüge und Andalusiern (S. 180) während der spanischen Besetzung der Niederlande veredelt. Im 19. Jahrhundert wurden auch einige Traberrassen eingekreuzt, was zu einem etwas leichter gebauten Pferd führte. Im Gegenzug hat der Friese auch andere Rassen beeinflusst, so das Fell-Pony (S. 324) und den Oldenburger (S. 258). Nach dem Ersten Weltkrieg ging der Bestand zurück, aber durch die Treibstoffverknappung im Zweiten Weltkrieg kam der Friese erneut in der Landwirtschaft zum Einsatz.

HOHER SCHRITT Die aktive, ausgeprägte Beinaktion beim Traben macht den Friesen zu einem beliebten Kutschpferd. Hier zieht er ein traditionelles Gig. Er erfreut sich heute im Freizeitbereich wachsender Beliebtheit.

EIGENSCHAFTEN

Der Friese zeigt einen langen, aber attraktiven Kopf und einen gebogenen Hals. Der Rücken ist kurz und breit, Schultern und Hinterhand sind kräftig. Die Gliedmaßen präsentieren sich kurz mit starken Knochen und etwas Kötenbehang. Die Hufe bestehen aus blauem Horn. Das volle Mähnen- und Schweifhaar verdankt der Friese seinen Andalusier-Vorfahren.

BLACK BEAUTY Wegen seines pechschwarzen Fells, des prächtigen Mähnen- und Schweifhaars und seines freundlichen, unkomplizierten Wesen wird der Friese gern in verschiedenen Disziplinen eingesetzt. Die Rasse zeigt eine große Präsenz, was sie als Kutschpferd attraktiv macht.

Furioso

HERKUNFT Ungarn
UMGEBUNG
BLUT
EIG.
STOCKMASS 163–165 cm
FARBEN Gewöhnlich Rappe oder Schwarzbrauner

Der Furioso wurde während der Zuchtprogramme entwickelt, die Ungarn im 18. Jahrhundert durchführte. Eins der berühmtesten Gestüte befand sich in Mezőhegyes; dort wurden der Furioso und der Nonius (S. 257) gezüchtet. Ursprünglich gab es zwei Furioso-Schläge: ein Kutschpferd und ein schweres Reitpferd.

RAPPE · SCHWARZBRAUNER · FUCHS · SCHIMMEL · BRAUNER

ZUCHTGESCHICHTE

Im 19. Jahrhundert wurden zwei Hengste von England nach Ungarn importiert. Einer war das Englische Vollblut „Furioso", der andere hieß „North Star" – ein Englisches Vollblut mit ein wenig Norfolk-Roadster-Blut im Stammbaum. Die beiden Hengste wurden mit Nonius-Stuten gekreuzt und zeugten zunächst zwei getrennte Linien von Nachkommen. Northern Star sorgte für zahlreiche erfolgreiche Fahrpferde. Weitere Englische Vollblüter wurden eingekreuzt, und Ende des 19. Jahrhunderts hatte man die beiden Linien vermischt. Furioso erwies sich als die dominantere Zuchtlinie, weshalb die Rasse seinen Namen erhielt.

EIGENSCHAFTEN

Der Furioso wurde zu einer freundlichen, fügsamen Rasse gezüchtet. Er wird als Reit- und Kutschpferd eingesetzt sowie beim Trab- und Hindernisrennen. Der Kopf ähnelt dem des Englischen Vollbluts, jedoch mit eckigem Maul und großen Nüstern. Die trockenen Gliedmaßen zeigen breite, kantige Gelenke.

GUT GEBAUT Der Einfluss des Englischen Vollbluts auf die Rasse tritt deutlich zutage. Die beiden Stammväter erwiesen sich als glückliche Wahl, wie man an ihren erfolgreichen Nachkommen erkennt.

PFERDEHIRTEN Die ungarischen Gestüte halten ihre Pferde noch immer in großen Herden, die von den traditionellen Csikós, den Pferdehirten, beaufsichtigt werden. Ungarn rühmt sich einer langen Tradition von fähigen Reitern.

TON IN TON Der Friese ist immer schwarz – das Fohlen wird also auch später noch ein harmonisches Gespann mit seiner Mutter abgeben. Aus diesem Grund werden Friesen gern als Kutschpferde ausgewählt.

Gelderländer

HERKUNFT Niederlande

UMGEBUNG

BLUT

EIG.

STOCKMASS 160–167 cm

FARBEN Überwiegend Fuchs, aber auch Schimmel und Brauner

FUCHS SCHIMMEL BRAUNER

Der Gelderländer wurde von den Züchtern der Provinz Geldern in Mittelholland entwickelt. Ihr Ziel war ein fügsames, groß gewachsenes Kutschpferd, das auch kräftig genug für leichte Zugarbeit war.

ZUCHTGESCHICHTE UND EIGENSCHAFTEN

Gelderländer wurden durch die Kreuzung europäischer Hengste mit niederländischen Stuten entwickelt. Das Ergebnis war ein erfolgreiches Kutschpferd. Das Pferd erbringt auch im Springreiten hervorragende Leistungen und beeinflusste die Entwicklung des Holländischen Warmbluts.

EIN VERSTÄNDIGES PFERD Der Gelderländer hat einen schlichten Kopf mit freundlichem und verständigem Ausdruck, einen kräftigen Hals und sehr gute Schultern. Die Hinterhand erscheint kraftvoll mit hoch angesetztem Schweif.

Gidran

HERKUNFT Ungarn

UMGEBUNG

BLUT

EIG.

STOCKMASS 163–167 cm

FARBEN Fast immer Fuchs

SCHWARZBRAUNER FUCHS BRAUNER

Der auch als Ungarischer Anglo-Araber bekannte Gidran wurde ebenfalls auf dem berühmten Gestüt Mezöhegyes entwickelt. Die Rasse entstand im 19. Jahrhundert und brachte zwei Linien hervor: ein leichtes Zugpferd und ein schnelleres Reitpferd.

ZUCHTGESCHICHTE UND EIGENSCHAFTEN

„Gidran II", der Gründer der Rasse, war eine Kreuzung aus einem Araberhengst und einer iberischen Stute. Zunächst wurden einheimische und iberische Stuten verwendet, dann zunehmend nur noch Araber und Englisches Vollblut, die deutlichen Einfluss hinterlassen haben.

TEMPERAMENT Der Stammvater Gidran war berüchtigt für sein stürmisches Temperament. Diesen Zug vererbte er in unterschiedlicher Ausprägung auch an seine Nachkommen.

Groninger

HERKUNFT Niederlande
UMGEBUNG
BLUT
EIG.
STOCKMASS 157–165 cm
FARBEN Überwiegend Rappe, Schwarzbrauner oder Dunkelbrauner

RAPPE SCHWARZ-BRAUNER FUCHS SCHIMMEL BRAUNER

Diese nach der Provinz Groningen benannte Rasse wurde aufgrund der Nachfrage nach einem kräftigen, aber nicht massigen Zugpferd entwickelt, das schwere Lehmböden beackern konnte. Der Groninger erbrachte auch gute Leistungen als eindrucksvolles Kutschpferd und als schweres Reitpferd.

ZUCHTGESCHICHTE

Der Groninger wurde durch die Kreuzung einheimischer Stuten mit Oldenburger- (S. 258) und Friesen-Hengsten (S. 216) entwickelt. Auch etwas Suffolk-Punch-Blut (S. 166–169) wurde eingekreuzt. Er war kräftig genug für die Arbeit auf dem Feld, klug genug als Kutschpferd und ließ sich auch reiten. Die Nachfrage nach Zugtieren ließ mit dem Ende des Zweiten Weltkriegs dramatisch nach. In den 1970er-Jahren war die Rasse beinahe ausgestorben und verfügte nur noch über einen Zuchthengst. 1982 wurde eine Zuchtvereinigung ins Leben gerufen, um den Bestand der Groninger zu sichern. Die Rasse wurde wiederbelebt und veredelt, indem man vermehrt Oldenburger-Blut einkreuzte. Heute gibt es etwa 400 registrierte Pferde.

EIGENSCHAFTEN

Der Groninger ist ein angenehmes, wenn auch schlichtes Pferd, das sein unspektakuläres Exterieur durch Ausdauer und Verlässlichkeit wettmacht. Er zeigt einen schlichten Kopf auf einem kräftigen, gut aufgesetzten Hals. Der Rücken kann lang sein; die Hinterhand ist jedoch muskulös mit einem hoch angesetzten und getragenen Schweif. Die kurzen Gliedmaßen präsentieren sich kräftig mit starken Knochen.

GERETTET Die Gründung der Zuchtvereinigung „Het Groninger Paard" im Jahr 1982 sicherte das Überleben dieses einfachen, freundlichen Pferdes, das zahlreiche gute Merkmale zeigt.

Hack

HERKUNFT Großbritannien
UMGEBUNG
BLUT
EIG.
STOCKMASS 147–160 cm
FARBEN Alle Grundfarben

Der Hack ist ein Pferdetyp, keine echte Rasse. Der moderne Hack ist ein elegantes und edles Schaupferd, aber er stammt aus einer Zeit, als wohlhabende Pferdebesitzer gern im Park ausritten. Die Bezeichnung Hack wird auch für jedes Pferd verwendet, das als reines Reitpferd statt im Wettkampf eingesetzt wird.

RAPPE

SCHWARZ-BRAUNER

FUCHS

SCHIMMEL

BRAUNER

ZUCHTGESCHICHTE

Im 19. und frühen 20. Jahrhundert nutzte die britische Oberschicht perfekt erzogene Reitpferde für Ausritte in die Parklandschaften der großen Städte – die berühmteste war Rotten Row im Londoner Hyde Park. Dieser Pferdetyp war als „Park Hack" bekannt und musste präsent sein und sich mit Leichtigkeit bewegen.

EIGENSCHAFTEN

Für den Hack als Schaupferd gibt es zwei Klassen: Kleine Hacks sind zwischen 147 und 152 cm groß, große Hacks 152 bis 160 cm. Die meisten Hacks sind kleine Englische Vollblüter (S. 284–287) oder Halbblüter mit einem großen Vollblut-Anteil. Ein Hack muss ein ausgezeichnetes Gebäude und trotz der Anforderungen an Eleganz und Vornehmheit Substanz aufweisen: Der Knochenumfang sollte mindestens 20 cm betragen. Die Bewegungen müssen leicht, aktiv, gerade und niedrig sein, das Knie darf nicht gehoben werden.

ELEGANT Die elegante und edle Ausstattung des Hacks passt zu der seines Reiters. Dieser Hack wird mit Kandare geritten und trägt einen Showsattel.

Hackney

HERKUNFT Großbritannien
UMGEBUNG
BLUT
EIG.
STOCKMASS 152–160 cm
FARBEN Dunkle Grundfarben

An seinem tänzelnden Gangwerk ist der Hackney sofort zu erkennen; die Rasse wird in der ganzen Welt als Kutschpferd geschätzt. Kutschen mit Hackney-Gespannen werden gern auf Schauen vorgeführt; der Hackney kann als Einspänner ebenso eingesetzt werden wie als Zwei-, Drei- oder Vierspänner.

RAPPE · SCHWARZBRAUNER · FUCHS · BRAUNER

ZUCHTGESCHICHTE

Die Ursprünge des Hackney als allgemeintauglicher Schlag zum Reiten, Jagen und für landwirtschaftliche Arbeit liegen im 18. Jahrhundert. Die Pferde waren hoch angesehen und vom Königshaus geschätzt.

1883 wurde ein Stutbuch eröffnet, und im frühen 20. Jahrhundert exportierte man Hackneys in großer Zahl in die ganze Welt.

EIGENSCHAFTEN

Der Hackney soll aufmerksam und aktiv erscheinen. Der Kopf hat ein gerades oder leicht konvexes Profil mit intelligenten, weit auseinanderstehenden Augen. Der Körper muss viel Gurtentiefe und gewölbte Rippen zeigen. Die Hinterhand ist gut bemuskelt und die Brust breit.

TROCKENE GLIEDMASSEN Die Gliedmaßen zeigen starke, flache Knochen mit ausreichend langen Fesseln für den federnden Schritt.

HOHE AKTION Die außerordentliche Beinaktion des Hackneys stammt von den Traberrassen seiner Vorfahren. Das Hackney-Pony ist die kleinere Ausgabe des Hackney-Pferdes.

Hannoveraner

HERKUNFT Deutschland
UMGEBUNG
BLUT
EIG.
STOCKMASS 160–167 cm
FARBEN Überwiegend Fuchs und Brauner

Der Hannoveraner wurde als Vielzweckpferd gezüchtet, das Land beackern, als Reitpferd dienen und sich als Kutschpferd eignen sollte. Inzwischen legt man mehr Wert darauf, die Rasse für den Sport zu veredeln. Der Hannoveraner erfüllt seine neue Aufgabe sehr gut und wird bei der Dressur und im Springreiten eingesetzt.

RAPPE SCHWARZBRAUNER FUCHS SCHIMMEL BRAUNER

ZUCHTGESCHICHTE

Der Hannoveraner wurde ab 1835 im Landgestüt Celle entwickelt. Man kreuzte Englische Vollblut-Hengste überwiegend mit Holsteiner-Stuten. Das Hannoversche Stutbuch wurde 1888 gegründet und 1922 in Hannoveraner-Verband umbenannt. Nach 1945 wurden verstärkt Englisches Vollblut und Trakehner eingekreuzt.

EIGENSCHAFTEN

Moderne Hannoveraner müssen einen edlen Kopf auf einem langen, eleganten Hals aufweisen. Die Schultern sind breit und schön abfallend, der Rücken ist nicht zu lang mit besonders kräftigen Lenden und muskulöser Hinterhand. Die Gliedmaßen präsentieren sich kräftig mit kantigen Gelenken.

EDLE HALTUNG Wegen seiner Stärke und vornehmen Haltung in Kombination mit seinen kraftvoll-aktiven Gängen macht der Hannoveraner eine gute Figur in der Hochleistungsdressur, die viel kontrollierte Kraft und Gewandtheit erfordert.

STRENG GEPRÜFT Die Hannoveraner-Zucht wird streng kontrolliert. Zuchthengste müssen ihr Können in gerittenen Leistungsproben unter Beweis stellen. Großer Wert wird auf das Temperament des Pferdes gelegt, das als ebenso wichtig gilt wie seine athletischen Fähigkeiten.

Henson-Pferd

HERKUNFT Frankreich
UMGEBUNG
BLUT
EIG.
STOCKMASS 150–160 cm
FARBEN Falbe

Das Henson-Pferd wurde erst 1975 als ruhiges, zuverlässiges Reitpferd entwickelt, das nichts weiter können sollte, als seinem Reiter den Genuss der spektakulären Landschaft und Natur seiner sumpfigen Heimat zu ermöglichen, der Somme-Bucht in Frankreich. Die Rassenmerkmale werden noch entwickelt.

LEBEN AN DER FRISCHEN LUFT Das Henson-Pferd wird draußen gezüchtet, aufgezogen und gehalten und gedeiht dort trotz der feuchten, nährstoffarmen Vegetation seiner sumpfigen Heimat prächtig.

ZUCHTGESCHICHTE UND EIGENSCHAFTEN

Dieses Pferd ist das Ergebnis einer Kreuzung von norwegischen Fjordpferden mit edlen Rassen wie dem Englischen Vollblut und dem Anglo-Araber. Es muss zwischen 25 und 50 Prozent Fjordpferd-Blut aufweisen. Ein Aalstrich ist obligatorisch. Manche zeigen auch Zebrastreifen an den Beinen.

Hispano-Araber

HERKUNFT Spanien
UMGEBUNG
BLUT
EIG.
STOCKMASS 152–157 cm
FARBEN Überwiegend Schimmel

Der Hispano-Araber ist eine Kreuzung von zwei der ältesten und edelsten Rassen: dem Andalusier und dem Araber. Dem Andalusier war bereits im späten 19. Jahrhundert Araber-Blut beigemischt worden; einige Züchter setzten dies fort und entwickelten so den Hispano-Araber.

RAPPE SCHIMMEL BRAUNER

ZUCHTGESCHICHTE UND EIGENSCHAFTEN

Das Stutbuch wurde 1986 eröffnet. Neueinträge müssen Nachkommen dokumentierter Pferde oder eine Kreuzung der ersten Generation zwischen einem Araber und einem Andalusier sein. Der Hispano-Araber wird hauptsächlich für den Stierkampf und die Dressur der Hohen Schule gezüchtet.

AUS GUTEM HAUS Um ins Stutbuch eingetragen zu werden, muss ein Hispano-Araber zwischen 25 und 75 Prozent reines Araber- oder Andalusier-Blut in seinem Stammbaum nachweisen.

Holsteiner

HERKUNFT Deutschland
UMGEBUNG
BLUT
EIG.
STOCKMASS 163–173 cm
FARBEN Alle Grundfarben

Der Holsteiner ist eine der ältesten gezüchteten Warmblutrassen; Pferde dieses Typs wurden im 16. Jahrhundert eingeführt und waren rasch in ganz Europa als Kutsch- und Kavalleriepferde gefragt. Deutsches, Neapolitaner- und iberisches Blut formten den ursprünglichen Holsteiner.

RAPPE

SCHWARZ-BRAUNER

FUCHS

SCHIMMEL

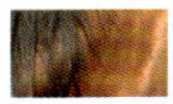
BRAUNER

ZUCHTGESCHICHTE

Im 19. Jahrhundert wurde der alte Holsteiner-Typ durch das Einkreuzen des Yorkshire Coach Horse beeinflusst. Dieser vererbte dem Holsteiner seine hohe Knieaktion. Die Zucht fand überwiegend auf dem Gestüt Traventhal in Schleswig-Holstein statt. Mit steigender Nachfrage nach einem leichten, athletischeren Sportpferd wurde etwas Vollblüter-Blut eingekreuzt. Heute befindet sich das Zuchtzentrum in Elmshorn.

EIGENSCHAFTEN

Auf Temperament, Gangwerk und Robustheit wird besonderer Wert gelegt. Der moderne Holsteiner sollte den Kopf eines edlen Jagdpferdes zeigen. Er verdankt viel von seiner heutigen Erscheinung dem Englischen Vollblut und zeigt ausgezeichnete Gliedmaßen, schräge Schultern, einen kräftigen Rücken und starke Lenden.

HOCHSPRINGER Holsteiner brillieren in den drei Hauptdisziplinen des Reitsports: Springreiten, Dressur und Vielseitigkeitsreiten. „Meteor", ein 1943 geborener brauner Holsteiner-Wallach, gewann bei drei Olympischen Spielen Medaillen im Springreiten.

QUALITÄT Der Holsteiner wurde im Lauf der Zeit leichter und edler; durch die Wagenpferde unter seinen Vorfahren verfügt er über Kraft, Robustheit und ein angenehmes Temperament.

Kisberer Felver

HERKUNFT Ungarn
UMGEBUNG
BLUT
EIG.
STOCKMASS 157–165 cm
FARBEN Alle Grundfarben

Der Kisberer Felver, auch Ungarisches Halbblut genannt, gehört zu den weniger bekannten Warmblutrassen. Zunächst wurde er als Kavalleriepferd gezüchtet, dann als Zug- und Artilleriepferd und später als Kutschpferd eingesetzt. Heutzutage kommt er als Sportpferd zum Einsatz.

RAPPE · SCHWARZBRAUNER · FUCHS · SCHIMMEL · BRAUNER

ZUCHTGESCHICHTE

Die Rasse wurde auf dem 1853 gegründeten Gestüt Kisber entwickelt. Dort züchtete man überwiegend Englische Vollblüter (S. 284–287), aber auch ein Partbred, den Kisberer Felver. Die Weltkriege forderten von der Rasse einen hohen Tribut, jedoch waren etwa 150 Pferde nach Amerika geschickt worden, wo sie sich als gut geeignet für die Rinderarbeit erwiesen. Zur Rettung der Rasse trugen auch die Bemühungen der Gräfin Gyürky bei, die im Zweiten Weltkrieg mit 60 Pferden in die USA floh. Nur 13 überlebten die Reise, aber die Rasse bestand fort und verfügt nun in Ungarn und den USA über ein Register.

GEFRAGT Vor dem Ersten Weltkrieg war der Kisberer Felver in Europa sehr gefragt. In den beiden Weltkriegen wurden Tausende dieser Pferde wegen ihres Fleisches geschlachtet.

EIGENSCHAFTEN

Der vielseitige Kisberer Felver wurde hauptsächlich auf Leistung gezüchtet. Durch strenge Auswahlverfahren sorgte man dafür, dass nur die allerbesten Einzeltiere in der Zucht zum Einsatz kamen. Dieses kräftige Pferd muss starke Knochen, große, raumgreifende Gänge und ein außergewöhnliches Temperament aufweisen. Die Rasse wird in Anerkennung der Dienste, die es dem Menschen so überaus willig geleistet hat, oft „das himmlische Pferd" genannt.

Hunter

HERKUNFT Großbritannien
UMGEBUNG
BLUT
EIG.
STOCKMASS Über 147 cm
FARBEN Alle Farben

Wie der Hack ist auch der Hunter keine Rasse. Der Hunter wird in erster Linie für den Jagdsport gezüchtet. Auch die reinen Schaupferde müssen die Merkmale aufweisen, die von einem echten Jagdpferd verlangt werden.

RAPPE | SCHWARZ-BRAUNER | FUCHS | FALBE | SCHIMMEL | BRAUNER | PALOMINO

EIGENSCHAFTEN

Ein Jagdpferd ist eigentlich jedes Pferd jeglicher Form und Größe, das auf der Jagd mit Hunden geritten wird. In der Praxis beschreibt „Hunter“ jedoch ein Pferd, das den Anforderungen einer ganztägigen Jagd gerecht wird. Es muss ein seiner Größe entsprechendes Gewicht tragen können, robust und trittsicher genug sein, um über jedes Gelände zu galoppieren, einen kühnen, kraftvollen Sprung zeigen, um alle Hindernisse auf seinem Weg zu überwinden, und außerdem über einen gut entwickelten Selbsterhaltungstrieb verfügen, um mit den oft schwierigen Gegebenheiten bei einer Jagd mit Hunden fertig zu werden.

Um eine ausreichende Geschwindigkeit und Reichweite zu erreichen, haben die meisten Hunter einen großen Anteil Vollblüter-Blut (S. 284–287). Einige der besten Hunter sind Kreuzungen aus Englischem Vollblut und Irish Draught (S. 144–145). Auch Ponyblut kann für einen Hunter nützlich sein, solange seine anderen Vorfahren für ausreichend Schnelligkeit und Reichweite gesorgt haben. Ponys sind besonders robust, zäh und trittsicher und beweisen häufig besondere Klugheit, wenn es darauf ankommt, sich und ihre Reiter aus heiklen Situationen zu befreien. Kühnheit und Mut sind zwar erforderlich, ein Hunter darf jedoch nicht übermäßig erregbar sein und sollte

REITJAGD Master und Pikören tragen die traditionellen roten Jacken; so sind sie für die nachfolgenden Reiter gut zu sehen. Die Reiter halten Abstand zu den Pikören, damit diese ihre Arbeit erledigen und den Anweisungen des Masters Folge leisten können.

auch in den berauschendsten Situationen seine guten Manieren nicht vergessen. Ein guter Hunter sollte in der Lage sein, sich einen eigenen Weg durch das Gelände zu suchen und aus eigenem Antrieb zu springen, wenn es nur ein schmales Hindernis zu überwinden gilt. Er sollte eher aufrichtig als hübsch erscheinen; die besten Hunter kombinieren Kraft und Größe mit Qualität.

SCHAUPFERDE

In der Schauarena muss der Hunter alle Eigenschaften zeigen, die im Feld von ihm verlangt werden: Kraft, Ausdauer, Robustheit, einen guten Galopp, einen kühnen Sprung und ausgezeichnete Manieren. Die Tiere werden gewöhnlich in die Klassen leicht, mittel und schwer eingeteilt. In Schauwettkämpfen wird das Pferd nach Ausstattung, Gebäude, Manieren und individueller Show beurteilt.

KÖRPERBAU Ein gut gebautes Pferd zeigt effektivere und bequemere Gänge und ist im Allgemeinen robuster als ein Pferd mit fehlerhaftem Exterieur.

ENTSPANNTES VERGNÜGEN In Europa und den USA ist die Jagd eine sehr formelle Angelegenheit mit herausgeputzten Reitern. In anderen Ländern wie Neuseeland stellt sie, wie hier zu sehen ist, ein wesentlich entspannteres Vergnügen dar.

DIE BEAUFORT-JAGD In Großbritannien gilt die Beaufort-Jagd als eines der berühmtesten Jagdereignisse. Die Herzöge von Beaufort stellen seit mehreren Generationen die Master dieser Jagd, die auf dem ebenso berühmten Anwesen Badminton geritten wird.

Indisches Halbblut

HERKUNFT Indien
UMGEBUNG
BLUT
EIG.
STOCKMASS 160–163 cm
FARBEN Alle Grundfarben

Halbblüter werden in Indien schon lange gezüchtet. Sie entstehen durch die Kreuzung eines reinrassigen Englischen Vollbluts (S. 284–287) mit anderen Rassen. Wegen seiner Anpassungsfähigkeit an fremde Klimabedingungen kreuzt man gern Englische Vollblüter ein.

RAPPE · SCHWARZBRAUNER · FUCHS · SCHIMMEL · BRAUNER

ZUCHTGESCHICHTE

Im 19. Jahrhundert wurden überwiegend Araber (S. 184–187) und Partbred-Araber eingesetzt. Im frühen 20. Jahrhundert suchte man nach einem größeren, kräftigeren Pferd und importierte australische Waler. Auf der Grundlage dieser guten Auswahl an importierten Pferden begannen die Gestüte der indischen Armee mit der Entwicklung des Indischen Halbbluts, indem sie einheimische Kathiawari-Stuten (S. 238) sowie australische Waler-Stuten mit Englischen Vollblut-Hengsten kreuzten. Das moderne Indische Halbblut wird noch als Polizeipferd genutzt und findet derzeit eine neue Aufgabe im Wettkampfsport.

EIGENSCHAFTEN

Die beiden wichtigsten Zuchtzentren arbeiten an der Zucht eines edlen Pferdes. Das Exterieur kann variieren, meist handelt es sich jedoch um ein mittelgroßes, drahtiges Pferd. Gliedmaßen und Hufe sind von hervorragender Qualität, da die Pferde ständig auf hartem Boden arbeiten.

GUTE KINDHEIT Auf den Gestüten werden die jungen Pferde auf guten Weiden bei sorgfältig ausgewähltem Zusatzfutter gehalten. Sie beginnen erst mit vier Jahren zu arbeiten und werden in einer neunmonatigen Trainingsperiode sorgfältig eingeritten.

VIELSEITIG Das Indische Halbblut wird gern als Transportmittel eingesetzt. Außerdem findet es Beschäftigung als Polizeipferd und in Reitclubs. In geringer Zahl wird es auch in die Vereinigten Arabischen Emirate exportiert.

Irish Hunter

HERKUNFT Irland
UMGEBUNG
BLUT
EIG.
STOCKMASS 163–173 cm
FARBEN Alle Grundfarben

Der Irish Hunter ist eine für die Jagd gezüchtete Kreuzung zwischen Englischem Vollblut und Irish Draught. Der Ruf der irischen Pferde sowie der Reiterinnen und Reiter ist vor allem auf dem Gebiet der Jagd so ausgezeichnet, dass der Irish Hunter als eines der besten Pferde für den Geländeritt gilt.

RAPPE SCHWARZ-BRAUNER FUCHS SCHIMMEL BRAUNER

ZUCHTGESCHICHTE

Im 12. Jahrhundert kamen schwere Pferde wie der Flamländer nach Irland und wurden mit einheimischen Stuten gekreuzt. Diesen kräftigen Schlag veredelte man später mit Andalusier- (S. 180) und etwas Araber-Blut (S. 184–187), woraus sich die Rasse Irish Draught entwickelte, ein leichtes Zugpferd mit ausreichend Qualität für die Arbeit als Reitpferd. Das Blut des Englischen Vollbluts (S. 284–287) brachte daraus den Irish Hunter hervor und verlieh ihm Reichweite und Schnelligkeit, ohne dass er an Robustheit, Trittsicherheit und Vernunft einbüßte.

EIGENSCHAFTEN

Der Irish Hunter ist kühn, athletisch und ausdauernd und begegnet Hindernissen mit der Klugheit eines Ponys. Er zeigt einen kräftigen, einfachen Kopf mit großen Ohren und ausdrucksvollen Augen. Der Hals sollte lang und leicht gebogen sein. Brust und Körper sind tief und kräftig mit starker Hinterhand.

FRUCHTBARES LAND Das feuchte Klima und der gehaltvolle Boden Irlands sorgen für nährstoffreiche Weiden, die Pferde mit starken Knochen und viel Substanz hervorbringen.

Irish Sport Horse

HERKUNFT Irland

UMGEBUNG

BLUT

EIG.

STOCKMASS 152–173 cm

FARBEN Alle Farben, jedoch meist Grundfarben

Das Irish Sport Horse ist eigentlich ein veredelter Irish Hunter. Die Eigenschaften eines guten Sportpferdes sind beim Irish Hunter bereits recht überzeugend versammelt. Das Sport Horse darf jedoch leichter gebaut und schneller sein und verfügt im Idealfall über eindrucksvollere Gänge, als bei der Jagd gebraucht werden.

RAPPE · SCHWARZ-BRAUNER · FUCHS · FALBE · SCHIMMEL · BRAUNER · PALOMINO · SCHECKE

ZUCHTGESCHICHTE UND EIGENSCHAFTEN

Irland hinkte in Bezug auf die Registrierung und Protokollierung von Rassen-Pedigrees und der Förderung von Sportpferden dem Kontinent immer hinterher. 1993 wurde das Irish Horse Board gegründet, das sowohl das Register für irische Pferde führt als auch das Irish Sport Horse im In- und Ausland vermarktet. Das Register umfasst sowohl das Stutbuch des Irish Sport Horse als auch das des Irish Draught. Es arbeitet Systeme zur Verbesserung der Zucht von irischen Pferden aus, bietet Trainings-Stipendien an und sponsert Wettkampfklassen.

Das Irish Sport Horse basiert im Allgemeinen auf einer Mischung aus Englischem Vollblut (S. 284–287) und Irish Draught (S. 144–145). Zusätzliche Einflüsse kamen auch von der einheimischen Ponyrasse, dem Connemara-Pony (S. 313), das ein ausgezeichnetes Sportpony ist.

VEREDELUNGSPROZESS In den letzten Jahren wurden in dem Bemühen, extravagantere Gänge zu erzielen, auch einige europäische Warmblutrassen in die Entwicklung des Irish Sport Horse mit einbezogen.

Kabardiner

HERKUNFT Russland
UMGEBUNG
BLUT
EIG.
STOCKMASS 152–157 cm
FARBEN Dunkle Grundfarben

Seinen Namen verdankt der Kabardiner seiner Heimatregion Kabardino-Balkarien im Nordkaukasus. Er ist sehr gut an die bergige Umgebung und das Klima angepasst. Durch seinen ausgezeichneten Orientierungssinn ist er für die berittenen Hirten in dieser Gegend von unschätzbarem Wert.

RAPPE

SCHWARZ-BRAUNER

FUCHS

BRAUNER

ZUCHTGESCHICHTE

Der Kabardiner ist mit den Steppenpferden verwandt, die sich aus dem Asiatischen Wildpferd (S. 12) und dem Tarpan entwickelt hatten. Im 16. Jahrhundert waren die Steppenpferde mit persischen, karabachischen und turkmenischen Rassen zum Kabardiner gekreuzt worden. Ursprünglich war das Pferd eher klein und leicht. Viele fielen dem Bürgerkrieg zum Opfer, aber ab den 1920er-Jahren wurden Anstrengungen unternommen, die Rasse zu verbessern und wiederzubeleben. Durch selektive Zucht und sorgfältige Haltung konnte ein größerer, kräftigerer Pferdetyp entwickelt werden, der heute als Reit- und Kutschpferd sowie zum Veredeln einheimischer Bestände eingesetzt wird.

EIGENSCHAFTEN

Der Kabardiner ist zäh und robust, sehr trittsicher und zeigt eine große Ausdauer. Der leicht primitive Kopf weist gewöhnlich ein konvexes Profil auf. Seine Gliedmaßen sind kurz und kräftig mit starken Knochen und ohne Kötenbehang.

REITPFERDE Sowohl der Kabardiner als auch der Anglo-Kabardiner geben gute Reitpferde ab. Sie zeigen große Ausdauer, ruhiges Temperament und bequeme Gänge.

BERGPFERD Zum Schutz gegen die rauen Umweltbedingungen trägt der Kabardiner üppiges Mähnen- und Schweifhaar. Die Schultern sind etwas schwer, der Rücken ist kurz und kräftig. Die Vorderbeine stehen vollkommen korrekt, während die Hinterbeine eine Tendenz zur Fassbeinigkeit zeigen.

Karabaier

HERKUNFT Usbekistan

UMGEBUNG

BLUT

EIG.

STOCKMASS 150–155 cm

FARBEN Alle Grundfarben, selten auch Schecke

Der Karabaier ist eine der ältesten Rassen Zentralasiens. Ursprünglich gab es drei Stränge: ein gutes Reitpferd, ein schwereres, ruhigeres Reit- und Kutschpferd und ein Packpferd mit längerem Rücken.

RAPPE FUCHS FALBE SCHIMMEL BRAUNER PALOMINO SCHECKE

ZUCHTGESCHICHTE

Der Karabaier war eine Kreuzung von einheimischen Steppenpferd-Stuten und edleren orientalischen Rassen. Die arabischen, persischen und turkmenischen Rassen verliehen dem ausdauernden, aber eher primitiven Steppenpferd Qualität und Schnelligkeit. Viele Usbeken leben heute noch als Nomaden. Ihre Karabaier-Herden durchstreifen die Berge und Vorgebirge; diese Lebensweise macht den Karabaier zu einem zähen, sehr robusten Pferd mit außergewöhnlicher Ausdauer.

EIGENSCHAFTEN

Der Karabaier zeigt viele Eigenschaften des Arabers, erscheint jedoch weniger edel. Der Kopf hat ein gerades Profil und kann ramsnasig sein, der Hals hat eine gute Länge, aber die Schultern sind etwas steil. Die Vorderhand ist im Vergleich zur Hinterhand besser entwickelt. Das Fell präsentiert sich fein und seidig, die Beine sind trocken und kräftig.

VERSCHÄRFTE STANDARDS Die Gestüte in Dschizal und Avangard haben viel zur Verbesserung des allgemeinen Standards beigetragen. Die Pferde werden sehr jung nach Art der Vollblut-Flachrennpferde zugeritten und müssen mit zwei und drei Jahren Leistungsproben auf der Rennbahn abgeben. Der Karabaier wird mit dem Englischen Vollblut gekreuzt, um ein Pferd für Flachrennen hervorzubringen. Der reinrassige Karabaier wird als Rennpferd in kombinierten Rennen unter dem Sattel und im Geschirr eingesetzt.

Karabagh

HERKUNFT Aserbaidschan

UMGEBUNG

BLUT

EIG.

STOCKMASS 142–152 cm

FARBEN Fuchs, Falbe oder Brauner mit metallischem Glanz

FUCHS

FALBE

BRAUNER

Der Karabagh, auch Karabacher genannt, ist eine weitere alte Bergrasse und ein naher Verwandter des Kabardiner. Beide stammen vom primitiven Przewalski-Pferd (S. 12) und dem Tarpan ab. Durch die Lage ihrer Heimat konnten sie Einflüsse der Pferderassen aus den Nachbarländern Irak, Iran, Türkei und Kurdistan aufnehmen.

ZUCHTGESCHICHTE

Den Karabagh gibt es bereits seit dem 4. Jahrhundert, aber erst seit 1981 hat er ein offizielles Stutbuch. Er ist das Ergebnis der Kreuzung des einheimischen Steppenpferdes mit Araber- (S. 184–187) und Achal-Tekkiner-Hengsten (S. 174–175). Reinrassige Karabaghs sind selten – das Gestüt Agdam in Aserbaidschan arbeitet an der Erneuerung der Rasse.

EIGENSCHAFTEN

Der Karabagh ist leicht gebaut, aber kräftig, robust und zäh. Der Kopf präsentiert sich klein und elegant, der Hals hoch aufgesetzt. Rücken und Lenden sind kurz, flach und kräftig. Die breite Hinterhand ist gut bemuskelt, die Brust tief. Die kräftigen Beine zeigen gut definierte Sehnen und kleine, harte Hufe. Das Pferd ist dünnhäutig mit feinem, seidigem Fell und Schweifhaar. Der Einfluss des Achal-Tekkiners zeigt sich im metallischen Glanz des Fells.

HOCHLAND Karabagh-Herden durchstreifen im Sommer frei die Weiden hoch in den Bergen, bevor sie im Winter ins Vorgebirge hinuntergeführt werden. Im Winter bekommen sie Luzerne als Futterergänzung.

Kathiawari

HERKUNFT Indien
UMGEBUNG
BLUT
EIG.
STOCKMASS 152 cm
FARBEN Gewöhnlich alle Grundfarben, außer Rappe

SCHWARZ-BRAUNER · FUCHS · FALBE · SCHIMMEL · BRAUNER

Der Kathiawari ist überwiegend an Indiens Nordwestküste zu finden und wurde nach der Halbinsel Kathiawar benannt. Sowohl der Kathiawari als auch sein enger Verwandter, der Marwari (S. 249), zeigen einzigartige, nach innen gebogene Ohren.

ZUCHTGESCHICHTE

Steppen- und Wüstenpferde durchstreiften seit Jahrhunderten diese Gegend von Indien. Einige waren alte Rassen wie Kabuli und Baluchi, deren charakteristische Ohrenform der Kathiawari wahrscheinlich übernommen hat. Ab dem 16. Jahrhundert wurden Araber (S. 184–187) sowie Kap-Pferde aus Südafrika importiert und mit dem einheimischen Bestand zum Kathiawari gekreuzt. Die Rasse war bei indischen Herrschern beliebt und wurde an Königshöfen gezüchtet. Im 19. Jahrhundert setzte man sie als Kavalleriepferd ein, und sie dient heute noch der berittenen Polizei.

EIGENSCHAFTEN

Der Kathiawari ähnelt dem Araber. Er ist etwas leichtknochig, aber von Natur aus robust.

GEBOGENE OHREN Das auffälligste Merkmal der Rasse sind die einzigartig geformten Ohren; sie berühren sich an den Spitzen und können um fast 360 Grad gedreht werden.

Kiger Mustang

HERKUNFT USA
UMGEBUNG
BLUT
EIG.
STOCKMASS 152–157 cm
FARBEN Falbe

Der Kiger Mustang wurde 1977 während des routinemäßigen Zusammentreibens von Mustangs in Oregon entdeckt. Der amerikanische Mustang stammt von Iberischen Pferden ab, die im 16. Jahrhundert nach Nordamerika gekommen waren. Lange ging man davon aus, dass das iberische Blut im Lauf der Zeit verdünnt worden war, doch Gentests zeigten, dass alle Kiger Mustangs einen hohen Prozentsatz iberischer Gene aufweisen.

ZUCHTGESCHICHTE UND EIGENSCHAFTEN

Im 16. Jahrhundert flohen viele Iberische Pferde und bildeten Wildherden, die als Mustangs bekannt wurden. Ausreißer weiterer Rassen schlossen sich diesen Herden an, was zu einer Verdünnung des iberischen Bluts und einer beträchtlichen Variationsbreite des Schlages innerhalb der Herden führte. Bei einem Zusammentreiben von Mustangs in Beatty's Butt in Südost-Oregon im Jahr 1977 wurde eine kleine Gruppe sehr ähnlicher Pferde entdeckt. Es waren Falben verschiedener Schattierungen mit Aalstrich und Zebrastreifen. Man beschloss eine Abtrennung der Gruppe, um diese charakteristischen Merkmale zu erhalten. Die Gruppe wurde in zwei kleine Herden getrennt und in verschiedene Gebiete gebracht. Durch Gentests an der Universität von Kentucky fand man heraus, dass die DNS aller Kiger Mustangs einen hohen Prozentsatz iberischer Gene enthielt. Die Tiere wurden sich selbst überlassen, lebten wild und vermehrten sich auf natürliche Weise. Einige Pferde wurden im Rahmen des „Adoptionsprogramms" Privathaushalten angeboten. Sie erwiesen sich als intelligent und lernwillig.

TÜCHTIG Kiger Mustangs sind kompakt gebaut und zeigen kräftige Beine und außergewöhnlich harte Hufe. Sie besitzen hohe Ausdauer und einen natürlichen „Cow Sense". In Gefangenschaft erweisen sich Kigers als fähige, hart arbeitende Pferde.

STAR Der Kiger ist ein attraktives Pferd mit einem auffällig berberähnlichen Kopf. Ein Kiger namens „Donner" diente als Modell für den Hauptdarsteller des Animationsfilms *Spirit – Der wilde Mustang*.

Kladruber

HERKUNFT Tschechische Republik
UMGEBUNG
BLUT
EIG.
STOCKMASS 163–173 cm
FARBEN Rappe oder Schimmel

RAPPE

SCHIMMEL

Die seit Langem anerkannte Rasse gilt als tschechisch, obwohl sie aus importierten Zuchtlinien entwickelt wurde. Es gibt zwei Stränge: Der weiße Kladruber ist leichter gebaut und wird als Reitpferd eingesetzt, der kräftig gebaute schwarze Kladruber überwiegend als Kutschpferd. Beide dienen jedoch häufig als Wagenpferd. Die Rasse ist inzwischen recht selten.

ZUCHTGESCHICHTE

Das Gestüt Kladrub, wo die Rasse entwickelt wurde, ist eins der ältesten Gestüte der Welt. Es wurde 1579 gegründet und züchtete mit importierten Iberischen Pferden majestätische Kutschpferde. Dazu wurden mehrere Zuchtlinien gekreuzt, darunter Neapolitaner, dänische Rassen, Holsteiner (S. 226) sowie der schwerer gebaute Oldenburger (S. 258).

EIGENSCHAFTEN

Nach der Einführung der Rasse wurde der Kladruber in zwei verschiedenen Strängen weiterentwickelt. Die größeren, edleren weißen Pferde erhielt man durch Kreuzungen mit dem Lipizzaner (S. 242). Der schwarze Kladruber war ein schwereres, aber kleineres Pferd mit einem etwas gröberen Kopf und wurde als Wagenpferd für festliche Vier- und Sechsspänner gezüchtet. Der schwarze Schlag ging in den 1930er-Jahren beinahe verloren, aber das Institut für Pferdezucht in Slatinany belebte die Rasse wieder.

SCHNEEWEISS Der Kladruber ist ein relativ schweres und schlichtes Pferd, aber seine weiße Farbe sowie seine gute Präsenz und Haltung machen ihn zu einem majestätischen Schaupferd, besonders in großen Gespannen.

Knabstrupper

HERKUNFT Dänemark
UMGEBUNG
BLUT
EIG.
STOCKMASS 157–163 cm
FARBEN Weiß mit braunen oder schwarzen Flecken

Der gefleckte Knabstrupper erfreute sich als Zirkuspferd stets großer Beliebtheit. Der alte Knabstrupper wurde hauptsächlich als Kutschpferd gezüchtet und war nicht so verfeinert wie die moderne Version, die ein besseres Gebäude aufweist und dem Appaloosa ähnelt (S. 182–183).

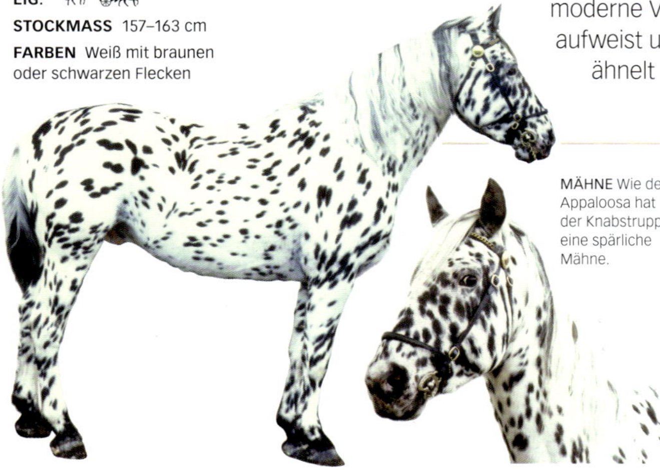

MÄHNE Wie der Appaloosa hat der Knabstrupper eine spärliche Mähne.

ZUCHTGESCHICHTE UND EIGENSCHAFTEN

Zur Zeit der Napoleonischen Kriege wurde eine gefleckte iberische Stute mit einem Frederiksborger-Hengst gekreuzt. Die Pferde waren leicht zu trainieren, aber ihr Körperbau verschlechterte sich, als sie nur noch wegen ihrer Flecken gezüchtet wurden. Beim modernen Knabstrupper wurde diese Schwäche ausgeglichen.

Lettisches Reitpferd

HERKUNFT Lettland
UMGEBUNG
BLUT
EIG.
STOCKMASS 163–173 cm
FARBEN Alle Grundfarben

Das Lettische Reitpferd, auch Lettisches Warmblut genannt, wurde durch die Veredelung der Ursprungsrasse, des Lettischen Zugpferdes, für Freizeit und Reitsport entwickelt.

RAPPE SCHWARZ-BRAUNER FUCHS SCHIMMEL BRAUNER

ZUCHTGESCHICHTE UND EIGENSCHAFTEN

Das Lettische Zugpferd war eine Kreuzung von einheimischen Stuten und importierten Oldenburger-, Holsteiner- und Hannoveraner-Hengsten. 1925 wurde das staatliche Gestüt in Svetciems eröffnet. Dort kamen zahlreiche Stuten zum Einsatz, die vorher in der Armee als Wettkampfpferde gedient hatten, sowie Trakehner, Araber und Englische Vollblüter. Das erste Stutbuch wurde ebenfalls 1925 eröffnet. Die Rasse feierte bereits Erfolge in Dressur und Springreiten.

SPORTPFERD Ein angenehmes Temperament, Springvermögen und gute Gangarten machen aus dem Lettischen Reitpferd ein geeignetes Sportpferd.

Lipizzaner

HERKUNFT Slowenien

UMGEBUNG

BLUT

EIG.

STOCKMASS 155–167 cm

FARBEN Im Allgemeinen Schimmel, aber auch Rappen und Brauner

RAPPE

SCHIMMEL

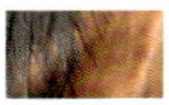
BRAUNER

Der Lipizzaner ist den meisten durch die klassischen Vorführungen an der Spanischen Hofreitschule in Wien bekannt, aber er eignet sich auch ausgezeichnet als Wagenpferd. Er wird in mehreren Ländern gezüchtet, die einst zum österreichisch-ungarischen Reich gehörten.

ZUCHTGESCHICHTE UND EIGENSCHAFTEN

Im 16. Jahrhundert wurden in Spanien die besten Araber-Zuchtlinien (S. 184–187) mit den athletischen und eleganten Iberischen Pferden gekreuzt. Einige dieser Tiere wurden nach Österreich gebracht und im Gestüt Kladrub eingesetzt. Ein zweites Gestüt wurde im slowenischen Lipizza eröffnet, um dort Reitpferde zu züchten. Die Kladruber-Hengste „Maestoso" und „Favory" gehörten zu den Stammvätern der Lipizzaner. Im 18. und 19. Jahrhundert wurden spanisches, italienisches und Araber-Blut eingekreuzt. Die entstandene Rasse zeichnet sich durch ihre kräftige Hinterhand aus, die ihr die anspruchsvollen Bewegungen der Hohen Schule ermöglicht.

EDLES GESPANN In Ungarn wird ein größerer Lipizzaner-Schlag mit fließenden Bewegungen gezüchtet, der sich besonders gut als Wagenpferd eignet.

Lokaier

HERKUNFT Tadschikistan
UMGEBUNG
BLUT
EIG.
STOCKMASS 145–150 cm
FARBEN Fuchs, Schimmel oder Brauner

FUCHS

SCHIMMEL

BRAUNER

Der Lokaier ist eine Bergrasse. Er entstand aus einem Grundstock primitiver Steppenpferde, die mit den edleren Rassen Zentralasiens gekreuzt wurden. Der Lokaier ist die kleinste der zahlreichen zentralasiatischen Pferderassen. Es gibt einige Variationen im Typ, aber er erscheint vorwiegend als kleines, zähes und drahtiges Pferd.

ZUCHTGESCHICHTE

Die Rasse wurde im 12. Jahrhundert entwickelt. Der Grundstock einheimischer Steppenpferde wurde mit asiatischen Rassen gekreuzt und vom Volk der Lokaier durch den Achal-Tekkiner (S. 174–175), den Karabaier (S. 236) und den Araber (S. 184–187) weiter veredelt. Der Lokaier ist ein Reit- und Packpferd, das gut mit schwierigem Gelände und großen Höhen zurechtkommt. Er wird auch im Sport als Rennpferd und im Kokpar-Spiel eingesetzt, bei dem eine Reitergruppe um einen Ziegenkadaver kämpft.

EIGENSCHAFTEN

Zwar gibt es eine gewisse Variationsbreite im Typ, allgemein erscheint der Lokaier jedoch als zähes, trittsicheres, recht spätreifes, kleines Pferd. Sprunggelenke und Vorderhand können Stellungsfehler aufweisen und erscheinen häufig fassbeinig. Der Kopf ist recht kurz, der Hals oft trocken und tief aufgesetzt. Die Brust ist tief und breit, die Kruppe lang und abfallend, aber gut bemuskelt.

REITPFERD Der trittsichere Lokaier hat seinen Wert als Arbeitspferd in den Bergregionen seiner Heimat bewiesen. Gegenwärtig wird in Tadschikistan ein größeres Pferd mit besserem Körperbau gezüchtet, indem Lokaier mit Araber- und Vollblut-Hengsten gekreuzt werden.

Lusitano

HERKUNFT Portugal

UMGEBUNG

BLUT

EIG.

STOCKMASS 152–163 cm

FARBEN Überwiegend Schimmel und Brauner

Der Lusitano ist nach dem Wort „Lusitania" benannt, der lateinischen Bezeichnung für Portugal. Er ähnelt stark dem Andalusier (S. 180) aus dem Nachbarland Spanien und blickt auf eine ähnliche Geschichte zurück. Beide gehören zu den Iberischen Pferden und stammen wahrscheinlich vom Sorraia-Pony (S. 357) und Berber (S. 190–91) ab.

RAPPE · SCHWARZBRAUNER · FUCHS · FALBE · SCHIMMEL · BRAUNER · PALOMINO

ZUCHTGESCHICHTE UND EIGENSCHAFTEN

Wahrscheinlich führte selektive Zucht ab dem 18. Jahrhundert zur Ausprägung der Unterschiede zwischen den beiden Rassen.

Der Lusitano ist ein außergewöhnlich mutiges und wendiges Pferd, beides Eigenschaften, die beim Umgang mit einem wütenden Bullen erforderlich sind. Sein langer, edler Kopf zeigt oft ein konvexes Profil. Wegen seiner übermäßig langen Röhrbeine wirkt er langbeiniger als der Andalusier.

GEBÄUDE Der Lusitano ist ein gut gebautes Pferd, das ein für die Dressur erforderliches Ausschreiten sowie die Versammlung zeigen sollte und dabei die in der Stierkampfarena gefragte Wendigkeit besitzt. Mähnen- und Schweifhaar präsentieren sich üppig und gewellt.

SPANISCHER SCHRITT Der Lusitano wird auch für die Wettbewerbsdisziplin Dressurreiten sowie für die klassische Hohe Schule eingesetzt. Dieses Pferd zeigt den Spanischen Schritt, eine außergewöhnlich verstärkte Schrittgangart.

Mangalarga

HERKUNFT Brasilien
UMGEBUNG
BLUT
EIG.
STOCKMASS 147–157 cm
FARBEN Fuchs, Schimmel, Brauner oder Stichelhaar

FUCHS SCHIMMEL BRAUNER STICHELHAAR

Der Mangalarga teilt sich in zwei Stränge: den Mangalarga und den Mangalarga Marchador. Trotz enger Verwandtschaft besitzen die beiden Schläge inzwischen eigene Stutbücher und Züchtervereinigungen. Die Ursprünge der Rasse gehen auf Altér-Real-Hengste (S. 176–177) zurück, die im frühen 19. Jahrhundert nach Brasilien verschifft wurden.

ZUCHTGESCHICHTE

Im 19. Jahrhundert kreuzte Baron von Alfenas Altér-Real-Hengste mit einheimischen Stuten, ihrerseits Kreuzungen zwischen hauptsächlich Berbern und niederländischen Pferden. Auch Araber, Englisches Vollblut und American Saddlebred wurden eingekreuzt, um ein Pferd mit einer besonderen Gangart zu erzeugen, dem *Marcha trottada*, einem Schritttrab.

EIGENSCHAFTEN

Das Pferd wirkt edel mit einem etwas langen Kopf und aufmerksamen Augen und Ohren. Es hat einen langen, muskulösen Hals, einen hervorstehenden Widerrist, einen kurzen, kräftigen Rücken, eine gut bemuskelte Hinterhand und einen hoch angesetzten Schweif. Der Mangalarga zeigt sowohl den *Marcha picada*, einen lateralen Viertaktgang, als auch den *Marcha batida*, einen diagonalen Viertaktgang.

VIELSEITIG Der Mangalarga wird in der Landwirtschaft, als Freizeitreitpferd und im Reitsport eingesetzt.

GANGPFERD Mit zunehmender Beliebtheit der Rasse konzentrierten sich die Züchter auf die Entwicklung verschiedener Gangarten innerhalb der Rasse und kreuzten Hackney, Traber und eine Auswahl europäischen Bluts ein.

LUSITANO-HENGST Seit der Eröffnung eines eigenen Stutbuchs für den Lusitano haben die Portugiesen diese Rasse durch Überwachung der verschiedenen Zuchtlinien und selektivere Zucht deutlich verbessern können.

Maremmano

HERKUNFT Italien
UMGEBUNG
BLUT
EIG.
STOCKMASS 157–160 cm
FARBEN Alle Grundfarben

Der Maremmano wurde in der Toskana gezüchtet. Das Gebiet der Maremma bestand aus Sümpfen, bevor man es trockenlegte und Weideland daraus machte. Obwohl die Herkunft dieser Rasse unklar ist, vermutet man, dass sie von Neapolitanern, Spaniern, Berbern und Arabern beeinflusst wurde.

RAPPE | SCHWARZBRAUNER | FUCHS | SCHIMMEL | BRAUNER

ZUCHTGESCHICHTE

Der Maremmano geht auf den alten Neapolitaner zurück, der aus einer Kreuzung von Berber (S. 190–191), Iberischem Pferd und Araber (S. 184–187) entstand und im 16. Jahrhundert durch die Neapolitanische Reitschule berühmt wurde.

Um dem Bedarf der Bauern gerecht zu werden, wurden europäische Rassen eingekreuzt, besonders der Norfolk Roadster, wodurch ein kräftiges Reitpferd mit einem ausgeglichenen Temperament entstand, das auch in der Landwirtschaft und als leichtes Zugpferd arbeiten konnte. Der Maremmano wird bei der berittenen Polizei eingesetzt.

EIGENSCHAFTEN

Die ausgeprägte Mischung kann zu starken Variationen führen: Einige Pferde erscheinen edel und zierlich, aber die Mehrheit ist eher schlicht und derb. Der allgemeine Schlag präsentiert sich als kräftiges Arbeitspferd. Er zeigt nicht die besten Schultern, hat sich aber trotzdem zu einem zähen, robusten Pferd entwickelt, das Ausdauer und ein ruhiges, fügsames Temperament beweist, und wird gern vom *Buttero,* dem italienischen Cowboy, geritten.

VERBESSERUNG Der ursprüngliche Maremmano war relativ schlicht, aber durch selektive Zucht mit besseren Hengsten wurden Qualität und Gebäude insgesamt stark verbessert.

Marwari

HERKUNFT Indien
UMGEBUNG
BLUT
EIG.
STOCKMASS 147–157 cm
FARBEN Alle Grundfarben und Scheckungen

Der genaue Ursprung des Marwari ist unbekannt, aber er wurde als eigene Rasse in Indien entwickelt. Seine Vorfahren stammten möglicherweise aus Usbekistan und Turkmenistan. Der Marwari ist ein drahtiges, aber elegantes Pferd, und sein Hauptmerkmal stellen die nach innen gebogenen Ohren dar.

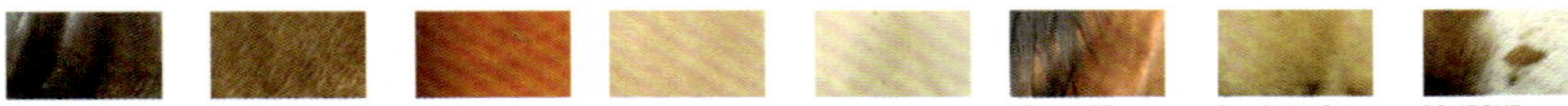

RAPPE | SCHWARZ-BRAUNER | FUCHS | FALBE | SCHIMMEL | BRAUNER | PALOMINO | SCHECKE

ZUCHTGESCHICHTE UND EIGENSCHAFTEN

Mit der Entwicklung des Marwari wurde bereits im 12. Jahrhundert begonnen. Einige Hengste gehörten den Rathoren, die zu jener Zeit über die Region Marwar herrschten. Die Rasse wurde wahrscheinlich durch turkmenisches und Araber-Blut beeinflusst und ähnelt auch dem Kathiawari. Zum Einsatz kam sie als Schlachtenpferd der Krieger, als Sportpferd beim Polo und bei der Jagd.

Der Marwari zeigt oft einen natürlichen Passgang, den *Revaal*, und führt geschickt die Bewegungen der Hohen Schule aus. Der Kopf mit den säbelförmigen Ohren wirkt sehr edel. Der Hals ist lang, gebogen, stolz und hoch aufsitzend. Die Brust ist gut entwickelt, die Gliedmaßen sind lang und schlank.

KRIEGERPFERD Der Marwari wurde lange von indischen Königsfamilien geschätzt und gehalten. Als mutiges, agiles und zähes kleines Kriegspferd kam er in seiner Heimat Indien oft zum Einsatz.

Missouri Foxtrotter

HERKUNFT USA
UMGEBUNG
BLUT
EIG.
STOCKMASS 142–163 cm
FARBEN Alle Farben, aber überwiegend Fuchs

Der Missouri Foxtrotter wurde aufgrund des Bedarfs der Siedler an einem Pferd entwickelt, das sie viele Meilen über zerklüftetes Gelände reiten konnten. Zwar ist die Rasse vor allem für ihren namengebenden Foxtrot bekannt, sie verfügt aber noch über zwei andere charakteristische Gänge: den *Flat Foot Walk* und einen *Rocking Horse*-Kanter.

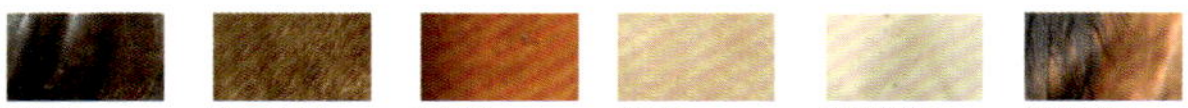

RAPPE SCHWARZ-BRAUNER FUCHS FALBE SCHIMMEL BRAUNER

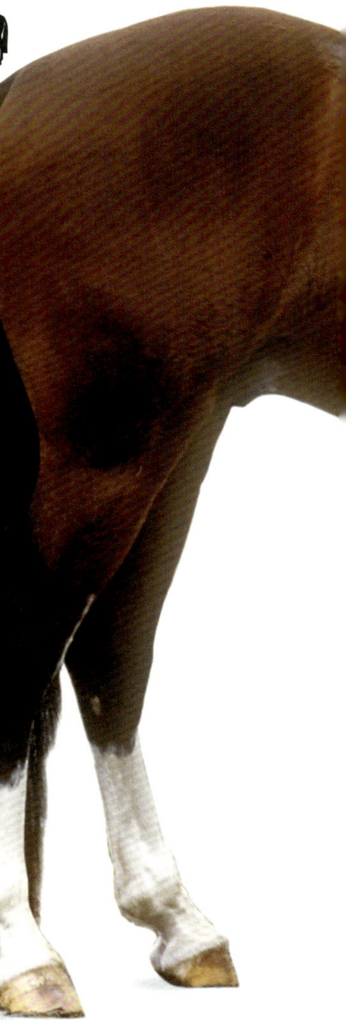

ZUCHTGESCHICHTE

Die ersten Siedler ließen sich in den frühen 1800er-Jahren in Missouri nieder. Sie stammten überwiegend aus Tennessee, Virginia und Kentucky und brachten verschiedene Sattelpferde wie Morgan (S. 252), Englisches Vollblut (S. 284–287) und Iberische Pferde mit. Durch Kreuzungen dieser Rassen wollte man ein Pferd züchten, das sich optimal für das zerklüftete Gelände in diesem Gebiet eignete. Durch gezieltes Einkreuzen von American Saddlebred (S. 179) und Tennessee Walker (S. 282) konnte der Missouri Foxtrotter entwickelt werden. Sein namengebender Gang lässt sich so beschreiben: Die Vorderbeine gehen Schritt, die Hinterbeine Trab. Dabei wird jegliches Rütteln und Schütteln beim Aufsetzen der Hinterhufe ausgeschaltet; sie berühren den Boden und gleiten in den Spuren der Vorderhufe nach vorn. Auf diese Weise kann das Pferd über längere Zeit eine Geschwindigkeit von 13 km/h beibehalten.

Den Züchtern gelang es, ein Pferd mit dieser natürlichen Gangart zu entwickelt, ohne ebenso wichtige Merkmale wie Robustheit, Ausdauer und ein sanftes, freundliches

DER FOXTROT Die namengebende Gangart erlaubt es, mit minimaler Anstrengung schwieriges Gelände zu überwinden. Das Pferd geht mit den Vorderbeinen im Schritt und trabt mit den Hinterbeinen, indem es bei Bodenberührung der Hufe diese nach vorn schiebt und so den Spuren der Vorderhufe folgt.

Temperament zu verlieren. In Kanada und den USA gibt es über 40 000 registrierte Missouri Foxtrotters.

EIGENSCHAFTEN

Die Rasse hat sich zu einem muskulösen, kompakten und besonders vielseitigen Pferd entwickelt. Im Vergleich zum Tennessee Walker und American Saddlebred, die seine Entwicklung beeinflussten, hat der Missouri Foxtrotter eine niedrige Aktion; ein langer Rücken begünstigt den Foxtrot. Der Kopf kann etwas schlicht sein, erscheint jedoch adrett und trocken und verjüngt sich zu einem schmalen Maul. Der Gesichtsausdruck ist aufmerksam und intelligent. Die Brust präsentiert sich breit und tief, und die Schultern sind schräg und kraftvoll – die Bewegung kommt eher aus den Schultern als über eine übertriebene Knieaktion. Auch die Hinterhand ist kräftig und muskulös mit tief angesetztem Schweif.

KOMPAKT Der Foxtrotter erscheint nicht so prachtvoll wie der Tennessee Walker oder der American Saddlebred. Mit seinem kräftigen, kompakten Körper sieht er eher aus wie ein Arbeitspferd. Er ist bekannt für seine Ausdauer und allgemeine Robustheit.

FREIZEITREITEN Das freundliche, sanfte Temperament und der bequeme Gang des Missouri Foxtrotter machen ihn zu einem beliebten Freizeit- und Wanderreitpferd. Es gibt auch spezielle Schauklassen für die Rasse. Durch seine Größe und sein Temperament ist er auch als Reitpferd für Kinder geeignet.

Morab

HERKUNFT USA
UMGEBUNG
BLUT
EIG.
STOCKMASS 147–160 cm
FARBEN Alle Farben außer Schecken

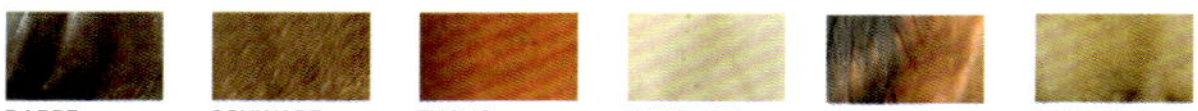

RAPPE | SCHWARZ-BRAUNER | FUCHS | SCHIMMEL | BRAUNER | PALOMINO

Der Morab ist eine Kreuzung zwischen Araber (S. 184–187) und Morgan (siehe unten). Er wird als Rasse und nicht als Halbblut anerkannt, weil er seine charakteristischen Merkmale durchweg an seine Nachkommen vererbt.

ZUCHTGESCHICHTE UND EIGENSCHAFTEN

In den 1920er-Jahren wurde der Name der Rasse durch William Randolph Hearst geprägt. Er kreuzte zwei Araber-Hengste mit Morgan-Stuten und fand den Morab ideal für die Arbeit auf der Ranch. Das Zuchtregister wurde 1999 gegründet.

ZUCHTLINIEN Der Stamm der ersten Generation besteht je zur Hälfte aus Arabern und Morgans, sodass die Rasse bei allen drei Zuchtgesellschaften registriert werden kann.

Morgan

HERKUNFT USA
UMGEBUNG
BLUT
EIG.
STOCKMASS 145–160 cm
FARBEN Alle dunklen Farben; weiße Beinabzeichen über Knie oder Sprunggelenk sind nicht erlaubt.

RAPPE | SCHWARZ-BRAUNER | FUCHS | BRAUNER

Der Stammvater des Morgan-Pferdes wurde trotz seiner kleinen Statur für Mut, Stärke, Geschwindigkeit und seinen unbeugsamen Geist berühmt. Ursprünglich hieß er „Figure", später wurde er in „Justin Morgan" umbenannt.

ZUCHTGESCHICHTE UND EIGENSCHAFTEN

Justin Morgan, 1789 geboren, besaß wahrscheinlich niederländisches, Araber- und Vollblüter-Blut. Mit nur 142 cm erschien er leicht und edel. Er arbeitete als Acker-, Zug- und sogar Rennpferd. Der außergewöhnliche Stammvater vererbte seine Qualitäten an die Nachkommen.

EDLE RASSE Morgans haben ein edles, ausdrucksvolles Gesicht, einen gebogenen Hals, kräftige, schräge Schultern und einen ausgeprägten Widerrist. Die langen Fesseln unterstützen den leichten, federnden Schritt.

Mustang

HERKUNFT USA
UMGEBUNG
BLUT
EIG.
STOCKMASS 142–152 cm
FARBEN Alle Farben

Der Mustang ist das Wildpferd Nordamerikas. Die ersten Pferde iberischer Abstammung vermischten sich mit anderen Rassen, die entlaufen waren oder ihr Zuhause verloren hatten. Im frühen 19. Jahrhundert wurde der Bestand auf über zwei Millionen geschätzt. Abschussaktionen wurden bis 1971 durchgeführt.

ZUCHTGESCHICHTE UND EIGENSCHAFTEN

Pferde gab es in Nordamerika schon in prähistorischer Zeit, aber vor etwa 12000 Jahren starben sie aus. Im 16. Jahrhundert wurden von den Konquistadoren Pferde aus Spanien eingeführt, in deren Adern Andalusier-, Araber- und Berber-Blut floss. Viele von ihnen rissen aus und verwilderten.

Im Lauf der Zeit schlossen sich Pferde aller möglichen anderen Rassen den Herden an, was zu einer großen Variationsbreite des Typs führte. Sie alle zeigten jedoch die gleichen überlebenswichtigen Merkmale: Robustheit, Zähigkeit und Klugheit. Viele wurden als Reit- und Armeepferde eingesetzt. Heute beläuft sich der Bestand auf etwa 25000. Über die Hälfte davon befindet sich in Nevada, weitere große Herden in Montana und Oregon.

ZÄH Der Mustang ist in einer Vielzahl von Schlägen und allen Farben anzutreffen. Es sind zähe, sehr gelehrige Pferde. Eingefangene Mustangs werden zur Umsiedlung angeboten, aber in der Regel gibt es mehr Pferde als potenzielle Heimstätten.

BELIEBTE REITPFERDE Der Morgan gehört heute zu den bedeutendsten amerikanischen Rassen. Moderne Morgans werden als Reit- und Fahrpferde eingesetzt und müssen selten so hart arbeiten wie ihr Stammvater Justin Morgan.

Namibisches Warmblut

HERKUNFT Namibia
UMGEBUNG
BLUT
EIG.
STOCKMASS 163–173 cm
FARBEN Alle Grundfarben

Das Namibische Warmblut entstand im frühen 20. Jahrhundert durch den Import europäischer Warmblutrassen. Angestrebt wird ein edles, großes, leistungsorientiertes Warmblut mit elastischen, ausgewogenen Bewegungen und einer guten Befähigung zum Springen.

RAPPE · SCHWARZ-BRAUNER · FUCHS · SCHIMMEL · BRAUNER

ZUCHTGESCHICHTE UND EIGENSCHAFTEN

1936 importierte das Gestüt Voigtland einen Trakehner-Hengst (S. 288–289), der mit einheimischen Stuten gekreuzt wurde und damit ein Zuchtprogramm für warmblütige Leistungspferde begründete. 1952 importierte dasselbe Gestüt einen Shagya-Araber-Hengst (S. 274) und etwas später einen Hannoveraner (S. 224). Zur selben Zeit kaufte das Gestüt Onduno eine Westfalen-Hengst (S. 291). Diese Mischung von warmblütigen Stammvätern wurde durch den stetigen Import und Einsatz von Vollblut-Hengsten (S. 284–287) ausgeglichen, da die Züchter des Namibischen Warmbluts die Bedeutung des Englischen Vollbluts erkannten.

Gemäß den Zuchtrichtlinien kann bei dem Namibischen Warmblut aus beliebigen Zuchtlinien gewählt werden, um das ideale Sportpferd zu erschaffen. Die Gesellschaft wurde 1994 gegründet und besteht darauf, dass alle Zuchthengste und -stuten zugelassen und gekört werden.

LEISTUNGSZUCHT Das Namibische Warmblut ist ein kräftiges Sportpferd. Die Tiere werden nach Gebäude, Bewegung, Schlag und Sprung gekört. Stuten wie Hengste werden anhand des Freispringens beurteilt.

Nonius

HERKUNFT Ungarn
UMGEBUNG
BLUT
EIG.
STOCKMASS 160–167 cm
FARBEN Überwiegend Brauner

Ungarn verfügte im 19. Jahrhundert über eine umfangreiche Zuchtbranche mit einem Bestand von über zwei Millionen Pferden. Das Land lieferte in großer Zahl Kavalleriepferde nach ganz Europa. Der Nonius gehörte zu mehreren Rassen, die im 1784 gegründeten Gestüt Mezőhegyes entwickelt wurden.

RAPPE SCHWARZ-BRAUNER FUCHS BRAUNER

ZUCHTGESCHICHTE

Der Stammvater „Nonius Senior" kam 1810 in der Normandie zur Welt und war wahrscheinlich ein Anglo-Normanne. Ungarische Truppen erbeuteten ihn 1813 von den Franzosen. Obwohl er nicht gerade attraktiv war, erwies er sich als hervorragender Zuchthengst. Er wurde mit Arabern (S. 184–187), ungarischen Stuten, Lipizzanern (S. 242) und Iberischen Pferden gekreuzt und anschließend mit seinen besten Nachkommen verpaart; auf diese Weise entwickelte sich der charakteristische Nonius-Schlag. In den 1860er-Jahren kreuzte man Englisches Vollblut (S. 284–287) ein und erhielt so zwei Nonius-Typen: ein kleineres, edleres Reitpferd und den ursprünglichen, schwereren Schlag, der hauptsächlich als Kutschpferd und als leichtes Zugpferd eingesetzt wurde.

EIGENSCHAFTEN

Der moderne Nonius ist ein kräftig gebautes, attraktives Pferd. Der Hals ist gut proportioniert und kraftvoll, der Widerrist ausgeprägt, und die Schultern sind schön schräg. Rücken und Lenden erscheinen besonders kräftig, die Hinterhand ist gut bemuskelt. Die Gliedmaßen sind trocken und kräftig.

SCHLICHTE SCHÖNHEIT Der Nonius hat einen kräftigen, schlichten Kopf, erscheint aber mit seinem Ausdruck sanfter Aufrichtigkeit dennoch attraktiv. Die Rasse zeigt ein angenehmes, williges Temperament.

AKTIV Durch seine Kraft und Energie ist der Nonius als Kutschpferd besonders geeignet – der größere, schwerere Schlag wird im Allgemeinen auch in dieser Funktion eingesetzt. Seine freien, aktiven Gänge machen ihn aber auch zu einem guten Reitpferd.

Oldenburger

HERKUNFT Deutschland
UMGEBUNG
BLUT
EIG.
STOCKMASS 163–178 cm
FARBEN Alle Grundfarben, aber gewöhnlich Rappe, Schwarzbrauner oder Schimmel

RAPPE SCHWARZBRAUNER FUCHS SCHIMMEL BRAUNER

Der seit Beginn des 17. Jahrhunderts gezüchtete Oldenburger ist Deutschlands schwerste Warmblutrasse. Sein Geburtsort liegt in Niedersachsen in der Nähe von Oldenburg. Das Pferd wurde aus mehreren Rassen entwickelt; einen besonderen Einfluss übte jedoch der Friese (S. 216) aus.

ZUCHTGESCHICHTE

Graf Johann XVI. von Oldenburg gründete im späten 16. Jahrhundert mehrere Gestüte mit einer bunten Mischung von Hengsten zur Zucht von Kutschpferden. Sein Nachfolger setzte außerdem Hengste mit polnischem, Berber- (S. 190–191) und britischem Blut ein. 1861 wurde das Stutbuch des Oldenburgers eröffnet und ein Brandzeichen eingeführt. Die Gründung der Zuchtgesellschaft folgte 1897. Später veredelte man den Oldenburger zu einem Leistungspferd, unter anderem mit dem Englischen Vollblut (S. 284–287).

EIGENSCHAFTEN

Der Kopf ist relativ schlicht, zeigt aber einen freundlichen Ausdruck. Die große Kraft in Hinterbeinen und Hinterhand verschafft dem Oldenburger Vorteile bei Dressur und Springreiten.

KRAFTPAKET Der Oldenburger ist die größte und schwerste der deutschen Warmblutrassen. Dennoch ist er sehr gut gebaut und erscheint keineswegs schwerfällig.

Orlow-Traber

HERKUNFT Russland

UMGEBUNG

BLUT

EIG.

STOCKMASS 160–163 cm

FARBEN Alle Grundfarben, aber überwiegend Schimmel

RAPPE · SCHWARZ-BRAUNER · FUCHS · SCHIMMEL · BRAUNER

Der Orlow-Traber ist eine der ältesten russischen Rassen und gehört neben dem amerikanischen Standardbred (S. 276–279) und dem Französischen Traber (S. 214–215) zu den erfolgreichsten Traberrassen. Heute ist er außerhalb seiner Heimat nicht mehr sehr bekannt, spielt aber eine Rolle bei russischen Trabrennen.

ZUCHTGESCHICHTE UND EIGENSCHAFTEN

Ende des 18. Jahrhunderts importierte Graf Alexis Orlow einen Araberhengst; einer dessen Nachkommen war ein Schimmelhengst, der mit einer dänischen Stute den 1784 geborenen „Bars I." zeugte. Bars I. war ein erfolgreicher Zuchthengst und Gründer des Orlow-Trabers. Der Kopf des Orlow-Trabers ist klein mit breiter Stirn und wachsamen, gespitzten Ohren. Sein hoch aufgesetzter, schwanenartiger Hals verleiht ihm ein elegantes Aussehen. Der Rücken ist lang, aber kräftig mit muskulösen Lenden.

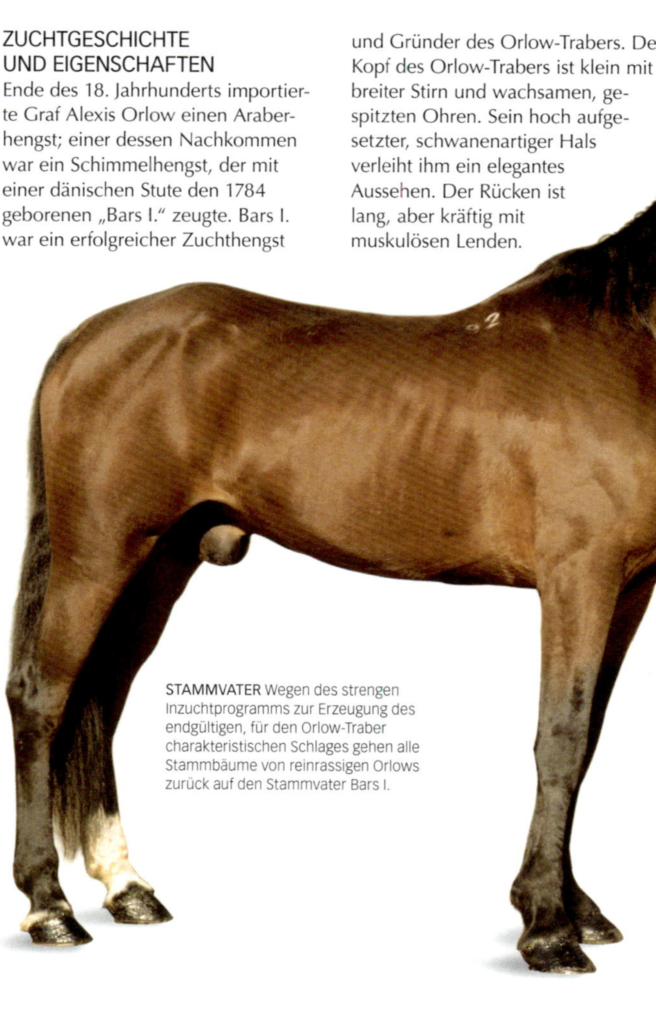

STAMMVATER Wegen des strengen Inzuchtprogramms zur Erzeugung des endgültigen, für den Orlow-Traber charakteristischen Schlages gehen alle Stammbäume von reinrassigen Orlows zurück auf den Stammvater Bars I.

DIE TROIKA Eine beliebte russische Gespannform ist die Troika. Das Mittelpferd läuft im Trab, während die beiden anderen im Kanter gehen und den Kopf dabei nach außen drehen.

Palomino

HERKUNFT USA
UMGEBUNG
BLUT
EIG.
STOCKMASS 142–173 cm
FARBEN Hell-, Mittel- oder Dunkelgold

Der Begriff „Palomino“ beschreibt eigentlich eine Fellfarbe, weniger eine Rasse. Viele verschiedene Rassen können Palomino-Pferde hervorbringen, aber in Amerika sind sie inzwischen auch als eigene Rasse anerkannt.

ZUCHTGESCHICHTE

Die Fellfarbe Palomino findet sich schon seit 200 v. Chr. in europäischen und asiatischen Darstellungen. Diese Pferde wurden von Arabern und Mauren geritten. Während der Kreuzzüge schenkte der Emir Saladin Richard Löwenherz ein prächtiges goldenes Palomino-Kriegspferd. Die spanische Königin Isabella war eine begeisterte Palomino-Züchterin und soll einen Palomino-Hengst sowie fünf Zuchtstuten nach Neuspanien, dem heutigen Mexiko, geschickt haben, damit die „Rasse“ in der Neuen Welt gezüchtet werden konnte. Die Idee, Palominos als Typus zu registrieren, entstand 1935, als Dick Halliday seinen Palomino-Hengst „El Rey de los Reyes“ registrierte und andere Züchter dazu inspirierte, sich auf die Zucht von Pferden mit dieser Fellfarbe zu spezialisieren. Das Register wurde 1936 in die neu gegründete Palomino Horse Association eingegliedert.

BLAUE AUGEN Inzwischen werden auch cremefarbene Pferde mit blauen Augen akzeptiert, da ihre Nachkommen Palominos sind.

EIGENSCHAFTEN

Die Palomino Horse Association akzeptiert jede Rasse, solange sie den Anforderungen an Körperbau und Farbe entspricht. Die ideale Palomino-Färbung gleicht der einer frisch geprägten Goldmünze, wobei der Farbton von Hell- über Mittel- bis Dunkel-Palomino reicht. Mähne und Schweif sollten weiß, silbern oder elfenbeinfarben sein und nicht mehr als 15 Prozent dunkle Haare enthalten.

IMPOSANTES GOLD Die Palomino-Färbung ist zweifellos auffällig. Der Ursprung des Namens ist unbekannt, aber er könnte von Don Juan de Palomino stammen, dem der Konquistador Hernán Cortés ein „goldenes Pferd“ schenkte.

Paso Fino

HERKUNFT Puerto Rico und Kolumbien
UMGEBUNG
BLUT
EIG.
STOCKMASS 137–157 cm
FARBEN Alle

Der Paso Fino ist ein Gangpferd, das vom spanischen Jennet, dem Berber (S. 190–191) und dem Andalusier (S. 180) abstammt. „Paso Fino" bedeutet „Schöner Gang" – eine gute Beschreibung der Rassemerkmale. Bei einer Geschwindigkeit von 26 km/h verspürt der Reiter keinerlei Unbequemlichkeit.

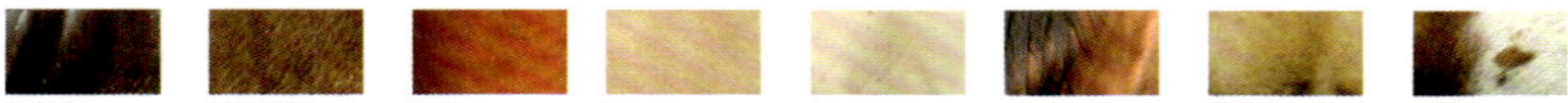

RAPPE, SCHWARZ-BRAUNER, FUCHS, FALBE, SCHIMMEL, BRAUNER, PALOMINO, SCHECKE

ZUCHTGESCHICHTE UND EIGENSCHAFTEN

Der Stamm dieser Rasse wurde aus Spanien in die Dominikanische Republik gebracht, und von dort aus nach Puerto Rico, Kolumbien, Kuba und Mexiko. Der Paso Fino zeigt drei natürliche Gangarten. Der klassische *Paso fino* ist der langsamste der Gänge und normalerweise nur bei Schaupferden zu sehen, der *Paso corto* ein Arbeitstrab mit kräftigen, raumgreifenden Schritten und der *Paso largo* ein starker Trab, mit dem das Pferd dieselbe Geschwindigkeit erreichen kann wie im Kanter.

AUSGEGLICHEN Der Paso Fino hat sich zu einem in jeder Hinsicht ausgeglichenen Pferd entwickelt. Das Gebäude ist gut proportioniert, attraktiv und edel.

Paso Peruano

HERKUNFT Peru
UMGEBUNG
BLUT
EIG.
STOCKMASS 145–157 cm
FARBEN Alle Grundfarben, auch Falbe, Palomino und Stichelhaar

Mit den spanischen Eroberern kamen auch die Pferde nach Peru. Aus einer Mischung von spanischem Jennet, Berber (S. 190– 191) und Andalusier (S. 180) entstand der Paso Peruano – das „Nationalpferd Perus". Seine Ursprünge ähneln denen des Paso Fino, von dem er sich jedoch deutlich unterscheidet.

RAPPE | SCHWARZ-BRAUNER | FUCHS | FALBE | SCHIMMEL | BRAUNER | PALOMINO | STICHELHAAR

ZUCHTGESCHICHTE UND EIGENSCHAFTEN

Der weiche, gemächliche Gang des Paso Peruano stammt vom spanischen Jennet. Kraft und Ausdauer verdankt er Berber und Gebäude, Schönheit und Aktion dem Andalusier. Der Paso Peruano unterscheidet sich vom Paso Fino durch die größere Schrittlänge und seinen besonderen Gang, den *Termino,* bei dem die Vorderbeine schwimmähnliche Bewegungen ausführen. Die Gänge werden stets an die Nachkommen weitergegeben.

SCHNELLIGKEIT Der heute überwiegend als Freizeitreitpferd eingesetzte Paso Peruano trug seinen Reiter früher mithilfe seiner verstärkten Gänge rasch über bergiges Gelände.

ERBE Der spanische Jennet hat seine tänzelnden Gänge an den Paso Peruano weitergegeben, der geschätzt wird, weil er sich so bequem über raues Gelände reiten lässt.

Pinto

HERKUNFT USA
UMGEBUNG
BLUT
EIG.
STOCKMASS 147–167 cm
FARBEN Scheckung aus Weiß und jeder anderen Fellfarbe

Der Pinto deckt eine Vielzahl von Rassen ab, da sich der Begriff „Pinto" auf die gescheckte Fellfärbung des Tiers bezieht. In allen anderen Ländern wird er nur zur Beschreibung der Fellfarbe verwendet, aber in den USA ist der Pinto als Rasse anerkannt.

SCHECKE In europäischen Ländern gilt der Pinto als Schecke, in den USA als Rasse.

ZUCHTGESCHICHTE UND EIGENSCHAFTEN

Pintos stammen von den Iberischen Pferden ab, die mit Ankunft der Konquistadoren nach Nord- und Südamerika eingeführt wurden. Obwohl jede Rasse als Pinto registriert werden kann, solange sie die erforderliche Fellfärbung aufweist, ist der Pinto-Schlag gewöhnlich der eines Gebrauchspferdes. Es gibt zwei Fellmuster: Beim Overo ist das Fell dunkel mit großen weißen Flecken, der Tobiano zeigt große dunkle Flecken auf weißem Fell. Als Rasse ist der Pinto in Amerika seid 1963 anerkannt. Pintos werden in vier verschiedenen Kategorien registriert: als Gebrauchs-, Jagd-, Freizeit- und Sattelpferd.

TOBIANO Ein weißes Fell mit Flecken kennzeichnet den Tobiano. Die für diese Färbung verantwortlichen Gene sind komplex; Kreuzungen führen daher zu vielfältigen Ergebnissen.

Plantation Horse

HERKUNFT USA
UMGEBUNG
BLUT
EIG.
STOCKMASS 147–163 cm
FARBEN Alle Grundfarben, aber überwiegend Schimmel

1905 züchtete die Familie McCurdy einen Schimmelhengst namens „McCurdy's Dr. McLain". Er wurde mit einer Reihe von Gangpferden gekreuzt, und die Zuchtlinie, die sich bei anderen Plantagenbesitzern bald großer Beliebtheit erfreute, wurde als „McCurdy" bekannt.

RAPPE · SCHWARZ-BRAUNER · FUCHS · SCHIMMEL · BRAUNER

ZUCHTGESCHICHTE UND EIGENSCHAFTEN

Alle McCurdy's Plantation Horses wurden 1930 als Stamm registriert. 1993 wurde die McCurdy Plantation Horse Association gegründet. Die Rasse zeigt einen weichen Gang, runde Hüften, eine breite Brust, einen kurzen Rücken und starke Knochen. Mähnen- und Schweifhaar sind üppig.

MCCURDY LICK Der laterale Viertaktgang des Plantation Horse wird *McCurdy Lick* genannt.

Pleasure Horse

HERKUNFT USA
UMGEBUNG
BLUT
EIG.
STOCKMASS Über 142 cm
FARBEN Alle

Das Pleasure Horse ist eher ein Typ als eine Rasse. In vielen Shows gibt es Klassen für Western Pleasure Horses, die für alle leichten Pferderassen offen sind. Dort werden Gänge, Balance, Gehorsam, Gebäude und Temperament des Pferdes beurteilt. Manche Pleasure-Klassen sind für alle Rassen offen.

RAPPE · SCHWARZ-BRAUNER · FUCHS · FALBE · SCHIMMEL · BRAUNER · PALOMINO · SCHECKE

ZUCHTGESCHICHTE UND EIGENSCHAFTEN

Das Mountain Pleasure Horse wurde in Kentucky als schnelles und effizientes Transportmittel auf zerklüftetem Gelände gezüchtet. Wie der American Saddlebred und der Tennessee Walker wurde das Pleasure Horse ab Mitte des 19. Jahrhunderts aus frühen Gangpferderassen entwickelt. Der rassetypische Tölt des Pleasure Horse wird als gleichmäßiger, lateraler Viertaktgang mit mäßiger Geschwindigkeit und Verstärkung, aber ohne übertriebene Aktion der Knie und Fesselgelenke beschrieben.

GANGPFERD Das Mountain Pleasure Horse bezeichnet eine eigene Rasse, die über einen natürlichen Tölt verfügt. Es gibt jedoch Pleasure-Horse-Schauklassen für Pferde mit und ohne Tölt.

Polnisches Warmblut

HERKUNFT Polen
UMGEBUNG
BLUT
EIG.
STOCKMASS 163–173 cm
FARBEN Alle

Die Polen waren als Reiter berühmt. Besonders ihre Kavallerie erlangte Ruhm. Vor dem Zweiten Weltkrieg besaß Polen mit vier Millionen Tieren den fünftgrößten Pferdebestand der Welt. Im Krieg kam es jedoch zu massiven Verlusten. Seitdem konzentriert sich Polen auf die Sportpferdezucht.

RAPPE SCHWARZ-BRAUNER FUCHS FALBE SCHIMMEL BRAUNER

ZUCHTGESCHICHTE UND EIGENSCHAFTEN

Polnische Warmblüter werden aus einer Reihe erfolgreicher Zuchtlinien gezüchtet, darunter Araber-, Anglo-Araber-, Vollblut- und Trakehner-Hengste. Alle Zuchthengste müssen sich einer hunderttägigen Leistungsprobe unterziehen. Seit 1992 gibt es eine polnische Jungpferde-Meisterschaft, bei der die besten Warmblüter gekört und gefördert werden. Polnische Warmblüter werden in allen Disziplinen des Reitsports eingesetzt, auch als Kutschpferde, und haben bereits an den Olympischen Spielen und anderen Großveranstaltungen teilgenommen.

KLASSE Polnische Warmblüter werden sorgfältig auf Qualität und Leistung gezüchtet.

Polo-Pony

HERKUNFT Weltweit
UMGEBUNG
BLUT
EIG.
STOCKMASS 147–163 cm
FARBEN Alle

Polo entstand vor zweieinhalbtausend Jahren in Persien. Polo-Ponys können aus jeder Kreuzung leichter Pferde- und Ponyrassen gezüchtet werden und umfassen daher einen Typ und keine Rasse. Aber in Argentinien züchtet man einen etablierten Schlag von Polo-Ponys aus Criollo-Stuten und Vollblut-Hengsten.

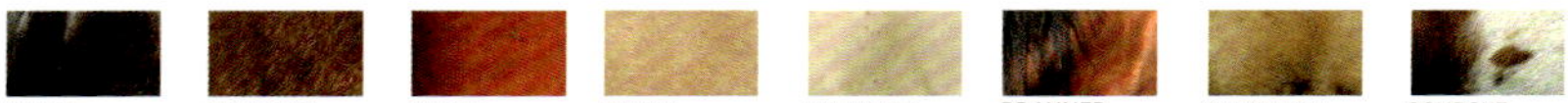

RAPPE · SCHWARZBRAUNER · FUCHS · FALBE · SCHIMMEL · BRAUNER · PALOMINO · SCHECKE

ZUCHTGESCHICHTE

Die ersten Polo-Ponys waren vermutlich leichte orientalische Pferde – die Reittiere der Armeeoffiziere in Indien. Im frühen 20. Jahrhundert wurde der Sport in Argentinien eingeführt, das auch dank der Qualität seiner Ponys die Spitzenposition übernahm. Bis 1914 gab es eine Begrenzung des Stockmaßes auf 145 cm und damit eine Beschränkung der Zuchtlinien, die für die Zucht eines Polo-Ponys eingesetzt werden konnten. In Großbritannien wurden einheimische Ponys mit kleinen Vollblütern gekreuzt. In Argentinien verpaarte man die einheimischen Criollos mit Welsh-Ponys (S. 362–365). Nach der Abschaffung der Stockmaßbegrenzung schwenkten die Argentinier rasch um; sie kreuzten ihre Criollos mit Vollblut-Hengsten und veredelten das Ergebnis weiter, indem sie das entstandene Halbblut erneut mit einem Englischen Vollblut verpaarten.

GEBÄUDE Das Polo-Pony zeigt in der Regel einen langen, trockenen Hals und einen kräftigen, tiefen Körper mit ausgeprägtem Widerrist und schönen, schrägen Schultern. Der Rücken ist kurz und kräftig, und die Hinterhand muskulös, aber nicht zu massig.

ARGENTINISCHES PONY Das argentinische Polo-Pony ist inzwischen der weltweit begehrteste Schlag. Es basiert auf dem Criollo, der berühmt für seine Zähigkeit, Robustheit und Ausdauer ist.

Quarter Horse

HERKUNFT USA
UMGEBUNG
BLUT
EIG.
STOCKMASS 150–163 cm
FARBEN Alle

Das Quarter Horse war die erste anerkannte amerikanische Rasse. Es wurde vorwiegend als Arbeitspferd eingesetzt. Doch die britischen Siedler brachten die Liebe zum Pferderennen mit nach Amerika und setzten es im Viertelmeilenrennen ein, dem „Quarter mile racing" – daher auch der Name.

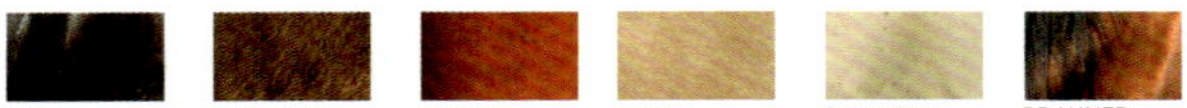

ZUCHTGESCHICHTE

Die Rasse geht auf die Rancher des 17. Jahrhunderts zurück, die aus britischen Rassen und einheimischen Pferden vom iberischen Typ ein vielseitiges Pony züchteten. Mitte des 18. Jahrhunderts wurden Englische Vollblüter (S. 284–287) mit diesem Pony gekreuzt. Daraus entstand schließlich das veredelte Quarter Mile Horse, das über diese Distanz eine extreme Beschleunigung zeigte. Als die Pioniere sich auf den Weg nach Westen machten, schwangen sie sich auf Quarter Mile Horses. Kreuzungen mit wilden Mustangs (S. 253) und Indianerponys verstärkten Zähigkeit und „Cow Sense" der Rasse. Weitere Einkreuzungen mit Englischem Vollblut, Morgan (S. 252), Araber (S. 184–187) und Standardbred (S. 276–279) folgten.

EIGENSCHAFTEN

Das Quarter Horse zeigt einen langen Hals, den es recht tief trägt. Es hat eine breite, tiefe Brust und kräftige, schräge Schultern; die breite, kraftvolle Hinterhand geht in gut bemuskelte Gliedmaßen über.

AMERIKANISCHER TRAUM Amerikanische Rancher erhielten die Qualitäten der Rasse als Cowboy- und Rennpferd. Durch seine enorm kräftige Hinterhand erreicht das Pferd über kurze Distanzen eine Geschwindigkeit von mehr als 70 km/h.

QUARTER HORSE Das vielseitige Quarter Horse ist nach wie vor eine der beliebtesten Rassen in den USA. Dank seiner Anpassungsfähigkeit findet es immer wieder neue populäre Einsatzgebiete, besonders bei Wettkämpfen im Western- und Wanderreiten.

Rheinisches Warmblut

HERKUNFT Deutschland

UMGEBUNG

BLUT

EIG.

STOCKMASS 167 cm

FARBEN Rappe, Schwarzbrauner, Fuchs, Schimmel, Brauner oder Palomino

Das Rheinische Warmblut, eine relativ neue Warmblutrasse, hat sich in etwas mehr als 50 Jahren aus dem schwereren Rheinischen Kaltblut entwickelt. Es nimmt erfolgreich an hochkarätigen Wettbewerben teil, vor allem im Springreiten, und erfreut sich weltweit wachsender Beliebtheit.

RAPPE SCHWARZBRAUNER FUCHS SCHIMMEL BRAUNER PALOMINO

ZUCHTGESCHICHTE UND EIGENSCHAFTEN

Die Entwicklung begann in den 1950er-Jahren wegen der Nachfrage nach einem Freizeit- und Wettkampfpferd. Trakehner- (S. 288–298), Hannoveraner- (S. 224) und Vollblut-Stuten (S. 284–287) aus Linien mit rheinischem Blut wurden mit Hannoveraner- und Westfalen-Hengsten (S. 291) gekreuzt. Die Züchter konzentrierten sich auf Gebäude, Temperament und Aktion. Einige frühe Pferde hatten schwache Knochen, obwohl das Pferd insgesamt Substanz zeigt.

UMGÄNGLICH Der edle Kopf sitzt auf einem eher schweren, kurzen Hals. Der Rheinländer gilt als ruhiges, umgängliches und talentiertes Reitpferd.

Rocky-Mountain-Pferd

HERKUNFT USA
UMGEBUNG
BLUT
EIG.
STOCKMASS 147–167 cm
FARBEN Schwarzbrauner oder Fuchs

SCHWARZBRAUNER FUCHS

Das Zuchtregister des Rocky-Mountain-Pferdes wurde 1986 gegründet. Die Rasse stammt von einem Gangpferd ab, dem „Rocky-Mountain-Hengst", der im späten 19. Jahrhundert aus den Rocky Mountains in die Appalachen gebracht wurde. Er hatte ein schokoladenbraunes Fell mit flachsfarbenem Mähnen- und Schweifhaar.

UNVERWECHSELBAR Die Rasse zeigt einen feinen, eleganten Kopf mit kühnem Blick und eine ungewöhnliche Färbung.

ZUCHTGESCHICHTE UND EIGENSCHAFTEN

Der Rocky-Mountain-Hengst soll mit einheimischen Stuten gekreuzt worden sein, woraus das Rocky-Mountain-Pferd entstand. Sam Tuttle hielt die Rasse im Zweiten Weltkrieg am Leben, indem er einen Zuchthengst namens „Old Tobe" einsetzte, der im Stammbaum vieler dieser Pferde auftaucht.

Russischer Traber

HERKUNFT Russland
UMGEBUNG
BLUT
EIG.
STOCKMASS 160–163 cm
FARBEN Rappe, Schwarzbrauner, Fuchs, Schimmel oder Brauner

RAPPE SCHWARZBRAUNER FUCHS SCHIMMEL BRAUNER

Der Russische Traber ist der Nachfolger des Orlow-Trabers (S. 259), der sich gegen den dominanten amerikanischen Standardbred (S. 276–279) nicht durchsetzen konnte – er entstand durch Kreuzungen von Orlow-Traber und Standardbred.

ZUCHTGESCHICHTE UND EIGENSCHAFTEN

Im späten 19. und frühen 20. Jahrhundert entwickelte man die Rasse durch selektive Zucht. 1950 wurden die Rassenmerkmale festgelegt. Der Russische Traber zeigt einen schlichten, geraden Kopf auf einem langen, muskulösen Hals. Die langen, schrägen Schultern verschaffen ihm eine große Schrittlänge. Die Beine sind kräftig mit gut definierten Sehnen. Durch die häufigen Stellungsfehler Knieenge und Fassbeinigkeit kann er die Gänge leichter verstärken.

SCHNELLER TRABER Dank des Standardbred-Einflusses ist der Russische Traber größer und schwerer als der Orlow-Traber. Er ist ruhig und leicht zu trainieren, setzt aber reichlich Energie frei, wenn es darauf ankommt.

Salerner

HERKUNFT Italien
UMGEBUNG
BLUT
EIG.
STOCKMASS 163–173 cm
FARBEN Rappe, Fuchs oder Brauner

Der Salerner wurde im 16. Jahrhundert aus Kreuzungen von Andalusiern (S. 180), Neapolitanern und orientalischen Rassen entwickelt. Karl III., König über Spanien und Neapel, förderte die Rasse. Ab 1780 begann man im Gestüt Persano mit der selektiven Zucht.

CHAMPIONS Die berühmtesten Salerner heißen „Merano" und „Posillipo". Merano führte die italienische Mannschaft 1956 bei der Springreiter-WM zum Sieg, Posillipo gewann 1960 olympisches Gold.

ZUCHTGESCHICHTE UND EIGENSCHAFTEN

Die Stammväter des Salerners hießen „Conversano", „Pluto" und „Napoletano". Hackney und Englisches Vollblut wurden im 20. Jahrhundert eingekreuzt und machten die Rasse größer und edler; heute wirkt sie gut proportioniert mit schrägen Schultern und muskulöser Hinterhand.

Sanfratellano

HERKUNFT Italien
UMGEBUNG
BLUT
EIG.
STOCKMASS 163–173 cm
FARBEN Rappe, Schwarzbrauner, Schimmel oder Brauner

Diese Rasse ist nach der kleinen Stadt San Fratello auf Sizilien benannt, wo nur nur noch wenige hundert Tiere den Nebrodi-Park durchstreifen. Das Stutbuch wurde 1990 eröffnet, als die Pferdezuchtvereinigung der italienischen Regierung ein Interesse daran entwickelte, die Rasse zu erhalten.

ZÄH UND VIELSEITIG Der Sanfratellano ist ein sehr robustes Tier. Er wird in verschiedenen Bereichen eingesetzt, so als Reitpferd, mit einigem Erfolg als Wettkampfpferd sowie als Fahr- und leichtes Zugpferd.

ZUCHTGESCHICHTE UND EIGENSCHAFTEN

Der Sanfratellano erfuhr zahlreiche Einflüsse von außen, so durch das Englische Vollblut, das Sardische Pony, den Siciliano und das Camargue-Pferd. Zum Stamm gehören auch Araber und Normänner. Der Sanfratellano ist ein kräftig gebautes und attraktives Pferd, dem es jedoch an Feinheit fehlt.

Selle Français

HERKUNFT Frankreich
UMGEBUNG
BLUT
EIG.
STOCKMASS 163 cm
FARBEN Rappe, Schwarzbrauner, Fuchs, Schimmel oder Brauner

Der Selle Français wurde 1958 als Rasse anerkannt, die aus einer Verschmelzung regionaler französischer Reitpferderassen entstanden war. Diese Rassen waren als Halbblüter eingestuft, deren Stammbäume viele Generationen zurückreichten. Das Selle Français ist ein ausgezeichnetes und mutiges Springpferd.

RAPPE · SCHWARZBRAUNER · FUCHS · SCHIMMEL · BRAUNER

ZUCHTGESCHICHTE

Die beliebteste der ursprünglichen französischen regionalen Rassen war der Anglo-Normanne, daneben Vendéen, Charollais und Angevin. Seit dem 19. Jahrhundert wurde der Anglo-Normanne für die Verpaarung mit anderen regionalen Rassen eingesetzt, bis man damit begann, einen charakteristischen Pferdeschlag zu züchten, aus dem der Selle Français entstand. Der Selle Français ist heute noch eine Mischung der Rassen und wird in drei Kategorien unterteilt: Wettkampf-, Renn- und nicht spezialisierte Pferde. Außerdem witd er nach seiner Tragfähigkeit in Mittelgewicht und Schwergewicht eingeteilt.

EIGENSCHAFTEN

Das mutige Pferd brilliert im Geländeritt und eignet sich auch als Wettkampf- und Fahrpferd. Es zeigt einen muskulösen Körper, eine breite Hinterhand und kräftige Gliedmaßen mit starken Knochen und gut definierten Gelenken. Die schräge Schulter ermöglicht ihm freie und aktive Gänge.

VORNEHM Der Selle Français zeigt einen vornehmen Kopf mit ausdrucksvollen Augen, einem intelligenten Gesichtsausdruck und großen Ohren. Seine Gänge sind frei und geschmeidig.

VIELSEITIGKEITSPFERD Es gibt mehrere französische Rennen für Nicht-Vollblüter. Diese Pferde eignen sich oft ausgezeichnet für die Vielseitigkeitsprüfung.

Shagya-Araber

HERKUNFT Ungarn
UMGEBUNG
BLUT
EIG.
STOCKMASS 153 cm
FARBEN Rappe, Schwarzbrauner, Fuchs, Schimmel oder Brauner

Diese Rasse basiert auf dem Araber (S. 184–187) und wurde im staatlichen ungarischen Araber-Gestüt von Babolna entwickelt. Die Rasse ähnelt stark dem Araber und ist als leichtes Kavalleriepferd der ungarischen Armee bekannt. Sie ist größer als der reinrassige Araber und hat sich als sehr vielseitig erwiesen.

RAPPE

SCHWARZBRAUNER

FUCHS

SCHIMMEL

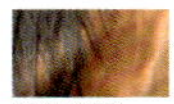
BRAUNER

ZUCHTGESCHICHTE UND EIGENSCHAFTEN

Der Shagya-Araber ist nach dem 1830 geborenen Stammvater benannt. „Shagya" wurde mit dem einheimischen Bestand gekreuzt, zu dem Araber, Englische Vollblüter, ungarische und spanische Rassen gehörten, um einen kräftigeren Pferdeschlag hervorzubringen. Die Nachkommen wurden wieder mit Shagya verpaart, bis sich ein unverwechselbarer Pferdetypus etabliert hatte. 150 Jahre Zucht haben dieses Kavallerie- und Kutschpferd geformt. Es ist kräftiger und vielseitiger als ein reinrassiger Araber.

Der Shagya-Araber ist eine robuste Rasse, die auch mit minderwertigem Futter auskommt. Er zeigt eine breite Stirn mit großen Augen, die den Hechtkopf dominieren. Dieser sitzt auf einem elegant gebogenen Hals. Der Körper zeigt gute Proportionen.

SHAGYA-HERDE Stuten und Fohlen werden im ungarischen Araber-Gestüt Babolna in Laufställen gehalten. Der Körperbau des Shagya-Arabers ähnelt dem des Arabers, jedoch mit größerem Gebäude und deutlich mehr Muskeln.

VON NATUR AUS SCHNELL Die Schultern sind schräg, der Körper wirkt kompakt. Die Beine sind deutlich vom Körper abgesetzt, was dem Pferd freie Bewegungen ermöglicht.

Südafrikanisches Vollblut

HERKUNFT Südafrika
UMGEBUNG
BLUT
EIG.
STOCKMASS 160–170 cm
FARBEN Schwarzbrauner, Fuchs, Schimmel oder Brauner

Pferderennen und die daraus resultierende Entwicklung des Südafrikanischen Vollbluts kamen 1795 mit den Briten ins Land. Als sie sich in ihrer neuen Kolonie ansiedelten, importierten sie Englische Vollblüter (S. 284–287) aus Australien und Großbritannien, um das einheimische Kap-Pferd zu veredeln.

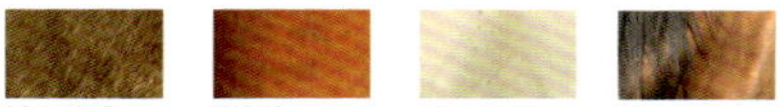

SCHWARZBRAUNER · FUCHS · SCHIMMEL · BRAUNER

RENNPFERD Das Stutbuch wurde 1907 eröffnet. Von den 98 registrierten Zuchthengsten waren 77 Englische Vollblüter, neun stammten aus Australien und fünf aus Südamerika – nur sieben Tiere waren in Afrika geboren.

ZUCHTGESCHICHTE UND EIGENSCHAFTEN

1814 wurde ein staatliches Gestüt gegründet, das Vollblut-Stuten und -Hengste kaufte, um die wachsende Rennbranche zu versorgen. In den 1960er-Jahren fand das Südafrikanische Vollblut im In- und Ausland Anerkennung auf der Rennbahn.

Südafrikanisches Warmblut

HERKUNFT Südafrika
UMGEBUNG
BLUT
EIG.
STOCKMASS 155–170 cm
FARBEN Alle

Das Südafrikanische Warmblut ist eine relativ neue Rasse und im Wesentlichen ein europäisches Warmblut, das importiert und ins südafrikanische Stutbuch eingetragen wurde. Die Tiere variieren in Größe und Körperbau; doch in Südafrika gibt es ausgezeichnete Pferde, die in Wettkämpfen gute Leistungen erbringen.

RAPPE · SCHWARZBRAUNER · FUCHS · FALBE · SCHIMMEL · BRAUNER · PALOMINO · SCHECKE

RUHIGES TEMPERAMENT Südafrikanische Warmblüter verfügen über kräftige Gliedmaßen, Balance und ein ausgesprochen ruhiges Temperament.

ZUCHTGESCHICHTE UND EIGENSCHAFTEN

Das erste Warmblut, ein Hengst aus deutscher Zucht, wurde in den 1960er-Jahren nach Südafrika importiert. Seither folgten Pferde aus Schweden und Deutschland. Heute finden sich zahlreiche Nachkommen der weltbesten Zuchthengste in Südafrika.

Das Südafrikanische Warmblut zeigt einen edlen Kopf auf einem schön aufgesetzten Hals. Die Schulter ist schräg mit großer Gurtentiefe, und die Beine erscheinen gerade mit gut bemuskeltem Unterarm.

Standardbred

HERKUNFT USA
UMGEBUNG
BLUT
EIG.
STOCKMASS 142–163 cm
FARBEN Alle Grundfarben

Der Standardbred ist das schnellste Pferd bei Trabrennen und läuft eine Meile in 1:55 min. Die Rasse erhielt ihren Namen, als man beschloss, vor der Eintragung von Pferden ins 1871 gegründete Register einen Leistungsstandard einzuführen.

RAPPE · SCHWARZ-BRAUNER · FUCHS · SCHIMMEL · BRAUNER

ZUCHTGESCHICHTE

Der Standardbred wurde hauptsächlich aus dem Englischen Vollblut (S. 284–287) gezüchtet – der einflussreichste Beschäler war der 1780 geborene „Messenger", der auf den Darley-Araber zurückzuführen ist. Wie viele der frühen Englischen Vollblüter wurde Messenger für Flachrennen gezüchtet, hatte jedoch Norfolk-Roadster-Blut in seinem Stammbaum. Messenger wurde mit vielen Vollblut-Stuten gekreuzt, und bald stellte sich heraus, dass er gute Traber zeugte. Fast alle heutigen Standardbreds lassen sich auf einen von vier Söhnen Messengers zurückführen, von denen „Hambletonian 10" als Gründervater der Rasse gilt. Zwischen 1851 und 1875 zeugte er 1335 Nachkom-

DOMINANT Der amerikanische Standardbred erwies sich als derart erfolgreicher Traber, dass er in die ganze Welt exportiert wurde, um andere Traberrassen zu verbessern und zu veredeln. Heute dominiert die Rasse den Trabrennsport. Mit dessen zunehmender Beliebtheit ist ein siegreicher Standardbred heute fast so wertvoll wie ein Galopprennpferd.

men. Ein weiterer einflussreicher Beschäler war das 1777 geborene Englische Vollblut „Diomed". Als der Sport an Beliebtheit zunahm, wurde durch selektive Zucht auf einen schnelleren Renntraber hingearbeitet.

EIGENSCHAFTEN

Der Standardbred hat sehr kräftige Beine und sehr harte Hufe; die Beine sind kürzer als beim Englischen Vollblut. Er erscheint insgesamt robuster mit kräftiger Hinterhand; die Hinterbeine stehen hinter statt unter der Hinterhand. Oft ist die Kruppe höher als der Widerrist, was dem Gang Schub verleiht; dieses Merkmal vererbte der Gründervater Hambletonian, dessen hohe Kruppe vielleicht zu seinem Erfolg als Traber-Zuchthengst beitrug.

ZULASSUNG Die frühen Zulassungsstandards von 2:30 min für Traber und 2:25 min für Passgänger über eine Meile mussten bald herabgesetzt werden, da die Rasse immer schneller wurde. Heute basiert die Registrierung auf Zuchtlinien.

VOLLBLUT Der Standardbred wurde hauptsächlich aus dem Englischen Vollblut entwickelt, dessen Einfluss sich am edlen Kopf zeigt.

TRABER In den USA gibt es über 70 Trabrennbahnen. Die Rennen finden oft abends unter Flutlicht statt. Dieses Pferd trägt Scheuklappen, damit es nicht durch Reize aus der Umgebung abgelenkt wird.

9
9

Schwedisches Warmblut

HERKUNFT Schweden
UMGEBUNG
BLUT
EIG.
STOCKMASS 157–170 cm
FARBEN Alle Grundfarben, auch Falbe und Palomino

1874 wurde das Stutbuch eröffnet und der Rassestandard mit Prüfung von Aktion und Körperbau sowie tierärztlichem Test festgesetzt. Zuchthengste müssen sich Prüfungen in Dressur, Springen, Geländeritt sowie im Geschirr unterziehen. Die Rasse verdiente sich so einen guten Ruf als Wettkampfpferd.

RAPPE — SCHWARZBRAUNER — FUCHS — FALBE — SCHIMMEL — BRAUNER — PALOMINO

ZUCHTGESCHICHTE

Im 19. Jahrhundert wurden einheimische Pferde sorgfältig mit Englischen Vollblütern (S. 284–287), Trakehnern (S. 288–289) und Hannoveranern (S. 224) gekreuzt, um ein Reitpferd für die schwedische Kavallerie zu züchten. Die schwedische Regierung unterstützt die Zucht des Warmbluts und führt das Staatsgestüt in Flyinge.

EIGENSCHAFTEN

Das Pferd zeigt einen edlen Kopf mit intelligenten, kühnen Augen. Der Hals ist lang mit leicht hervorstehendem Mähnenkamm. Die großen, schrägen Schultern gehen in einen muskulösen Körper mit gut entwickelter Hinterhand über. Die Gliedmaßen sind kräftig mit freier und athletischer Aktion.

WETTKAMPFPFERD Das Schwedische Warmblut ist mit seinem robusten Gebäude und dem verständigen Temperament ein außergewöhnliches Dressurpferd, aber auch ein gutes Kutsch-, Trabrenn- und Springreitpferd.

BJÖRSELLS BRIAR Das Schwedische Warmblut „Björsells Briar" unter Jan Brink ist gegenwärtig der höchstrangige Hengst der Dressurwelt.

Schweizer Warmblut

HERKUNFT Schweiz
UMGEBUNG
BLUT
EIG.
STOCKMASS 160–163 cm
FARBEN Alle

Das Staatsgestüt in Avenches bringt Reit-, Arbeits- und Armeepferde hervor. Dies hat zur Entwicklung der relativ neuen, aber erfolgreichen Rasse Schweizer Warmblut geführt. Der Einsiedler (S. 211) spielte dabei eine prägende Rolle.

RAPPE SCHWARZ-BRAUNER FUCHS FALBE SCHIMMEL BRAUNER PALOMINO SCHECKE

ZUCHTGESCHICHTE

Der Stamm dieser Nachkriegsrasse besteht aus Schweizer Stuten, von denen sich viele auf den Holsteiner (S. 226) und Anglo-Normannen zurückführen lassen. Die Stammväter wurden importiert. Heute stehen jedoch Zuchthengste des Schweizer Warmbluts im Staatsgestüt.

Zuchtziel war ein vielseitiges Wettkampfpferd. Die Zuchthengste geben zwei Leistungsproben ab: eine mit $3\frac{1}{2}$ Jahren und eine mit $5\frac{1}{2}$ Jahren. Die Stuten werden einer Nachkommenprüfung unterzogen.

EIGENSCHAFTEN

Dies ist ein kräftiges, athletisches Pferd mit ruhigem und gelehrigem Temperament. Das mutige Tier zeigt einen kräftigen, muskulösen Körper, eine breite Hinterhand, kräftige Gliedmaßen mit starken Knochen und kantige Gelenke. Die Schulter ist schräg und sorgt für freie und aktive Gänge.

GUTER SPRINGER Beat Mändli und „Indigo IX" bilden im Springreiten ein erfolgreiches Team, das sich in vielen Wettkämpfen platzieren konnte.

Tennessee Walker

HERKUNFT USA
UMGEBUNG
BLUT
EIG.
STOCKMASS 152–163 cm
FARBEN Gewöhnlich alle Grundfarben

Im 19. Jahrhundert entwickelten Plantagenbesitzer in Tennessee dieses Gangpferd. Es ist berühmt für seine Wendigkeit, seine bequemen Gänge und seine Schnelligkeit. Der Tennessee Walker wird auch Plantation Walker oder Turn-Row genannt, weil er sich innerhalb der Plantagenreihen (*rows*) umdrehen (*turn*) kann.

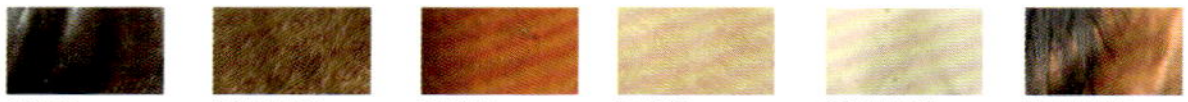

RAPPE · SCHWARZBRAUNER · FUCHS · FALBE · SCHIMMEL · BRAUNER

RUNNING WALK Bei dieser bekannten Viertaktgangart der Rasse berühren die Hufe einzeln und in gleichmäßigen Abständen den Boden. Dazu nickt das Pferd mit dem Kopf und klappert auch mit den Zähnen! So werden Geschwindigkeiten von bis zu 24 km/h erreicht.

ZUCHTGESCHICHTE

Der Hauptstamm bestand aus Narragansett Pacer und Canadian Pacer, beides Passgänger aus den Kolonien. Der 1886 geborene Standardbred-Hengst (S. 276–279) „Black Allen" wurde einer der einflussreichsten Beschäler dieser Rasse. 1935 wurde das Zuchtregister gegründet und die Rasse mit großem Erfolg verbreitet: Heute gibt es über 430 000 registrierte Pferde weltweit.

EIGENSCHAFTEN

Das hervorstechendste Merkmal sind die bequemen, aber ungewöhnlichen Gänge: *Flat Walk*, *Running Walk* und ein schaukelnder Kanter. Alle drei beherrscht die Rasse von Natur aus. Fohlen zeigen den *Running Walk* schon einige Tage nach der Geburt.

LANGE HUFE Das robuste Pferd hat einen kurzen, kräftigen Rücken. Der Kopf erscheint groß und schlicht, die Kruppe abfallend. Umstritten ist die Praxis, die Vorderhufe lang zu belassen und zu beschweren, um Ausschreiten und Aktivität der Gänge zu vergrößern.

Tersker

HERKUNFT Russland
UMGEBUNG
BLUT
EIG.
STOCKMASS 150–155 cm
FARBEN Überwiegend Schimmel, aber auch Rappe, Fuchs und Brauner

Dieses athletische Pferd wurde in den 1920er- bis 1940er-Jahren in den Gestüten Tersk und Stavropol entwickelt und eignet sich für viele Zwecke, beispielsweise für Ausdauer- und Nicht-Vollblüter-Rennen. Es veredelte auch andere Rassen wie den Karabagh (S. 237) und den Lokaier (S. 243).

RAPPE

FUCHS

SCHIMMEL

BRAUNER

ZUCHTGESCHICHTE

Bevor der Streletzker ausstarb, kreuzte man ihn im Gestüt Tersk mit Arabern (S. 184–187), Araber-Don-Kreuzungen, Streletzker-Kabardiner-Kreuzungen und Shagya-Arabern (S. 274). Durch selektive Inzucht wurden die Merkmale festgelegt. Der Tersker wurde 1948 als Rasse anerkannt. Das Zuchtziel war ein Pferd mit den besten Eigenschaften des Arabers sowie der Robustheit und Zähigkeit der einheimischen Rassen. Es gibt drei Haupttypen des Terskers – einen Grundtyp, den östlichen und den schweren Typ –, die alle von fünf Vaterlinien und fünf Stutenfamilien abstammen.

EIGENSCHAFTEN

Der Kopf erscheint leicht und etwas konkav mit breiter Stirn und langem Genick über einem hoch aufgesetzten Hals. Die Brust ist tief und breit, die Schultern lang und schräg. Die runde, gut bemuskelte Kruppe geht in trockene Beine über.

BRAUNER Der Tersker hat ein freundliches Temperament und eignet sich gut als Reitpferd. Auch als Zirkuspferd wird er gern eingesetzt.

ROBUST Der Tersker tritt in der Regel als Schimmel auf, oft mit einem silbrigen Metallglanz. Mit seinem dünnen Fell wirkt er empfindlich. Dennoch übersteht er die harten russischen Winter.

Englisches Vollblut

HERKUNFT Großbritannien
UMGEBUNG
BLUT
EIG.
STOCKMASS 157–173 cm
FARBEN Alle Grundfarben

Das Englische Vollblut ist die schnellste Pferderasse der Welt und bildet die Grundlage der milliardenschweren Pferderennbranche. Es wird in großem Umfang zur Veredelung und Verbesserung zahlreicher anderer Rassen eingesetzt. Das Vollblut ist der König der Pferderassen: schnell, mutig und temperamentvoll.

RAPPE SCHWARZ-BRAUNER FUCHS SCHIMMEL BRAUNER

ZUCHTGESCHICHTE

Die Rasse hat ihre Entwicklung dem Umstand zu verdanken, dass die drei Stammväter im 18. Jahrhundert gleichzeitig in Großbritannien lebten. Die drei Stammväter hießen „Byerley Turk", „Darley Arabian" und „Godolphin Arabian". Aus den Nachkommen gingen die vier Hauptlinien der Rasse hervor: *Herod, Eclipse, Matchem* und die eines Sohnes von Herod namens *Highflyer*.

Darley Arabian wurde von Thomas Darley 1704 aus Syrien in ein Gestüt in Yorkshire gebracht. Goldolphin Arabian kam aus dem Jemen und gelangte in den Besitz von Lord Godolphin. Byerley Turk wurde von Hauptmann Byerley erbeutet, der ihn im Jahr 1690 in der Schlacht von Boyne ritt, bevor er ihn als Zuchthengst nach England schickte. Diese Hengste wurden mit einheimischen Stuten gekreuzt, von denen viele als „Rennpferde" bezeichnet wurden. Zu den Rennpferden gehörten Rassen wie Irish Hobby, Norfolk Roadster und Galloway, gekreuzt mit spanischen und italienischen Zuchtlinien.

Das erste berühmte britische Rennpferd hieß „Flying Childers", ein 1715 geborener Sohn von Darley Arabian, der unbesiegt blieb. Er gab seine Glückssträhne an seinen Groß-Großneffen „Eclipse" weiter, der eine der vier Hauptzuchtlinien des Englischen Vollbluts begründete.

Britische Züchter begannen, die Stammbäume zu dokumentieren, und mit deren zunehmender Bedeutung wurde 1791 die *Introduction to a General Stud Book* und 1808 der erste Band des Stutbuchs veröffentlicht. Ein Pferd gilt als Englisches Vollblut, wenn beide Eltern im Stutbuch eingetragen sind.

Das Englische Vollblut wurde ursprünglich für Flachrennen gezüchtet, und das ist auch heute noch das wichtigste Zuchtziel. Als wertvollste Rennpferde gelten diejenigen, die als Dreijährige über 1,6 bis 2,8 km Gewinnerpotenzial zeigen; zu diesen „Classics" genannten Rennen gehören das Epsom Derby und das Kentucky Derby.

Eine weitere Kategorie ist das „National Hunt", bei dem die Pferde Stangen und Hürden überwinden; gewöhnlich handelt es sich dabei um die spätreiferen, größeren Vollblüter mit mehr Ausdauer und Zähigkeit. Englische Vollblüter werden heute speziell für die verschiedenen Rennarten

gezüchtet. Sie werden auch in anderen sportlichen Disziplinen wie Jagdreiten, Springreiten, Dressur und Vielseitigkeitsreiten eingesetzt.

EIGENSCHAFTEN

Die besten Englischen Vollblüter haben einen edlen Kopf mit großen, kühnen Augen. Der arabische Einfluss tritt manchmal in dem leicht konkaven Profil zutage. Der gebogene, elegante Hals geht in einen trockenen Widerrist und lange, schräge Schultern über, die für den raumgreifenden Schritt verantwortlich sind. Der Rücken ist kurz, die Hinterhand muskulös. Die tiefe Brust bietet reichlich Platz für Herz und Lungen. Die Beine sollten trocken und hart sein. An Gliedmaßen und Hufen sind jedoch oft Fehler zu finden: schwache Knochen, schlechte Hornqualität und dünne Sohlen.

PRÄSENZ Das Englische Vollblut ist ein hübsches Pferd: wachsam, temperamentvoll und voller Präsenz. Es zeigt unendlichen Mut und eine gewaltige Ausdauer. Sein raumgreifender Galopp macht es zur schnellsten Pferderasse der Welt.

UMSCHULUNG Mit über 16 000 Rennpferden allein in Großbritannien gibt es einen großen Bedarf an Umschulungen für Pferde, die sich wegen Verletzungen oder schlechter Leistung von der Rennbahn verabschieden.

GROSSES GESCHÄFT Der Wettumsatz beträgt in Großbritannien fünf Milliarden Pfund Sterling. 2005 wurden bei Tattersalls, dem größten britischen Auktionshaus für Englische Vollblüter, 4737 Pferde verkauft.

CHELTENHAM FESTIVAL Das viertägige Rennen im englischen Cheltenham, jährlicher Höhepunkt des Hindernisrennens, wird jedes Jahr im März veranstaltet. Seine Preise gehören zu den höchsten in der Branche.

Trakehner

HERKUNFT Polen
UMGEBUNG
BLUT
EIG.
STOCKMASS 163–167 cm
FARBEN Alle Grundfarben

Der Trakehner ist einer der ältesten Warmblüter und außerdem die edelste und dem Englischen Vollblut (S. 284–287) in Qualität und Typ ähnlichste Rasse. Er ist ein erfolgreiches Leistungspferd und wurde auch zur Verbesserung und Veredelung anderer europäischer Sportpferderassen eingesetzt.

ZUCHTGESCHICHTE

Die Heimatregion des Trakehners liegt im heutigen Polen und gehörte ursprünglich zu Ostpreußen. Deutschordenritter gründeten das Gestüt Trakehnen und begannen, die robusten einheimischen Schweiken-Ponys zu züchten, die vom Konik (S. 334) abstammten. 1732 gründete König Friedrich Wilhelm I. von Preußen das Königliche Trakehner Stutamt. Durch Kreuzungen von dänischen, türkischen und Vollblut-Hengsten mit den einheimischen Stuten entwickelte man ein edles Wagenpferd. Ab dem frühen 19. Jahrhundert wurden eine Reihe von Araber- (S. 184–187) und Englischen Vollblut-Hengsten (S. 284–287) importiert, um die inzwischen als Trakehner bekannte Rasse zu verbessern und ein edleres Kavalleriepferd zu erzeugen. Das Stutbuch für den Trakehner wurde 1878 eröffnet. Den größten Einfluss bei der Entwicklung der Rasse übte „Perfectionist“ aus, ein Englisches Vollblut und Sohn von „Persimmon“, dem Gewinner des Derby und St.-Ledger-Stakes von 1896. Ein Sohn von Perfectionist hieß „Tempelhüter“ und brachte eine besonders gute Linie hervor, die als Stamm der heutigen Trakehner-Rasse angesehen wird. Seinen Einfluss übte er auf die Stutenlinie und auch direkt als Vatertier aus. Die *Dingle*-Linie, die ebenso viel zur Entwicklung der Rasse beitrug, gründete sich zum großen Teil auf Tempelhüters Töchter. Trakehner dominierten die Sportpferdeszene bereits 1936, als das deutsche Team bei den Olympischen Spielen in Berlin vornehmlich mit Trakehnern jede Reitsport-Medaille gewann.

Das Gestüt Trakehnen wurde im Zweiten Weltkrieg evakuiert, als die Rote Armee im Winter 1944 vorrückte. 25 000 Pferde, darunter Stuten und Fohlen, machten sich auf den Weg in Richtung Westen. Weniger als 2000 gelangten in Sicherheit, aber die Rasse wurde dennoch

ABDULLAH Einer der erfolgreichsten Trakehner war „Abdullah“. Er gewann bei den Olympischen Spielen 1984 für die USA Gold im Team- und Silber im Einzelspringen. Im folgenden Jahr errang er den Weltcup im Springreiten.

gerettet. Mithilfe des Original-Stutbuchs spürte man die Überlebenden auf und registrierte sie in der Bundesrepublik erneut. Die Zucht wurde wieder aufgenommen, und der Trakehner erlangte bald seine herausragende Stellung als erfolgreiches Sportpferd zurück.

EIGENSCHAFTEN

Der edle Kopf des Trakehners verrät seine Vollblut- und Araber-Abstammung. Er zeigt kräftige Gliedmaßen und steht auf guten, harten Hufen. Die Schultern sind gut definiert, und das Pferd erscheint insgesamt ausgewogen und wendig.

TEMPERAMENTVOLL Der Trakehner ist ein edles Pferd mit ausgezeichnetem Gebäude. Das international äußerst erfolgreiche Sportpferd zeigt ein feuriges Temperament.

REITSPORT Der Trakehner präsentiert hervorragende Leistungen in allen drei Hauptdisziplinen des Reitsports. Vielen anderen Warmblutrassen fehlt traditionell die für die Vielseitigkeitsprüfung erforderliche Schnelligkeit, aber der Trakehner zeigt hohe Geschwindigkeit und große Reichweite sowie ausgesprochen freie Bewegungen.

Ukrainisches Warmblut

HERKUNFT Ukraine
UMGEBUNG
BLUT
EIG.
STOCKMASS 163–173 cm
FARBEN Alle Grundfarben

RAPPE SCHWARZ-BRAUNER FUCHS SCHIMMEL BRAUNER

Das Ukrainische Warmblut oder Reitpferd ist eine junge Rasse. Es wurde in der zweiten Hälfte des 20. Jahrhunderts entwickelt. Der erste Versuch, vorhandene Bestände zu veredeln, wurde im Gestüt Dnepropetrovsk durchgeführt.

LANGER RÜCKEN Das Ukrainische Warmblut hat einen attraktiven Kopf auf einem relativ langen, trockenen Hals. Es zeigt gute Schultern und eine tiefe Brust, aber der Rücken kann übermäßig lang und etwas hohl sein.

ZUCHTGESCHICHTE UND EIGENSCHAFTEN

Der Ukrainer entstand aus einer Kreuzung etablierter Rassen entwickelt, vor allem Trakehner (S. 288–289), Hannoveraner (S. 224) und Englischem Vollblut (S. 284–287). Diese Zuchtlinien wurden untereinander und auch mit russischen Rassen gekreuzt. Um einen Typus festzulegen, wurden die frühen Nachkommen, die als zu leicht galten, erneut mit Hannoveranern gekreuzt und diejenigen, die zu schwer waren, mit Englischen Vollblütern.

Walkaloosa

HERKUNFT USA
UMGEBUNG
BLUT
EIG.
STOCKMASS 147–163 cm
FARBEN Appaloosa

Der Walkaloosa ist eine relativ neue amerikanische Rasse und würde in den meisten anderen Ländern wegen der großen Variationsbreite als Schlag gelten. Die kennzeichnenden Merkmale des Walkaloosa sind das Appaloosa-Fellmuster (S. 182–183) und sein natürlicher Tölt.

GEFLECKT Der Appaloosa ist ein Hingucker, doch der Walkaloosa mit seiner zusätzlichen speziellen Gangart fällt besonders ins Auge. Die Rasse kann jede der erlaubten Appaloosa-Fellmuster zeigen. Gebäude und Robustheit dürfen dabei jedoch nicht zu kurz kommen.

ZUCHTGESCHICHTE UND EIGENSCHAFTEN

Der ursprüngliche Appaloosa besaß eine eigene Gangart, den *Appaloosa Shuffle*. Den niedrigen, lateralen Viertaktgang hatte er wahrscheinlich von Jennet und Paso Fino (S. 261) geerbt. Reinrassige Appaloosas haben diese Gangart verloren, doch durch Anerkennung des Walkaloosa soll der Tölt bei den Appaloosas wiederhergestellt werden.

Westfale

HERKUNFT Deutschland
UMGEBUNG
BLUT
EIG.
STOCKMASS 160–167 cm
FARBEN Alle Grundfarben

Der Westfale ist in erster Linie ein Strang des Hannoveraners (S. 224) und wurde von den natürlichen Bedingungen in seinem Zuchtgebiet geformt. Im Landgestüt Warendorf stehen neben Westfalen auch Vollblut- (S. 284–287) und Hannoveraner-Hengste.

RAPPE · SCHWARZ-BRAUNER · FUCHS · SCHIMMEL · BRAUNER

ZUCHTGESCHICHTE UND EIGENSCHAFTEN

Die ursprünglich in Westfalen beheimateten Pferde waren überwiegend Arbeits- oder Zugpferde mit einem schweren Körperbau. Nach einigen Veredelungsversuchen setzte sich der Einfluss des Hannoveraners durch. Das Pferd weist einen edlen Kopf und einen schönen langen Hals auf und verfügt über eine kräftige Hinterhand. Es ist meist etwas langbeiniger als der Hannoveraner und hat gewöhnlich eine geradere Kruppe. Die Rasse wird einem strengen Auswahlverfahren unterzogen.

SPORTPFERD Die Zuchthengste werden mit dreieinhalb Jahren auf ihre Zugkraft und als Vierjährige im Rennen und Freispringen unter dem Sattel geprüft.

Wielkopolski

HERKUNFT Polen
UMGEBUNG
BLUT
EIG.
STOCKMASS 163–173 cm
FARBEN Alle Grundfarben

Der Wielkopolski, Polens bedeutendste Warmblutrasse, ist eng mit dem Trakehner (S. 288–289) verwandt. Polen hat erst in letzter Zeit Wege gefunden, die Rasse zu fördern; sie entstand durch die Kreuzung von zwei bereits gut etablierten polnischen Rassen, dem Masuren und dem Posener.

RAPPE SCHWARZ-BRAUNER FUCHS SCHIMMEL BRAUNER

ZUCHTGESCHICHTE

Polen besaß einst zahlreiche Gestüte, wo man mit Arabern und Araber-Halbblütern züchtete, vor allem für die berühmte polnische Kavallerie.

Der Posener wurde als leichtes Zug- und Reitpferd eingesetzt und war durch Kreuzungen des Konik mit Arabern, Englischen Vollblütern, Hannoveranern und Trakehnern entwickelt worden. Der Masure wurde in Masuren gezüchtet und war im Wesentlichen ein Trakehner mit einem Stammbaum aus überwiegend Araber- und Vollblut-Linien.

Der Wielkopolski wurde aus der Kreuzung beider Rassen gezüchtet. Durch weitere Kreuzungen mit Englischem Vollblut, Araber und Anglo-Araber konnte der Pferdeschlag festgelegt werden, der die steigende Nachfrage nach einem Sportpferd befriedigte.

EIGENSCHAFTEN

Die schwereren Schläge eignen sich als leichte Zug- und Kutschpferde. Heute wird jedoch am häufigsten der leichtere, sportlichere Typus gezüchtet.

WOHLPROPORTIONIERT Der Wielkopolski ist ein ausgewogenes, wohlproportioniertes Tier mit schönen Gängen und einem ausgezeichneten Sprung. Wegen seiner Eigenschaften wie Mut, Ausdauer und Schnelligkeit eignet er sich gut für die Vielseitigkeitsprüfung.

Württemberger

HERKUNFT Deutschland
UMGEBUNG
BLUT
EIG.
STOCKMASS 163–167 cm
FARBEN Alle Grundfarben, jedoch selten Schimmel

RAPPE | SCHWARZBRAUNER | FUCHS | SCHIMMEL | BRAUNER

Der Württemberger ist eine der ältesten deutschen Rassen und geht auf alteingesessene Rassen zurück, die im 1573 gegründeten Gestüt Marbach entwickelt wurden. Spanische und osteuropäische Pferde wurden zu Reit- und Fahrpferden gekreuzt. Die Arbeit am Württemberger begann im 17. Jahrhundert.

SPORTLICH Durch eine Komplettschur oder einen Jagd-Schnitt kommt der wohlproportionierte Körper zur Geltung.

ZUCHTGESCHICHTE UND EIGENSCHAFTEN

Der Württemberger entstand aus einheimischen Stuten, die mit Araber-, Iberischen und Berber-Hengsten gekreuzt wurden. Auch Friesen-Blut wurde eingekreuzt. Einfluss übte auch der Anglo-Normannen-Hengst „Faust" aus.

1895 wurde ein Stutbuch eröffnet. Die entstandene Rasse war relativ stämmig gebaut. Später kreuzte man Clydesdales, Cleveland Bays und Yorkshire Coach Horses ein. Nach 1950 verlagerte sich das Interesse auf athletischere Reit- und Sportpferde. Der moderne Württemberger geht auf den Trakehner-Zuchthengst „Julmond" zurück, der 1960 nach Marbach kam.

Der heutige Württemberger ist von mittlerem Gewicht und somit ein relativ kräftiges Pferd mit viel Substanz und präzisen, aktiven Gängen. Er zeigt einen verständigen Kopf, einen ausgeprägten Widerrist und kräftige Gliedmaßen.

VERSTÄNDIG Die moderne Rasse zeigt einen wohlproportionierten Kopf auf einem muskulösen Hals. Sie ist langlebig, zäh und robust mit einem ruhigen, besonnenen Temperament.

PONYS

Ponys sind Pferde, die ein Stockmaß von nur maximal 148 cm haben. Doch es steckt weit mehr in ihnen, als die Größe vermuten lässt. Viele Leute kommen durch Ponys zum ersten Mal mit der Pferdewelt in Berührung und lernen durch sie die typischen Eigenschaften eines Pferdes kennen, nämlich Zähigkeit, Ausdauer und Zielstrebigkeit – manchmal auch Sturheit. Ponys präsentieren zudem ein buntes Spektrum an Rassen und Merkmalen, sodass man sagen kann: Es gibt für jeden Reiter und jede Gelegenheit das passende Pony!

ISLÄNDER Ponys sind bekannt dafür, dass sie ausdauernd, zäh und trittsicher sind. Sie passen sich den unterschiedlichsten Lebensräumen und Situationen an, und ihre Reaktionsschnelligkeit, ihre Entschlossenheit und ihr „sechster Sinn" überraschen oft angesichts der Sanftheit und Ruhe, die sie ausstrahlen.

American-Shetland-Pony

HERKUNFT USA
UMGEBUNG
BLUT
EIG.
STOCKMASS Bis 117 cm
FARBEN Alle

Im 19. Jahrhundert importierte man Shetland-Ponys nach Nordamerika. Der American Shetland Pony Club wurde 1888 gegründet. Er registrierte alle Shetland-Ponys, die aus Europa eingeführt wurden, und etablierte damit die älteste Pferderegistratur der USA.

RAPPE · SCHWARZBRAUNER · FUCHS · FALBE · SCHIMMEL · BRAUNER · PALOMINO · SCHECKE

ZUCHTGESCHICHTE UND EIGENSCHAFTEN

Das American-Shetland-Pony hat keinerlei Ähnlichkeit mehr mit dem schottischen Shetland-Pony, entstand aber durch die Kreuzung von attraktiven Shetland-Ponys mit Hackney-Ponys (S. 328) und der Zumischung von Englischem Vollblut (S. 284–287) und Arabern (S. 184–187).

Die Rasse ähnelt eher einem Hackney im Miniformat. Es bewegt sich elegant und geschmeidig, und der Hackney-Einfluss ist vor allem an der hohen Knieaktion erkennbar. Der Kopf ist edel und weist zuweilen Arabermerkmale auf. Der Rücken ist meist lang und schmal, die Beine sind lang und trocken, die Hufe in der Regel kompakt und hart.

Es gibt zwei Stutbücher: Typ A nimmt Ponys mit maximal 12,5 Prozent Fremdrassenanteil auf und Typ B solche, bei denen der Anteil darüberliegt. Ponys, die in vierter Generation aus der Typ-A-Zucht stammen, erhalten ein Zertifikat.

SHOW-PONY Die Schauklassen für das American-Shetland-Pony sind in zwei Größenkategorien unterteilt: „Unter 109 cm" und „109 bis 117 cm". Sie schließen eine Vorstellung an der Hand und verschiedene Arten von Showfahren ein.

American-Walking-Pony

HERKUNFT USA

UMGEBUNG

BLUT

EIG.

STOCKMASS 142 cm

FARBEN Rappe, Schwarzbrauner, Fuchs, Falbe, Schimmel, Brauner, Palomino

Diese relativ neue Rasse ist eine Kreuzung aus Tennessee Walker (S. 282) und Welsh-Pony (S. 362–365). Sie besitzt drei besondere Gangarten: den *Pleasure Walk*, den *Merry Walk* – beides schnelle Viertaktgänge – und den Kanter.

ZUCHTGESCHICHTE

Das erste American-Walking-Pony wurde nach 14-jähriger Arbeit von Joan Hudson Brown gezüchtet. 1968 eröffnete sie das Stutbuch der Rasse, das nur die Kreuzung von Tieren erlaubt, die sowohl im Stutbuch des Tennessee Walker als auch in dem des Welsh-Pony verzeichnet sind. Die erste eingetragene Stute war „Browntree's Flicker", der erste Hengst hieß „BT Golden Splendor".

EIGENSCHAFTEN

Das American-Walking-Pony gehört zu den größeren Ponyrassen. Es hat einen hübschen, wohlgeformten Kopf und einen geschwungenen und muskulösen Hals. Der Rücken ist kurz, die schrägen Schultern erlauben eine gute Bewegungsfreiheit; die Brust ist breit, die Hinterhand muskulös. Vom Welsh-Pony hat die vielseitige Rasse ihr natürliches Springvermögen geerbt; überdies ist sie erfolgreich beim Westernreiten und als Fahrpferd.

FREUNDLICHES WESEN 1981 wurde ein American-Walking-Pony zum National Champion der Junior Competitive Trail (Junioren-Raid) gekürt, was die Vielseitigkeit dieser Rasse beweist. Die Tiere sind für ihr liebenswertes Wesen bekannt.

NATÜRLICHE GANGARTEN Die Gangarten des American-Walking-Pony sind angeboren, benötigen aber Training, damit sie sich voll ausbilden. Sie sind leicht und geschmeidig.

Assateague-Pony

HERKUNFT USA
UMGEBUNG
BLUT
EIG.
STOCKMASS 122 cm
FARBEN Alle

Die Ponys leben auf der Insel Assateague vor der Westküste Nordamerikas, nach der sie benannt sind. Sie sind Eigentum der US-Nationalparkbehörde und werden auch von dieser betreut. Es heißt, die ersten Tiere gelangten 1600 als „Schiffbrüchige" von einem spanischen Schiff auf die Insel.

RAPPE SCHWARZ-BRAUNER FUCHS FALBE SCHIMMEL BRAUNER PALOMINO SCHECKE

ZUCHTGESCHICHTE UND EIGENSCHAFTEN

Aus den 17 Araberpferden, die das Schiffsunglück überlebten, entwickelten sich zwei Ponygruppen: die Maryland-Herde, auch Assateague-Ponys genannt, und die Virgina-Herde mit den Chincoteague-Ponys. Die Tiere haben sich an die karge Landschaft angepasst: Sie ernähren sich von Gräsern der Sanddünen, Hagebutten und Zweigen des Gagelstrauchs. Man beschränkt die Herden auf je etwa 160 Tiere, damit sie genug zu fressen haben.

GEBURTENKONTROLLE Den Assateague-Stuten wird eine Impfung zur Geburtenkontrolle verabreicht, damit sie sich nicht so schnell vermehren.

Asturisches Pony

HERKUNFT Spanien
UMGEBUNG
BLUT
EIG.
STOCKMASS 117–127 cm
FARBEN Rappe, Schwarzbrauner, Brauner

Diese Ponyrasse stammt ursprünglich aus dem Nordwesten Spaniens und war schon bei den alten Römern bekannt. Die Tiere erfreuten sich im Mittelalter großer Beliebtheit, vor allem wegen ihres lateralen Gangs als Reitponys für Damen. Sie werden auch Asturcons genannt.

RAPPE SCHWARZ-BRAUNER BRAUNER

ZUCHTGESCHICHTE UND EIGENSCHAFTEN

Das Asturische Pony stammt wahrscheinlich von Garrano- und Sorraia-Ponys ab. Der Passgang muss aber einem anderen Einfluss entstammen.

Die Tiere haben kleine, manchmal recht schwere Köpfe mit geradem Profil, kleinen Ohren und wachen Augen. Der lange Hals trägt eine fließende Mähne. Der Widerrist ist hoch, der gerade Rücken kräftig, und die Schultern sind schräg. Der Schweif ist niedrig angesetzt, die Hufe sind hart und wohlgeformt.

VOM AUSSTERBEN BEDROHT Die in unwirtlicher Umgebung halbwild lebende Rasse ist vom Aussterben bedroht. Neuerdings setzen sich Naturschützer für ihren Erhalt ein.

Australisches Pony

HERKUNFT Australien
UMGEBUNG
BLUT
EIG.
STOCKMASS 122–142 cm
FARBEN Alle Grundfarben, inklusive Falbe

Ponys wurden ab 1803 nach Australien eingeführt. Die ersten Tiere mit ausgeprägten Merkmalen tauchten 1920 auf. 1929 wurde das Australische Pony zu einer eigenständigen Rasse erklärt. Der Welsh-Pony-Hengst „Dyoll Gray Light" (aus Sektion A der Welsh-Ponys) gilt als der wichtigste Zuchthengst der Rasse.

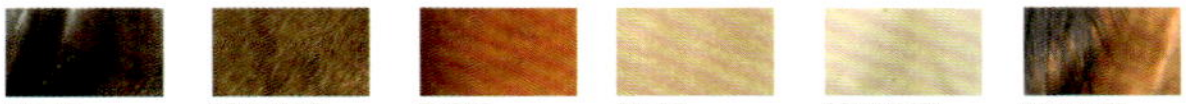

RAPPE · SCHWARZ-BRAUNER · FUCHS · FALBE · SCHIMMEL · BRAUNER

WETTBEWERBSPONY Das Australische Pony schneidet im Hinblick auf Gehorsam, Aktion und Charakter bei Schauwettbewerben hervorragend ab, was außerhalb Australiens allerdings wenig bekannt ist.

ZUCHTGESCHICHTE

Man brauchte hundert Jahre, um dieses Pony zu züchten. Für die Zucht wurden unter anderem Araber und Exmoor-Ponys verwendet.

EIGENSCHAFTEN

Die Ponys weisen eine tiefe Brust, eine gute Gurtentiefe und einen ausgeprägten Widerrist auf. Der Rücken ist kurz und kräftig, die Hinterhand wohlgeformt. Die Aktion ist frei und geschmeidig, ohne übertrieben zu wirken, der Gang gradlinig. Allgemein haben Australische Ponys eine gute Schau-Präsenz. Sie sollten gerade mit parallel aufgesetzten Hufen stehen.

ARABISCHER EINFLUSS Das Pony hat einen edlen Kopf mit Arabermerkmalen und große, lebhafte Augen. Der geschwungene Hals geht in schräge Schultern über, die keine Anzeichen von Schwerfälligkeit zeigen sollten.

Aveligneser

HERKUNFT Italien
UMGEBUNG
BLUT
EIG.
STOCKMASS 140–142 cm
FARBEN Fuchs

Der Aveligneser ist nach dem Ort Avelengo in Südtirol benannt. Die ersten Aufzeichnungen der Rasse stammen aus dem Jahr 1874. Das Pony ist die italienische Version des Haflingers (S. 328), dem es in Statur und Farbe ähnelt, wenn der Aveligneser auch stämmiger ist. Beide Rassen lassen sich auf den Araberhengst „El Bedavi" zurückverfolgen.

ZUCHTGESCHICHTE

Aveligneser sind Italiens meistverbreitete Rasse und werden in der Toskana, der Emilia-Romagna und in Süditalien gezüchtet. Das vielseitige Pony eignet sich als Reit- wie auch als Fahrtier. Es wird in Gebieten zum Pflügen eingesetzt, die mit Maschinen nicht zugänglich sind, und ist ein gutes Trekkingpferd. Die Tiere können auch Erwachsene tragen und sind ideale Familienponys.

EIGENSCHAFTEN

Aveligneser sind zwar stämmig, haben aber einen guten Körperbau und – wie die Haflinger – ein attraktives Exterieur. Der Hals ist kurz und kräftig, die Schultern sind recht steil, sodass ihr Schritt relativ wenig ausgreifend ist. Sie haben eine breite Brust und einen kompakten Rücken; die Hinterhand ist muskulös, die Kruppe rund, und die Beine sind kurz mit stabilen Knochen und guten Gelenken. Die Hufe sind groß und hart, was auf kargem Gebirgsboden nützlich ist.

AUFFÄLLIGE FARBE Wie der Haflinger ist auch der Aveligneser immer ein Fuchs mit flachsblondem Mähnen- und Schweifhaar. Die Beine können weiße Abzeichen sowie einen leichten Kötenbehang tragen.

FAHRPFERD Der kaltblütige Aveligneser hat ein ruhiges Gemüt und ist deshalb als Fahrpferd geeignet. Er kann auf steilem und kargem Boden landwirtschaftliche Arbeiten verrichten, aber auch zum Vergnügen gefahren werden.

Bardigiano-Pony

HERKUNFT Italien
UMGEBUNG
BLUT
EIG.
STOCKMASS 132 cm
FARBEN Rappe, Schwarzbrauner, Brauner

RAPPE

SCHWARZBRAUNER

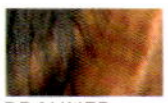
BRAUNER

Das Bardigiano-Pony ist eine alte Rasse aus den nördlichen Apenninen und wahrscheinlich mit der alten Rasse Abellinum verwandt, aus der Haflinger (S. 328) und Aveligneser (S. 300) hervorgingen. Ähnlichkeiten bestehen mit britischen Ponys, zum Beispiel dem Exmoor-Pony (S. 322). Bardigianos sind zäh und ausdauernd.

ZUCHTGESCHICHTE

Früher wurde das Bardigiano-Pony als Fleischlieferant gezüchtet, heute wird es vorwiegend als Reittier und leichtes Zugpferd eingesetzt. Aufgrund vieler Kreuzungen mit leichteren Pferdetypen begann die Rasse, ihre Merkmale zu verlieren, und stand kurz vor dem Aussterben. 1977 wurde ein offizielles Stutbuch eingeführt, und die Rasse ist seitdem geschützt.

EIGENSCHAFTEN

Die Ponys haben einen hübschen Kopf mit breiter Stirn und kleinen, spitzen Ohren. Der Hals ist besonders dick und muskulös, und auch die Vorhand präsentiert sich sehr kräftig. Die Schultern sind recht steil, was zur Folge hat, dass die Tiere zwar nicht weit ausschreiten, dafür aber ihrem gebirgigen Lebensraum entsprechend gut klettern können. Der Körper ist kurz und kompakt mit kräftigem Brustkorb. Die wohlgeformten Beine haben gute Fesseln und muskulöse Unterschenkel. Die Hinterhand ist besonders muskulös, die Kruppe gerundet.

ZÄH UND FLINK Das Bardigiano-Pony hat einen bemerkenswerten Charakter. Es ist sehr ausdauernd und gutmütig, aber auch wendig und schnell.

Baschkir

HERKUNFT Russland
UMGEBUNG
BLUT
EIG.
STOCKMASS 132–142 cm
FARBEN Fuchs, Brauner, Palomino

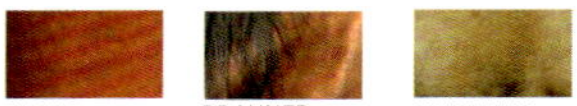

FUCHS BRAUNER PALOMINO

Diese alte Rasse lebt schon seit Tausenden von Jahren im Uralgebirge. Sie ist wahrscheinlich mit den Steppenpferden aus Westasien verwandt und enthält möglicherweise auch türkische Einflüsse. 1845 wurden Zuchtzentren errichtet, um die Rasse für den Einsatz in der Landwirtschaft, inklusive der Fleisch- und Milchgewinnung, zu optimieren.

ZUCHTGESCHICHTE

Es existieren zwei Typen: der Bergtyp, der eher als Reittier geeignet ist, und der schwerere Steppentyp, der oft als leichtes Zugpferd in der Landwirtschaft eingesetzt wird.

Die Ausdauer dieser Ponys ist legendär. So heißt es, dass eine Baschkiren-Troika 120 bis 140 km pro Tag durch den Schnee zurücklegen kann. Die Tiere sind abgehärtet und leben bei Temperaturen von bis zu –40 °C im Freien. Bei den Bashkir Curlys handelt es sich hingegen um eine amerikanische Rasse, von der es zuweilen heißt, sie sei mit den russischen Baschkiren verwandt, was von anderer Seite jedoch bestritten wird. Wie diese Ponys in die USA kamen, ist ein Rätsel; fest steht jedoch, dass sie dort zunehmend populärer werden. Ursprünglich wurden sie von den Indianern im Nordwesten des Landes gehalten.

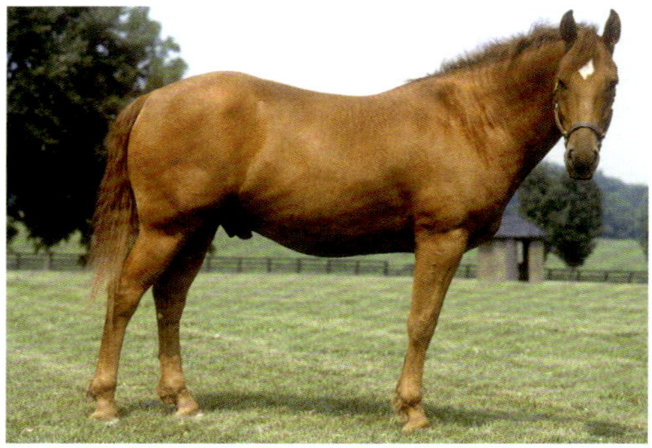

BASHKIR CURLY
Ursprünglich wurden diese Ponys von den Indianern gehalten. Heute gibt es in den USA über 1000 registrierte Tiere.

SCHWERER KOPF
Der Baschkir hat einen schweren Kopf mit geradem Profil und glänzenden Augen. Der lange Hals führt zu einer tiefen Brust und schrägen Schultern. Der Widerrist ist flach, der Rücken häufig gerade und der Schweif niedrig angesetzt.

EIGENSCHAFTEN

Die Beine des Ponys sind kurz und kräftig mit sehr harten Hufen, die sich ihren Weg über das steinige Terrain des Uralgebirges bahnen können. Mähne und Schweif sind in der Regel gekräuselt und dick. Besonders im Winter ist das Fell sehr dicht und kann sogar zu Wolle gesponnen werden. Auch Personen, die gegen Pferdehaar allergisch sind, können seltsamerweise Kleidung tragen, die aus der Wolle dieser Ponys hergestellt wurde.

Basuto-Pony

HERKUNFT Südafrika
UMGEBUNG
BLUT
EIG.
STOCKMASS 147 cm
FARBEN Schwarzbrauner, Fuchs, Schimmel, Brauner

Das Basuto ist ein Pony aus Südafrika, das im 19. Jahrhundert während des Burenkriegs populär wurde. Das robuste Tier verfügt über Ausdauer und Trittsicherheit – Eigenschaften, die es entwickelte, da es sich schnell über felsiges Gelände bewegen musste. Viele der beliebten Tiere wurden exportiert.

SCHWARZ-BRAUNER

FUCHS

SCHIMMEL

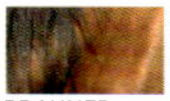
BRAUNER

ZUCHTGESCHICHTE

Die vier Stammpferde der Rasse wurden 1653 von der Niederländischen Ostindien-Kompanie in die Kapregion gebracht. Ihre genauen Rassen sind jedoch nicht bekannt. Vermutlich waren sie aber von arabischem (S. 184–187) oder persischem Geblüt. Diese vier Pferde sind auch die Urväter des Burenpferdes (S. 194). Aufgrund der Exporte und des Burenkriegs war das Basuto-Pony um 1940 vom Aussterben bedroht; neuerdings versucht man, die Rasse wiederzubeleben.

EIGENSCHAFTEN

Das Basuto-Pony hat einen langen Hals, einen ausgeprägten Widerrist und einen langen, geraden Rücken. Der Kopf kann recht schwer sein. Die Schultern sind recht steil, aber die Hinterhand ist muskulös und die Kruppe leicht abfallend. Die Beine sind kräftig. Basuto-Ponys sind sehr zutraulich gegenüber Menschen. Von ihren orientalischen Vorfahren haben sie Temperament, Intelligenz und Ausdauer geerbt; im Allgemeinen sind sie bodenständig und vernünftig.

PFERDEÄHNLICH Trotz seiner geringen Größe wird das Basuto-Pony oft eher zu den Großpferden gezählt, da es deren Eigenschaften besitzt – etwa den ausgreifenden Schritt. In dieser Gangart lässt es sich stundenlang bequem reiten.

Batak-Pony

HERKUNFT Indonesien
UMGEBUNG
BLUT
EIG.
STOCKMASS 132 cm
FARBEN Rappe, Schwarzbrauner, Fuchs, Falbe, Schimmel, Brauner, Palomino

Diese Rasse wurde im 20. Jahrhundert durch Zumischung von Araberblut verbessert und wird inzwischen ihrerseits eingesetzt, um die Qualität indonesischer Pferde und Ponys zu heben. Ihre Schnelligkeit macht die Batak-Ponys zu beliebten Renntieren. Sie sind aber auch ruhig genug, um von Kindern geritten zu werden.

RAPPE | SCHWARZBRAUNER | FUCHS | FALBE | SCHIMMEL | BRAUNER | PALOMINO

ZUCHTGESCHICHTE

Das Batak-Pony kommt ursprünglich aus Sumatra und stammt wahrscheinlich vom Mongolischen Pony (S. 338) ab, das mit Arabern (S. 184–187) gekreuzt wurde. Einst wurde es als Opfertier verwendet. Die Ponys sind folgsam und ausdauernd und können auch mit wenig und schlechtem Futter auskommen.

EIGENSCHAFTEN

Das Batak ist ein elegantes, gleichzeitig auch kräftiges und robustes Pony. Zumeist besitzt es einen guten Körperbau; da die Tiere sich meist selbst versorgen, können Mängel aufgrund von schlechter Ernährung entstehen. Der Kopf ist edel und leicht konkav aufgrund des Arabereinflusses, der Hals kurz und dünn und oft schwach. Der Widerrist ist meist ausgeprägt, der Rücken lang, der Schweif hoch angesetzt an einer abfallenden Kruppe, die manchmal wenig muskulös ist. Die Beine sind lang und dünn mit langem Röhrbein.

ZUVERLÄSSIG UND AUSDAUERND Batak-Ponys mangelt es zwar etwas an Eleganz, sie sind jedoch rundum gute und vielseitig einsetzbare Arbeits-, Reit- und Fahrtiere.

ARABEREINFLUSS Wie bei anderen Pferden und Ponys macht sich auch im Batak-Pony der Arabereinfluss deutlich bemerkbar.

Burma-Pony

HERKUNFT Burma
UMGEBUNG
BLUT
EIG.
STOCKMASS 132 cm
FARBEN Alle Grundfarben

Dieses Pony, das auch als Burmese oder Shan-Pony bekannt ist, stammt aus der ostburmesischen Provinz Shan. Heute noch wird es als Arbeitstier eingesetzt. Das Burma-Pony ist nicht besonders attraktiv, dafür aber extrem trittsicher, zäh und ausdauernd, was in der Gebirgslandschaft seiner Heimat von Vorteil ist.

RAPPE · SCHWARZBRAUNER · FUCHS · SCHIMMEL · BRAUNER

ZUCHTGESCHICHTE

Es besteht eine Ähnlichkeit mit dem im Himalaya lebenden indischen Manipur-Pony (S. 336), sodass die Vermutung naheliegt, dass die beiden Rassen miteinander verwandt sind. Das Burma-Pony ist jedoch etwas größer, weil es mehr Araberblut (S. 184–187) enthält.

EIGENSCHAFTEN

Die Rasse zeichnet sich durch einen recht gewöhnlichen Kopf mit geradem Profil auf muskulösem Hals aus. Der Rücken ist oft lang, die Kruppe abfallend und der Widerrist flach. Die steile Schulter führt zu einem kleinschrittigen, abgehackten Gang, der dem steilen und felsigen Gebirgsgelände angepasst ist. Die Brust ist breit und tief, die Beine sind – wie bei vielen Bergponys – kurz und kräftig mit sehr kleinen, festen Hufen.

Burma-Ponys sind ruhig und gefügig, was sie zu guten Reittieren für Anfänger und Kinder macht. Sie sind weder schnell noch athletisch, dafür aber kräftig und ausdauernd; sie trotzen den harten Umweltbedingungen im Gebirge.

VIELSEITIGES PONY Früher wurden die Ponys von den britischen Kolonialisten zum Polospiel eingesetzt. Heute dienen sie eher als Arbeitstiere und dank ihrer Trittsicherheit auch als Trekking-Ponys.

Camargue-Pferd

HERKUNFT Frankreich
UMGEBUNG
BLUT
EIG.
STOCKMASS 134–145 cm
FARBEN Schimmel

Diese Pferde sind im Rhônedelta in der Region Camargue beheimatet und werden „Pferde des Meeres" genannt. Die Abgeschiedenheit hat dazu beigetragen, dass diese Rasse sich kaum mit anderen vermischt hat und einen ausgeprägten Eigencharakter besitzt. Traditionell werden sie von den Viehhütern geritten, in jüngerer Zeit aber zunehmend als Trekking-Ponys für Touristen eingesetzt.

ZUCHTGESCHICHTE

Das Camargue-Pferd ist erst seit 1968 offiziell anerkannt. Die Rasse ist aber ohne Zweifel sehr alt, womöglich sogar prähistorisch. Ihre Größe und Proportionen entsprechen denen prähistorischer Pferde, deren Skelette man bei Solutré fand. Durch die Camargue zogen im Lauf der Jahrhunderte viele Armeen, deren Pferde sich mit den einheimischen vermischten. Ein Berbereinfluss (S. 190–191) entstand womöglich im Zuge der Invasion der Mauren im 7. und 8. Jahrhundert. Davor gab es vermutlich asiatische und mongolische Einflüsse.

KOMPAKT GEBAUT Ein Mangel dieses Ponys besteht in der kurzen, steilen Schulter. Ansonsten ist das Camargue-Pferd kompakt und muskulös.

EIGENSCHAFTEN

Die Herden dieser weißen Tiere frei durch die Salzwassersümpfe der Camargue ziehen zu sehen ist ein wunderschöner Anblick. Bei näherer Betrachtung ist das Pferd jedoch gewöhnlicher. Sein primitiver Ursprung zeigt sich in dem schweren, etwas derben Kopf. Die kleinen Tiere sind aber außergewöhnlich kräftig, robust und ausdauernd.

VIEH-PONY Traditionell werden Camargue-Pferde von den Hütern der Rinderherden geritten, die durch die Camargue ziehen.

Kaspisches Pony

HERKUNFT Iran
UMGEBUNG
BLUT
EIG.
STOCKMASS 101–120 cm
FARBEN Alle Grundfarben

Das Kaspische Pony wird aufgrund seiner Größe als Pony klassifiziert, besitzt aber die edlen Züge und die Proportionen eines Pferdes. 1965 wurde im Nordiran nahe dem Kaspischen Meer eine kleine Herde dieser als ausgestorben geltenden Rasse entdeckt.

RAPPE · SCHWARZBRAUNER · FUCHS · SCHIMMEL · BRAUNER

ZUCHTGESCHICHTE UND EIGENSCHAFTEN

Im Iran sind 3000 Jahre alte Knochen von frühen Vorfahren des Kaspischen Ponys gefunden worden. Eine Theorie besagt, dass sich kurz vor der Domestizierung des Pferdes vier Unterarten entwickelt hatten: Typ 4 war die kleinste, aber edelste Art, mit ausgeprägtem konkaven Profil und hoch angesetztem Schweif. Das Kaspische Pony soll von diesem Typus abstammen. Es wurde ein Programm ins Leben gerufen, um die Rasse zu bewahren, und inzwischen wird sie in vielen Ländern gezüchtet.

Das Skelett der Tiere weist einzigartige Merkmale auf: Sie haben am Oberkiefer zusätzliche Backenzähne, und die Knochen von Kopf und Schulterblatt zeigen eine andere Form als die anderer Pferde. Das Pony besitzt einen elegant geschwungenen Hals, schräge Schultern und einen ausgeprägten Widerrist. Das Gebäude ist schmal und der Schweif hoch angesetzt. Die Beine sind schlank, aber kräftig, die Hufe hart.

WENDIG UND ATHLETISCH Trotz seiner geringen Größe hat das Kaspische Pony den ausgreifenden Galopp eines Pferdes und kann hervorragend springen. Es hat einen freundlichen Charakter und ist sehr intelligent.

PFERDE DES MEERES Die weißen Camargue-Herden ziehen schon seit Jahrhunderten frei durch die Salzsümpfe des Rhônedeltas. Sie prägen die Landschaft und sind eine der wichtigsten Touristenattraktionen der Region.

Cayuse-Pony

HERKUNFT USA
UMGEBUNG
BLUT
EIG.
STOCKMASS 142 cm
FARBEN Alle, häufig Stichelhaar

Es ist nur wenig über das Cayuse-Pony bekannt. Vermutlich stammt es von Berbern und spanischen Pferden ab, die von spanischen Einwanderern in die USA gebracht wurden, sowie von entlaufenen Ponys, die den Siedlern gehörten. Es besteht auch eine Verbindung zum Missouri Foxtrotter.

ZUCHTGESCHICHTE

Das relativ unbekannte Cayuse gehört zu den Ponys aus der Zeit des „Wilden Westens“ der amerikanischen Geschichte. Die Tiere waren Anfang des 19. Jahrhunderts als Indianerpferde berühmt.

Der Name stammt von den Cayuse-Indianern, geschickten Reitern, die die Rasse weiterentwickelten. Heute gibt es nur noch wenige Exemplare; das Wild Horse Research Center in Kalifornien bemüht sich darum, die Zucht anzukurbeln, um ein Aussterben der Rasse zu verhindern.

EIGENSCHAFTEN

Die kleinen, stämmigen Tiere haben einen typischen Ponykörperbau, abgesehen von einem hohen Widerrist und relativ langem Röhrbein. Die Fesseln sind ebenfalls lang und schräg. Die Ponys sind insgesamt ungewöhnlich muskulös und sehr kräftig.

SELTENE RASSE Das Cayuse-Pony ist zwar klein, aber stark. Heute ist es fast ausgestorben. In den 1990er-Jahren starben über hundert Tiere, als ihre Weidegründe versehentlich mit einem giftigen Pflanzenschutzmittel besprüht wurden.

Chincoteague-Pony

HERKUNFT USA
UMGEBUNG
BLUT
EIG.
STOCKMASS 147 cm
FARBEN Schecke, Stichelhaar

SCHECKE

STICHELHAAR

Diese kleinen, zähen Ponys sind nach der Insel benannt, auf der sie leben. Es heißt, die ersten Tiere schwammen 1600 auf die Insel, nachdem das spanische Schiff, das sie beförderte, gekentert war. Um zu überleben, ernährten sie sich von trockenen Gräsern und Salzwasser.

KINDERPONY Chincoteague-Ponys eignen sich gut für Kinder. Sie sind auch hervorragende Schauponys und gute Springer und Fahrpferde, sowohl mit Western- als auch mit englischem Sattel.

ZUCHTGESCHICHTE

Aus den 17 Araberpferden (S. 184–187), die das Schiffsunglück überlebten, entwickelten sich zwei Ponygruppen: die Maryland- (S. 298) und die Virgina-Herde, die sich aus den Chincoteague-Ponys zusammensetzt. Sie steht unter der Obhut der freiwilligen Feuerwehr. Seit 1994 können alle Tiere, die von der freiwilligen Feuerwehr verkauft oder auch von privaten Züchtern gezüchtet wurden, registriert werden.

LANGE MÄHNE Das Mähnen- und Schweifhaar ist lang und dicht. Im Winter wächst den Tieren zudem ein dickes Winterfell, das sie vor der kalten Witterung schützt.

EIGENSCHAFTEN

Das Chincoteague-Pony ist sehr genügsam und braucht sogar nach Ponymaßstäben wenig Nahrung. Es ist gut proportioniert, kräftig und muskulös. Sein Charakter ist freundlich, und es scheint die Gesellschaft von Menschen zu mögen.

Die Ponys durchschwimmen einmal im Jahr den Kanal, der die Insel vom Festland Virgina trennt. Dort wird dann der Nachwuchs verkauft, damit die Zahl der Tiere auf der Insel nicht überhandnimmt.

Gypsy Vanner

HERKUNFT Großbritannien
UMGEBUNG
BLUT
EIG.
STOCKMASS 142–152 cm
FARBEN Alle, aber vorwiegend Schecke

Schecken werden durch ihre Fellfarbe definiert und sind eigentlich keine Rasse. Es gibt jedoch einen Schecken namens Gypsy Vanner, der sich durch bestimmte Merkmale auszeichnet. Dieses leichte Zugpferd kommt in vielen Teilen Europas vor, wo es die bunten Wagen Fahrender zieht.

ZUCHTGESCHICHTE

Das Wort „vanner" bezeichnet seit dem 18. Jahrhundert Arbeitspferde, die in Städten die Karren und Wagen (englisch „vans") der fahrenden Händler zogen. Diese Pferde mussten kräftig, aber duldsam sein. Die Tiere können eine Mischung aus allen möglichen Rassen sein, aber häufig gehören Friesen (S. 216), Clydesdales (S. 138–139), Shires (S. 164–165) und Dales-Ponys zur Blutlinie. Ursprünglich waren die Tiere wohl einfarbig und hatten trockene Beine, um einen vornehmeren Eindruck zu erwecken.

HOHE WERTSCHÄTZUNG Fahrende Völker haben schon immer große Stücke auf ihre Pferde gehalten, da ihr Lebensunterhalt von ihnen abhängt.

EIGENSCHAFTEN

Gypsy Vanner müssen zäh und genügsam sein, denn sie leben auf der Straße, ohne Stall und oft nur von spärlich wachsendem Gras. Daher hat sich der heutige schwerknochige Typus mit Kötenbehang herausgebildet. Das Gypsy-Vanner-Stutbuch unterteilt die Fellfarben in Piebald (schwarz-weiß gefleckt), Skewbald (braun-weiß gefleckt oder dreifarbig), Blagdon (einfarbig mit weißen Flecken) und Andersgescheckte.

KRAFT UND AUSDAUER Schecken sind außerordentlich kräftige und ausdauernde Tiere und bekannt für ihren besonders ruhigen, sanften und geduldigen Charakter.

Connemara-Pony

HERKUNFT Irland
UMGEBUNG
BLUT
EIG.
STOCKMASS 132–147 cm
FARBEN Alle, aber vorwiegend Schimmel

Das Connemara-Pony ist nach einer westirischen Region benannt. Die karge Landschaft grenzt an die Galway-Bucht und an den Atlantik. Die Tiere, die zu Irlands einziger einheimischer Rasse gehören, müssen zäh sein, um hier zu überleben. Sie sind zudem hervorragende Schauponys.

RAPPE SCHWARZBRAUNER FUCHS SCHIMMEL STICHELHAAR

ZUCHTGESCHICHTE

Die Entwicklung dieser Rasse ist nicht eindeutig belegt. Nach einer Theorie stammt sie von importierten Berbern und spanischen Pferden ab, die mit einheimischen Tieren gekreuzt wurden. Eine andere besagt, dass das Connemara-Pony sich aus Tieren entwickelt hat, die von den Kelten mitgebracht wurden, darunter Islandponys, Shetland-Ponys und Fjordpferde. Sein Aussehen deutet auf jeden Fall auf spanischen oder Araber-Einfluss hin. Der Zuchtverein Connemara Pony Breeders Society hat dazu beigetragen, ein Pony von herausragender Qualität zu züchten.

EIGENSCHAFTEN

Das Connemara ist ein athletisches Pony mit freien, fließenden Gangarten. Es ist das ideale Reittier für Kinder. Es schneidet in allen Disziplinen, von Eventing über Dressur bis hin zum Schaufahren, sehr gut ab.

ELEGANZ Das Connemara hat einen eleganten Kopf auf langem Hals. Das Gebäude ist tief und kompakt, die Beine sind kurz.

SCHIMMEL Die Tiere sind vorwiegend Schimmel. Falben und Palominos waren früher beliebt, kommen heute aber eher selten vor.

Dales-Pony

HERKUNFT Großbritannien

UMGEBUNG

BLUT

EIG.

STOCKMASS 137–147 cm

FARBEN Vorwiegend Rappe, gelegentlich Schwarzbrauner, Schimmel, selten Brauner, Stichelhaar

RAPPE SCHWARZ-BRAUNER SCHIMMEL BRAUNER STICHELHAAR

Das Dales-Pony stammt von den Hügeln der Pennines in Nordengland und ist nach deren Tälern (englisch *dales*) benannt. Die Rasse basiert wahrscheinlich auf schottischen Galloways. Das Dales-Pony ist eng mit dem Fell-Pony (S. 324) verwandt, und beide Ponyrassen sind vom Friesen (S. 216) beeinflusst.

ZUCHTGESCHICHTE

Wie sein Vorfahre, der Friese, ist auch das Dales-Pony vorwiegend schwarz. Im Lauf der Jahrhunderte wurde die Rasse zunächst mit Norfolk Roadster und später, im 18. Jahrhundert, mit Welsh-Cob (S. 365) und Clydesdale (S. 138–139) gekreuzt. Während des Zweiten Weltkriegs nahm die Zahl der Tiere dramatisch ab. Seit 1963 hat sich die Rasse mit Gründung der Dales Pony Society jedoch erholt, und die zähen und anpassungsfähigen Tiere erleben eine Renaissance.

Dales-Ponys wurden ursprünglich als Packpferde eingesetzt, vor allem in den Bleiminen, wo sie sowohl unter als auch über Tage arbeiten mussten. Als in den Minen zunehmend Maschinen Einzug hielten, setzten die Bauern die Kraft, Intelligenz und Geschicklichkeit der Rasse in der Landwirtschaft ein. Die Ponys konnten Lasten ziehen, die über eine Tonne schwer waren, den rauen Boden pflügen und die Bauern stilgerecht zum Markt fahren. Später wurden sie aufgrund ihrer Gangart als schnelles Transportmittel verwendet und vor leichte Kutschen gespannt. Heute wird das Dales-Pony vorwiegend als Reit- und Fahrpferd sowie als Wettbewerbspony in vielen Disziplinen eingesetzt.

STUTBÜCHER Das Dales-Pony-Stutbuch wurde 1916 eröffnet. Im Zweiten Weltkrieg war die kontrollierte Zucht jedoch eingeschränkt, und 1955 gab es nur noch vier registrierte Ponys.

LANGE MÄHNE Dales-Ponys haben einen seidigen Kötenbehang und sehr dichtes Mähnen- und Schweifhaar.

EIGENSCHAFTEN

Das attraktive Dales-Pony hat einen hübschen, klugen Kopf mit leuchtenden, weit auseinanderstehenden Augen und leicht nach innen gebogenen Ohren. Der lange, kräftige Hals führt zu muskulösen, schrägen Schultern. Der Widerrist sollte nicht zu ausgeprägt sein. Das Gebäude ist kompakt mit tiefer, breiter Brust. Hinterhand und Unterschenkel sind sehr muskulös. Der Schweif ist schön angesetzt; das Schweifhaar sollte bis zum Boden reichen. Die kräftigen Beine sind gelenkig, aber nicht grob, mit einem etwa 20 cm langen Röhrbein und ausgeprägten Sehnen. Der Behang ist meist dicht und seidig, die Hufe sind groß und offen mit einem gut ausgebildeten Strahl.

GUTE KNIEAKTION Das elegante Dales-Pony hat eine hohe Aktion in Knie und Sprunggelenk und viel Energie und Ausdauer. Es ist zudem mutig, intelligent und freundlich.

Dartmoor-Pony

HERKUNFT Großbritannien
UMGEBUNG
BLUT
EIG.
STOCKMASS bis 127 cm
FARBEN Rappe, Schwarzbrauner oder Brauner, manchmal auch Falbe oder Schimmel

RAPPE — SCHWARZBRAUNER — FALBE — SCHIMMEL — BRAUNER

Im Moorland des Dartmoor im Südwesten Englands leben schon seit Jahrhunderten wilde Ponys. Erstmals erwähnt werden sie im 11. Jahrhundert. Früher dienten Dartmoor-Ponys als leichte Pack- und Zugtiere in der Landwirtschaft, heute werden sie für Schauwettbewerbe sowie als Reitponys für Kinder gezüchtet.

ZUCHTGESCHICHTE

Die genaue Abstammung der Rasse ist unbekannt. Ihr Lebensraum ist wild und rau, aber nicht abgelegen. Durch seine Lage an der Handelsroute zwischen Plymouth und Exeter kam das Dartmoor-Pony mit anderen Rassen in Berührung. Einige Araber (S. 184–187) und Berber (S. 190–91), die die Kreuzrittern nach England brachten, sind möglicherweise ins Moor geflüchtet. Im 19. Jahrhundert kamen Englisches Vollblut (S. 284–287), Welsh-Pony (S. 362–365), Welsh-Cob (S. 206) und Exmoor-Pony (S. 322) zur Blutlinie hinzu.

HALBBLUT Inzwischen bevölkern zahlreiche halbblütige Tiere in den unterschiedlichsten Formen, Größen und Farben das Moor. Obwohl sich die meisten in Privatbesitz befinden, gibt es noch immer frei lebende Dartmoor-Ponys.

Sicherlich hat die karge und raue Moorlandschaft die Entwicklung der Rasse beeinflusst. Das Land ist hügelig, bietet aber wenig Unterschlupf und ist von allen Seiten der Witterung ausgesetzt. Größere Ponys können hier schwerer überleben. Das erste Stutbuch wurde 1899 eröffnet und ließ ein Stockmaß von bis zu 142 cm zu, was allerdings eher „politische" als praktische Gründe hatte. Denn 1898 verlangte das Polo-Pony-Stutbuch einheimische Rassen als Grundlage für die Züchtung von Polo-Ponys, und dies erforderte größere Tiere. Als jedoch 1899 die Ponys für den Eintrag ins Stutbuch zusammengetrieben wurden, waren drei Viertel von ihnen unter 127 cm groß! 1924 setzte man schließlich in Anerkennung der realen Gegebenheiten das Höchstmaß auf 127 cm herunter.

Dartmoor-Ponys werden häufig privat gezüchtet, und viele der Tiere im Moor sind heute Mischungen, wodurch natürlich einige der Rassenmerkmale verloren gehen können. Um dies zu verhindern, werden ausgewählte Stuten in abtrennten Teilen des Moors gehalten, wo sie nur mit reinrassigen Dartmoor-Hengsten gepaart werden.

EIGENSCHAFTEN

Die Tiere haben einen kleinen, schönen Kopf mit großen, freundlichen Augen und kleinen Ohren. Da sie als Reitponys genutzt werden, sollte der Hals lang und die Schulter schräg sein. Das Gebäude ist kräftig, tief und von mittlerer Länge.

Die meisten der ursprünglich ins Stutbuch eingetragenen Tiere waren Rappen oder Braune; Schimmel und Falben gab es nur einige wenige. Heute ist die Bandbreite an Farben größer. Auch Abzeichen kamen ursprünglich kaum vor. Manche Tiere trugen einen weißen Stern oder Fleck auf der Stirn, andere zuweilen eine weiße Fessel. Auch heute noch werden Abzeichen vom Züchterverein nicht gern gesehen.

ROBUSTE RASSE Das raue Moorland hat zu der Ausbildung eines zähen und robusten Ponys geführt. Die Beine sind stabil mit einem kurzen, flachen und harten Röhrbein. Vorarm und Unterschenkel sind muskulös, die Hufe gut geformt und hart.

REINRASSIGE DARTMOOR-PONYS Um die Züchtung reinrassiger Tiere zu fördern, werden ausgewählte Stuten mit einem reinrassigen Dartmoor-Hengst in abgezäunten Arealen gehalten. Die Fohlen werden geprüft und in ein Zusatz-Stutbuch eingetragen. Nach einer weiteren Paarung mit einem reinrassigen Hengst kann der Nachwuchs wieder in das reguläre Stutbuch aufgenommen werden.

Dülmener Pony

HERKUNFT Deutschland
UMGEBUNG
BLUT
EIG.
STOCKMASS 122–132 cm
FARBEN Meistens Falbe, aber auch Rappe, Schwarzbrauner, Fuchs

RAPPE — SCHWARZ-BRAUNER — FUCHS — FALBE

Seit das Senner-Pony ausgestorben ist, verkörpert der Dülmener das einzige einheimische Pony Deutschlands. Die Tiere leben im Naturschutzgebiet Meerfelder Bruch bei Dülmen. Die Rasse wurde schon 1316 schriftlich erwähnt, doch der Bestand ist inzwischen erheblich zurückgegangen. Mit Arabern gekreuzt, werden Dülmener zu guten Reitponys.

ZUCHTGESCHICHTE UND EIGENSCHAFTEN

Nur die stärksten Tiere der Herde überleben, da Dülmener als echte Wildpferde leben. Sie müssen sich selbst Nahrung und Schutz suchen und mit Krankheiten fertig werden.

Wie viele Primitivrassen ist auch der Dülmener meist ein Falbe. Heute gibt es allerdings auch andere Farben, was auf eine Mischung mit anderen Rassen hindeutet, möglicherweise mit Ponys aus Polen und Großbritannien.

PRIMITIVE MERKMALE Dülmener sind meist Falben mit schwarzen Markierungen – ein typisches Merkmal von Primitivrassen. Ihr Körperbau weist verschiedene Mängel auf, darunter eine schwache Hinterhand.

Eriskay-Pony

HERKUNFT Großbritannien
UMGEBUNG
BLUT
EIG.
STOCKMASS 122–137 cm
FARBEN Rappe, Schimmel, Brauner

Der Bestand des Eriskay-Ponys gilt als kritisch. Die Tiere stammen von einheimischen Ponys ab, die einst die westlichen Inseln Schottlands bewohnten. Es bestehen auch Blutsbande zu alten keltischen und nordischen Ponys.

RAPPE SCHIMMEL BRAUNER

ZUCHTGESCHICHTE UND EIGENSCHAFTEN

Bis zur Mitte des 19. Jahrhunderts wurde das Eriskay-Pony auf den schottischen Inseln von Kleinbauern als Packpony eingesetzt, um Torf und Seetang zu befördern, Karren zu ziehen und den Boden zu pflügen. Natürliche und durch Menschen verursachte Selektion haben bei der Entwicklung der Rasse eine große Rolle gespielt. So wurden zum Beispiel nur Tiere mit sehr gutem Charakter verwendet, da meist Frauen und Kinder mit ihnen umgehen mussten. Der Bestand ging zurück, als die Landwirtschaft mechanisiert wurde. 1970 gab es nur noch 20 reinrassige Tiere auf der Insel Eriskay. Daraufhin wurde die Züchtervereinigung gegründet, und inzwischen sind über 400 Ponys registriert.

Eriskay-Ponys besitzen einen angenehmen Charakter und lieben die Gesellschaft von Menschen. Sie haben schöne Beine mit nur wenig Behang an der Hinterseite der Fessel. Generell sind Körperbau, Gelenke und Hufe gut.

VORWIEGEND SCHIMMEL Das Besondere am Eriskay-Pony ist, dass es häufig als Rappe oder Brauner geboren wird, sich aber später zum Schimmel wandelt. Einige Tiere bleiben schwarz oder braun; andere Farben kommen nicht vor.

WASSERDICHT Das wasserdichte Fell und das üppige Mähnen- und Schweifhaar ermöglichen es Eriskay-Ponys, auch unter harten Witterungsbedingungen zu leben.

DIE INSEL ERISKAY Eriskay-Ponys werden meist als Rappen oder Braune geboren und nehmen mit zunehmendem Alter die Graufärbung des Schimmels an. Sie sind auf der Insel widrigen Bedingungen ausgesetzt und können mit nur wenig Futter auskommen.

Exmoor-Pony

HERKUNFT Großbritannien
UMGEBUNG
BLUT
EIG.
STOCKMASS 127–140 cm
FARBEN Schwarzbrauner, Falbe, Brauner

SCHWARZ-BRAUNER FALBE BRAUNER

Das Exmoor-Pony ist das älteste unter den britischen Berg- und Moorlandrassen, es zieht schon seit der Bronzezeit durch die Sumpfgebiete im Südwesten Englands. Die ältesten Zuchtaufzeichnungen stammen aus dem Jahr 1820. Auf die linke Schulter der Tiere werden ein Stern und einer Herdennummer gebrannt, auf die linke Hinterhand eine individuelle Nummer.

HERKUNFT UND EIGENSCHAFTEN

Auch heute noch gibt es wilde Ponyherden im englischen Exmoor, wenn auch nur kleine. Dank seiner Robustheit ist das Exmoor-Pony ein ideales Reit- und Fahrpony. Es eignet sich auch als Erstpony für Kinder und als vielseitiges Schaupony. Mit Vollblütern gekreuzt, werden aus Exmoor-Ponys auch sehr gute Wettbewerbspferde.

Das Exmoor hat einen gut geformten Kopf mit breiter Stirn, einen langen Hals und eine gute Schulter sowie ein kräftiges Gebäude mit tiefer Brust. Die Beine sind kurz und trocken mit kleinen harten Hufen.

HEIMATZUCHT Werden sie in anderen Gegenden gezüchtet, verlieren die Tiere ihre charakteristischen Merkmale. Um die Reinheit der Rasse zu erhalten, muss die Zucht mit Ponys vom Moor in Exmoor erfolgen.

SCHWERLIDRIG Auffällige Merkmale des Exmoor-Ponys sind das Mehlmaul sowie die großen Augen mit den schweren Oberlidern, auch Krötenauge genannt. Die Augen sind von hellerem Haar umrahmt.

Falabella-Pony

HERKUNFT Argentinien
UMGEBUNG
BLUT
EIG.
STOCKMASS 70 cm
FARBEN Alle

Das Falabella-Pony ist eine Miniaturrasse, die in Buenos Aires von der Familie Falabella entwickelt wurde. Sie kreuzten ein sehr kleines Shetland-Pony mit einem sehr kleinen Vollblut und züchteten mit dem kleinsten Nachwuchs weiter. Dies hat aber zu körperlichen Mängeln geführt.

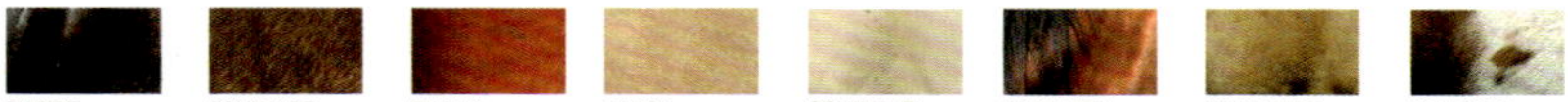

RAPPE | SCHWARZBRAUNER | FUCHS | FALBE | SCHIMMEL | BRAUNER | PALOMINO | SCHECKE

HERKUNFT UND EIGENSCHAFTEN

Die International Falabella Miniature Horse Society unterhält ein Stutbuch, um die Reinheit der Rasse zu gewährleisten. Häufig treten jedoch körperliche Mängel wie schwache Sprunggelenke, krumme Beine, ein schwerer Kopf und Bretthals auf. Die Tiere haben auch die für das Shetland so charakteristische Zähigkeit und Energie verloren.

Ein Falabella-Pony sollte einen Kopf haben, der dem des Shetland-Ponys ähnelt und im richtigen Verhältnis zu seinem Körper steht. Insgesamt sollte es die Proportionen eines Pferdes aufweisen. Im Lauf der Zeit sind viele verschiedene Rassen in die Zucht eingeflossen, was zu interessanten Farben geführt hat, darunter gepunktete Fellmuster und Skewbald.

Die Fohlen sind bei der Geburt nur 40 cm groß, wachsen im ersten Jahr aber rasch. Die Tragzeit des Falabella dauert zwei Monate länger als bei anderen Pferden oder Ponys. Es besitzt zwei Wirbel und Rippen weniger als seine Artgenossen.

Falabellas sind freundlich und intelligent und brauchen viel Aufmerksamkeit. Sie müssen gut gepflegt und bei Kälte mit Decken ausgestattet werden. Man hält sie meist als Haustiere, da sie zu klein sind, um geritten zu werden; nur gelegentlich werden sie auch aufgezäumt. Sie sind sehr empfindlich und müssen gepflegt werden wie ein Vollblut.

AN DER HAND Falabellas werden auf Zuchtschauen oft an der Hand vorgeführt. Dort beurteilt man Exterieur, Temperament und Gangart. Die Ponys sind nicht größer als ein durchschnittlich großer Hund.

MINIPFERDE Falabella-Ponys gleichen eher Miniaturpferden als Ponys. Die Rasse ist selten, wird aber weiterhin in Argentinien und auch in Großbritannien gezüchtet.

Fell-Pony

HERKUNFT Großbritannien
UMGEBUNG
BLUT
EIG.
STOCKMASS 142 cm
FARBEN Rappe, Schwarzbrauner, Schimmel, Brauner

RAPPE

SCHWARZ-BRAUNER

SCHIMMEL

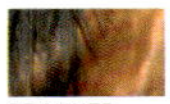
BRAUNER

Das Fell-Pony ist mit dem Dales-Pony sowie dem Friesen verwandt, und auch Traberblut ist vorhanden. Im 18. und 19. Jahrhundert wurden Fell-Ponys als Fahrpferde eingesetzt. Sie sind leichter als Dales-Ponys, was aber erst 1916 erkannt wurde, als sich die Zuchtvereinigungen beider Rassen etablierten.

VIELSEITIG Mit einem Vollblut gekreuzt, wird aus dem Fell-Pony ein hervorragendes und vielseitiges Wettbewerbspony.

ZUCHTGESCHICHTE UND EIGENSCHAFTEN

Hauptsächlich beeinflussten der Friese und das ausgestorbene Galloway das Fell-Pony. Das Galloway war ein schnelles, starkes Pferd, das keltische Plünderer und schottische Viehtreiber verwendeten.

Sein schneller Schritt und Trab machen das Fell-Pony zu einem hervorragenden Fahrpferd.

KÖNIGLICHE PONYS Die britische Königin Elizabeth ist eine Züchterin von Fell-Ponys. Ihr Gatte Prinz Philip trat schon mit einem Team bei Trabrennen an.

Es kann bis zu 100 kg tragen und wird deshalb gern als Jagdpferd oder Packpferd eingesetzt.

Der Kopf ist klein mit breiter Stirn und ausdrucksvollen Augen. Die schrägen Schultern machen den Gang angenehm. Das Gebäude ist kräftig mit viel Gurtentiefe und muskulöser Vor- und Hinterhand, der Schweif ist gut angesetzt. Die Beine sind kräftig mit einem guten, flachen Röhrbein. Der kräftige Hals ist länger als beim Dales-Pony, was die Zügelführung verbessert.

Französisches Reitpony

HERKUNFT Frankreich
UMGEBUNG
BLUT
EIG.
STOCKMASS 127–147 cm
FARBEN Alle

Das Französische Reitpony ist auch als Poney Français de Selle bekannt. Es handelt sich um eine relativ neue Rasse, deren Züchtervereinigung 1969 gegründet und deren Stutbuch 1972 eröffnet wurde. Die Ponys sind vielseitig und ideal für Familien, da sie sowohl von Erwachsenen als auch von Kindern geritten werden können.

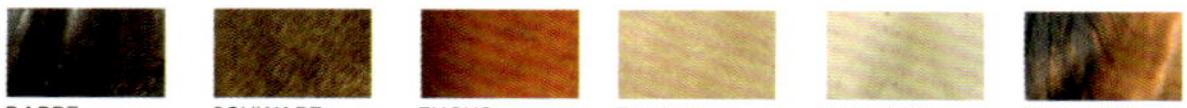

RAPPE | SCHWARZ-BRAUNER | FUCHS | FALBE | SCHIMMEL | BRAUNER

ALLROUNDER Das Französische Reitpony hat einen hervorragenden Körperbau. Es erbringt in allen Wettbewerbsdisziplinen Höchstleistungen und ist ein guter Springer. Auch als Freizeitpony ist es bestens geeignet.

ZUCHTGESCHICHTE

Die Zuchthengste, die diese Rasse begründeten, waren Connemara-Ponys, New-Forest-Ponys und Welsh-Ponys, während die Stuten aus einheimischem Bestand kamen. Ziel war es, ein Pony mit dem Aussehen und der Beweglichkeit eines Pferdes zu züchten. Kontrolliert wird die Zucht von der Züchtervereinigung, die auf einer jährlichen Schau neue Stuten und Hengste aufnimmt. Die meisten Tiere dieser Rasse findet man in Mayenne, in der Normandie und in der Bretagne. Sie erfreuen sich aber in ganz Frankreich und anderen europäischen Ländern zunehmender Beliebtheit.

EIGENSCHAFTEN

Französische Reitponys sind gutmütig, aber auch sehr lebhaft. Der attraktive Kopf sitzt auf einem langem Hals, der in schräge Schultern übergeht. Der Rücken ist meist gerade mit ausgeprägtem Widerrist, abfallender Kruppe und einem gut angesetzten Schweif. Die Tiere zeichnen sich in allen Disziplinen aus und können bei den meisten Levels mithalten.

EDLER KOPF Der Kopf ist edel mit freundlichen Augen und aufmerksamen Ohren. Der Hals hat eine gute Länge und sitzt auf einer breiten Brust.

Galiceño-Pony

HERKUNFT Mexiko
UMGEBUNG
BLUT
EIG.
STOCKMASS 127–142 cm
FARBEN Rappe, Schwarzbrauner, Brauner Fuchs, Falbe, Schimmel

RAPPE | SCHWARZ-BRAUNER | FUCHS | FALBE | SCHIMMEL

Die Vorfahren aller mexikanischen Pferde und Ponys stammen aus Spanien und Portugal. Das Galiceño-Pony basiert auf zwei Ponyrassen: dem Garrano (S. 326) und dem Sorraia (S. 357). Aufgrund seiner Größe gilt es als Pony, in seiner Heimat bezeichnet man es aber als Pferd.

ZUCHTGESCHICHTE UND EIGENSCHAFTEN

Das Galiceño-Pony entwickelte sich aus Bergponys, die Anfang des 16. Jahrhunderts aus Spanien nach Mexiko gebracht wurden. Diese Ponys waren im spanischen Galicien eingefangen worden und besaßen die edlen Züge sowie den als *Running Walk* bekannten Rennschritt, der Andalusiern (S. 180), Sorraias und Garranos eigen ist. Das Galiceño-Pony wurde 1958 offiziell als Rasse anerkannt und verbreitete sich langsam nach Nordamerika, wo es als Kinderreitpferd beliebt ist.

EDLER KÖRPERBAU
Das Galiceño-Pony hat ein edles, schmales Gebäude, ist aber trotzdem kräftig und ausdauernd. Es ist zäh, schnell und athletisch.

Garrano

HERKUNFT Portugal
UMGEBUNG
BLUT
EIG.
STOCKMASS 100–122 cm
FARBEN Schwarzbrauner, Fuchs, Brauner

SCHWARZ-BRAUNER | FUCHS | BRAUNER

Das Garrano oder Minho hat wahrscheinlich dieselbe Herkunft wie das bekanntere Sorraia (S. 357), denn es stammt vermutlich vom Asiatischen Wildpferd und vom Tarpan (S. 12) ab. Beheimatet ist es in Nordportugal, in den Provinzen Minho und Tras os Montes.

ZUCHTGESCHICHTE UND EIGENSCHAFTEN

Das Garrano-Pony ist zäh und trittsicher. Erst kürzlich hat das portugiesische Landwirtschaftsministerium beschlossen, der Rasse Araberblut beizumischen, um sie aufzuwerten und einige der Primitivmerkmale auszumerzen. Der arabische Einfluss zeigt sich im edlen Kopf und konkaven Profil. Der Hals ist lang, der Körper kurz und kompakt, die Schultern sind steil.

PACKPFERD
Früher wurde das Pony in Trabrennen eingesetzt. Heute wird es von den Einheimischen und der Armee eher als Packpferd verwendet oder um Holz zu transportieren.

Gotland-Pony

HERKUNFT Schweden
UMGEBUNG
BLUT
EIG.
STOCKMASS 122–127 cm
FARBEN Rappe, Fuchs, Brauner, Palomino

Das schwedische Gotland- oder Skogruss-Pony ist wahrscheinlich die älteste skandinavische Ponyrasse, die sich viele ihrer primitiven Merkmale erhalten hat. Es stammt von der Insel Gotland und ist relativ frei von Fremdeinflüssen geblieben; nur Araber wurden in den letzten hundert Jahren eingekreuzt.

RAPPE

FUCHS

BRAUNER

PALOMINO

ZUCHTGESCHICHTE UND EIGENSCHAFTEN

Die Tiere dieser Rasse eignen sich bestens als Kinderponys und können gut springen. Sie traben so schnell, dass sie früher Trabrennen bestritten.

Das Gotland ist elegant mit kleinen, aufmerksamen Ohren und großen Augen. Trotz des leichten Knochenbaus ist es kräftig. Der Hals präsentiert sich eher kurz, der Rücken lang mit runder, kurzer Kruppe. Die Schultern sind lang und schräg.

Einst waren sie nur auf der Insel zu finden; inzwischen werden die Ponys auch auf dem Festland gezüchtet.

WILDPONY Auch heute noch lebt das Gotland-Pony wild in den Wäldern Gotlands. Einige Tiere weisen den für Wildpferde typischen Aalstrich auf.

Hackney-Pony

HERKUNFT Großbritannien
UMGEBUNG
BLUT
EIG.
STOCKMASS 127–142 cm
FARBEN Rappe, Schwarzbrauner, Brauner

RAPPE

SCHWARZ-BRAUNER

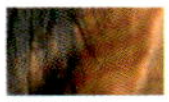
BRAUNER

Das Hackney-Pony ist eine kleine Version des Hackney-Pferdes (S. 223). Beide Arten stammen von Norfolk Roadstern und Yorkshire-Trabern ab. Die Pony-Version wurde von Christopher Wilson ins Leben gerufen, der seinen Traber-Hengst mit Fell-Stuten (S. 324) kreuzte.

ZUCHTGESCHICHTE UND EIGENSCHAFTEN

Hauptmerkmal des Hackney-Ponys ist die hohe Knieaktion, bei der das Bein in einer fließenden Bewegung nach vorn schnellen sollte. Die Sprunggelenke sollten nicht über den Körper hinausragen. Der kleine Kopf ist wohlgeformt, der Hals lang, das Gebäude kompakt, die Schultern sind kräftig. Hackney-Ponys sind mutig und ausdauernd.

WETTBEWERB Hackney-Ponys nehmen an Fahrwettbewerben teil, wo sie nach ihrem Körperbau, ihrer Aktion und ihrem Verhalten beurteilt werden.

Haflinger

HERKUNFT Österreich
UMGEBUNG
BLUT
EIG.
STOCKMASS 142 cm
FARBEN Fuchs

Der Haflinger ist ein robustes und gutmütiges Pony, das bei den österreichischen Bergbauern beliebt ist. In Kriegs- und Friedenszeiten wurde es als Packpferd eingesetzt. Vor dem Zweiten Weltkrieg förderte die Regierung die Rasse als Transportmittel in den Bergen.

ZUCHTGESCHICHTE UND EIGENSCHAFTEN

Benannt ist die Rasse nach dem Dorf Hafling in Südtirol. Ihre Zuchthistorie liegt im Dunkeln. Die erste schriftliche Erwähnung findet sich 1868, als ein Araberhengst eingesetzt wurde, um die einheimischen Herden zu verbessern. Eine reinrassige Zucht hat zu der Ausbildung eines Ponys mit hohem Wiedererkennungswert geführt, vor allem aufgrund des kastanienbraunen Fells und des flachsblonden Mähnen- und Schweifhaars.

BRANDZEICHEN Brandzeichen der im Stutbuch registrierten Haflinger ist eine Edelweißblüte, in deren Mitte sich ein „H" befindet.

Highland-Pony

HERKUNFT Großbritannien
UMGEBUNG
BLUT
EIG.
STOCKMASS 132–147 cm
FARBEN Meist Falbe, aber auch Rappe, Schwarzbrauner, Fuchs, Schimmel oder Brauner

Das Highland-Pony gehört zu den kräftigsten und schwersten Berg- und Moorrassen Großbritanniens. Es enthält Araber- und Clydesdale-Blut. Die Grafen von Atholl sind einflussreiche Züchter der Rasse und haben schon im 16. Jahrhundert orientalisches Blut in die Zucht einfließen lassen.

FALBE Die Tiere sind mehrheitlich Falben in verschiedenen Farbschattierungen. Meist haben sie auch einen Aalstrich – ein Zeichen ihres primitiven Hintergrunds.

JAGDBEGLEITER Das Highland-Pony hat ein breites Gesicht mit freundlichen Augen. Der Kopf sitzt aufrecht auf einem kräftigen, geschwungenen Hals. Vor allem in schottischen Jagdgründen sind die Tiere sehr gefragt, um Jagdtaschen zu transportieren.

ZUCHTGESCHICHTE

Anfang des 16. Jahrhunderts schenkte der französische König Ludwig XII. dem schottischen Regenten Jakob II. einige Percherons. Durch Kreuzung mit diesen Tieren sowie spanischen Pferden wertete man die einheimischen Ponys auf. Das so entstandene Highland-Pony hatte je nach Region verschiedene Ausprägungen: Die Tiere von den Inseln waren kleiner und schneller, die Festlandponys eher schwerer. Diese Unterschiede haben sich inzwischen durch Kreuzungen größtenteils verloren.

Highland-Ponys sind sehr vielseitig; sie werden als Pack- und Reittiere eingesetzt und nehmen als Fahr- und Dressurpferde an Wettbewerben teil. Aus Kreuzungen mit Vollblütern entstehen hervorragende Jagd- und Vielseitigkeitspferde.

EIGENSCHAFTEN

Das robuste Highland-Pony hat schräge Schultern und einen kompakten Körper. Die Hinterhand ist muskulös. Die Beine sind gut ausgeprägt, das Röhrbein ist kurz und stabil. Es weist einen leichten Behang auf, Mähnen- und Schweifhaar sind lang und seidig. Die meisten Tiere haben einen Aalstrich und einige auch die für Primitivrassen typischen Zebrastreifen an den Beinen.

Hokkaido-Pony

HERKUNFT Japan
UMGEBUNG
BLUT
EIG.
STOCKMASS 132–137 cm
FARBEN Alle Grundfarben, aber meistens Stichelhaar

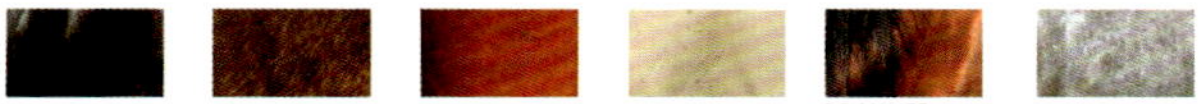
RAPPE · SCHWARZBRAUNER · FUCHS · SCHIMMEL · BRAUNER · STICHELHAAR

Das Hokkaido-Pony ist eine sehr alte, aber inzwischen auch sehr seltene Rasse. Hokkaido ist die nördlichste Insel Japans und bietet vielen Wildtieren eine Heimat. Die Landschaft ist bergig und unwirtlich, sodass die Ponys eine gehörige Portion Zähigkeit entwickeln mussten, um hier zu überleben.

BERGTRANSPORT Das zähe Hokkaido-Pony wird auch heute noch im Gebirge als Transportmittel eingesetzt. Inzwischen ist es aber auch ein beliebtes Freizeitreitpony.

ZUCHTGESCHICHTE UND EIGENSCHAFTEN

Es heißt, die Ponys seien zwischen dem 17. und dem 19. Jahrhundert von Fischern auf unbewohnte Inseln gebracht worden, um ihren Fang zu transportieren. Nach dem Ende der Fischereisaison ließen sie die Tiere bis zum folgenden Frühling allein auf den Inseln zurück. Im Winter sind die Berge auf Hokkaido schneebedeckt, und Bambusgras bildet die einzige Vegetation, sodass nur die zähesten Ponys überlebten.

Huzule

HERKUNFT Rumänien/Polen
UMGEBUNG
BLUT
EIG.
STOCKMASS 132–137 cm
FARBEN Gewöhnlich alle Grundfarben, aber meistens Brauner

RAPPE · SCHWARZBRAUNER · FUCHS · FALBE · SCHIMMEL · BRAUNER

Mit diesem kleinen Zugpony wird heute noch Holz transportiert. Es stammt aus einer Region in den Karpaten, die heute zu Rumänien gehört. Da die Grenzen sich hier im Lauf der Geschichte oft verschoben haben, wird das Huzule-Pony sowohl von Rumänien als auch von Polen als einheimisch betrachtet.

VERSCHIEDENE TYPEN Verschiedene Huzule-Typen wurden gezüchtet – vom leichten Reitpferd bis hin zum hier abgebildeten schwereren Zugpferd.

ZUCHTGESCHICHTE UND EIGENSCHAFTEN

Die Rasse wurde wahrscheinlich im 13. Jahrhundert ausgebildet, indem man Tarpanpferde mit Mongolischen Ponys kreuzte. Viele Tiere weisen einen Aalstrich und Zebrastreifen an den Beinen auf. Der unwirtliche Lebensraum hat sie gut auf den Einsatz als Arbeitstiere vorbereitet.

Islandpferd

HERKUNFT Island
UMGEBUNG
BLUT
EIG.
STOCKMASS 130–137 cm
FARBEN Alle

Die geografische Isolation dieser Rasse macht sie zu einer der reinsten überhaupt. Die Vorfahren des Islandpferdes wurden im 9. Jahrhundert nach Island gebracht. Ein Gesetz aus dem Jahr 930 verbot die Einfuhr weiterer Pferde, sodass sich die Rasse seit den Wikingern kaum verändert hat.

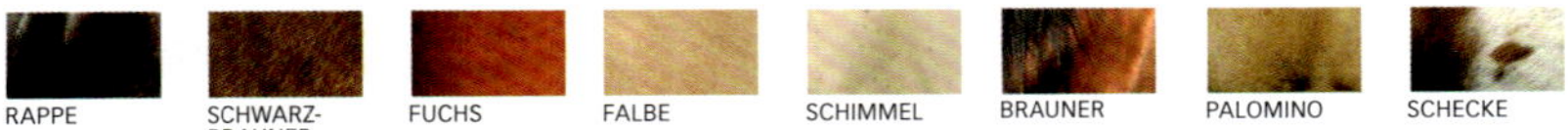

RAPPE SCHWARZ-BRAUNER FUCHS FALBE SCHIMMEL BRAUNER PALOMINO SCHECKE

ZUCHTGESCHICHTE UND EIGENSCHAFTEN

Neben seiner Entwicklung unter harten Bedingungen ist das Islandpferd seit 1879 auch selektiv gezüchtet worden. Selektionsverfahren fanden zuerst in der Hauptzuchtregion Skagafjordur statt. Der Körperbau wird dabei berücksichtigt; doch das Hauptkriterium ist die Qualität der Gangarten. Das Islandpferd besitzt fünf natürliche Gangarten: *Fetgangur* (Schritt), *Brokk* (Trab), *Stokk* (Galopp), *Skeid* (Pass) und *Tölt* (eine Art Laufschritt, den es auf schwer passierbarem Gelände einsetzt).

ZÄHES KLEINES PONY Das Pony hat einen schweren Kopf, der gut auf einem kurzen, kräftigen Hals aufsitzt. Der Körper ist stämmig.

TRAGKRAFT Der kleine Isländer ist sehr stark und kann einen voll ausgewachsenen Mann viele Stunden lang problemlos tragen.

Indisches Pony

HERKUNFT Indien
UMGEBUNG
BLUT
EIG.
STOCKMASS 122 cm
FARBEN Gewöhnlich alle Grundfarben, aber meistens Schimmel oder Falbe

Indische Ponyrassen, zum Beispiel Bhutia-, Spiti- und Tibet-Ponys, werden schon seit so vielen Jahren untereinander gekreuzt, dass sie ihre typischen Rassenmerkmale verloren haben. Die körperlichen Mängel, die bei indischen Ponys auftreten, sind meist die Folge schlechter Ernährung.

EIGNUNG Die Ponys werden vorwiegend als Arbeitstiere, vor allem als Packpferde, eingesetzt, obwohl sie auch gute Freizeitreitponys abgeben. Sie haben viel Ausdauervermögen.

ZUCHTGESCHICHTE UND EIGENSCHAFTEN

Indische Ponys kommen gut mit bergiger Landschaft zurecht. Hitze und hohe Luftfeuchtigkeit machen ihnen aber manchmal zu schaffen. Aufgrund von Nahrungsmangel sind sie klein und sehen recht unterentwickelt aus. Sie haben einen schweren Kopf mit ausgeprägtem Kiefer, einen kurzen Hals, kurze, steile Schultern und eine abfallende Kruppe. Die Tiere sind jedoch zäh und im Allgemeinen ruhig und pflegeleicht.

Java-Pony

HERKUNFT Indonesien
UMGEBUNG
BLUT
EIG.
STOCKMASS 117–127 cm
FARBEN Alle

Diese auch als Kumingan-Pony bekannte Rasse wurde im 17. Jahrhundert auf der indonesischen Insel Java gezüchtet. Die Niederländische Ostindien-Kompanie führte orientalische Pferde ab dem 17. Jahrhundert in die indonesische Inselwelt ein.

ARBEITSPONY Das Java-Pony ist ein gutmütiges und williges Arbeitstier. Es kann als Pack- und Fahrpony eingesetzt werden.

ZUCHTGESCHICHTE UND EIGENSCHAFTEN

Für die Zucht wurden einheimische Tiere mit Arabern und Berbern gekreuzt. Beim heutigen Java-Pony ist der Arabereinfluss auf Körperbau und Ausdauer deutlich zu sehen. Die zähen Tiere können problemlos indonesische Taxis ziehen. Sie haben einen hübschen Kopf mit leuchtenden, aufmerksamen Augen. Der Rücken ist lang, die Kruppe abfallend und der Schweif hoch angesetzt. Die Beine sind unterentwickelt, aber kräftig.

Kiso-Pony

HERKUNFT Japan
UMGEBUNG
BLUT
EIG.
STOCKMASS 132 cm
FARBEN Alle

Das Kiso-Pony existiert schon seit über tausend Jahren in Japan und ist als Arbeitstier auf Bauernhöfen unverzichtbar. Es stammt vermutlich entweder vom Mongolenpferd oder von Pferden der zentralasiatischen Hochebene ab. Manche Tiere haben einen Aalstrich, der als Zeichen ihrer Reinrassigkeit gewertet wird.

RAPPE SCHWARZ-BRAUNER FUCHS FALBE SCHIMMEL BRAUNER PALOMINO SCHECKE

ZUCHTGESCHICHTE UND EIGENSCHAFTEN

Im Zweiten Weltkrieg wurden alle Kiso-Hengste bis auf einen kastriert. 1951 wurde er mit einer Kiso-Stute gepaart, was zur Geburt eines Fohlens führte. Heutige Kiso-Ponys stammen von diesem Fohlen ab. Die sanftmütigen Tiere haben keinen besonders guten Körperbau.

FREUNDLICHES WESEN Das Kiso-Pony hat einen großen Kopf, einen flachen Widerrist und steile Schultern. Der Körper ist kurz und kompakt. Es ist für sein freundliches, gefügiges Wesen bekannt.

Konik

HERKUNFT Polen
UMGEBUNG
BLUT
EIG.
STOCKMASS 132 cm
FARBEN Falbe

Der Konik ist zwar von der Größe her ein Pony, besitzt aber viele Pferdecharakteristiken. Seine Verwandtschaft mit alten Primitivrassen wird durch den Aalstrich sowie gelegentliche Zebrastreifen an den Beinen angedeutet.

ZUCHTGESCHICHTE UND EIGENSCHAFTEN

Die Rasse ähnelt dem Tarpan, was vermuten lässt, dass sie von diesem Urpferd abstammt. Koniks wurde lange in ganz Polen gezüchtet. Heutzutage ist die Zucht aber auf die staatlichen Zuchtstätten in der Provinz Rzeszow eingeschränkt, was zu einem einheitlicheren Typus führt.

Der große Kopf des Koniks sitzt auf einem kurzen, kräftigen Hals. Die Schultern sind steil, woraus sich eine kurze Schrittlänge ergibt. Der Widerrist ist flach, das Gebäude breit. Die Beine sind stabil, neigen aber zu kuhhessiger Stellung.

TARPAN-KOPIE Konik-Stuten werden manchmal mit Przewalski-Pferden gepaart. Der Nachwuchs ähnelt dem Vorfahren Tarpan noch mehr als der Konik selbst.

Landais-Pony

HERKUNFT Frankreich
UMGEBUNG
BLUT
EIG.
STOCKMASS 119–134 cm
FARBEN Rappe, Schwarzbrauner, Fuchs, Schimmel, Brauner

RAPPE | SCHWARZBRAUNER | FUCHS | SCHIMMEL | BRAUNER

Das Landais-Pony ist eine alte Rasse, die seit dem 8. Jahrhundert mehrfach verbessert wurde. Im Zweiten Weltkrieg ging der Bestand zurück, seitdem werden Welsh-Ponys eingesetzt, um die Rasse zu erhalten.

ZUCHTGESCHICHTE UND EIGENSCHAFTEN

Das Landais-Pony stammt von halbwilden Ponys ab, die in den Wäldern der französischen Region Landes, südlich von Bordeaux, lebten. Die Ponys sind hervorragend als Reittiere für Kinder geeignet, da sie ruhig und sanftmütig sind. Sie haben einen kleinen Kopf und schräge Schultern; die Brust ist manchmal schmal und unterentwickelt, der Widerrist ausgeprägt. Der Rücken ist kurz und breit.

ARABEREINFLUSS Man glaubt, dass Araberpferde schon zur Zeit der Schlacht von Poitiers im Jahr 732 n. Chr. in die Rasse eingekreuzt wurden. Im Lauf der Jahre floss noch mehrmals Araberblut ein, dessen Merkmale im heutigen Pony verhaftet sind.

Lundy-Pony

HERKUNFT Großbritannien
UMGEBUNG
BLUT
EIG.
STOCKMASS 137 cm
FARBEN Fuchs, Falbe, Brauner, Palomino, Stichelhaar

Diese Rasse von der Insel Lundy wurde 1928 entwickelt; 1980 verlegte man die Herde nach Cornwall. Die Ponys kehren jedes Jahr auf die Insel zurück, um sich zu paaren, kommen dann aber wegen der besseren Weidegründe wieder nach Cornwall. Bei diesem Umzug schwimmen die Ponys hinter einem Boot her.

FUCHS FALBE BRAUNER PALOMINO STICHELHAAR

INSELPFERDE 1980 wurden die Lundy-Ponys nach Cornwall gebracht, doch sie kehren jedes Jahr auf die Insel zurück.

ZUCHTGESCHICHTE

Das Lundy-Pony ist das Produkt eines Zuchtexperiments des Inselbesitzers. Dabei wurden New-Forest-Stuten mit einem Vollblut-Hengst gepaart. Doch die entstandenen Tiere kamen nicht gut mit den harten Lebensbedingungen auf der Insel zurecht. Deshalb wurden Welsh-Mountain-Ponys eingekreuzt, um die Rasse robuster zu machen.

Während des Zweiten Weltkriegs konnten keine Zuchttiere die Insel verlassen, und die Hengste fingen an, sich zu bekämpfen. Einige mussten getötet werden, damit die anderen überlebten und die Rasse erhielten. Der Zuchtverein entstand 1984.

EIGENSCHAFTEN

Das moderne Lundy-Pony ist attraktiv, vielseitig und freundlich, was es als Kinderpony beliebt macht. Der breite Kopf ist trocken, mit einem breiten, kräftigen Kiefer und großen, aufmerksamen Augen. Das Gebäude zeigt sich kompakt mit guter Hinterhand und schrägen Schultern. Von der Seite betrachtet, sollten Rumpf und Beine idealerweise ein Quadrat bilden. Der Hals ist kräftig und geschwungen, die Brust sollte tief sein.

LUNDY-ZUCHT „Pepper" war der erste Zucht-Hengst der Lundy-Ponys. Seine helle Falbenfarbe und das schwarze Mähnen- und Schweifhaar gab er an seine Nachkommen weiter.

Manipur-Pony

HERKUNFT Indien
UMGEBUNG
BLUT
EIG.
STOCKMASS 112–132 cm
FARBEN Rappe, Schwarzbrauner, Fuchs, Schimmel, Brauner

Das kräftige und zähe Manipur-Pony gehört zu den reinsten und angesehensten Rassen Indiens und soll eins der ältesten Polo-Ponys sein. Es wurde im Bundesstaat Manipur als Kavalleriepferd gezüchtet. Die britische Armee nahm es 1945 mit nach Burma, wo es sich durch Ausdauer und Klugheit auszeichnete.

RAPPE · SCHWARZ-BRAUNER · FUCHS · SCHIMMEL · BRAUNER

ZUCHTGESCHICHTE UND EIGENSCHAFTEN

Das Manipur-Pony ist eine Kreuzung aus Asiatischem Wildpferd und Araber. Aufgrund der schrägen Schulter haben die Tiere einen schnellen, weit ausgreifenden Schritt mit wenig Knieaktion. Der Hals ist muskulös, das Gebäude kompakt, die Knie und Sprunggelenke sind kräftig und die Hinterhand ist muskulös.

Der Arabereinfluss zeigt sich im konkaven Profil, in den aufmerksamen Augen und den kleinen, aufgerichteten Ohren. Das Mähnenhaar ist meist sehr dick.

POLO Manipur-Ponys werden auch heute noch aufgrund ihrer Schnelligkeit, Ausdauer und Intelligenz im Polo, beim Militär und für Rennen eingesetzt.

Mérens-Pony

HERKUNFT Frankreich
UMGEBUNG
BLUT
EIG.
STOCKMASS 132–145 cm
FARBEN Rappe

Das Mérens-Pony ist auch unter dem Namen Ariègeois bekannt und soll schon seit prähistorischer Zeit die Region Ariège in den Pyrenäen bewohnen. Mérens ist der Name eines kleinen Bergdorfs nahe bei Andorra. Die Tiere ähneln dem Fell-Pony (S. 324) und dem Friesen (S. 216), die auch miteinander verwandt sind.

GEBIRGSPONY Das hübsche Mérens-Pony ist optimal an das Gebirge angepasst und wird von Bauern und der Armee als Arbeitspferd eingesetzt.

ZUCHTGESCHICHTE UND EIGENSCHAFTEN

Mérens-Ponys sind möglicherweise von orientalischem Blut beeinflusst, da sie edlere Köpfe haben als andere einheimische Ponys. Aufgrund ihres abgeschiedenen Lebensraums ist die Rasse rein geblieben. 1908 wurde ein Stutbuch eröffnet. Die Tiere sind sanft, ausdauernd und charaktervoll. Dank ihrer Geschicklichkeit können sie gut in steilem Gelände arbeiten.

VON ECHTEM GEBLÜT Ein „echtes" Mérens-Pony lebte in einer Herde frei in den Pyrenäen, genau wie seine Vorfahren.

EDLES EXTERIEUR Das Pony hat einen edlen Kopf mit kleinen Ohren und großen Nüstern. Der Hals ist kräftig und der Widerrist ausgeprägt.

Miniaturpferde

HERKUNFT Weltweit
UMGEBUNG
BLUT
EIG. Haustiere
STOCKMASS Unter 100 cm
FARBEN Alle

Miniaturpferde werden weltweit mit allen möglichen kleinen Rassen gezüchtet, darunter dem Shetland- (S. 353–355) und Dartmoor-Pony (S. 316–317). Ob ein Miniaturpferd als Zuchttier eingetragen wird, hängt allein von seiner Größe ab, die in der Regel unter 1 m liegt.

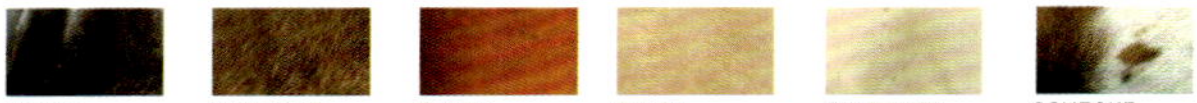

RAPPE SCHWARZ-BRAUNER FUCHS FALBE SCHIMMEL SCHECKE

ZUCHTGESCHICHTE UND EIGENSCHAFTEN

Im 17. Jahrhundert wurden Miniaturpferde als Haustiere für europäische Adlige gezüchtet. Einige wurden allerdings auch als Grubenpferde eingesetzt, vor allem in Wales und Nordeuropa.

Miniaturpferde sind freundlich und umgänglich. Sie werden oft als Haustiere gehalten, müssen aber wie Pferde behandelt werden. In den USA werden sie dazu ausgebildet, ähnlich wie Blindenhunde, Hilfsleistungen zu erbringen.

KLEIN, ABER ZÄH
Obwohl ein Miniaturpferd darauf trainiert werden kann, in geschlossenen Räumen zu arbeiten, hält es sich doch am liebsten im Freien auf. Die Tiere sind zäh und werden 25 bis 35 Jahre alt.

Mongolisches Pony

HERKUNFT Mongolei
UMGEBUNG
BLUT
EIG.
STOCKMASS 127–147 cm
FARBEN Meistens Falbe, aber auch Rappe und Brauner

Das Mongolische Pony ist eine alte Rasse. Die Tiere werden von mongolischen Stämmen gezüchtet, deren Wanderungen zur Verbreitung der Rasse beigetragen haben. Aufgrund unterschiedlicher Vorfahren, Lebensbedingungen und Nahrungsangebot besitzen die Tiere keinen eindeutig ausgeprägten Charakter.

RAPPE FALBE BRAUNER

ZUCHTGESCHICHTE UND EIGENSCHAFTEN

Mongolische Ponys bilden eine Zuchtbasis für andere Rassen wie zum Beispiel das Spiti- und das Manipur-Pony. Der mongolische Sattel ist sehr hoch und hat einen Holzrahmen, der es schwer macht, die Gangarten zu kontrollieren. Meistens lässt der Reiter das Tier seine eigene Gangart wählen.

ALTE RASSE Das Mongolische Pony hat sich aus dem Przewalski-Pferd entwickelt, was sich am schweren Kopf, dem groben Exterieur und der häufig vorkommenden Falben-Farbe zeigt. Die Schultern sind schwer, der Rücken ist kurz, der Schweif hoch angesetzt.

New-Forest-Pony

HERKUNFT Großbritannien
UMGEBUNG
BLUT
EIG.
STOCKMASS 140–147 cm
FARBEN Alle Grundfarben

Das New-Forest-Pony lebt auch heute noch im Wald von New Forest in der englischen Grafschaft Hampshire. Die Tiere sind freundlich sowie leicht zu trainieren und stellen eine Touristenattraktion dar. Sie werden einmal im Jahr zusammengetrieben, um zu bestimmen, welche Tiere verkauft werden.

RAPPE SCHWARZBRAUNER FUCHS FALBE SCHIMMEL BRAUNER

ZUCHTGESCHICHTE

Schon seit dem Waldgesetz aus dem Jahr 1016 leben Ponys wild im New Forest. Das heutige New-Forest-Pony hat sich trotz seiner sehr gemischten Ahnenreihe zu einer deutlich erkennbaren Rasse ausgebildet. Im 12. Jahrhundert kamen Welsh-Ponys hinzu, und zeitweise wurden den Stuten hochklassige Zuchthengste zugeführt, darunter der Vollbluthengst „Marske", der berühmt dafür ist, das beste Rennpferd aller Zeiten, „Eclipse", gezeugt zu haben.

REITPONY Das New-Forest-Pony ist in ganz Europa als Reit- und Wettbewerbspony für Kinder beliebt.

EHER PFERD ALS PONY Der Kopf mit breiter Stirn und schmalem Maul entspricht eher dem eines Großpferdes als eines Ponys.

EIGENSCHAFTEN

New-Forest-Ponys sind gute Kinderreitponys, können aber auch Erwachsene tragen. Der hübsche Kopf ist pferdeartiger als bei den meisten Ponyrassen. Die langen und schrägen Schultern sind bemerkenswert, da sie den Tieren ausgreifende, flache und fließende Gangarten ermöglichen. Wie alle einheimischen Ponys ist auch das New-Forest-Pony trittsicher, ausdauernd und robust.

Nooitgedachter

HERKUNFT Südafrika
UMGEBUNG
BLUT
EIG.
STOCKMASS 137–152 cm
FARBEN Meistens Brauner und Schimmel, aber auch Schwarzbrauner, Fuchs und Stichelhaar

Der Nooitgedachter stammt vom Basuto-Pony (S. 303) ab und gilt als erste einheimische Ponyrasse Südafrikas. Sie ist nach der Farm benannt, wo sie zuerst gezüchtet wurde. Mittlerweile gibt es über hundert Züchter, die damit befasst sind, die Rasse zu verbessern. Nooitgedachter sind dem Menschen zugetan.

SCHWARZBRAUNER FUCHS SCHIMMEL BRAUNER STICHELHAAR

ZUCHTGESCHICHTE

Die Rasse entstand, als man das alte Kap-Pferd wiederbelebte. Man verwendete Basuto-Ponys, die dem Kap-Pferd am ähnlichsten waren, und begann mit der Zucht auf der Nooitgedacht-Farm. Der Nooitgedachter wurde 1976 offiziell als Rasse anerkannt.

EIGENSCHAFTEN

Der moderne Nooitgedachter ist ein kompaktes Pferd, das über längere Strecken 80 bis 90 kg tragen kann. Er besitzt einen edlen Kopf mit großen, intelligenten Augen und aufmerksamen, wohlgeformten Ohren. Die Hinterhand ist muskulös, und die schräge Schulter ermöglicht einen bequemen Gang. Die Hufe sind sehr hart und müssen in der Regel nicht beschlagen werden.

VIELSEITIGES PONY Der Nooitgedachter ist ein gutes Arbeitstier und nimmt als Kinderpony erfolgreich an Wettbewerben teil.

Nordland-Pony

HERKUNFT Norwegen
UMGEBUNG
BLUT
EIG.
STOCKMASS 122–142 cm
FARBEN Alle außer Falbe und Schecke

Das Nordland-Pony hat viel mit dem Islandpferd (S. 331), dem Shetland-Pony (S. 353–355) und dem Exmoor-Pony (S. 322) gemeinsam. Es soll vom Przewalski-Pferd (S. 12) abstammen. Die Rasse hat sich aufgrund von Kreuzungen mit anderen Rassen in verschiedenen Regionen unterschiedlich entwickelt.

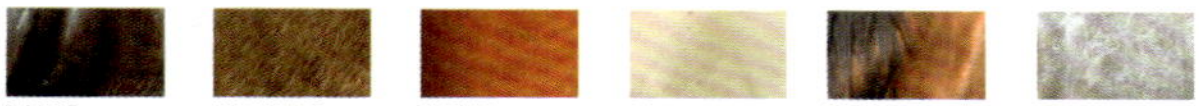

RAPPE SCHWARZ-BRAUNER FUCHS SCHIMMEL BRAUNER STICHELHAAR

ZUCHTGESCHICHTE

Bis zum Zweiten Weltkrieg gab es zwei Typen: das Lyngen-Pony und den Nordlandtyp. Der Lyngen-Typus war groß und kräftig und vorwiegend Fuchs, während der Norland-Typus kleiner war, mit dickerem Mähnen- und Schweifhaar und einem breiteren Farbspektrum. Nach dem Zweiten Weltkrieg war es notwendig, die beiden Typen miteinander zu kreuzen, um den Bestand der Rasse zu erhalten, sodass die Typenunterscheidung heute weniger deutlich ist. Das Stutbuch wurde 1969 eingeführt. Die Rasse ist aber immer noch vom Aussterben bedroht.

EIGENSCHAFTEN

Nordland-Ponys sind voller Energie, gutmütig, leicht trainierbar, robust und gesund. Ihr Exterieur ist allgemein gut.

ANGENEHMES EXTERIEUR Das Nordland-Pony hat einen hübschen Kopf mit geradem Profil und kleinen aufrechten Ohren. Die wohlgeformten Schultern gehen in einen kräftigen Rücken über, der in einer leicht abfallenden Kruppe ausläuft.

Fjordpferd

HERKUNFT Norwegen
UMGEBUNG
BLUT
EIG.
STOCKMASS 132–142 cm
FARBEN Falbe

Das Fjordpferd ist anhand seiner auffälligen Falbenfarbe und des ungewöhnlichen zweifarbigen Mähnen- und Schweifhaars sofort erkennbar. Es existiert angeblich schon seit frühesten Zeiten in Norwegen und hat Ähnlichkeit mit dem Przewalski-Pferd (S. 12). Ein schwarzer Aalstrich zieht sich von der Stirnlocke bis zur Schweifspitze.

ZUCHTGESCHICHTE

Es wird vermutet, dass das Fjordpferd sowohl mit dem Przewalski als auch dem Tarpan verwandt ist. Der allgemeine Körperbau und die Farbe ähneln denen des Przewalski-Pferdes. Das Fjordpferd ist aber edler, was auf den Tarpan hinweist. Fjordpferde sind schon auf Malereien der Wikinger abgebildet, die auch zuerst die Mähne sichelförmig zu einer Stehmähne stutzten, bei der das dunkle Haar in der Mitte über das silberne ragt. Die raue und karge Gebirgslandschaft hat die Ponys zu kräftigen, genügsamen und trittsicheren Tieren gemacht. Sie sind hervorragende Arbeitstiere, die auch schwierige Äcker pflügen und als Packpferde steile Gebirgspfade passieren können.

GEFÜGIGES ARBEITSTIER Das Pony ist freundlich und gefügig, hat aber durchaus – wie die meisten zähen Ponyrassen – zuweilen seinen eigenen Kopf.

EIGENSCHAFTEN

Das Fjordpferd hat einen typischen Ponykopf mit kleinen Ohren, weit auseinanderstehenden Augen und einem schmalen, hellen Maul. Der Hals ist dick und kräftig, das Gebäude fassförmig mit einer breiten Brust. Die Schultern und der Widerrist sind flach, aber insgesamt verkörpern die Tiere perfekte kleine Kraftmaschinen. Die Beine sind kurz und stabil mit guten Gelenken und Knochen, die Hufe sehr hart und wohlgeformt.

Heutzutage werden Fjordpferde aufgrund ihrer Robustheit und Trittsicherheit und ihres attraktiven Exterieurs auch außerhalb Norwegens als Reit- und Fahrponys geschätzt.

AUFFÄLLIGES EXTERIEUR Das Fjordpferd hat gute, aktive Gangarten, vor allem beim Trab, wie sie häufig bei Gebirgsrassen vorhanden sind. Die Falbenfarbe des Fells ist immer mit der einzigartigen Silber-Schwarz-Färbung des Mähnen- und Schweifhaars kombiniert.

Peneia-Pony

HERKUNFT Griechenland
UMGEBUNG
BLUT
EIG.
STOCKMASS 102–142 cm
FARBEN Meist Rappe, Fuchs oder Stichelhaar

Das Peneia-Pony kommt aus dem bergigen Nordwesten der griechischen Halbinsel Peloponnes. Es ist das am wenigsten bekannte unter den einheimischen Ponys. Peneia ist ein poetischer Name für die Halbinsel, der in der klassischen griechischen Literatur vorkommt.

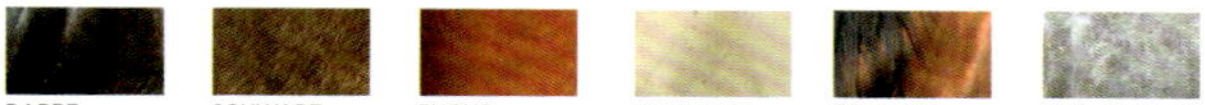

ZUCHTGESCHICHTE

Man findet Peneia-Ponys in der Gegend um Ilia und Achaia. Sie sind jedoch sehr selten – wahrscheinlich existieren nicht mehr als 300 Tiere. Die Landschaft bietet den Tieren nur spärliche Vegetation, weshalb sie generell kleinwüchsig sind.

Möglicherweise besteht eine Verwandtschaft zum Pindos-Pony (S. 346), das von dem für Schönheit, Mut und Ausdauer berühmten Thessalischen Pferd abstammt. Im frühen 20. Jahrhundert wurde das Peneia mit Anglo-Arabern (S. 181), Anglo-Normannen und Nonius-Pferden gekreuzt. Ein Stutbuch gibt es erst seit 1995; es wird vom griechischen Landwirtschaftsministerium geführt.

PENEIA BEI DER ARBEIT Hin und wieder wird das Peneia-Pony als Reit- und Packpony eingesetzt. Es eignet sich gut, um das bergige Gelände des Peloponnes zu bewältigen.

EIGENSCHAFTEN

Peneia-Ponys sind sehr geschickt und nützlich. Die gutmütigen Tiere eignen sich als Reit- und Packponys und können auch in der Landwirtschaft eingesetzt werden. Die Hengste werden mit Eselinnen gekreuzt, um Maultiere zu hervorzubringen.

Das Exterieur des Peneia ist nicht ideal, aber funktional. Die Ponys sind robust und ausdauernd; ihre kräftigen, stabilen Beine verleihen ihnen auf rauem Gelände Trittsicherheit. Sie sind recht schwer gebaut, mit einem groben Kopf und einem kräftigen, muskulösen Hals. Der Rücken ist gut, aber die Hinterhand kann schwach und unterentwickelt sein.

Der natürliche Gang des Peneia ist recht gestelzt, weshalb ihm ein Passgang namens *Arvani* beigebracht wird, der dem Tölt des Isländers ähnelt. Er macht den Gang geschmeidiger und für den Reiter bequemer.

NORWEGISCHE FJORDPFERDE Diese außergewöhnlichen Ponys gehören einer alten Rasse an. Von den Wikingern wurden sie als Reit- und Kampfpferd verwendet. Heute werden Fjordpferde oft als Reit- und Fahrponys eingesetzt.

Pindos-Pony

HERKUNFT Griechenland
UMGEBUNG
BLUT
EIG.
STOCKMASS 132 cm
FARBEN Rappe, Schwarzbrauner, Schimmel, Brauner

RAPPE | SCHWARZ-BRAUNER | SCHIMMEL | BRAUNER

Das Pindos-Pony kommt aus dem Pindos-Gebirge. Wahrscheinlich ist es ein Nachfahre des Thessalischen Pferdes und wurde von antiken peloponnesischen, arkadischen und epidaurischen Rassen beeinflusst. Auch Araberblut ist in die Rasse eingeflossen.

ELEGANT Das Pindos-Pony ist etwas größer und eleganter als das bekanntere griechische Skyros-Pony. Pindos-Stuten werden oft mit Esel-Hengsten gepaart, um Maultiere hervorzubringen.

ZUCHTGESCHICHTE UND EIGENSCHAFTEN

Das Pindos-Pony ist trittsicher und wendig und wird seit Jahrhunderten als Pack-, Farm-, Reit- und Fahrpony verwendet. Es hat aber auch den Ruf, schwierig im Umgang und stur zu sein. Die Tiere haben einen leichten Körperbau, mit einem langen und wenig muskulösen Hals, aber einem kräftigen Rücken und schrägen Schultern. Die Hinterhand ist manchmal schwach und unterentwickelt. Das Pindos ist jedoch sehr beweglich und kann Lasten auch über raues Gelände befördern.

Pony of the Americas

HERKUNFT USA
UMGEBUNG
BLUT
EIG.
STOCKMASS 112–142 cm
FARBEN Schecke

Das Pony of the Americas (kurz POA) wurde 1954 von Leslie Boomhower entwickelt. Ziel war ein Pony mit attraktivem Exterieur, Schnelligkeit und Ausdauer für jugendliche Reiter. Fellfarben sind die Muster des Appaloosa, die vom Frost- bis zum Leopardenschecken variieren können.

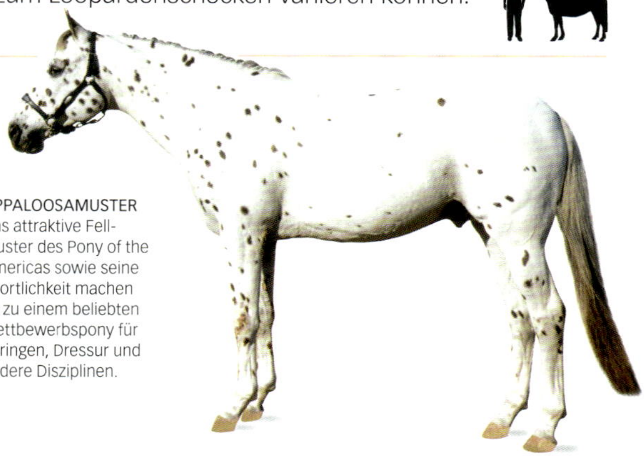

APPALOOSAMUSTER Das attraktive Fellmuster des Pony of the Americas sowie seine Sportlichkeit machen es zu einem beliebten Wettbewerbspony für Springen, Dressur und andere Disziplinen.

ZUCHTGESCHICHTE UND EIGENSCHAFTEN

Das Pony hat einen edlen Kopf, der in seinem konkaven Profil, den großen Augen und den zierlichen, hochgestellten Ohren den Einfluss des Arabers zeigt. Andere für die Zucht verwendete Rassen sind Englisches Vollblut und Quarter Horse.

Die Schultern sind schräg, die Brust ist breit und tief, die Hinterhand kräftig. Die Beine weisen einen guten Knochenbau auf. Die oft deutlich sichtbare Lederhaut des Auges, das gescheckte Fell sowie die gestreiften Hufe sind Zeichen der Appaloosa-Abstammung.

Pottok-Pony

HERKUNFT Frankreich
UMGEBUNG
BLUT
EIG.
STOCKMASS 112–132 cm
FARBEN Rappe, Schwarzbrauner, Schimmel, Brauner, Schecke

Das Pottok-Pony, auch als Baskisches Pony bekannt, ist eine der wenigen halbwilden einheimischen Ponyrassen. Die Tiere werden einmal im Jahr in den Pyrenäen und den Regionen am Atlantik, in denen sie leben, zusammengetrieben. Die Ponys sind schon mit zwei bis drei Jahren geschlechtsreif.

RAPPE SCHWARZ-BRAUNER SCHIMMEL BRAUNER SCHECKE

MERKMAL Pottok-Ponys sind oft Schecken. Sie haben einen kleinen Körper mit großem Kopf, der zwischen den Augen eine leichte Konkavität aufweist.

ZUCHTGESCHICHTE UND EIGENSCHAFTEN

Das Pottok-Pony stammt vom Tarpan ab und ist in letzter Zeit mit Arabern und Welsh-Ponys gekreuzt worden. Es ist zäh und genügsam. Im Januar werden die Tiere zusammengetrieben und entweder verkauft oder wieder in die Berge gebracht. Pottoks lassen sich gut domestizieren und sind als Kinderponys beliebt. Sie haben einige körperliche Mängel, wie zum Beispiel eine schwache Hinterhand und einen langen Rücken. Die Beine sind zwar oft kuhhessig, können aber durchaus harte Arbeit aushalten.

ABGEHÄRTET Seine Zähigkeit verdankt das Pottok-Pony der Unwirtlichkeit seines Lebensraums.

Quantock-Pony

HERKUNFT Großbritannien

UMGEBUNG

BLUT

EIG.

STOCKMASS 112–132 cm

FARBEN Rappe, Schwarzbrauner, Schimmel, Brauner, Schecke

Das Quantock-Pony ist eher ein Typ als eine Rasse. Eine Herde von Exmoor-Ponys wurde in den Quantock Hills in der Grafschaft Somerset ausgesetzt. Im Lauf der Jahre haben die örtlichen Bewohner Hengste verschiedener Rassen eingesetzt, um den Nachwuchs zu verbessern, der auf Auktionen verkauft wird.

RAPPE SCHWARZ-BRAUNER SCHIMMEL BRAUNER SCHECKE

ZUCHTGESCHICHTE UND EIGENSCHAFTEN

Quantock-Ponys sind Exmoor- und Dartmoor-Ponys sehr ähnlich, nur etwas größer und edler, was auf den Einfluss eines Araberhengstes zurückzuführen ist, der innerhalb der Herde lebte. Kürzlich kam auch ein scheckiger Cob-Hengst hinzu. Die Tiere werden im September zusammengetrieben. Der Hengst und die gemischten Fohlen leiden im Winter unter der kalten Witterung, weshalb sie nicht mit dem Rest der Herde zurück ins Moor gebracht werden.

MEHR FARBE Vor einigen Jahren wurde ein Cob-Schecke in die Herde eingeführt, um größere Tiere mit mehr Fellfarben zu züchten und die Rasse damit beliebter und leichter verkäuflich zu machen.

Quarter-Pony

HERKUNFT USA
UMGEBUNG
BLUT
EIG.
STOCKMASS 132–147 cm
FARBEN Alle

Quarter-Ponys gibt es schon seit vielen Jahren. Sie stammen von Quarter Horses ab, die nicht das vom Zuchtverein vorgegebene minimale Stockmaß von 150 cm erreichen, und können jede Farbe inklusive gemischter Farben haben. Das Quarter-Pony muss dieselben Merkmale aufweisen wie das Quarter Horse.

RAPPE | SCHWARZBRAUNER | FUCHS | FALBE | SCHIMMEL | BRAUNER | PALOMINO | SCHECKE

EIGENSCHAFTEN

Aufgrund ihres ruhigen und ausgeglichenen Wesens geben Quarter-Ponys gute Kinderponys ab. Sie können aber auch einen Erwachsenen tragen. Die Tiere haben einen wohlgeformten Kopf mit breiter Stirn, kleinen Ohren und ausgeprägtem Kiefer. Sie sind aufmerksam und intelligent. Ein wichtiges Merkmal ist, dass der Kopf in einem 45-Grad-Winkel an dem langen Hals ansetzt. Die Hinterhand ist sehr muskulös bis hinunter zu dem breiten und geraden Sprunggelenk. Die Hinterbeine sind innen und außen muskulös, die Schultern schräg, und der Widerrist ist ausgeprägt, was den Sattel gut in Position hält. Die breite Brust besitzt viel Gurtentiefe. Gut bemuskelte Vorderbeine gehen sanft in die Schultern über; das Röhrbein ist kurz.

GUTES GLEICHGEWICHT Im Stand sollten die Beine des Quarter-Ponys direkt unter dem Rumpf platziert sein. Dadurch kann es sich schnell in jede beliebige Richtung bewegen und dabei das Gleichgewicht bewahren.

Reitpony

HERKUNFT Großbritannien
UMGEBUNG
BLUT
EIG.
STOCKMASS 127–147 cm
FARBEN Alle Grundfarben

Das Reitpony wurde in der zweiten Hälfte des 20. Jahrhunderts als leicht trainierbares, athletisches Pony für Kinder entwickelt. Die Tiere können im Stutbuch registriert werden und sind inzwischen ein ganz klar ausgeprägter Ponytyp – es handelt sich im Wesentlichen um eine Ponyversion des Hack (S. 222).

RAPPE SCHWARZ-BRAUNER FUCHS SCHIMMEL BRAUNER

ZUCHTGESCHICHTE

Für die Zucht dieses eleganten Ponys wurden Vollblüter (S. 284–287) mit Arabern (S. 184–187) und einheimischen Ponyrassen gekreuzt. Um als Kinderreitponys eingesetzt zu werden, müssen die Tiere ruhig und sicher sein.

EIGENSCHAFTEN

Die Bewegungen des Reitponys sind gradlinig und frei mit einer raumgreifenden, flachen Aktion, die der des Vollbluts ähnelt. Der Kopf präsentiert sich attraktiv mit mutigen und intelligenten Augen. Die Schultern sind schräg, der Widerrist ausgeprägt. Der lange Hals ermöglicht eine gute Zügellänge. Der Rücken ist kräftig mit ausreichender Gurtentiefe, die Kruppe rund und der Schweif gut angesetzt. Die Hinterbeine haben eine gute Position unter dem Rumpf. Unterschenkel und Sprunggelenke zeigen sich kräftig. Die Gliedmaßen besitzen ausreichend stabile Knochen, um den Aufgaben eines Kinderponys gerecht zu werden.

Das Reitpony ist im Schauring erfolgreich, wo es in seiner Größe entsprechende Wettbewerbsklassen eingeteilt wird. Zudem gibt es Arbeitspony-Wettbewerbe. Reitponys, die in dieser Disziplin erfolgreich sind, besitzen mehr Substanz – sie präsentieren dann eher ihre Ponymerkmale als die von Vollblut oder Araber.

Viele Ponys werden auch als Promenadenpferde oder Reitponys eingesetzt.

MINI-VOLLBLUT Das Reitpony sieht wie ein kleiner Vollblüter aus, hat aber die typischen Merkmale eines Ponys bewahrt. Gute, schräge Schultern sowie ein langer Hals sind notwendig, um die gewünschte freie Bewegung zu erzeugen.

Sable-Island-Pony

HERKUNFT Kanada
UMGEBUNG
BLUT
EIG.
STOCKMASS Bis 142 cm
FARBEN Dunkle Grundfarben

Vermutlich leben seit dem 16. Jahrhundert Pferde wild auf Sable Island. Ein Hengst namens „Jolly" wurde 1801 auf die Insel gebracht und paarte sich mit den dort beheimateten Ponys. Die ursprünglichen Tiere stammen möglicherweise von spanischen Pferden ab, die die Eroberer im 16. Jahrhundert mitbrachten.

RAPPE SCHWARZ-BRAUNER FUCHS BRAUNER

ZUCHTGESCHICHTE UND EIGENSCHAFTEN

Legenden zufolge sind diese Ponys die Nachkommen von Tieren, die sich nach einem Schiffbruch auf die Insel retteten. Wahrscheinlicher ist aber, dass sie von Pferden abstammen, die auf die Insel gebracht wurden. Die Tiere sind zäh und ausdauernd. Der Kopf kann übermäßig groß, die Hinterhand relativ schwach sein.

DEN ELEMENTEN AUSGESETZT Auf der wind- und wettergeprägten Insel wächst wenig Gras. Die Zähne der Ponys werden vom Sand angegriffen, was wiederum ihre Fähigkeit zum Grasen beeinträchtigt.

Sandelholz-Pony

HERKUNFT Indonesien
UMGEBUNG
BLUT
EIG.
STOCKMASS 122–132 cm
FARBEN Alle

Das Sandelholz-Pony kommt von den Inseln Sumba und Sumbawa vor Indonesien. Es ist nach den Sandelholzbäumen benannt, die in Indonesien wachsen. Die attraktive Rasse ist stark von Araberpferden beeinflusst.

RAPPE SCHWARZ-BRAUNER FUCHS FALBE SCHIMMEL BRAUNER

ZUCHTGESCHICHTE UND EIGENSCHAFTEN

Der genaue Ursprung der Ponys ist nicht bekannt; auf jeden Fall liegt aber ein großer Arabereinfluss vor, was sich vor allem in den feinen Zügen und dem edlen Kopf zeigt. Sie besitzen auch die Schnelligkeit, Energie und Wendigkeit des Arabers. Sandelholz-Ponys gelten als die beste einheimische Rasse, und es werden viele Tiere exportiert. In Australien sind sie beliebte Reitponys, in Thailand werden sie als Rennpferde eingesetzt, und in Malaysia kreuzt man sie mit Vollblütern.

OHNE SATTEL Die schnellen und wendigen Ponys bestreiten Galopp- und Trabrennen. Man setzt sie auch in den auf den Inseln traditionellen Rennen ohne Sattel ein.

Sardisches Pony

HERKUNFT Sardinien
UMGEBUNG
BLUT
EIG.
STOCKMASS 122–132 cm
FARBEN Dunkle Grundfarben

Der erste offizielle Beweis für die Existenz dieser Rasse stammt aus dem Jahr 1845, aber sie existiert wahrscheinlich schon seit einigen Jahrhunderten. Die Tiere ähneln eher Pferden als Ponys und sind möglicherweise ein weiteres Beispiel für eine Pferderasse, die aufgrund des unwirtlichen Lebensraums kleinwüchsig ist. Sie ist inzwischen recht selten.

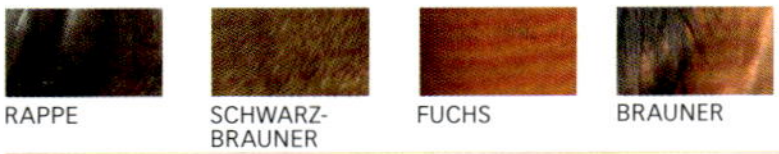

ZUCHTGESCHICHTE UND EIGENSCHAFTEN

Der Lebensraum des Sardischen Ponys, auch Achetta genannt, sind die Berge Sardiniens. Die genaue Zuchtgeschichte ist nicht bekannt, doch liegen Berbereinflüsse nahe, da in der Region Handel mit Nordafrika getrieben wurde. Auch Araber waren wohl an der Entwicklung der Rasse beteiligt. Das Pony hat einen schön geschwungenen Hals, gute, schräge Schultern, einen kurzen, kräftigen Rücken und eine tiefe, breite Brust. Die Beine sehen schwach aus, sind aber kräftig und stabil.

PROPORTIONEN Das wendige Sardische Pony besitzt die Proportionen eines Großpferdes, vor allem im Hinblick auf die Länge von Hals, Körper und Beinen.

Shetland-Pony

HERKUNFT Großbritannien
UMGEBUNG
BLUT
EIG.
STOCKMASS Unter 107 cm
FARBEN Alle außer Tigerschecken

Das Shetland-Pony ist das kleinste undl bekannteste britische Pony. Auf den schottischen Shetland-Inseln leben schon seit Jahrhunderten Ponys, deren genaue Herkunft nicht bekannt ist. Die Tiere sind zwar klein, besitzen aber proportional zu ihrer Größe mehr Kraft als die meisten anderen Pferde und Ponys.

RAPPE | SCHWARZ-BRAUNER | FUCHS | FALBE | SCHIMMEL | BRAUNER

KÄLTESCHUTZ Das Shetland hat einen kleinen, aber breiten Kopf und kluge Augen. In den großen Nüstern wird die Atemluft erwärmt, bevor sie in die Lungen gelangt.

WILLENSSTARK Der eigenwillige Charakter des Shetland-Ponys ist legendär. Die Tiere sind willensstark und lassen sich nicht herumkommandieren, wie mancher Reiter feststellen musste.

ZUCHTGESCHICHTE UND EIGENSCHAFTEN

Das Shetland-Pony stammt wahrscheinlich vom wilden Steppenpferd ab, dessen Nachfahren wohl vor über 10 000 Jahren auf die Shetland-Inseln gebracht wurden. Die Abgeschiedenheit und Kargheit der Inseln hat die Entwicklung dieser Ponys geprägt. Die Landschaft bietet wenig Weideland und Witterungschutz – je kleiner also das Pony, desto größere Chancen hat es, Nahrung und einen Unterschlupf zu finden.

RAUE UMGEBUNG Shetland-Ponys haben ein sehr dickes, wollig wirkendes Fell und dichtes Mähnen- und Schweifhaar, das sie vor Witterungseinflüssen schützt. Durch das felsige Gelände der Inseln sind ihre Hufe hart geworden.

Sibirisches Pony

HERKUNFT Russland
UMGEBUNG
BLUT
EIG.
STOCKMASS Bis 142 cm
FARBEN Alle, auch Tigerschecken

Berühmt wurden diese Ponys durch ihre tragische Rolle in den gescheiterten Antarktis-Expeditionen der Jahre 1910 bis 1913. Keines der Tiere überlebte, denn diejenigen, die das Ziel erreichten, dienten den Männern und Schlittenhunden als Nahrung.

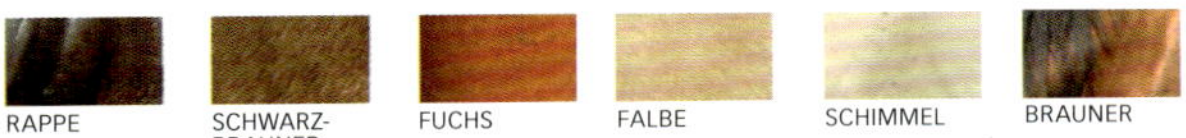

RAPPE | SCHWARZBRAUNER | FUCHS | FALBE | SCHIMMEL | BRAUNER

ZUCHTGESCHICHTE UND EIGENSCHAFTEN

Sibirische Ponys leben in Nord- und Ostsibirien. Sie stammen von alten mongolischen Rassen ab und werden zum Reiten, als leichte Zug- und Packpferd eingesetzt. Zudem liefern sie Fleisch, Milch, Haut und Haare. Die Ponys sind unersetzlich für die sibirischen Nomadenstämme und werden aufgrund ihres sanften Wesens geschätzt.

ZUCHTVERSUCHE Sibirische Ponys sind extrem zäh. Versuche, sie durch Kreuzung mit Orlow-Trabern und Vollblütern zu verbessern, scheiterten, da die Tiere dadurch ihre Energie verloren.

Skyros-Pony

HERKUNFT Griechenland
UMGEBUNG
BLUT
EIG.
STOCKMASS 142 cm
FARBEN Rappe, Schwarzbrauner, Brauner

Das Skyros-Pony stammt von der Primitivrasse Ponytyp 1 ab, die kurz vor der Domestizierung in Nordwesteuropa lebte. Diese Tiere ähnelten dem heutigen Exmoor-Pony (S. 322), was sich auch in dem kleinen, stämmigen Körperbau des Skyros-Ponys niederschlägt.

RAPPE | SCHWARZBRAUNER | BRAUNER

ZUCHTGESCHICHTE UND EIGENSCHAFTEN

Die Ponys wurden zwischen dem 5. und dem 8. Jahrhundert v. Chr. auf die Insel Skyros gebracht. Den Winter verbringen sie im gebirgigen Teil der Insel, wo es ausreichend Wasser und Weideflächen gibt. Im Sommer machen sie sich auf nach Norden. Das Skyros-Pony hat eine breite Stirn, ausdrucksvolle Augen, kurze Ohren und ein breites Milchmaul. Es besitzt viel Gurtentiefe, breite Lenden und einen tief angesetzten Schweif.

GEFÄHRDUNG DER RASSE Der Bestand der Rasse ist teilweise dadurch gefährdet, dass die Ponys sich mit wilden Eseln paaren. Ende des 20. Jahrhunderts umfasste der Bestand weniger als hundert Tiere.

Sorraia

HERKUNFT Portugal
UMGEBUNG
BLUT
EIG.
STOCKMASS 137–147 cm
FARBEN Falbe

Das Sorraia-Pony ist eine alte südiberische Rasse, die vermutlich vom Tarpan und vom Asiatischen Wildpferd (S. 12) abstammt. Selbst ist es Vorfahre sowohl des Andalusiers (S. 180) als auch des Lusitano (S. 244). Sorraias sind gute Reitpferde und aufgrund ihrer natürlichen Wendigkeit zum Herdentreiben geeignet.

LANGBEINIG Obwohl das Sorraia offiziell ein Pony ist, hat es mit den langen, schlanken Beinen eher das Exterieur eines Pferdes. Zudem ist es trittsicher und wendig.

FARBEN Sorraias sind immer Falben, oft mit dunklem Gesicht und schwarzen Ohrspitzen. Das schwarze Mähnen- und Schweifhaar ist oft von hellerem Haar durchzogen.

ZUCHTGESCHICHTE UND EIGENSCHAFTEN

Der Name ist von der Landschaft abgeleitet, in der die Rasse wiederentdeckt wurde. Bis zur Eiszeit gab es zwischen Spanien und Afrika eine Landbrücke, was den frühen Einfluss von Berbern (S. 190–191) erklären könnte. Mehr Berberblut kam wohl hinzu, als die Mauren die Region eroberten. Sorraia-Ponys haben Pferdeproportionen und sind für ihre Fähigkeit bekannt, klimatische Extreme gut auszuhalten.

Südafrikanischer Cob

HERKUNFT Südafrika
UMGEBUNG
BLUT
EIG.
STOCKMASS 137–157 cm
FARBEN Alle

Beim Südafrikanischen Cob handelt es sich eher um einen Typ als um eine Rasse. Er wurde aus Welsh-Cobs (S. 365) entwickelt, die mit verschiedenen einheimischen und importierten Rassen gekreuzt wurden. Der Cob erfreut sich wachsender Beliebtheit als vielseitiges und ruhiges Reittier.

RAPPE SCHWARZ-BRAUNER FUCHS FALBE SCHIMMEL BRAUNER PALOMINO STICHELHAAR

ZUCHTGESCHICHTE UND EIGENSCHAFTEN

Der Südafrikanische Cob ist keine offiziell anerkannte Rasse, besitzt aber ein Stutbuch. Um ein Zuchtprogramm zu starten, wurden Welsh-Cob-Stuten und -Hengste importiert. Der Cob eignet sich als Trekking-, Dressur-, Spring- und Fahrpony sowie für die Farmarbeit.

Der Südafrikanische Cob hat ein tiefes, kräftiges Gebäude, kurze, stabile Beine, einen hübschen Kopf und einen wohlgeformten Hals. Sein Charakter ist ausgewogen, die Gangarten für den Schauring geeignet.

GUTER CHARAKTER Das ruhige und freundliche Wesen der Südafrikanischen Cobs macht sie pflegeleicht und zunehmend beliebt.

Sumba-Pony

HERKUNFT Indonesien
UMGEBUNG
BLUT
EIG.
STOCKMASS 132 cm
FARBEN Vorwiegend Falbe

Das Sumba-Pony ist nach der Insel benannt, auf der es gezüchtet wird. Es stammt von mongolischen und chinesischen Rassen ab. Sumbas sind zwar klein, aber ausgesprochen stark.

RAPPE SCHWARZ-BRAUNER FUCHS FALBE SCHIMMEL

SPORTPONY Das Sumba-Pony ist schnell und athletisch. Diese Eigenschaften, gepaart mit Ausdauer und einem fügsamen Wesen, machen es zu einem hervorragenden Sportpony für Erwachsene und Kinder.

ZUCHTGESCHICHTE UND EIGENSCHAFTEN

Das Sumba-Pony ähnelt dem Sumbawa, einem anderen indonesischen Inselpony. Beide stammen von denselben Ursprungsrassen ab. Das Sumba-Pony ist meistens ein Falbe mit primitiven Merkmalen wie Aalstrich und schwarzen Markierungen, es kann aber auch jede andere Farbe aufweisen. Die Tiere haben einen schweren Kopf, einen kurzen, muskulösen Hals und einen flachen Widerrist. Der Rücken ist meist lang, aber kräftig, die Beine wohlgeformt mit harten Hufen.

Tibetisches Pony

HERKUNFT Tibet
UMGEBUNG
BLUT
EIG.
STOCKMASS 127 cm
FARBEN Alle

Diese Ponys sind in Tibet hoch angesehen und werden von Arm und Reich gleichermaßen gehalten. Sogar der Dalai-Lama ritt mit ihnen durch die Berge. Vor allem während der Ming- und Tang-Dynastien wurden sie den chinesischen Herrschern häufig als Geschenk überbracht.

RAPPE SCHWARZ-BRAUNER FUCHS FALBE SCHIMMEL BRAUNER

ZUCHTGESCHICHTE UND EIGENSCHAFTEN

Das Tibetische Pony stammt von chinesischen Rassen und dem Mongolischen Pony (S. 338) ab und pflanzt sich seit Jahrhunderten reinrassig fort. Die Tiere sind sehr kräftig und ausdauernd, zudem trittsicher und resistent gegenüber den harten klimatischen Bedingungen im Gebirge.

Der Kopf mit geradem Profil sitzt auf einem muskulösen Hals. Die steilen Schultern, eine kräftige Hinterhand, kurze, kräftige Beine und harte Hufe sind geeignet, das steile Gebirgsgelände zu bewältigen.

VIELSEITIG Tibetische Ponys werden als Zugpferde, Pack- und Reittiere und in der Landwirtschaft eingesetzt.

Tokara-Pony

HERKUNFT Japan
UMGEBUNG
BLUT
EIG.
STOCKMASS 122 cm
FARBEN Rappe, Fuchs

RAPPE FUCHS

Das Tokara-Pony, auch Kagoshima-Pony genannt, ist eine einheimische japanische Rasse, deren Bestand immer gering war. Sogar in Spitzenzeiten existierten nie über hundert Tiere, und nach dem Zweiten Weltkrieg stand die Rasse kurz vor dem Aussterben.

ZUCHTGESCHICHTE UND EIGENSCHAFTEN

1950 entdeckte Dr. Shigeyuki Hayashida eine kleine Ponyherde an der Südseite der Tokara-Inseln – daher auch der Name der Rasse. Die Regierung erklärte die Tiere zum nationalen Kulturgut und brachte sie aufs Festland, wo bessere Lebensbedingungen herrschten. Heute sind die Universität von Kagoshima, die Iriki-Ranch, der Kaimon Nationalpark sowie die Insel Nakano Zentren für Zucht und Erhalt des Tokara-Ponys.

KLEIN UND SELTEN Im Zuge der heutigen Selektivzucht ist das Pony etwas größer geworden. Die Tiere weisen häufig Merkmale einer Primitivrasse auf.

Welara-Pony

HERKUNFT Großbritannien und USA
UMGEBUNG
BLUT
EIG.
STOCKMASS 142 cm
FARBEN Gewöhnlich alle Grundfarben

RAPPE | SCHWARZBRAUNER | FUCHS | FALBE | SCHIMMEL | BRAUNER

Diese neue Rasse wurde in den 1980er-Jahren von kalifornischen Ranchern durch Kreuzung eines Arabers mit einem Welsh-Pony gezüchtet.

ZUCHTGESCHICHTE UND EIGENSCHAFTEN

Zum ersten Mal wurde die Kreuzung von Lady Wentworth in Sussex durchgeführt. Aber erst 1981 erkannte man sie offiziell an und eröffnete ein Stutbuch. Die Kreuzung zwischen Araber und Welsh-Pony bringt Tiere von außergewöhnlicher Eleganz und Schönheit hervor. Sie sind sehr intelligent und haben einen guten Charakter, was sie zu idealen Reit-, Wettbewerbs- und Fahrponys macht. Seit Einführung des Stutbuchs ist die Rasse weltweit populär geworden.

SCHÖNHEIT Das schöne Exterieur ist ein Merkmal der Rasse. Welara-Ponys haben einen natürlich geschwungenen Hals, ein konkaves Profil und eine aufrechte Kopfhaltung.

Welsh-Pony (Sektion A)

HERKUNFT Großbritannien
UMGEBUNG
BLUT
EIG.
STOCKMASS 122 cm
FARBEN Alle Grundfarben, inklusive Falbe und Palomino

Das Welsh-Pony der Sektion A wird auch Welsh-Mountain-Pony genannt und ist wohl das bekannteste und am häufigsten vertretene unter den britischen Berg-und Moorponys. Aus ihm haben sich die drei anderen Sektionen von Welsh-Pony und Cob entwickelt.

ZUCHTGESCHICHTE

Herkunft und Entwicklung der Rasse sind ungeklärt. Ihr Ursprung reicht aber mindestens in die Zeit der Römer zurück. Diese kreuzten in Großbritannien einheimische keltische Ponys mit Pferden östlicher Abstammung. Im 18. Jahrhundert wurde die Rasse dann mit Vollblütern, Arabern und Berbern verbessert.

BERGPONY Das Welsh-Mountain-Pony lebt immer noch frei in den Waliser Mooren und Bergen. Dadurch bleibt es zäh, genügsam, kräftig und geschickt.

EIGENSCHAFTEN

Der kleine Kopf ist schön auf einem langen Hals aufgesetzt, der in eine leicht schräge Schulter übergeht. Der Widerrist ist klar definiert, die Beine sind gerade. Die Ponys bewegen sich schnell und frei; sie verfügen über gute Sprunggelenke und Knie. Die beliebten Kinderponys springen gut und präsentieren sich hervorragend im Schauring. Auch als Fahrponys werden sie zunehmend populär, vor allem bei Trabrennen, wo es auf Schnelligkeit und Wendigkeit ankommt.

ÖSTLICHER EINFLUSS Der östliche Einfluss ist im Welsh-Mountain-Pony mit seinem eleganten Kopf, leicht konkaven Profil, großen Augen und breiten Nüstern noch immer erkennbar.

Welsh-Pony (Sektion B)

HERKUNFT Großbritannien
UMGEBUNG
BLUT
EIG.
STOCKMASS 137 cm
FARBEN Alle Grundfarben, inklusive Falbe und Palomino

Das Welsh-Pony der Sektion B ist eine modernere und etwas größere Version des Sektion-A-Typs. Es wurde ursprünglich von den Bauern im walisischen Hügelland als Transporttier und zum Viehhüten gezüchtet. Im Lauf der letzten Jahre hat es sich zu einem beliebten Kinderpony entwickelt.

RAPPE | SCHWARZ-BRAUNER | FUCHS | FALBE | SCHIMMEL | BRAUNER | PALOMINO | STICHELHAAR

ZUCHTGESCHICHTE

Das Sektion-B-Pony ähnelt dem Sektion-A-Welsh, ist aber ein vielseitigeres Reitpony. Es stammt vom Welsh-Mountain-Pony ab, das mit Welsh-Cob (S. 365), Englischem Vollblut (S. 284–287) und Araber (S. 184–187) gekreuzt wurde. Im Allgemeinen ist es größer und zierlicher als das Welsh-Mountain-Pony.

SORGFÄLTIGE ZUCHT Die Welsh Pony and Cob Society wurde 1901 gegründet, um die Zucht der vier Sektionen des Welsh-Ponys zu kontrollieren.

KÖRPERBAU Der Körperbau des Sektion-B-Typs ähnelt dem des etwas kleineren Sektion-A-Ponys. Der Hals ist lang, und die Schultern sind schräg.

EIGENSCHAFTEN

Aufgrund ihrer Wendigkeit, Trittsicherheit und Schnelligkeit sind die Ponys ideal, um in der hügeligen Landschaft Vieh zu treiben. Die Beine sind gerade, mit kräftigem, kurzem Röhrbein. Diese Eigenschaften, in Verbindung mit einer Sprungbegabung und einem guten Charakter, machen die Tiere auch zu perfekten Wettbewerbsponys für junge Reiter. Sie sind ebenfalls sehr beliebt als Fahrpferde – sowohl zum Privatvergnügen als auch im Wettbewerb.

Welsh-Pony (Section C)

HERKUNFT Großbritannien
UMGEBUNG
BLUT
EIG.
STOCKMASS 137 cm
FARBEN Rappe, Schwarzbrauner, Fuchs, Falbe, Schimmel, Brauner, Palomino

Die Sektion C des Welsh-Ponys wird auch Welsh-Cob-Pony genannt. Es ist das kleinere der zwei Welsh Cobs (das zweite ist der Sektion-D-Typ). Dieses kompakte Pony wurde auch als „Farmpony" bezeichnet, da es im walisischen Hügelland für alle möglichen Arten von Farmarbeit eingesetzt wurde.

RAPPE · SCHWARZBRAUNER · FUCHS · FALBE · SCHIMMEL · BRAUNER · PALOMINO

ZUCHTGESCHICHTE UND EIGENSCHAFTEN

Ursprünglich war dieses Pony das Resultat einer Kreuzung aus Welsh-Ponys der Sektion A und kleinen Cobs. Heutzutage werden für die Zucht jedoch registrierte Sektion-C-Ponys verwendet.

Das Pony hat viele Merkmale der Sektion A: Es ist zäh, ausdauernd und robust. Der dicke, kräftige Hals ist geschwungen und aufrecht. Der Widerrist ist zwar flach, die Schultern aber sind lang. Die Aktion ist energisch und raumgreifend. Die Beine sind trocken und kräftig mit einem leichten Behang.

ELEGANZ Wie die Welsh-Ponys der Sektionen A und B verfügen auch die Tiere der Sektion C über Rhythmus und Eleganz. Ihr Körperbau ist generell kompakt und attraktiv. Sie sind bei Kindern und Erwachsenen beliebt.

GUTE AKTION Das Welsh-Pony der Sektion C ist bekannt für seine Fähigkeit, elegant und mit Leichtigkeit über einen längeren Zeitraum zu traben. Es wird oft an der Hand vorgeführt.

Welsh-Pony (Sektion D)

HERKUNFT Großbritannien
UMGEBUNG
BLUT
EIG.
STOCKMASS 142–152 cm
FARBEN Rappe, Schwarzbrauner, Fuchs, Falbe, Schimmel, Brauner, Palomino

Walisische Bauern setzen das auch als Welsh-Cob bekannte Welsh-Pony der Sektion D seit Jahrhunderten als Allzweckpony ein. Man vermutet, dass der Sektion-D-Typ von Sektion-A-Ponys (S. 362) und Andalusiern (S. 180) beeinflusst ist, die im 11. und 12. Jahrhundert in Wales gezüchtet wurden.

RAPPE · SCHWARZBRAUNER · FUCHS · FALBE · SCHIMMEL · BRAUNER · PALOMINO

GUTE AKTION Das Sektion-D-Pony hat eine freie Aktion: Das Knie beugt sich aus der Schulter heraus, und das Bein streckt sich so weit wie möglich nach vorn.

EIGENSCHAFTEN

Welsh-Cobs haben einen charaktervollen, hübschen Ponykopf mit zierlichen Ohren. Der Hals ist geschwungen und geht sanft in die kräftigen und schrägen Schultern über. Der Körper ist kompakt, mit guter Gurtentiefe und wohlgeformtem Brustkorb. Die Beine sind muskulös, mit markanten Gelenken und stabilen Knochen.

ZUCHTGESCHICHTE

Im 18. und 19. Jahrhundert wurde die Sektion D mit Norfolk-Roadstern und Yorkshire-Zugpferden verbessert. Man verwendete die Tiere als Artilleriepferde und für die berittene Infanterie. Bis 1960 transportierten Cobs auch Milch, Brot und andere Waren durch ganz Wales.

VIELSEITIG Welsh-Cobs sind beliebte Reitpferde. Trotz ihrer geringen Größe können sie einen Erwachsenen tragen. Sie haben Springtalent und geben oft gute Wettbewerbsponys ab.

Yakut-Pony

HERKUNFT Russland
UMGEBUNG
BLUT
EIG.
STOCKMASS 112–122 cm
FARBEN Schwarzbrauner, Schimmel, Brauner

SCHWARZBRAUNER

SCHIMMEL

BRAUNER

Das Yakut-Pony ist eine seltene Rasse und ähnelt dem Shetland-Pony (S. 353–355). Die Tiere haben sich durch natürliche Auslese unter den harten Lebensbedingungen in Nord- und Zentralsibirien entwickelt und stammen wahrscheinlich vom Steppenpferd ab. Es existieren drei Typen: der nördliche Originaltypus, der kleinere Südtypus und der größere Südtypus.

ZUCHTGESCHICHTE

Das Yakut-Pony ist größer als ähnliche Rassen mongolischer Abstammung. Der nördliche Originaltypus ist trotz seines derben Kopfes und geraden Halses am beliebtesten. Seine Brust ist breit und tief, die Beine sind kurz und die Hufe sehr hart – geeignet, um Schnee und Eis bei der Nahrungssuche wegzuscharren. Das Mähnen- und Schweifhaar ist dicht und lang. Das Fell kann im Winter bis zu 8 cm lang werden.

Der kleinere Südtypus stammt von den einheimischen Rassen Suntar, Megezh und Olekminsk ab. In neuerer Zeit ist er mit Trabern und schweren Zugpferden gekreuzt worden, um die Rasse zu verbessern. Er ist in ganz Zentraljakutien verbreitet. Der kleinere Südtypus ist bisher nicht mit anderen Rassen gekreuzt worden.

TRAGISCHE EXPEDITION Das Yakut-Pony ist das zäheste aller Pferde- und Ponyrassen. Es wurde auf der tragischen, von Robert Scott geführten Südpolexpedition zum Schlittenziehen eingesetzt – doch weder die Ponys noch Robert Scott überlebten die Reise.

EIGENSCHAFTEN

Das dicke Fell ist normalerweise braun, graubraun oder grau. Reinrassige Tiere haben einen dunklen Aalstrich sowie einen quer über den Widerrist laufenden Strich. Manche weisen am Schulterblatt ein dunkles Gittermuster auf. Die Haut der Ponys ist dick und kann im Sommer Fett speichern, das im Winter als Kältedämmung und Energievorrat dient.

Yakut-Ponys sind extrem zäh und brauchen keinen Unterschlupf, obwohl sie in der kältesten Region der nördlichen Hemisphäre leben. Sie können sich auch in den langen, bitterkalten Wintern selbst versorgen, indem sie sich von diversen Gräsern und Pflanzen ernähren, die unter der Schneedecke wachsen.

Yakuts nahmen an zwei berühmten Expeditionen teil: 1890 ritt der Kosakenoffizier Dmitir Peshkov sein Yakut-Pony „Seriy“ mitten im Winter 8850 km quer durch Sibirien, und 1910 setzte der britische Forscher Robert Scott Yakut-Ponys ein, um die Ausrüstung für seine Expedition zum Südpol zu tragen.

JAGDPONY Der Jäger durchquert mit einem Yakut-Pony die Winterlandschaft. Durch das dicke Fell schützen sich die Ponys vor eisigen Temperaturen, die bis auf –50 °C fallen.

GLOSSAR

A

Aalstrich: durchgängiger dunkler Strich, der vom Widerrist bis zum Schweif verläuft. Er taucht häufig bei Falben und Ponys auf.

Abmisten: bezeichnet das Entfernen der frischen Pferdeäpfel aus der Einstreu in der Pferdebox

Abzeichen: Bereiche mit weißem Fell an Kopf und Beinen des Pferdes (siehe auch: Blesse, Schnurblesse, Krötenmaul, Milchmaul, Laterne, Schnippe, Stern, hochweißer Fuß, weiße Fessel, weiße Krone)

Aktion: Bewegungsablauf der Beine des Pferdes

Albino: Pferd mit weißem Fell und rosa Haut

Ankaufsuntersuchung: Untersuchung des Pferdes durch einen Tierarzt vor dem Kauf, um den allgemeinen Gesundheitszustand, das Wohlbefinden und die Eignung für die gewünschte Verwendung festzustellen

Appaloosa: Es gibt fünf verschiedene Appaloosa-zeichnungen: Leopardenschecke, Marmorschecke, Schneeflockenschecke, Schabrackenschecke und Frostschecke.

Aussitzen: Während des Trabs bleibt der Reiter ständig im Sattel sitzen (siehe auch: Leichttraben).

B

Bande: Begrenzung der Reitbahn

Bandmaß: wird vom Boden bis zum Widerrist entlang der Körperlinien gemessen

Behang: siehe Kötenbehang

Beschäler: Deckhengst, männlicher Erzeuger eines Pferdes

Biegung: Loslassen des Kiefers und das Biegen des Genicks sowie das Nachgeben in den Gelenken, wenn ein Pferd entsprechend geritten wird

Blesse: weißer Streifen, der von der Stirn bis zu den Nüstern des Pferdes verläuft

Bockhuf: besondere Hufform. Der Huf ist zu steil, um ihn ausreichend belasten zu können.

Box: abgetrennter Raum im Pferdestall, in dem das Pferd nicht angebunden wird

Brandzeichen: Als Kennzeichen einer bestimmten Rasse werden Pferde mit einem Brandzeichen versehen. Da das Fell an dieser Stelle nicht nachwächst, bleibt das Zeichen sichtbar.

Brauner: hell- bis dunkelbraunes Pferd mit schwarzem Mähnen- und Schweifhaar

C

Cavaletti: gymnastische Springübungen für Pferde, bei denen mehrere Stangen in verschiedenen Abständen zu überwinden sind

Chaps: Überhosen aus Leder

Colt: Hengstfohlen

Cow Sense: Fähigkeit eines Pferdes, selbstständig mit Rindern zu arbeiten

Cutting: Aussondern eines Rindes aus der Herde

D

Decken: Begattung der Stute durch den Hengst

Distanzreiten: Langstreckenritte über große Distanzen und in oft unwegsamem Gelände

Dressurreiten: Disziplin des Pferdesports, die Grundlage der Ausbildung eines Pferdes ist

Durchgehen: erschreckte Reaktion des Pferdes auf optische Eindrücke oder Lärm, indem es wegspringt oder wegläuft und vom Reiter nicht mehr kontrolliert werden kann

E

Einkreuzung: Fremdblut wird in eine Rasse eingekreuzt, um neue Merkmale einzubringen.

Einstreu: Belag für die Pferdebox, zum Beispiel Stroh

Eventing: siehe Vielseitigkeitsreiten

Exterieur: äußeres Erscheinungsbild des Pferdes

F

Falbe: Pferd mit cremefarbenem Fell und Aalstrich. Mähne und Schweif und die untere Beinpartie sind häufig schwarz.

Fessel: Bereich zwischen Fesselkopf und Huf

Flachrennen: Rennen ohne Hindernisse

Flanke: seitliche Partie zwischen Rippen und Hinterhand

Flehmen: gewöhnlich Verhaltensweise von Hengsten, die eine rossige Stute riechen. Hals und Kopf werden nach oben gereckt, und die Oberlippe wird hochgestülpt. Aber auch Stuten und Wallache können flehmen, wenn sie einen besonderen Geruch wahrnehmen.

Fliegenschimmel: weißes Pferd, das mit kleinen dunklen Flecken gesprenkelt ist

Fohlen: junges Pferd oder Pony unter einem Jahr

Foxtrot: charakteristische Gangart des Missouri Foxtrotter. Bei dieser Gangart gehen die Vorderbeine des Pferdes im Schritt, während die Hinterbeine traben.

Fuchs: Pferd mit rötlichem oder braunem Fell. Mähne und Schweif können gleichfarbig, aber auch heller oder dunkler sein.

G

Galopp: schnelle Hauptgangart im Dreitakt mit Schwebephase

Gamaschen: Schutz für die Beine des Pferdes. Je nach Einsatz des Pferdes werden unterschiedliche Gamaschen verwendet.

Gangart: die Grundgangarten sind Schritt, Trab und Galopp, darüber hinaus gibt es auch spezielle Gangarten wie Pass oder Tölt. Jede Gangart hat eine bestimmte Fußfolge (siehe auch: Gangpferd).

Gangpferd: Pferd, das neben den Grundgangarten wie Schritt, Trab und Galopp weitere Gangarten beherrscht

Gebäude: Skelett, Muskulatur und Körperbau eines Pferdes

Gebiss: Mundstück aus Metall oder Kunststoff, das am Zaumzeug befestigt ist und dem Pferd ins Maul gelegt wird

Geschirr: Ausstattung eines Fahrpferdes

Gestüt: Zuchteinrichtung für Pferde. Hier werden Deckhengste und Stuten mit Fohlen gehalten.

Gurtentiefe: Maß für den Brustumfang des Pferdes

Gymkhana: aus Indien stammende Reiterspiele

H

Hack: bezeichnet einen Pferdetyp: ein elegantes, leichtes Reit- und Turnierpferd

Hackamore: gebisslose Zäumung mit starker Wirkung

Halbblut: Kreuzung zwischen einem Vollblut und einer beliebigen anderen Pferde- oder Ponyrasse

Halfter: Zaum ohne Gebiss zum Anbinden oder Führen des Pferdes

Handicap: Beim Pferderennen werden den Pferden entsprechend ihren vorherigen Leistungen Gewichte zugeordnet.

Hechtkopf: Das konkave Profil verrät in der Regel, dass ein Pferd arabisches Blut hat.

Hengst: männliches, nicht kastriertes Pferd

Hilfen: Durch Zügel- und Schenkelhilfen sowie durch Gewichtsverlagerung und Stimme erteilt der Reiter dem Pferd Anweisungen, um es zu lenken.

Hinterhand: hintere Hälfte des Pferdes inklusive der Hinterbeine

Hinterzwiesel: der erhöhte hintere Teil des Sattels

Hirschhals: Er ist angeboren oder entsteht durch falsches Training. Die untere Halsseite ist zu stark bemuskelt und die obere Halsseite zu schwach, was zu einem konkaven Profil der oberen Linie führt.

Hochweißer Fuß: weißes Abzeichen vom Huf bis zu Sprunggelenk

Hohe Schule: Ausbildung und Vorführung der klassischen Kunst der fortgeschrittenen Pferdedressur

Hufbeschlag: Hufeisen schützen das Hufhorn vor übermäßiger Abnutzung auf hartem Untergrund. Das Beschlagen der Hufe erfolgt durch einen Hufschmied.

Hufkratzer: Teil des Putzzeugs, mit dem die Hufe des Pferdes ausgekratzt werden

Hufschlagfiguren: Lauflinien des Pferdes in der Reitbahn

Hufschuhe: spezieller Schutz des Hufs für einen bestimmten Zweck; wird über den Huf des Pferdes gezogen

I

Interieur: Charakter eines Pferdes

Inzucht: Pferde, die eng miteinander verwandt sind, werden gepaart, um bestimmte Eigenschaften zu betonen und zu erhalten.

J

Jibbah: Vorwölbung auf der Stirn des Arabers

K

Kaltblut: Bezeichnung für die schwersten Pferderassen der Welt. Sie bezieht sich auf deren Abstammung und das ruhige Temperament.

Kandare: Gebiss mit einer starken Hebelwirkung, das zusammen mit einer Unterlegtrense verwendet wird. Der Reiter hält in jeder Hand zwei Zügel.

Kandarenbäume: Hebelstangen zu beiden Seiten eines Kandarengebisses, an denen die Zügel befestigt sind

Kanter: leichter Galopp im Dreitakt

Kardätsche: Teil des Putzzeugs, mit dem das Fell des Pferdes gebürstet wird

Karpalgelenk: Vorderfußwurzelgelenk

Kastanie: kleine runde Hornreste an der Innenseite der Beine (rudimentäre Ballen), die eine rötlich braune Farbe haben

Knochenstärke: definiert sich durch den Umfang des Röhrbeins

Kolik: schmerzhafte Beschwerden im Magen- und Darmbereich, die für ein Pferd tödlich enden können. Zu den Ursachen zählen das Fressen verdorbenen Futters, überhastetes Fressen oder die Aufnahme von kaltem Wasser bei Erhitzung.

Kondition: Form, in der sich das Pferd hinsichtlich Gesundheitszustand und Arbeitsleistung befindet

Koppel: eingezäunte Weide

Koppen: Untugend des Pferdes, bei der es Luft schluckt

Körung: Auswahl von Junghengsten für die Zucht

Kötenbehang: lange Behaarung der Fessel. Kaltblüter haben oft einen ausgeprägten Behang.

Kraftfutter: energiereiches Körner- oder Mischfutter, das zusätzlich zum Gras oder Heu gefüttert und je nach Arbeit des Pferdes individuell bemessen wird

Kreuzung: Zwei verschiedene Pferderassen werden miteinander gekreuzt, um Nachkommen zu züchten.

Krötenmaul: Abzeichen des Pferdes, weißes Maul

Kruppe: Teil des Rückens vom Kreuz bis zum Schweifansatz

Kuhhessig: unerwünschte Stellung der Beine, bei der die Sprunggelenke nach innen gerichtet sind. Sie erleichtert jedoch das Erklimmen steiler Hänge und ist daher bei Pferderassen in bergigen Gegenden von Vorteil.

Kummet: Der gepolsterte Ring, der um den Hals des Pferdes gelegt wird, ist Teil des Zuggeschirrs.

Kupieren: Die Amputation des Schweifs aus optischen Gründen ist heute in Deutschland verboten.

Kür: Dressuraufgabe, die vom Reiter selbst zusammengestellt und nach einer selbst gewählten Musik ausgeführt wird

Kutschpferd: relativ leichtes Pferd, das in der Regel einen guten Trab geht

L

Laden: beidseitige zahnlose Bereiche des Unterkiefers zwischen den Backen- und Schneidezähnen

Lahmen: Bewegungsstörung des Pferdes, die durch Schmerzen verursacht wird

Lateral: Bei den lateralen Gangarten werden jeweils die gleichseitigen Beinpaare angehoben.

Laterne: breites weißes Abzeichen von der Stirn bis zu den Nüstern des Pferdes

Leichtes Pferd: Aufgrund seines Körperbaus ist das leichte Pferd, im Gegensatz zu den schwereren Arbeitspferden, am besten zum Reiten oder als Kutschpferd geeignet.

Leichttraben: Reitweise im Trab, bei der sich der Reiter bei jedem zweiten Takt aus dem Sattel erhebt (siehe auch: Aussitzen)

Longe: lange Leine, die zum Longieren verwendet wird

Longieren: Arbeit mit einem Pferd, das am Ende einer Longe im Kreis läuft. Der Longierer steht in der Mitte. In der Regel wird das Pferd nicht geritten und mithilfe der Longe und einer langen Longierpeitsche gelenkt.

Losgelassenheit: Zustand des Pferdes, in dem die Muskeln unverkrampft arbeiten

M

Mähnenkamm: Teil des Putzzeugs, mit dem die Mähne gekämmt wird

Marcha Batida: diagonaler Viertaktgang

Marcha Picada: lateraler Viertaktgang

Martingal: Lederriemen, der zwischen den Vorderbeinen des Pferdes hindurchgeführt und an Sattelgurt und Zaumzeug befestigt wird. Dadurch wird verhindert, dass das Pferd den Kopf zu stark anhebt.

Maulesel: Kreuzung zwischen Pferdehengst und Eselstute

Maultier (Muli): Kreuzung zwischen einem Eselhengst und einer Pferdestute

Merry Walk: schneller Viertaktgang, der von einem Kopfnicken des Pferdes begleitet wird

Meute: Rudel von Hunden, das während einer Reitjagd für die Fährtensuche eingesetzt wird

Milchmaul: Abzeichen, weiße Lippen des Pferdes

Military: früher gebrauchter Begriff für Vielseitigkeitsreiten

N

Nachgurten: Der Sattelgurt wird nach dem Satteln noch einmal nachgezogen, damit der Sattel nicht verrutscht.

Nüstern: Nasenlöcher des Pferdes

O

Oberlinie: Rückenlinie zwischen Widerrist und Kruppe des Pferdes

Orientalische Pferde: Begriff für die Pferderassen östlicher Herkunft wie Araber und Berber

Overo: weiße Flecken auf dunklem Fell (siehe auch: Pinto)

P

Palomino: cremefarbenes Pferd mit silber- oder flachsfarbenem Mähnen- und Schweifhaar. Als Palomino wird sowohl eine Rasse als auch ein Farbtyp bezeichnet.

Parade: Reiterhilfe. Ganze Paraden haben den Zweck, das Pferd anzuhalten, halbe Paraden, es zu versammeln (siehe auch: Versammlung).

Parcours: festgelegte Strecke mit Hindernissen, die übersprungen werden müssen

Pass: laterale Gangart im Zweitakt, bei der die gleichseitigen Beinpaare abwechselnd auffußen

Pedigree: Stammbaum, der Auskunft über die Abstammung eines Pferdes gibt

Piebald: schwarz-weiß geflecktes Pferd, Schecke

Pikör: Helfer des Masters bei einer Reitjagd

Pinto: Schecke, dessen Grundfarbe weiß ist. In den USA gilt der Pinto als Rasse, sonst als Farbtyp. Die beiden Muster des Pinto heißen Tobiano und Overo.

Pleasure Walk: Viertaktgang zwischen Schritt und Trab

Polo: Ballspiel zwischen zwei Mannschaften, das von dem Pferderücken aus gespielt wird

Pony: Pferd einer kleineren Rasse, die maximal 148 cm groß ist. Ponys zeichnen sich Großpferden gegenüber auch durch einen gedrungeneren Körperbau aus.

Primitiv: Bezeichnung für ein Pferd, das Merkmale einer primitiven Rasse aufweist, etwa des ausgestorbenen Tarpan oder des Przewalski-Pferdes

Putzzeug: Verschiedene Utensilien, die der Reinigung und Pflege des Pferdes dienen (siehe auch: Striegel, Kardätsche, Schwamm, Hufkratzer, Hufbürste, Wasserbürste, Schweifkamm, Mähnenkamm).

R

Rack: Renntölt

Ramskopf: konvexes Profil, häufig bei schweren Pferden anzutreffen

Rappe: schwarzes Pferd mit schwarzem Mähnen- und Schweifhaar

Rasse: Pferdegruppen, die durch Selektion so gezüchtet wurden, dass sie sich in Aussehen und Eigenschaften ähneln und deutlich von anderen Rassen unterscheiden

Raufutter: faserreiches Futtermittel wie Gras oder Heu

Raumgriff: beschreibt die Länge des Ausschreitens

Reinrassigkeit: Eine Rasse wird als reinrassig bezeichnet, wenn kein Fremdblut eingekreuzt wurde.

Reiterhilfen: siehe Hilfen

Reitpferd: leichteres Pferd, das aufgrund seines Körperbaus am besten zum Reiten geeignet ist

Renngalopp: sehr schneller Viertaktgang

Röhrbein: Hauptknochen oberhalb der Fessel

Rosse: Während der Rosse ist die Stute empfängnisbereit.

Running Walk: Viertaktgang, schneller Tölt

S

Sattel: Sitz des Reiters. Sättel gibt es in verschiedenen Ausführungen, zum Beispiel als Dressur-, Spring-, Renn- und Vielseitigkeits-, Damen- oder Westernsattel.

Sattelbaum: Gerüst, um das der Sattel gebaut wird

Satteldecke: fungiert als Polster zwischen Pferderücken und Sattel

Sattelgurt: Teil des Sattels, der diesen in der richtigen Lage auf dem Pferderücken hält

Sattelzeug: Oberbegriff für Zaumzeug, Sattel und weiteres Zubehör

Schabracke: rechteckige, größere Satteldecke, die unter den Sattel gelegt wird

Schecke: geflecktes Pferd

Scheren: Entfernung des Winterfells, damit das Pferd nicht zu sehr schwitzt, wenn es geritten wird

Scheuen: Zurückweichen des Pferdes durch plötzliches Erschrecken

Scheuklappen: Sichtschutz für Pferde, der zu beiden Seiten des Kopfes getragen wird

Schimmel: Pferde mit weißem, grauweißem oder braunweißem Fell. Schimmel werden mit einem dunkleren Fell geboren, das erst im Lauf der Zeit aufhellt.

Schleppjagd: Form der Reitjagd, bei der die Meute einer künstlich gelegten Duftspur folgt

Schnippe: weißes Abzeichen auf der Nase des Pferdes

Schnurblesse: sehr schmaler weißer Streifen von der Stirn bis zu den Nüstern des Pferdes

Schopf: Teil der Mähne, der zwischen den Ohren liegt und auf die Stirn fällt

Schritt: langsame Grundgangart im Viertaktgang

Schule über der Erde: klassische Dressurlektionen der Hohen Schule, bei denen die Vorderbeine oder alle vier Beine den Boden nicht berühren

Schwamm: Teil des Putzzeugs. Man verwendet zwei verschiedenfarbige Schwämme, den einen für Augen, Nase und Maul, den anderen für das Geschlecht und den Bereich unter dem Schweif.

Schwarzbrauner: Pferd mit schwarzbraunem Fell und dunkelbraunem Mähnen- und Schweifhaar

Schweif: Schweifrübe und Langhaar. Von einem hoch angesetzten Schweif spricht man, wenn er hoch an der Hinterhand ansetzt.

Schweifkamm: Teil des Putzzeugs, mit dem der Schweif gekämmt wird

Schweifriemen: Riemen, der am Sattel befestigt und über den Rücken des Pferdes um die Schweifrübe geführt wird. Damit wird verhindert, dass der Sattel verrutscht.

Schweifrübe: oberer, knochiger Teil des Schweifs

Schweres Pferd: kräftig gebautes Arbeitspferd mit ruhigem Wesen, Kaltblüter

Skewbald: geschecktes Pferd, dessen Flecken unterschiedliche Farben haben

Slow Gait: Viertaktgang des American Saddlebred

Spanische Reitschule: Die Spanische Reitschule in Wien gilt als älteste Reitakademie der Welt.

Sportpferd: Warm- und vollblütige Rassen werden für den Reitsport eingesetzt.

Springreiten: Sportart, bei der Pferd und Reiter die Hindernisse eines Parcours überwinden. Dabei werden Sprünge in Höhe, Weite oder beidem verlangt.

Springvermögen: Die Reichweite und das Potenzial an Wendigkeit, Geschwindigkeit und Springkraft bestimmen das Springvermögen eines Pferdes.

Stehmähne: Mähne, die abgeschoren wurde

Steigbügel: Bügel, der den Fuß des Reiters aufnimmt und der mit verstellbaren Riemen am Sattel befestigt ist

Steigen: Ein Pferd steigt, wenn es sich auf die Hinterbeine erhebt.

Stern: weißes Abzeichen auf der Stirn des Pferdes

Stichelhaar: Bei diesem Fell mischt sich eine der Grundfarben mit Weiß.

Stockmaß: Die Höhe eines Pferdes oder Ponys wird in gerader Linie vom Boden bis zum Widerrist gemessen.

Strahl: Das v-förmige Polster an der Unterseite des Hufs dient dem Pferd als Schutz vor Stößen und vor dem Ausrutschen.

Streichen: Berührung der gegenüberliegenden Hufe mit den Beinen während des Gangs

Streichkappen: Zum Schutz vor dem Streichen bieten Fachgeschäfte Streichkappen an.

Striegel: Teil des Putzzeugs zur groben Reinigung des Fells. Der Striegel wird auch zum Abstreichen der Kardätsche benutzt.

Stutbuch: Register, in das die Abstammung von Pferden durch einen Zuchtverband eingetragen wird

Stute: ausgewachsenes weibliches Pferd

Stutfohlen: weibliches Pferd unter vier Jahren

T

Termino: charakteristischer Gang des Paso Peruano, bei dem die Vorderbeine schwimmähnliche Bewegungen ausführen

Tiefe: siehe Gurtentiefe

Tigerschecke: Pferd mit heller Grundfarbe und andersfarbigen Flecken

Tobiano: farbige Flecken auf weißem Fell (siehe auch: Pinto)

Tölt: spezieller Viertaktgang, der besonders bequem für den Reiter ist

Trab: mittelschnelle Hauptgangart. Bei diesem Zweitaktgang werden jeweils die diagonalen Beinpaare angehoben.

Trense: Gebiss mit Ringen an der Seite für die Zügel. Häufig bezeichnet man auch den gesamten Zaum als Trense.

U

Unterarm: obere Hälfte des Vorderbeins, die über dem Vorderfußwurzelgelenk liegt

Urpferde: gelten als Vorfahren der heutigen Pferde: Tarpan, Waldpferd und Asiatisches Wildpferd, auch Przewalski-Pferd genannt

V

Verlesen: Strähnenweises Entfernen von Knoten aus den Schweifhaaren

Versammlung: Das Pferd bewegt sich unter dem Reiter so, dass sein Umriss verkürzt wirkt: Die Kruppe senkt sich bei gut untertretender Hinterhand, während die Vorhand ausschreitet.

Vielseitigkeitsreiten: Kombination aus Dressur, Geländespringen und Springreiten

Vollblut: reinrassiges Pferd. Der Begriff bezieht sich auf Stammbaum und Temperament. Die beiden Hauptrassen sind der Vollblutaraber und das Englisches Vollblut.

Voltigieren: Während das Pferd an der Longe geht, praktiziert der Reiter Übungen auf dem Pferderücken.

Vorderfußwurzelgelenk: Karpalgelenk

Vor(der)hand: Kopf, Hals, Schultern, Brust und Vordergliedmaßen des Pferdes

Vorderzeug: verhindert durch Lederriemen, die über die Brust des Pferdes verlaufen und am Sattel befestigt werden, dass dieser nach hinten rutscht

Vorderzwiesel: erhöhter Bogen am vorderen Teil des Sattels

W

Wallach: kastriertes männliches Pferd

Warmblut: Pferd oder Pony, in dessen Zuchtlinie sowohl Vollblüter als auch Kaltblüter vertreten sind

Wasserbürste: Teil des Putzzeugs, mit dem die Hufe des Pferdes gereinigt werden

Weben: Untugend des Pferdes, bei der es Kopf und Hals hin- und herwiegt oder das Gewicht von einer Seite auf die andere verlagert

Weiße Fessel: weißes Abzeichen vom Huf bis zur Fessel

Weiße Krone: schmales weißes Abzeichen oberhalb des Hufs

Widerrist: höchste Stelle des Pferderückens. Der Widerrist befindet sich am Übergang vom Hals zum Rücken. An diesem Punkt wird die Größe eines Pferdes gemessen.

Wild lebendes Pferd: entlaufenes oder frei gelassenes Pferd, das wie ein echtes Wildpferd in Freiheit lebt

Wirbel: Bereich, in dem das Fell rosettenförmig wächst. Wirbel helfen bei der Identifikation eines Pferdes.

Wurzelbürste: Teil des Putzzeugs. Die Wurzelbürste dient der groben Reinigung des Fells.

Wüstenpferde: Pferde aus klimatisch trockener Umgebung, zum Beispiel Araber und Achal-Tekkiner, die aufgrund ihres Erbguts dazu in der Lage sind, mit Bedingungen wie Hitze, Wassermangel und harten Böden zurechtzukommen

Z

Zäumung: Kopfstück mit Gebiss

Zebrastreifen: dunkle Streifen auf den Gliedmaßen des Pferdes, die oft in Begleitung weiterer Merkmale primitiver Abstammung auftreten, wie etwa dem Aalstrich entlang der Wirbelsäule

Zügel: Lederriemen, die das Gebiss des Pferdes mit der Hand des Reiters verbinden. Dieser lenkt das Pferd über die Zügelhilfen (siehe auch: Reiterhilfen).

Zugpferd: schweres, kräftiges Pferd mit ruhigem Temperament, das vor Fahrzeuge oder Maschinen gespannt wird

Zureiten: Grundausbildung des Pferdes, das noch nie geritten wurde. Es wird daran gewöhnt, einen Sattel und einen Reiter auf seinem Rücken zu dulden.

REGISTER

DANKSAGUNG

Die Autorin dankt ihrer Schwester Elizabeth Roberts für ihre Hilfe bei den Recherchen zu vielen der Rassen in diesem Buch. Dank auch an meine andere Schwester Kathy Lunt und Adriana Pretorius für die Informationen, die sie als unsere „Verbindung nach Südafrika" lieferten. An der Heimatfront danke ich meinem Mann Martin Ewing und Sophie Allen dafür, dass sie während meiner Arbeit an diesem Projekt einen Großteil der Aufgaben auf unserem Pferdehof übernahmen.

Zu tiefstem Dank bin ich auch den vielen Zuchtgesellschaften und Gestüten verpflichtet, die einen wahren Schatz an Informationen über die verschiedenen Pferde- und Ponyrassen bereitstellten. Die Recherche zu diesem Buch war eine Offenbarung; ich fand es faszinierend, mich mit so vielen verschiedenen Rassen zu beschäftigen und daran erinnert zu werden, dass sie trotz der teilweise gewaltigen Unterschiede dem Menschen in der einen oder anderen Form stets treu gedient haben. Manche Rassen haben ihre Blütezeit bereits hinter sich – vor allem die Ackerpferde und die Kriegspferde; andere haben eine neue Aufgabe in den stetig expandierenden Bereichen des Sport- und Freizeitreitens gefunden. Die Vorzüge der Pferde und Ponys, die in unserer modernen Welt eine Rolle spielen, sind gut dokumentiert, aber es freute mich besonders zu erfahren, dass so viele Leute sich entschlossen für die Rassen vergangener Tage einsetzen. Ihren zentralen Beitrag zur Entwicklung unserer Gesellschaft mögen diese Rassen bereits geleistet haben, aber unsere Schuld ihnen gegenüber kann niemals ganz beglichen werden. Das Mindeste, was wir tun können, besteht darin, sie zu erhalten, zu schützen und zu ehren.

Studio Cactus dankt Laura Watson für das Design, Sharon Cluett für den ersten Entwurf, Jennifer Close und Jo Weeks für die Redaktion, Sharon Rudd für das zusätzliche Design, Penelope Kent für das Register, Rob Walker für die Bildrecherche, Peter Bull und Claire Moore für die Illustrationen und Phil Carre für die DTP-Assistenz. Besonderer Dank an Kit, Debby und Kate von Kit Houghton Photography.

Besonderer Dank an die folgenden Eigentümer und ihre Pferde:

American Cream (S. 178) – Sheridan's Valour; Eigentümerin: Tracey Burchell

Appaloosa (S. 33, Leopardenschecke) – Sonora's Daydream; Besitzerin: Tracey Burchell

Appaloosa (S. 33, Schneeflockenschecke) – Patchy's Little Rosa; Besitzerin: Lane Rhodes, Rhodes Appaloosas, Kentucky, USA

Chincoteague-Pony (S. 311) – c/o Kentucky Horse Park, USA

Clydesdale (S. 138–139, großes Bild) – Westforth; Besitzer: David Mouland

Cob (S. 206) – Benetton; Besitzer: Bartholomy

Connemara-Pony (S. 313 unten) – Carra Cashel; Besitzerin: Sandra Burton

Connemara-Pony (S. 313 oben) – Drumoore Castle; Besitzerin: J. McCallum, Producer: Kirstine Douglas

Dales-Pony (S. 314 unten) – Dart Dale Bobby; Eigentümerin: Lorraine Ahmet

Dartmoor-Pony (S. 316–317, großes Bild) – Drumphin Concerto; Besitzerin: Molly Tompsett

Exmoor-Pony (S. 322 oben) – Porridge; Besitzerin: Natalie Greasley

Fell-Pony (S. 324 oben) – Neath Rose Georgie Girl; Besitzerin: Anne Carslaw, Vorführung: Anne-Clare Worsdale

Fell-Pony (S. 324 unten) – Severn Veils Grey Bobby; Besitzerin: J. Robinson

Gypsy Vanner (S. 312) – Indiana Jones; Besitzer: Ehepaar Jones

Hunter (S. 34–35, S. 228–229, großes Bild) – Togher Princess; Besitzerin: Sarah Clark

Highland-Pony (S. 329) – Rollo of Dykes; Besitzerin: Gräfin von Swinton, Pflegerin: Andrea Jackson

Miniaturpferd (S. 338) – Greencroft Cornet; Besitzerin: Dawn Jowns

New-Forest-Pony (S. 339) – Sabine's Gold Sovereign; Besitzerin: Sabine Andree-Parsons

Percheron (S. 156–167, großes Bild) – Hales Xanthus, Besitzer: E. Garner und Söhne

Quarter-Pony (S. 349, großes Bild) – Miss Galant Jay; Besitzerin: Wendy Stephany

Reitpony (S. 50 oben, S. 350) – Fenwick Chelsea Girl; Besitzer: Nigel Smith, Gestüt Fenwick

Shetland-Pony (S. 353, großes Bild) – Hose Reaper; Besitzerin: Kate Hampton

Shire (S. 164–165, großes Bild) – Arclid Beamish; Besitzerin: Diane Mail

Suffolk Punch (S. 166–167, großes Bild) – Lockspit King Louis; Besitzer: PT Smith und Sohn

Ukrainisches Warmblut (S. 290); Besitzer: Phil Harris of Spaxton

Welsh-Pony Sektion A (S. 362 oben) – Thistledown Billy the Kid; Besitzer: J. Davis

Welsh-Pony Sektion B (S. 363 oben) – Braymill Hearsay; Besitzerin: Mrs. Barnard

Welsh-Pony Sektion B (S. 363 unten) – Rhydspence Caspar; Besitzerin: E. Turner

Welsh-Pony Sektion C (S. 364 oben) – Parvadean Delight; Besitzer: J. Davis

Welsh-Pony Sektion C (S. 74 oben) – River Valley Amadeus; Besitzer: J. Davis

BILDNACHWEIS

Der Herausgeber dankt folgenden Personen und Agenturen für die Erlaubnis der Bildreproduktion:

Abkürzungen: o = oben, u = unten, m = M, l = links, r = rechts

Jacqueline Abromeit 24; Terry Alexander 20 (o); Animal Photography 212; 218–219; 240; 344–345; Jeff Banke 179 (u); Stacey Bates 263 (u); Vera Bogaerts 232 (ur); Emmanuelle Bonzami 112 (o); 353 (u); Robert Broadhead 21 (o); Winthrop Brookhouse 239 (ur); Joy Brown 32 (mro); 114 (u); 139 (m); Marcus Brown 305; George Burba 15 (o); BVA 89 (l); catnap 14 (u); 268–69; Cathleen Clapper 59 (m); Stephanie Coffman 32 (mrou); 32 (bra); Condor 36 33 (oru); 38 (u); 65; 109 (u); Paul Cowan 346 (o); Christa DeRidder 93 (u); EcoPrint 103 (o); Pontus Edenberg 33 (m); Holger Ehlers 10 (u); Diane N. Ennis 23 (o); Kondrashov Mikhail Evgenevich 36–37; 118 (u); 174 (u); 175; 259 (ur); 283 (l); 288 (r); Wendy Farrington 68–69; Jean Frooms 32 (o); Michael Furey 86 (u); Daniel Gale 20–21; 316 (u); GeoM 32 (u); Jorge R. Gonzalez 83 (l); Andreas Gurskos 100 (u); J. Helgason 331 (o); Patrick Hermans 92 (u); Robert Adrian Hillman 96; Ron Hilton 8–9; 33 (or); iofoto 121 (r); Fukuoka Irina 89 (o); Neil Roy Johnson 26–27; 102 (o); 117 (u); 285 (u); Laila Kazakevica 184; Falk Kienas 101; Alexia Krusheva 30 (o); 31 (o); 32 (ca); 32 (trb); 258; 289 (u); Abramova Kseniya 23 (u); 32 (tra); 43; 179 (u); Bob Langrish 33 (br); 128–29; 143 (r); 155; 162 (u); 163; 189; 202; 209 (o); 211 (o); 236; 237; 239 (l); 243; 248; 264 (u); 281 (l); 290 (u); 292; 297 (alle); 298 (alle); 304 (alle); 323 (alle); 326 (o); 327; 330 (alle); 332 (u); 333; 341; 351 (alle); 352; 356 (u); 360; 361 (alle); Geir Olav Lyngfjell 100 (o); Petr Masek 274 (u); MAT 98–99; Craig McAteer 164 (u); Chris Mole 73 (o); Pedro Jorge Henriques Monteiro 73 (u); Byron W. Moore 124 (u); Sharon Morris 29 (o); 46 (l); NHPA 2–3; 4–5; 11 (o); 12 (ul); 12 (br); 13 (mr); 13 (ul); 13 (ur); 14 (o); 15 (u); 16–17; 84–85; 94–95; 106–107; 131; 170; 293 (u); 294–95; 308–309; 366; 367; Lee O'Dell 183 (u); OSF/Digital Vision 86 (o); Yiannis Papadimitriou 87; Sergey Petrov 102 (o); Photos.com 13 (o); 13 (ml); 19; 22; 88; 92 (o); 93 (o); 182 (o); Marco Regalia 32 (mu); Lincoln Rogers 157 (u); Shutterstock 72; 90–91; 137 (u); Otmar Smit 30 (u); Eline Spek 31 (u); 32 (uru); 33 (o); 134; 135 (o); 185; 216 (u); 342 (alle); Claudia Steininger 32 (mru); 143 (l); Michaela Steininger 328 (u); Studio Cactus 10 (m); 11 (m); 12 (ml); 12 (mr); 32 (mrou); 38 (o); 42; 43 (o); 44 (u alle); 46 (u); 47; 48; 49 (alle); 50 (alle); 51 (alle); 56 (alle); 57 (alle); 58 (alle); 59 (o); 59 (u); 60; 61 (u alle); 63 (alle); 64; 70 (alle); 71; 74 (u); 75 (alle); 77 (alle); 78 (alle); 79 (m); 79 (u); 80 (ol); 81 (alle); 82; 83 (r alle); 125 (u); 138–39; 156–57; 164–65; 166 (alle); 166–67; 178; 179 (l); 183 (o); 199 (u); 206; 228–29; 252 (o); 276–77 (alle); 282 (o); 290 (o); 307; 311 (alle); 312 (u); 313 (alle); 314 (alle); 316-17; 319 (ul); 320–21; 322 (alle); 324 (alle); 329 (alle); 335 (u); 338 (o); 339 (alle); 349 (l); 350; 353 (o); 362 (o); 363 (alle); 364 (o); Graca Victoria 138 (u); Filipchuk Oleg Vladimirovich 172–73; Dana Ward 102 (u); 124 (o)

Alle anderen Bilder © Kit Houghton/Houghton's Horses